21世纪财经类规划教材

经济数学

（第二版）

主　编　吴艳玲

刘小宁
副主编　国福丽
魏　枫

清华大学出版社
北　京

内容简介

《经济数学》是适用于经济管理类专业的初等教材，简单易懂，满足一般本科院校和高职高专的教学需要，特别是对那些打算直接就业的学生就更为合适，仅为帮助学生克服经济学学习过程中的数学障碍而编写。

本教材的主要编写原则是围绕经济管理类课程的数学需要进行教学内容的选择。具体来说，《经济数学》包括与今后学习相关的函数在经济学中的应用、经济学中的分析方法、微积分与最优化方法、线性代数、概率统计初步和数理统计等内容。

在内容设计上，每一章大概有 2/3 的内容，用于讲解高等数学的基本内容，包括基本概念、定理、推论及其含义. 另有 1/3 的内容，用于讲解本章的数学原理如何进行经济应用，是经济原理数学化，突出讲解经济学原理同数学原理之间的联系，为学生在以后的学习中能够熟练应用数学工具打下基础。

图书在版编目(CIP)数据

经济数学/吴艳玲主编. —2 版. —北京：清华大学出版社，2018 (2021.2重印)
(21 世纪财经类规划教材)
ISBN 978-7-302-48505-6

Ⅰ. ①经… Ⅱ. ①吴… Ⅲ. ①经济数学—高等学校—教材 Ⅳ. ①F224.0

中国版本图书馆 CIP 数据核字(2017)第 231280 号

责任编辑：梁云慈
封面设计：傅瑞学
责任校对：王凤芝
责任印制：丛怀宇

出版发行：清华大学出版社
网　址：http://www.tup.com.cn，http://www.wqbook.com
地　址：北京清华大学学研大厦 A 座　**邮　编**：100084
社 总 机：010-62770175　**邮　购**：010-62786544
投稿与读者服务：010-62776969，c-service@tup.tsinghua.edu.cn
质量反馈：010-62772015，zhiliang@tup.tsinghua.edu.cn
印 装 者：三河市吉祥印务有限公司
经　销：全国新华书店
开　本：185mm×260mm　**印　张**：18.75　**插　页**：1　**字　数**：447 千字
版　次：2010 年 11 月第 1 版　2018 年 8 月第 2 版　**印　次**：2021 年 2 月第 3 次印刷
定　价：45.00 元

产品编号：063321-01

第二版前言

本书自2010年出版以来，许多高校师生给予了认可，特别得到了学生的支持，对书中的内容和习题提出了宝贵的意见和建议。

考虑到具体应用的需要，本次主要进行了以下修订：

一是内容上的调整与合并，考虑到知识点上的连续性，把第一版中的第16章并入第15章，把第19章并入第18章，整本书从原来的20章缩减为18章；

二是增补了一部分思考题和习题，以实现边学边练，强化知识点与练习之间的对应性。

本书的修订由吴艳玲主持，具体分工如下：国福丽，第1～5章；魏枫，第6～9章；吴艳玲，第10～15章；刘小宁，第16～18章。最后由吴艳玲负责总撰、定稿。

我们坚持一贯的观点，经济数学应该是高等数学与经济问题的有机结合，简化后的数学仍然能够有效地应用于经济分析之中。由于水平的限制和时间的关系，书中尚有不足之处，祈望读者和同学一如既往地关注本书，并不吝赐教。

编　者

2018年4月于哈尔滨

序　言

面向经济与管理类专业开设的"高等数学"课程，是为以后的课程，如西方经济学、金融学等做铺垫，但一般的高等数学教材对经济与管理类专业的学生来说有两方面的不利：

一是内容过于数理化，不易理解。一般的高等数学教材经常会出现公式与定理的讲解和证明，运用的例子多是物理学和几何学的内容，既占用课堂时间，又增加了课程难度。此外，经济管理专业只应用高等数学中的一部分，学生花大量时间和精力去掌握和学习的许多数学内容，如三角函数、定积分数学应用等，之后并不会用到。

二是内容缺乏与其他课程的联系，不易引起重视。经济管理是与日常生活联系紧密的学科，教育者一再强调大学一年级应在课程讲解中突出与实践的联系。若在高等数学课程中缺乏与经济管理内容的联系，其结果是许多学生忽略其重要性而放弃整门课程的学习，陷入了反复补考的困境之中。

当然，也有一些经济专业用的高等数学教材，如《经济数学》(霍伊等)、《经济数学》(罗伊·温特劳布)等，这些教材大多是再版多次的老教材，经过了教学的考验，但难度过大，并不适于一般经济与管理类院校的教学需要。"数学是一种语言"(J. Willard Gibbs)，经济数学不应该是纯数学，而应当是针对经济管理中需要使用的数学而设计的课程。因此，为回归高等数学课程设置的初衷，编写一部以经济应用为核心的高等数学教材是非常必要的，正是出于这种考虑，我们根据在本科和成人教学中进行的7年教学探讨和实践，初步编写了《经济数学》一书。

本书编写组成员均是"经济数学"课程的一线教学工作者，在教学实践过程中，针对学生本身特点和经济管理类专业总体课程设置的需要，对课程内容予以不断的修改和完善，形成了《经济数学》教材。教材编写的具体分工为：国福丽，第1～7章；魏枫，第8～13章；吴艳玲、刘小宁，第14～20章；吴艳玲承担了全书的排版和校对工作；孟庆琳教授认真通读了全书，并对框架结构和内容安排提出了多处修改意见，保证了本书的质量。

受我们的水平和能力所限，书中的内容难免有不成熟的地方，欢迎读者批评指正并提出宝贵意见。

编　者

2010年7月于哈尔滨

前 言

目　录

第1章　函数和方程式

1.1　变量与函数

在给定的问题中，不变的、保持一定值的量叫作常量(constant)。例如，在光速测量中，假定实验是精确的，就会发现，无论测量是在何时何地进行的，光速都是 3×10^8 m/s，因此，我们称之为常量。

相反地，由于某种原因而变化的、取不同值的量叫作变量(variable)，一般用字母 x、y、z 等表示。我们经常把经济现象抽象为经济变量。比如说失业水平，不同国家的失业水平有不同的数据，一个国家连续几年的失业水平也是变化的。在经济分析中的常量与变量具有不同特性，往往要强调条件。

经济分析中的变量一般有两类，一类是数量型变量，如工资、价格、储蓄、消费、失业率等，另一类是性质型变量，如季节、性别、区域、好坏等，经常通过赋值的方法将这些变量纳入经济分析中，性质型变量有时也称为虚拟变量。

经济分析中应尽量选取数量型变量。在经济分析中，由于变量数量较多，为了区分变量，往往选择特定的字母来表示变量，如需求用字母 d 表示，价格用字母 p 来表示，工资率用字母 w 来表示，等等，以防止混淆。

变量之间彼此联系。我们考虑问题的过程中，不仅是一个变量，可能有几个变量，要研究的是这些变量之间有什么关系。例如，去银行存钱，假设1年定期整存整取的年利率为3.05%，则存款本金 x 与一年到期时的利息 y 之间的对应关系如表1.1所示。

表1.1　利息 y 与本金 x 的关系

x	500	1 000	2 000	5 000	10 000	20 000
y	15.25	30.5	61	152.5	305	610

表1.1中的例子反映了在同一过程中两个相互依赖的变量，当其中一个变量取一个值时，按一定的规则，另一个变量有唯一确定的值与之对应，变量之间的这种“同步的”联系，就是函数关系，即给定其中一个变量的值，就肯定能够得出另一个变量的唯一确定的值时，我们称一个变量是另一个变量的函数，记为

$$y=f(x) \tag{1.1}$$

式(1.1)是“y 是 x 的函数”这种关系的一种简记。简记形式所代表的具体函数形式是不明确的，任何一个英文字母或希腊字母的变形，都可以用来表示“y 是 x 的函数”。例如：

$$y=a(x),\quad y=\varphi(x)$$

其中，x 习惯地称为自变量，y 称为因变量(即 y 因 x 而决定)。x 的变化范围称为函数的定义域，记为 D；y 的变化范围称为函数的值域，记为 Z；f 为自变量与因变量的对应规则。例如：

$$y = 2x^2 + 3x \quad (1.2)$$

式中,y 和 x 的关系是:当 x 任取一个值时,y 就会得出一个确定的值。例如,当 $x=2$ 时,就有 $y=2\times2^2+3\times2=14$;同样,当 $x=-5$ 时,$y=35$;$x=2\,000$ 时,有 $y=8\,006\,000$。因此,y 是 x 的函数,式(1.2)描述了这种函数关系。

在式(1.2)中,给出一个 x 的值,就有一个相对应的 y 值。当然,函数可以采取多种不同的具体形式。例如:

$$y = x^3 \quad (1.3)$$

$$y = 10x - 5 \quad (1.4)$$

式(1.3)和式(1.4)都给出了从 x 值求出 y 值的规则。按照这一规则,表 1.1 中利息与存款本金相对应的函数关系为

$$y = 0.030\,5x$$

1.1 考虑如下函数关系:

(a) $y=8x^2-5x+3$; (b) $y=\dfrac{5}{x}+10$; (c) $y=(2x+3)^3$。

求 x 取以下不同值时的 y 值:(i)$x=2$;(ii)$x=-3$。

1.2 若 $z=6t^4+3t^2+10$,求当 $t=4$ 和 $t=-6$ 时的 z 值。

函数是经济数学的主要研究对象。我们经常把经济现象之间的联系抽象为函数关系。用数学方法描述经济问题时经常要建立函数关系。例如,失业率上升时,工资率下降;可支配收入增加时,家庭的消费支出上升;商品价格上涨时,需求量降低。当这些联系"同步地"变动时,变量之间存在函数关系。因此,掌握函数对于学好经济理论起着至关重要的作用。

但在数学中可能存在 y 和 x 的非单值对应关系,如:

$$y = \pm\sqrt{x} \quad (1.5)$$

若 $x=9$ 时,则有 $y=3$ 或 $y=-3$,这样 y 的值就不是唯一的。式(1.5)不是我们刚刚定义过的函数,在本书中,我们不讨论如式(1.5)中的关系。

表示函数关系,常用的方法有两种:

一种是解析法,即用一个数学公式来表示,如 $y=f(x)$。在经济分析中,经常用解析法来表示经济变量之间的联系,如其他条件不变时,商品的需求量是自身价格的函数,可以把两个变量之间的关系写成

$$d = f(p) \quad 或 \quad d = d(p) \quad (1.6)$$

式中:d 为某种商品的需求量;p 为这种商品的价格。同理,在其他条件不变时,经济中固定资本的投资水平由利率决定,可以写作

$$I = f(R) \quad 或 \quad I = I(R) \quad (1.7)$$

式中:I 为投资;R 为利率。例如,我们有如下的 I(单位:万元)和 R(百分比)的函数关系:

$$I = 200 + \frac{10}{R^2} \quad (1.8)$$

即给定 R 值,可用式(1.8)求出唯一的 I 值。例如,当利率 $R=5\%$时,可得 $I=200+\dfrac{10}{0.05^2}=4\,200$(万元)。

同样，若 $R=10\%$，则 $I=200+\frac{10}{0.1^2}=1\,200$（万元）。

1.3　用解析法表示下列经济关系：

(a) 家庭消费支出取决于可支配收入；

(b) 货币需求取决于利率；

(c) 平均成本取决于产量。

另一种表示函数的方法是图示法，即用坐标系中的曲线反映变量之间的函数关系。坐标系由横轴与纵轴构成。横轴与纵轴如图 1.1 所示，两个轴的交点称为原点。变量 y 值用纵轴表示（称之为 y 轴），变量 x 值用横轴表示（称之为 x 轴）。在原点之上的 y 值是正值，在原点之下则是负值；在原点右侧的 x 值是正值，原点左侧则是负值。

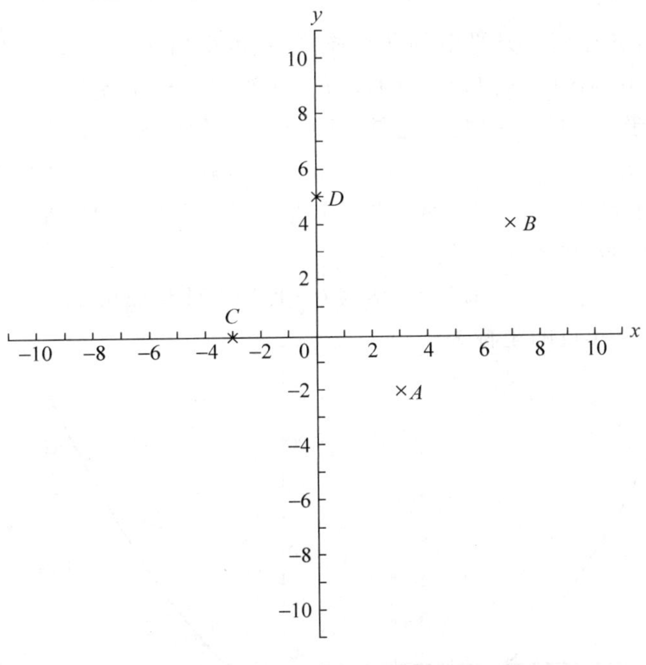

图 1.1　坐标系

变量 x 和 y 的任意一对组合都可通过坐标系上的一点来表示。例如，$x=3$，$y=-2$ 由图 1.1 中的点 A 表示，A 点是从原点出发，沿 x 轴向右移动 3 单位，沿 y 轴向下移动 2 单位得到的。

习惯上通常把坐标为(3，−2)的点用一个字母 A 表示。A 点所代表的括号中的数字依次是 x 值和 y 值。x 值被称为 x 坐标（横坐标），y 值被称为 y 坐标（纵坐标）。在图 1.1 中可以标出更多的点，如 B 点坐标是(7,4)，即该点的 x 坐标为 7，y 坐标为 4，它代表 $x=7$，$y=4$。同样，在 x 轴上的点 C 坐标为(−3,0)，y 轴上的点 D 坐标为(0,5)。

1.4　在坐标系中标出点(−5，−8)，(6，−4)，(0，−6)，(−3,2)，(0,0)，(2,0)。

给定如上的一个坐标系，就可以画出我们以前所描述的任何一个函数的图像。例如，考虑如下函数关系：

$$y = x^2 + 3x - 4 \tag{1.9}$$

可用函数(1.9)求出与 x 值所对应的 y 值。例如，当 $x=3$ 时，对应的 y 值为：$y=3^2+3\times 3-4=14$，这对 x 值和 y 值可在坐标系上用点(3,14)表示出来。因此，我们可用函数来找出所有的一一对应的 x 值和 y 值，并将它们在坐标系中表示出来。表 1.2 中是 x 取 -4～$+4$ 时对应的 y 值，如图 1.2 所示。

表 1.2　函数 $y=x^2+3x-4$ 的对应值

x	-4	-3	-2	-1	0	1	2	3	4
x^2	16	9	4	1	0	1	4	9	16
$3x$	-12	-9	-6	-3	0	3	6	9	12
y	0	-4	-6	-6	-4	0	6	14	24

在图 1.2 中，将各点用一条平滑的曲线连接，就可得出式(1.9)的图像。当然，我们只能画出函数在 x 取值范围内的图像，其余的部分无法画出。当 x 超过 4 时，y 的变动是不确定的；当 x 减少到小于-4 时，y 的变动也是不确定的。然而，从这部分图像中，可以看出函数的主要特征。当 x 增加时，y 起初减少，而且 y 是以递减的速度减少的，直到达到最小值，即 A 点，然后上升。因此，在 $x=-1.5$ 时，图像有最小值，且该图像关于最小值是对称的。把 $x=-1.5$ 代入式(1.9)，可得

$$y = (-1.5)^2 + 3\times(-1.5) - 4 = -6.25$$

y 的最小值为-6.25，A 点的坐标为$(-1.5,-6.25)$。

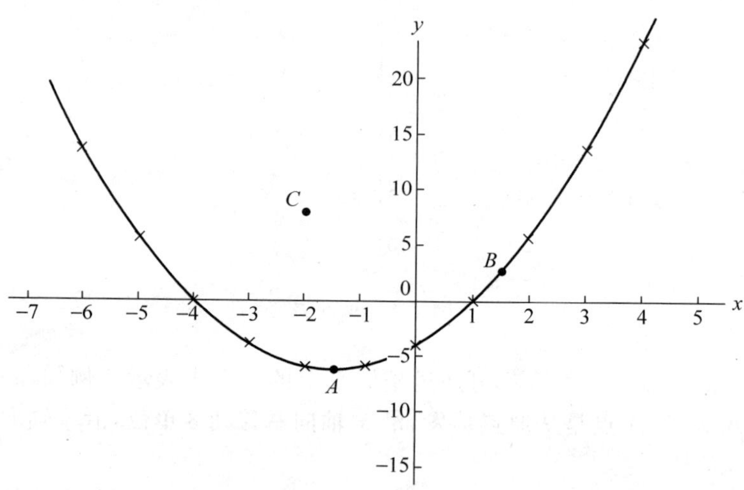

图 1.2　函数 $y=x^2+3x-4$ 的图像

需要强调的是函数式(1.9)和它在图 1.2 中的图像之间存在紧密联系。显然给定函数中任何一对 x 和 y 值，都能通过图像上的点表示出来；反过来，图 1.2 中的任一点一定代表一对满足函数式(1.9)的 x 和 y 值。例如，当 $x=1.5$ 时，通过式(1.9)可得 $y=2.75$，(1.5, 2.75)就是图 1.2 中的点 B。

任何一对满足函数式(1.9)的 x 和 y 值，都在图 1.2 中的曲线上，而任何不在图 1.2 中

曲线上的点所代表的 x 和 y 值也都不满足函数式(1.9)。例如，图 1.2 中的点 C 坐标为 (−2,8)，显然不满足函数式(1.9)，因为从式(1.9)中可知，当 $x=-2$ 时，$y=-6$。

1.5　画出函数式 $y=2x^2+7x-4$ 的图像，x 的取值范围为 $x=-5$ 到 $x=2$，并找出 y 的最小值。试证明：点(0.5,0)既满足该函数式又位于曲线之上，而点(2,10)既不满足函数式也不在曲线上。

注意函数式(1.9)的图像有两个点与 x 轴相交，在 $x=-4$ 和 $x=1$ 时，y 都等于 0。在式(1.9)中，$y=0$ 意味着

$$x^2+3x-4=0 \tag{1.10}$$

从此式中可得出 x 值，求 x 值的过程叫作解方程式。任一个使方程(1.10)成立的 x 值都是方程式的解或根。$x=-4$ 和 $x=1$ 是方程(1.10)的解，因为它们是能够满足方程式，或者说使方程左右两边相等的 x 值。

由于表达形式所限，图示法经常用来表示两个变量之间的函数关系。在用函数来表示经济关系的时候，限定函数的取值范围是必要的，在经济分析中函数图像主要表示在第一象限中。

1.6　利用思考题 1.5 中所画出的图像，解方程式 $2x^2+7x-4=0$。

函数的几何性质

函数 $y=x^2$ 的对应值如表 1.3 所示。在坐标系中作出 $y=x^2$ 的函数图像，如图 1.3 所示。

表 1.3　函数 $y=x^2$ 的对应值

x	−2	−1	0	1	2
y	4	1	0	1	4

可以看到，在 $x\in(-\infty,0)$ 时，函数图像呈下降趋势；在 $x\in(0,+\infty)$ 时，函数图像呈上升趋势。这反映了函数的单调性。即，当 x 在区间 $(-\infty,0)$ 上取值时，随着 x 的增大，相应的 y 值减少，函数 $y=x^2$ 是单调递减的；当 x 在区间 $(0,+\infty)$ 上取值时，随着 x 的增大，相应的 y 值也增大，函数 $y=x^2$ 是单调递增的。

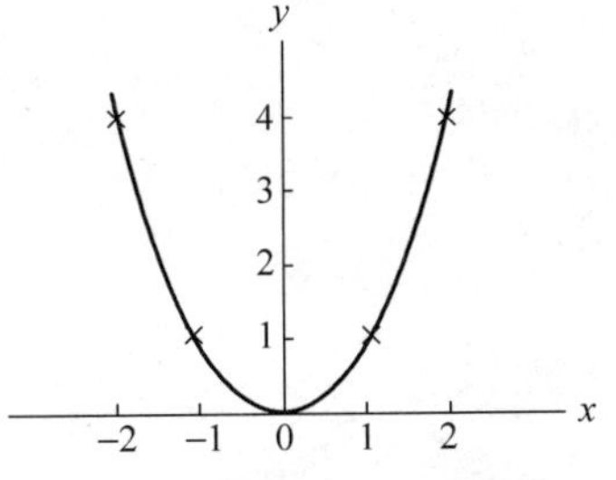

图 1.3　函数 $y=x^2$ 的图像

一般地，如果 $x_1,x_2\in D$，若 $x_1<x_2$ 时，有 $f(x_1)<f(x_2)$，则称函数 $f(x)$ 为 D 上的单调递增函数；有 $f(x_1)>f(x_2)$，则称函数 $f(x)$ 为 D 上的单调递减函数。如果函数 $y=f(x)$ 在区间 D 上是单调递增函数或单调递减函数，那么就说 $y=f(x)$ 在区间 D 上具有单调性。

函数具有单调性是极值的基础，因此，单调性是经济分析中最常使用的性质之一。例如，在 U 形的平均成本曲线上，一定存在着令平均成本最小的产量水平 q^*。当实际产量低

于 q^* 时,平均成本函数是单调递减的;当实际产量高于 q^* 时,平均成本函数是单调递增的。

函数 $y=x^2$ 在闭区间内又是一个有界函数。有界性是指,如果对于自变量 x 所在的某一定义域 D 范围内,存在一个正数 M,使得在 D 上的函数值 $f(x)$ 都满足 $|f(x)|\leqslant M$,则称函数 $y=f(x)$ 在 D 上有界,或 $y=f(x)$ 在 D 上是有界函数。反之,如果不存在这样的正数 M,则称函数 $y=f(x)$ 在 D 上无界,或 $y=f(x)$ 在 D 上是无界函数。

一般来说,连续函数在闭区间内具有有界性。例如:$y=x^2$ 在$[-3,0]$上有最小值 0,最大值 9,函数值在 0～9 变化,是有界的,所以具有有界性。在经济分析中,有界性常常与单调性联系起来用于分析函数的极值问题。

除了单调性、有界性之外,函数的几何性质还包括奇偶性和周期性等。但这两种性质在经济分析中不常出现,在此就不详加论述了。

1.2　一元线性函数和直线

最经常使用的函数为一元函数,即只有一个自变量和一个因变量的函数,一般表示为 $y=f(x)$。一元函数可以采取多种形式,最简单的一元函数形式是线性函数,若某函数具有函数关系

$$y = mx + c \tag{1.11}$$

则称该函数为线性的,其中,m 和 c 是任意常数。若 $m=3,c=4$,则有线性函数

$$y = 3x + 4 \tag{1.12}$$

表 1.4 列出了线性函数 $y=3x+4$ 的对应值。函数图像如图 1.4 所示,显而易见,其图像是一条直线。

表 1.4　线性函数 $y=3x+4$ 的对应值

x	-4	-3	-2	-1	0	1	2	3	4
$3x$	-12	-9	-6	-3	0	3	6	9	12
y	-8	-5	-2	1	4	7	10	13	16

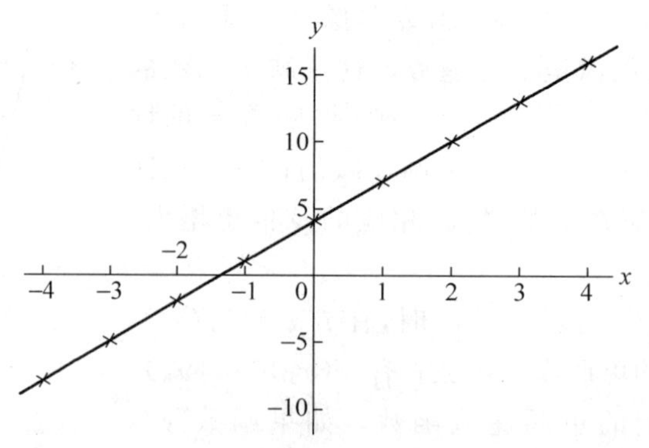

图 1.4　线性函数 $y=3x+4$ 的图像

无论 m 和 c 取何值,式(1.11)的图像都是一条直线,因此,式(1.11)也称作直线方程。在画线性函数图像时,只要找到两点,并用一条直线将这两点连接起来即可。在式(1.11)

中，系数 c 是当 $x=0$ 时 y 的值。因此，它给出了直线与 y 轴相交的点。c 被称为截距。c 取负值，则意味着直线与 y 轴的交点位于原点的下方，如图 1.5 所示。

式(1.11)中，系数 m 是直线的斜率，在图 1.5 和图 1.6 中，m 度量了当 x 变化 1 单位时 y 的变化，此时 m 等于 b/a。

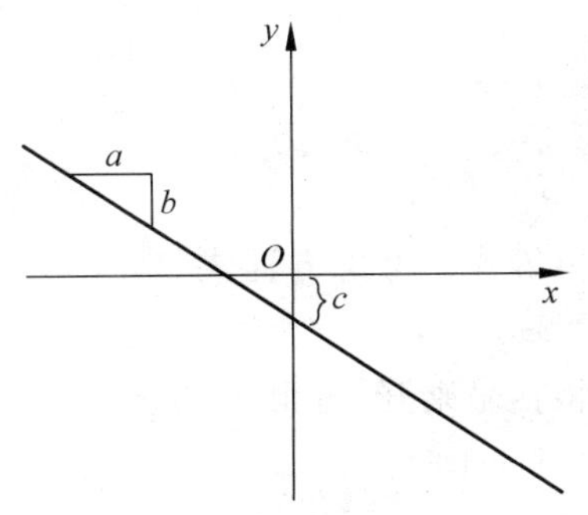

图 1.5　负的斜率和截距

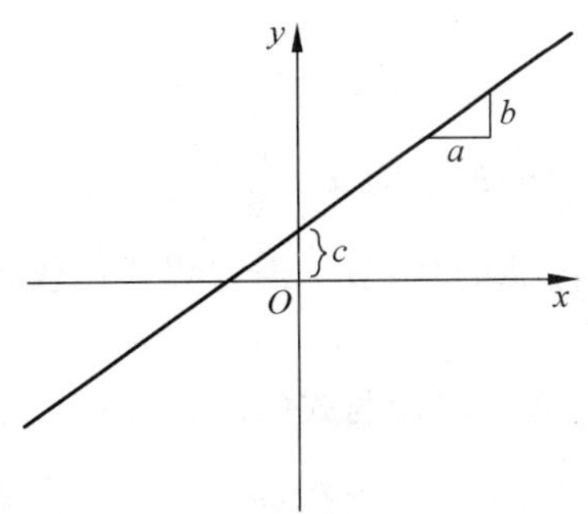

图 1.6　正的斜率和截距

两种特殊情况需要注意：①若式(1.11)中 $m=0$，则图像是一条水平的直线(也就是斜率为 0)，且与 y 轴交于 $y=c$ 处；②如果图 1.5 中 $a=0$，m 是无穷的，则图像为一条与 x 轴垂直的直线。

显然，除了水平线之外，直线与横轴交于一点且只交于一点。例如，在图 1.4 中直线 $y=3x+4$ 与横轴交于 $x=-\frac{4}{3}$ 是方程式 $3x+4=0$ 的解。因此，线性方程

$$mx+c=0 \quad 且 \quad m\neq 0 \tag{1.13}$$

有且仅有一个解。

1.7　写出下列直线方程的截距和斜率：

(a) $y=6x+8$；　(b) $2x-3y=8$；　(c) $7x=2y-5$。

线性方程的代数解

在图 1.4 中，我们得到一种解方程的方法，即根据函数关系画出图像，然后确定图像与 x 轴相交的点。然而这种方法要得到精确的答案需要非常仔细地绘图，有时运用一点代数知识来求解会更加方便。

求解式(1.13)那样的线性方程，由于 $mx+c=0$，可得

$$mx=-c \tag{1.14}$$

因此

$$x=-\frac{c}{m} \tag{1.15}$$

式(1.15)给出了线性方程(1.13)的一个解。例如，在式(1.12)中，$m=3$，$c=4$，解就是 $x=-\frac{4}{3}$，这和图 1.4 中所画的是一致的。

在求解方程时可以简化成式(1.14)的形式，求解起来会更加简单。例如，考虑一个方

程式

$$3(x+5)+2x=7+5(2x-1) \tag{1.16}$$

将括号乘开并把所有含 x 的项移到等号左边,所有常数项移到等号右边,可得

$$3x+2x-10x=7-5-15$$

或

$$-5x=-13$$

方程式(1.16)的解为 $x=\frac{13}{5}$。

提醒注意的是,有一类方程式比较特殊,那就是恒等式。考虑方程式

$$5(2-x)+x=2(3-2x)+4 \tag{1.17}$$

乍看起来,式(1.17)与式(1.16)是相似的。事实上,将括号乘开,可得

$$-5x+x+4x=6+4-10$$

上式可简化为

$$0=0$$

我们的求解程序显然不再适用。这是因为式(1.17)实质上不是一个方程式而是一个恒等式。也就是说,无论 x 取何值时,该式都是成立的。把如式(1.17)这样的式子定义为

$$5(2-x)+x\equiv 2(3-2x)+4$$

记号"≡"称为"恒等于"。恒等式在经济学中是很普遍的。在经济分析中,恒等式一般用于以下两种情况。

第一种情况,用恒等式来表示某个变量的定义。例如,国内生产总值(GDP)通常是指一定时期内,一个国家或地区所生产的全部最终产品和劳务的市场价值的总和。对国内生产总值进行核算时,可以通过将一定时期内社会购买各项最终产品的支出加总得出该时期国内生产的最终产品的市场价值。具体地,社会对最终产品和劳务的支出主要是居民消费、企业投资、政府购买和净出口。因此,国内生产总值 GDP 可表示为

$$\text{GDP}\equiv C+I+G+(X-M)$$

其中,C 表示居民消费;I 表示企业投资;G 表示政府购买,是各级政府购买商品和劳务的支出;$(X-M)$表示净出口(X 表示出口,M 表示进口)。

第二种情况,用恒等式来表示某种平衡关系。例如,商品市场达到平衡的条件是全社会对商品的总需求与总供应相等,即 AD≡AS,在只有居民和厂商的两部门经济中,总需求表现为居民的消费需求和厂商的投资需求;总供给即各种生产要素收入之和,可转化为消费与储蓄两部分。于是

$$\text{AD}=C+I$$

$$\text{AS}=C+S$$

这样,AD≡AS,就可表示为 $I\equiv S$。也就是说,如果通过金融机构把居民储蓄全部转化为投资,就可实现商品市场的平衡。

1.8 下列式子中哪些是方程式,哪些是恒等式?并求出方程式的解。

(a) $3(x+4)+2(x-5)=3x$;　　(b) $2x+5(2-x)=2(x+5)-5x$;

(c) $3x-5(x-3)=2(2x-3)$； (d) $2(x+4)+3(x-1)=4(8+2x)+3(x-1)$。

一元线性函数的经济应用

作为最简单的函数形式，一元线性函数在经济分析中得到了广泛的应用，最典型的代表就是需求函数和供给函数。

先来看需求函数。我们可以想象到一种商品在市场上的需求量肯定与它的价格有关系：价格贵，买的人就少，需求量比较小；价格便宜，买的人就多，需求量比较大。表示需求量与价格之间联系的函数就是需求函数：$d=d(p)$。根据上述分析，可以初步判断，在其他因素不变的条件下，一种商品的需求量和它的价格之间是呈反方向变动的，这样，我们就可以用线性函数来表示具体的需求函数，记为

$$d=d(p)=a-b\cdot p,\quad 其中\ a,b>0 \tag{1.18}$$

线性需求函数表明，一般而言，当一种商品的价格上升时，该商品的需求量将减少。在以价格为纵轴、需求量为横轴的坐标系内，需求函数的图像表现为一条向右下方倾斜的直线，如图1.7(a)所示。

再来看供给函数。供给，就是企业能够为市场提供多少商品，当然它也和价格有关系：商品价格高，企业就增加生产，供给量就比较大；反之，供给量就比较小。我们也可以把这种联系简化为一种函数关系，称为供给函数，在其他因素不变的条件下，供给函数可以表示为：$s=s(p)$。根据上述分析，可以初步判断一种商品的供给量和它的价格之间是呈同方向变动的，这样，我们就可以用线性函数来表示具体的供给函数，记为

$$s=s(p)=-\alpha+\beta\cdot p,\quad 其中\ \alpha,\beta>0 \tag{1.19}$$

线性供给函数表明，一般而言，当一种商品价格上升时，该商品供给量将增加。在以价格为纵轴、供给量为横轴的坐标系内，供给函数的图像表现为一条向右上方倾斜的直线，如图1.7(b)所示。

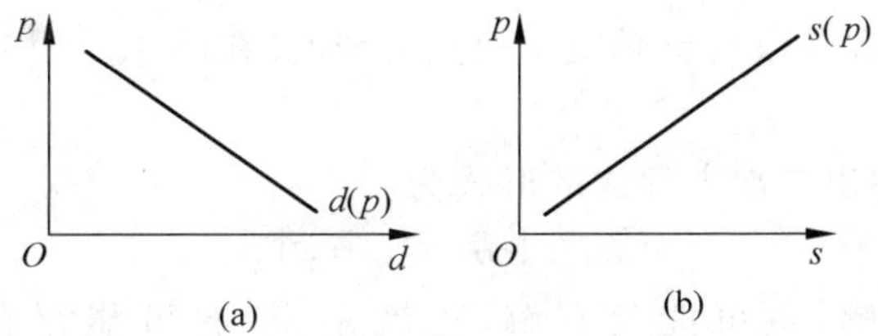

图1.7 线性需求函数和线性供给函数

大家想一想，为什么需求函数和供给函数的斜率和截距按上述方法设置，有什么原因呢？

1.3 一元二次函数和抛物线

如式(1.9)这样的函数被称为二次函数。二次函数的一般形式是

$$y=f(x)=ax^2+bx+c \tag{1.20}$$

显而易见，式(1.9)是式(1.20)的一个特例，此时，$a=1,b=3,c=-4$。

二次函数的图像形状为抛物线，具体形状取决于参数 a：当 $a>0$ 时，抛物线开口向上，

为 U 形曲线,类似于图 1.2;当 $a<0$ 时,抛物线开口向下,图像是倒 U 形的,并且此时函数有一个最大值而不是最小值。例如:

$$y=-2x^2+8x-13 \tag{1.21}$$

式中 $a=-2$,如表 1.5 和图 1.8 所示,在 $x=2$ 时,该函数有最大值 $y=-5$。

表 1.5 函数 $y=-2x^2+8x-13$ 的对应值

x	−2	−1	0	1	2	3	4	5	6
$-2x^2$	−8	−2	0	−2	−8	−18	−32	−50	−72
$8x$	−16	−8	0	8	16	24	32	40	48
y	−37	−23	−13	−7	−5	−7	−13	−23	−37

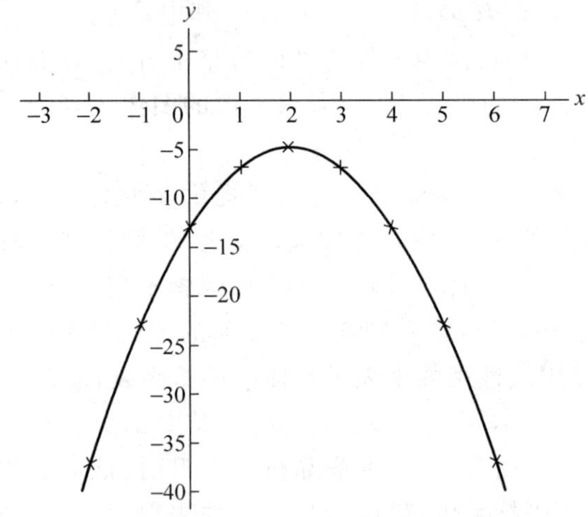

图 1.8 函数 $y=-2x^2+8x-13$ 的图像

在图 1.2 中出现二次函数与 x 轴交于两点的情况,在图 1.8 中二次函数曲线与 x 轴并不存在交点。

根据式(1.20),可得出二次方程式的形式为

$$ax^2+bx+c=0 \tag{1.22}$$

式(1.22)可能有两个解,也可能没有解,也就是说,有可能存在两个 x 值满足方程式(1.22),也可能没有任何一个 x 值能使该等式成立。例如,我们知道方程式(1.10)有两个解,$x=-4$ 和 $x=1$。然而,从图 1.8 中可推出方程式

$$-2x^2+8x-13=0 \tag{1.23}$$

没有解,即函数(1.23)的曲线与 x 轴不相交。

当然,二次方程式(1.22)还有可能只有唯一的一个解。其实这是两个解无限靠近,最终导致图形与 x 轴相切的情形。

1.9 在曲线 $y=-3x^2-2x+5$ 上,找到 y 的最大值,并解方程式 $3x^2+2x-5=0$。

二次方程式

在解式(1.22)那样的二次方程式时有两种可行的数学方法。第一种方法是将二次方程式左面的各项因式分解。例如,考虑方程

$$x^2 + 3x - 4 = 0 \tag{1.24}$$

在此式中,可将左边的部分写成两项乘积的形式

$$(x + 4)(x - 1) = 0$$

则有

$$x + 4 = 0, \quad 得\ x = -4$$

或

$$x - 1 = 0, \quad 得\ x = 1$$

因此,$x=-4$ 和 $x=1$ 既满足方程(1.24)也满足方程(1.10),方程(1.10)的解为 $x=-4$ 和 $x=1$。当然,它们也正好与在图 1.2 中所得的解相同。

第二种求解方法是公式法。对于

$$ax^2 + bx + c = 0$$

求解的方法是直接运用求根公式

$$x = \frac{-b \pm \sqrt{b^2 - 4ac}}{2a} \tag{1.25}$$

例如,方程(1.24)中 $a=1,b=3,c=-4$,将这几个值代入式(1.25),有

$$x = \frac{-3 \pm \sqrt{3^2 - 4 \times 1 \times (-4)}}{2} = \frac{-3 \pm \sqrt{25}}{2} = \frac{-3 \pm 5}{2}$$

可得解

$$x = \frac{-3 + 5}{2} = 1$$

或

$$x = \frac{-3 - 5}{2} = -4$$

这与前面用图像法和因式分解法得到的解是相同的。

只要二次方程式的解存在,就能运用求根公式(1.25)求解,但因式分解的方法有时并不适用。例如,对于方程式

$$x^2 + 2x - 5 = 0 \tag{1.26}$$

就不能将其左面各项因式化,所以要求助于公式(1.25),此时 $a=1,b=2,c=-5$,代入式(1.26),有

$$x = \frac{-2 \pm \sqrt{4 - 4 \times 1 \times (-5)}}{2} = \frac{-2 \pm \sqrt{24}}{2} = \frac{-2 \pm 4.90}{2}$$

解得 $x=1.45$ 和 $x=-3.45$。

1.10　用代数法求解思考题 1.6 中的二次方程式(因式分解法和公式法求解),并比较不同的方法所得出的答案。

1.11 解下列二次方程式：

(a) $x^2-5x+6=0$；(b) $2x^2=3-5x$；(c) $3x^2+8x-5=0$。

二次方程式解的数目

当用图像法解二次方程式时，可以看到通常会有两个解或无解。我们也可以利用式(1.25)导出这个结论。假设通过公式解方程(1.23)，在此方程中，$a=-2,b=8,c=-13$，因此可得

$$x=\frac{-8\pm\sqrt{64-4\times(-2)\times(-13)}}{-4}=\frac{-8\pm\sqrt{-40}}{-4}$$

然而，-40 的平方根并不存在。因此，式(1.23)的解也不存在。当然，这和我们在图 1.8 中所看到的是一致的。

按式(1.25)求解时，若平方根号内的值是负的，方程式就无解。即如果 $b^2<4ac$，二次方程式就没有解。在这种情况下，函数的图像与 x 轴不相交。

严格地说，上面的内容也可以表达成：如果 $b^2<4ac$，二次方程式就没有“实数解”。数学家把像(1.23)那样方程式的解称为“虚数”或“复数”，本书中我们并不讨论复数。

在式(1.25)中，当根号内的表达式是一个正值时，像方程(1.24)和方程(1.26)那样，就会存在两个解。即如果 $b^2>4ac$，二次方程式有两个解，此时，方程式的图像与 x 轴有两个交点。

还有一种不太可能的情况，即 b^2 和 $4ac$ 恰好相等。例如，方程式

$$x^2-6x+9=0 \tag{1.27}$$

此式中，$a=1,b=-6,c=9$，恰好有 $b^2=4ac$。利用式(1.25)，有

$$x=\frac{6\pm\sqrt{36-4\times1\times9}}{2}=\frac{6+\sqrt{0}}{2}=3$$

式(1.27)只有 1 个解，$x=3$，函数关系 $y=x^2-6x+9$ 的图像如图 1.9 所示。注意，此时它恰好与 x 轴只有一个交点，因此解是唯一的。即，如果 $b^2=4ac$，二次方程式只有一个解。

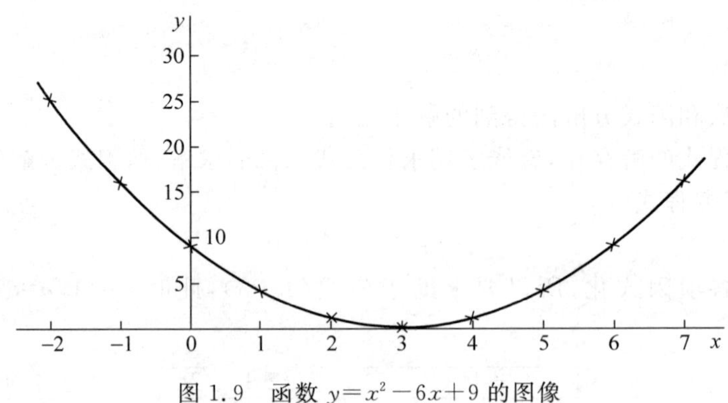

图 1.9 函数 $y=x^2-6x+9$ 的图像

总结一下，对于求根公式(1.25)：

(1) 如果 $b^2>4ac$，二次方程式有两个解。

(2) 如果 $b^2=4ac$，二次方程式只有一个解。

(3) 如果 $b^2<4ac$，二次方程式没有解。

1.12　下列二次方程式有几个解？并对那些有解的方程式求解。

(a) $x^2-3x+3=0$；　(b) $2x^2+11x-21=0$；

(c) $9x^2-24x+16=0$；　(d) $2x^2+5x-6=0$；

(e) $3x^2+2x+3=0$。

一元二次函数的经济应用

在经济学中，经常用一元二次函数来表现厂商的总成本曲线。每个企业的生产都要进行大量的投入，包括设备、工具和原材料等，在这些方面的费用就称为成本(cost)。一般来说，成本应该与产品的产量有关，这种表示成本与产量之间联系的函数就称为总成本函数，即企业生产一定量产品所需要的全部费用，记为：$TC=TC(q)$。

总成本和产量之间经常会表现出二次函数的联系，这样，就可以把总成本函数具体表示为

$$TC=aq^2+bq+c,\quad q\geqslant 0\quad (a,b,c>0) \tag{1.28}$$

这表明总成本是随着产量的增加而快速增加的。例如，在 $a=1,b=2,c=8$ 时，该函数如图 1.10 所示，因变量 TC 用纵轴表示，产量 q 用横轴来表示。注意该函数不仅仅表明当产量增加时总成本随之增加，而且总成本是以一种递增的速度增加的。当然，有一种情况除外，即存在固定不变的生产要素时，如当 $q=0$ 时，$TC=c=8$。式(1.28)中，c 不随产量 q 的变化而变化，称为固定成本，记为 FC。(aq^2+bq)是产量 q 的函数，随 q 的变化而发生变化，称为可变成本，记为 VC。总成本是可变成本和固定成本之和，即 $TC=VC+FC$。

表 1.6　总成本函数 $TC=q^2+2q+8$ 的对应值

q	0	1	2	3	4	5
q^2	0	1	4	9	16	25
$2q$	0	2	4	6	8	10
TC	8	11	16	23	32	43

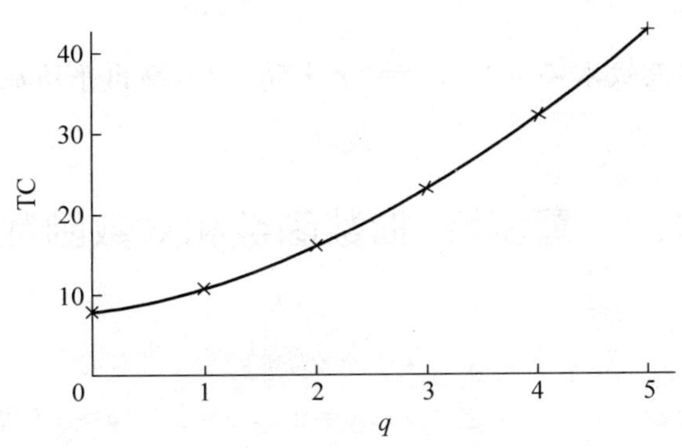

图 1.10　总成本函数 $TC=q^2+2q+8$ 的图像

严格说来，函数(1.28)也应延伸到纵轴的左侧。然而，厂商不生产负的产量。因此不考虑这种情况。在式(1.28)中，限定取值范围为 $q\geqslant 0$，即仅求非负产量所带来的总成本。

利用像式(1.28)的总成本函数,可求得U形的平均成本曲线。将式(1.28)中的总成本除以产量 q,即得平均成本函数

$$AC = \frac{TC}{q} = aq + b + \frac{c}{q} \tag{1.29}$$

AC是生产一单位产品的平均成本,当 $a=1, b=2, c=8$ 时,曲线如图1.11所示,其对应值如表1.7所示。从图像上看,随着产量的增加,平均成本是先下降后上升的曲线。注意随着产量 q 趋近于零,平均成本越来越大。

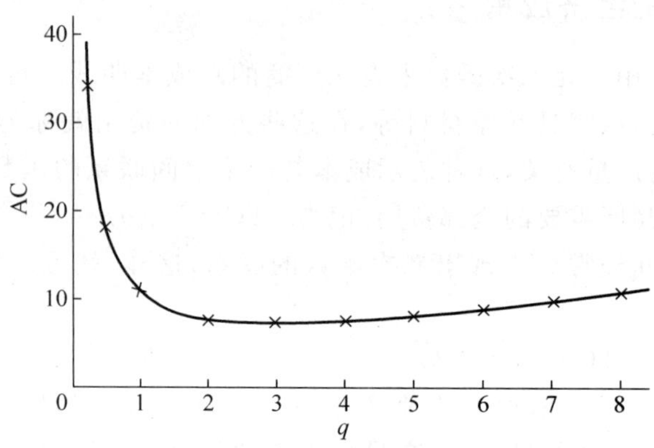

图1.11　平均成本函数 $AC=q+2+\dfrac{8}{q}$ 的图像

表1.7　平均成本函数 $AC=q+2+\dfrac{8}{q}$ 的对应值

q	0.25	0.5	1	2	3	4	5	6	7	8
$q+2$	2.25	2.5	3	4	5	6	7	8	9	10
$\frac{8}{q}$	32	16	8	4	2.67	2	1.6	1.33	1.14	1
AC	34.25	18.5	11	8	7.67	8	8.6	9.33	10.14	11

1.13　若某厂商的总成本函数为 $TC=2q^2+5q+20$,画出平均成本曲线,并找出平均成本最小时的产量 q。

1.4　幂函数、指数函数和对数函数

幂函数

上面我们考虑过函数 $y=x^2$,与之类似,$y=x^{\frac{3}{2}}$,$y=x^{\frac{5}{3}}$,$y=x^{\frac{8}{3}}$ 等函数形式有一个共同点,即

$$y = f(x) = x^{\alpha} \quad (\alpha\text{为任意实数}) \tag{1.30}$$

这样的函数称为幂函数。幂函数的定义域和值域随着 α 值的不同而有所区别。我们发现,不论 α 是什么数,幂函数总是经过第一象限,在区间 $(0,+\infty)$ 内总是有意义的。而对于一切

幂函数，当 $x>0$，总有 $y>0$，幂函数的图像一定不会经过第四象限。我们之前学到的线性函数和二次函数都是幂函数的简单变形。

幂函数在经济分析中也经常使用。例如，短期生产函数的一般形式就是幂函数。在经济分析中常需要表示企业产量与各种投入量之间的关系，这就是生产函数。我们以生产过程中最重要的投入——劳动——为自变量，就可以得到企业产量 q 与劳动投入量 l 之间的关系：$q=q(l)$。生产函数 $q=q(l)$ 经常采用幂函数的形式

$$q=q(l)=l^{\alpha} \tag{1.31}$$

以幂函数形式表示的生产函数，一般要求 $0<\alpha<1$。这样，一方面，随着劳动投入量的增加，企业产量在不断增加；另一方面，随着劳动投入量的增加，产量增加的速度越来越慢。

指数函数

一般地，将形式为

$$y=a^{x} \quad (a>0 \text{ 且 } a\neq 1) \tag{1.32}$$

的函数称为指数函数。指数函数的图像通常为曲线。如图 1.12 所示，我们可以用描点法画出指数函数 $y=\left(\frac{1}{2}\right)^{x}$，$y=2^{x}$ 的图像。$y=\left(\frac{1}{2}\right)^{x}$ 是 $(-2,4)$，$(-1,2)$，$(0,1)$，$\left(1,\frac{1}{2}\right)$ 4 个点的连线。$y=2^{x}$ 是 $\left(-1,\frac{1}{2}\right)$，$(0,1)$，$(1,2)$，$(2,4)$ 4 个点的连线。两条曲线是关于 y 轴对称的。当 $a>1$ 时，指数函数是严格单调递增的，如图 1.12 中的 $y=2^{x}$；当 $a<1$ 时，指数函数是严格单调递减的，如图 1.13 中的 $y=\left(\frac{1}{2}\right)^{x}$。所有的指数函数图像都经过点 $(0,1)$。

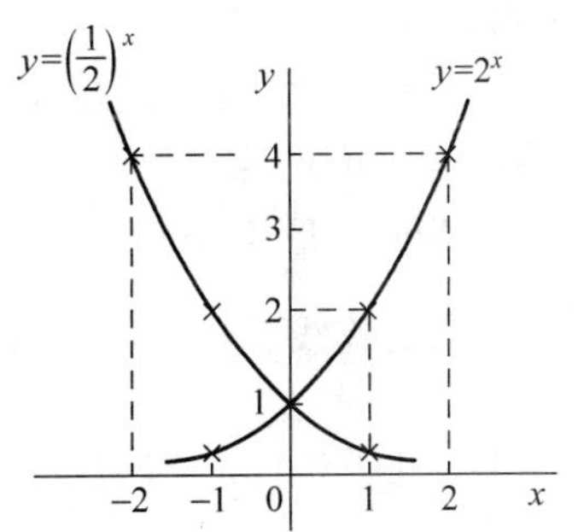

图 1.12　指数函数 $y=\left(\frac{1}{2}\right)^{x}$ 和 $y=2^{x}$ 的图像

指数方法

在经济分析中，常常会利用数量指标描述国民经济活动的状态和发展趋势，如 GDP、CPI 等，这时就经常会用到指数方法。指数方法最早于 1909 年由美国统计学家巴布森编制。指数方法将许多社会经济现象用以 e 为底的指数函数来描述，表示变量随着时间增长和变化的特性，e 是一个无理数，e=2.718 281 828 459…此时，自变量为时间，记为 t，即

$$y=f(t)=y_{0}\cdot \mathrm{e}^{\alpha t} \tag{1.33}$$

其中 α 为因变量 y 的增长率。

例如，可以用指数方法进行人口预测。某国人口的年增长率为 2%，在 2000 年时人口为 1 500 万，我们就可以预测该国 2020 年和 2030 年年底的人口数。根据指数方法(1.33)，有

$$P_{t}=1.5\mathrm{e}^{0.02t}(\text{千万})$$

其中 e 为常数，t 是从 2000 年底起算的年份数。那么，到 2020 年底，t 取值为 20，所以

$$P_{20}=1.5\mathrm{e}^{0.02\times 20}\approx 2.24(\text{千万})$$

类似地，在 2030 年底，t 取值为 30，则有

$$P_{30} = 1.5e^{0.02\times 30} \approx 2.73(\text{千万})$$

当然，通过同样的方法，我们也可以对经济进行预测。

1.14 已知中国的国内生产总值 GDP 的年增长率为 7%，2010 年中国的 GDP 为 40 万亿元人民币。试利用指数方法预测：2050 年时中国的 GDP。

对数函数

一般地说，将形式为

$$y = f(x) = \log_a x \quad (a > 0 \text{ 且 } a \neq 1) \tag{1.34}$$

的函数称为对数函数，它的定义域是$(0,+\infty)$。对数函数的图像为一条曲线，受 a 取值的不同影响：当 $a>1$ 时，曲线单调递增；当 $0<a<1$ 时，曲线单调递减。

图 1.13 用描点法画出了对数函数 $y=\log_{\frac{1}{2}} x$ 和 $y=\log_2 x$ 的图像。

$y=\log_2 x$ 是 4 个点，即$(4,2)$，$(2,1)$，$(1,0)$，$\left(\frac{1}{2},-1\right)$的连线。$y=\log_{\frac{1}{2}} x$ 是 4 个点，即$(4,-2)$，$(2,-1)$，$(1,0)$，$\left(\frac{1}{2},1\right)$的连线。两条曲线关于 x 轴对称。

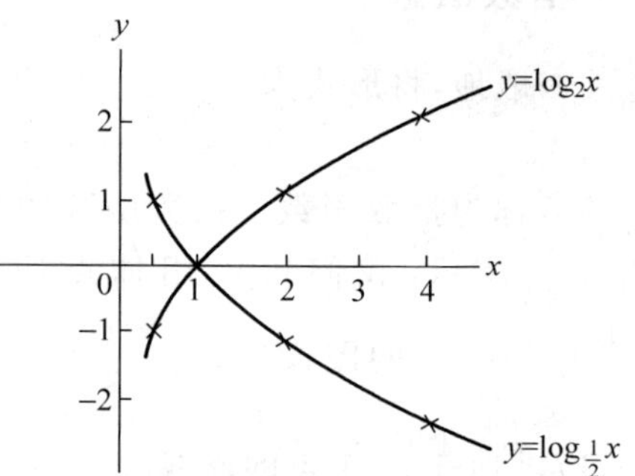

图 1.13 函数 $y=\log_{\frac{1}{2}} x$ 和 $y=\log_2 x$ 的图像

我们观察到，所有的对数函数图像都经过$(1,0)$。而且，$y=\log_{\frac{1}{2}} x$ 是单调递减的，$y=\log_2 x$ 是单调递增的。一般地，当 $a>1$ 时，函数 $y=\log_a x$ 是增函数；当 $0<a<1$ 时，函数 $y=\log_a x$ 是减函数。

对数函数中使用最多的是自然对数，即以 e 为底的对数

$$y = f(x) = \log_e x = \ln x$$

对数函数有一些非常有用的运算性质。如果 $a>0$ 且 $a\neq 1$，$M>0$，$N>0$，那么，可以利用下面四个性质进行简便计算：

$$\log_a(MN) = \log_a M + \log_a N$$

$$\log_a \frac{M}{N} = \log_a M - \log_a N$$

$$\log_a(M^n) = n\log_a M \quad (n \in \mathbf{R})$$

$$\log_b N = \frac{\log_a N}{\log_a b} \quad (a,b > 0 \text{ 且 } a,b \neq 1, N > 0)$$

在经济分析中，对数函数经常用于简化计算。例如，对于式(1.31)这样比较复杂的生产函数，在等式两侧同时取以 e 为底的对数

$$\ln q = \ln l^{\alpha}$$

整理后，有

$$\ln q = \alpha \ln l$$

如果令 $\ln q = q^*$，$\ln l = l^*$，则

$$q^* = \alpha l^*$$

通过这样的变换，复杂幂函数形式的生产函数就转化为最简单的线性函数了。

1.15　对下列函数进行对数变换：

(a) $y=2^x$；　　(b) $y=x^2$。

1.5 反 函 数

重新考虑一下线性函数

$$y = 3x + 4$$

对于任何 x 值，函数都给出唯一对应的 y 值。例如，当 $x=1$ 时，$y=7$；$x=-3$ 时，$y=-5$。把上式重新整理一下，用 y 表示 x

$$y = 3x + 4 \rightarrow 3x = y - 4 \rightarrow x = \frac{1}{3}y - \frac{4}{3} \tag{1.35}$$

式(1.35)中最后一个式子也是一种函数关系，因为对于任何一个给定的 y，都是唯一的 x 值与之对应。例如，当 $y=7$ 时，$x=1$；当 $y=-5$ 时，$x=-3$。然而考虑这样一个函数

$$y = x^2 + 3 \tag{1.36}$$

对式(1.36)进行变形，用 y 表示 x

$$y = x^2 + 3 \rightarrow x^2 = y - 3 \rightarrow x = \pm\sqrt{y-3} \tag{1.37}$$

式(1.37)中的最后一个式子就不是一个函数关系。对于给定的 y 值，不再有唯一对应的 x 值。

当对函数式 $y=y(x)$ 进行变换，可以得出另一个函数式 $x=x(y)$ 时，把函数 $x(y)$ 称为 $y(x)$ 的反函数。例如，考虑函数

$$y = -4x + 8 \tag{1.38}$$

式(1.38)经整理可得函数关系

$$x = 2 - \frac{1}{4}y \tag{1.39}$$

函数(1.39)是函数(1.38)的反函数。

注意：并不是所有的函数都有反函数，如函数(1.36)就没有反函数。

有的时候某函数 $y=y(x)$ 有反函数，但却无法清楚地写出反函数形式 $x=x(y)$。例如，函数

$$y = 2x^3 + 4x \tag{1.40}$$

有反函数，但是写出 x 用 y 表示的形式是不可能的(试一下)，然而，能很容易得到反函数 $x=x(y)$ 的图像。函数式(1.40)的图像如图 1.14 所示，要想得到反函数的图像，只有简单地把图 1.14 中的坐标轴颠倒一下就可以了。即，重新画一下图形，用纵轴代表 x，横轴代表 y。结果如图 1.15 所示，可以看出 $x=x(y)$ 确实是一个函数关系，因为对于任何一个给定的 y，图中都给了一个唯一对应的 x 值。

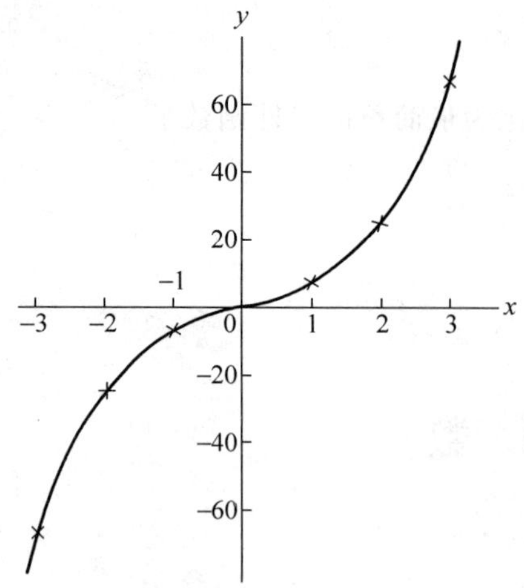

图 1.14 函数 $y=2x^3+4x$ 的图像

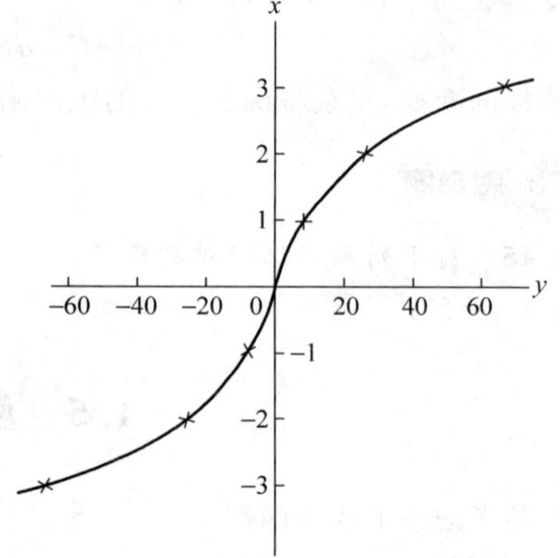

图 1.15 函数 $y=2x^3+4x$ 的反函数图像

1.16 试求下列函数的反函数：

(a) $y=2x+3$； (b) $y=\dfrac{1-x}{1+x}$； (c) $y=3^{2x+5}$；

(d) $y=1+\ln(x+2)$； (e) $y=x^3+2$。

在经济学中，很容易寻找一个反函数的例子。例如，函数(1.6)有反函数 $p=p(d)$，称为反需求函数，用 d 做自变量比较少见，经常使用字母 q 表示数量，因此，反需求函数常表示为 $p=p(q)$，即对于任何给定的需求量，都可得出此时的价格，需求量也正是在此价格水平下的需求量。对于式(1.18)，其反需求函数为

$$p=p(q)=\frac{a}{b}-\frac{1}{b}q \tag{1.41}$$

类似的，函数(1.7)的反函数为 $R=R(I)$，即对任一投资水平 I，都可得到相对应的利率水平 R，而投资也是在此利率下所引发的投资。

1.6 复合函数与多元函数

上面所讲的这些函数都是简单函数或初等函数。除了简单函数之外，还有复合函数。

设 $y=f(u)$，$u=\varphi(x)$，若 $u=\varphi(x)$的值域在 $y=f(u)$的定义域内变化，此时变量 x 与 y 之间通过变量 u 形成了一种函数关系，记为

$$y=f(u)=f[\varphi(x)] \tag{1.42}$$

称为复合函数，其中 x 是自变量，y 是因变量，u 为中间变量。

注意：不是任何两个函数都可以复合成一个复合函数的，只有当 $u=\varphi(x)$的值域和 $y=f(u)$的定义域的交集不为空集时，二者才可以构成一个复合函数。与复合函数相对应，之前提到的函数称为简单函数。

1.17 已知 $f(x)$和 $g(x)$，求 $f[g(x)]$和 $g[f(x)]$：

(a) $f(x)=x+1, g(x)=2x$；　　(b) $f(x)=x^2+1, g(x)=\frac{1}{x}$；

(c) $f(x)=\sqrt{x+1}, g(x)=x^4$；　　(d) $f(x)=\frac{x}{x+2}, g(x)=\frac{x-1}{x}$；

(e) $f(x)=x^2, g(x)=2^x$。

知道复合函数，要能够把复合函数拆分成简单函数。即将一个给定的复合函数分解，看它是由哪些基本初等函数或基本初等函数的四则运算经怎样的过程复合而得的。把复合函数分解成简单函数时，越与基本函数接近越好。

1.18 将下列函数分解成简单函数的复合：

(a) $f[g(x)]=\sqrt{2-3x^2}$；　　(b) $f[g(x)]=\frac{1}{1-2x}$；

(c) $f[g(x)]=(1+\ln x)^5$；　　(d) $f[g(x)]=\ln(1+x)$；

(e) $f[g(x)]=e^{x^2}$；　　(f) $f[g(x)]=e^{\sqrt{x+1}}$（提示：三次复合）。

在经济分析的厂商理论中，生产成本是产量的一个函数。产量又是投入的生产要素的函数，因此，生产成本与投入要素之间可以复合成一个复合函数。如果用 TC 表示生产成本，q 表示产量，l 表示需求投入的劳动要素的数量，则由于有 $\mathrm{TC}=\mathrm{TC}(q)$和 $q=q(l)$，就一定有 $\mathrm{TC}=\mathrm{TC}[q(l)]$，这里 TC 就是 l 的复合函数，产量 q 为该函数的中间变量。

再如，一种商品销售之后就会有销售收入，销售收入应该是价格乘以销售量，但价格与销售量之间也有一定的关系，这样就得到销售收入与销售量之间的联系，称为收入函数，记为：$\mathrm{TR}=pq$。结合之前的反需求函数(1.41)，那么，收入函数的具体表达式为

$$\mathrm{TR} = pq = \left(\frac{a}{b}-\frac{1}{b}q\right)q = \frac{a}{b}q-\frac{1}{b}q^2 = \mathrm{TR}(q)$$

这也是一个二次函数，表明收入随着销售量的增加而缓慢增长。

1.19 已知某厂商生产某种产品的总收入 TR 是销售量 q 的函数，为 $\mathrm{TR}=\mathrm{TR}(q)=205q$；而销售量 q 又是价格 p 的函数，函数关系为 $q=q(p)=1\,000+\frac{20}{p}$。试求：总收入 TR 与价格 p 之间的函数关系。

多元函数

人们常说的函数 $y=f(x)$，是因变量与一个自变量之间的关系，即因变量只依赖于一个自变量，函数是一元的。但许多实际问题中往往需要研究因变量与 n 个自变量之间的关系，即因变量的值依赖于多个自变量。有多个自变量的函数称为多元函数，其函数形式记为

$$y = f(x_1, x_2, \cdots, x_n) \tag{1.43}$$

通常我们所考虑的需求函数和供给函数其实都是多元函数的一种简化。以需求函数为例,影响一种商品需求量的因素有很多,如果我们把这些因素都纳入自变量范畴中,需求函数就由一元函数变成了多元函数。例如,除了商品本身价格 p 之外,替代品价格 p_i、互补品价格 p_r、消费者收入 I 也会影响需求,则需求函数可扩展为

$$d = d(p, p_i, p_r, I) \tag{1.44}$$

同样地,一种商品的供给函数也可以扩展为多元函数的形式。例如,除了商品本身价格 p 之外,相关商品价格 p_i、生产成本 C、技术水平 T 等都会影响一种商品的供给,此时,供给函数为

$$s = s(p, p_i, C, T) \tag{1.45}$$

习　题

1.1　画出函数 $y=2x^2+6x-4$ 的图像,$x\in(-4,+3)$,并找出 y 取最小值时点的坐标。

1.2　求下列直线与 y 轴的截距以及直线的斜率:

(a) $3x+5x=10$;　(b) $3y=8+2x$;　(c) $2x+4y=-5$。

1.3　写出下列直线的函数式:

(a) 截距-2.5,斜率为 0.5;(b) 截距为 5,斜率为-1.25;(c) 截距为 2,斜率为 0。

1.4　确认下列方程式中哪一个是恒等式?找出每个方程式的解。

(a) $4(2x-3)-2(3x+2)=5x$;　(b) $5x-6=3(x-4)-3(2x+4)$;

(c) $3(x-2)=6(x-1)-3x$;　(d) $0.5(2x+6)=1.5(x-3)$。

1.5　用代数方法确定下列二次方程式是否有解,并求解。

(a) $3x^2+14-5=0$;　(b) $x^2-7x+11=0$;　(c) $x^2=3x-10$;

(d) $x^2+8x+12=0$;　(e) $2x^2+5x=7$;　(f) $9x^2=30x-25$。

1.6　生产某商品的总成本是 $\mathrm{TC}=\mathrm{TC}(q)=2q^2+10q+50$,其中 q 是该商品的产量。求生产 50 件商品时的总成本和平均成本。

1.7　《经济数学》每本售价为 45 元,成本为 20 元,出版社为鼓励书店大量采购,决定凡是订购超过 10 本以上的,每多订购一本售价就降低 1 元,但是最低价为 30 元。

(a) 将每本《经济数学》的实际售价 p 表示为订购量 q 的函数;

(b) 将出版社所获的利润 π 表示为订购量 q 的函数;

(c) 某一书店订购了 50 本,出版社可获得的利润是多少?

1.8　某玻璃杯生产厂商的平均成本函数为:$\mathrm{AC}=\mathrm{AC}(q)=q^2-20q+110$。其中,AC 是每单位产量的平均成本(单位:元)。玻璃杯的价格是 10 元/个。试求该厂商在损益均衡(即价格=平均成本)时的产量水平。

1.9　一片森林现有木材 15 万立方米,若以年增长率 1.2%的速度均匀增长,那么 20 年后,这片森林有多少万立方米木材?

第2章 线性方程组

两个或两个以上方程式的组合叫作方程组，又称“联立方程”。把若干个方程合在一起研究，使其中的变量值同时满足每一个方程，这样的变量值，称为方程组的“解”，求解的过程称为“解方程组”。

对方程组可以根据其中方程的特点来进行分类。如果一个方程组所包含的方程都是线性的，称为线性方程组；反之，如果一个方程组所包含的方程中至少有一个方程是非线性方程，则该方程组就称为非线性方程组。由于非线性方程可以采取某些方法转换为线性方程，因此，我们重点介绍如何求解线性方程组。

2.1 二元线性方程组

考虑线性方程组

$$3x + 4y = 6 \tag{2.1}$$

$$2x + 6y = 14 \tag{2.2}$$

解该方程组，可以得到一对 x 和 y 值同时满足这两个方程，使每个方程的左边都等于右边。

我们可以采用以下方法来求解。取出一个方程，如方程(2.1)，把它重新整理为用一个变量表示另一个变量的形式，例如，x 用 y 表示

$$3x + 4y = 6 \rightarrow 3x = 6 - 4y \rightarrow x = 2 - \frac{4}{3}y \tag{2.3}$$

现在，把式(2.3)中的 x 代入方程(2.2)

$$2\left(2 - \frac{4}{3}y\right) + 6y = 14$$

简化之后，可以得出一个只含有 y 的方程式，这样，就可以将 y 求出来

$$4 - \frac{8}{3}y + 6y = 14 \rightarrow \frac{10}{3}y = 10 \rightarrow y = 3 \tag{2.4}$$

给定 $y=3$，用式(2.3)求解 x 值，有

$$x = 2 - \frac{4}{3} \times 3 = -2 \tag{2.5}$$

得到的值 $x=-2$ 和 $y=3$ 形成了方程组(2.1)、方程组(2.2)的解，可以通过把值代入方程(2.1)和方程(2.2)的左侧来检验这一点。

2.1 用代数方法解下列方程组：

(a) $\begin{cases} 2x+4y=10 \\ 3x-y=1 \end{cases}$；　(b) $\begin{cases} 3x-5y=-1 \\ -2x+3y=-11 \end{cases}$；　(c) $\begin{cases} x=5y-10 \\ y=2x-7 \end{cases}$。

上面介绍的方法对于解线性方程组和非线性方程组来说都是适用的。另一种解方程组

的方法，对于解像(2.1)、(2.2)这样的线性方程来说是适用的，但对于那些非线性方程来说则不适用。

另一种求解的方法即用适当的常数乘以其中一个或两个方程。然后，通过两个方程的加或减消掉其中的一个变量(x 或 y)，解就很容易得到。

例如，考虑方程组(2.1)、(2.2)，用常数 2 乘以方程(2.1)，用常数 3 乘以方程(2.2)，可以得出

$$6x + 8y = 12$$
$$6x + 18y = 42$$

用第二个方程减去第一个可得

$$10y = 30 \rightarrow y = 3$$

这样，就求得了 y 值，再把 $y=3$ 代入方程(2.1)或(2.2)就可得出 $x=-2$，这与前面我们求得的解是相同的。读者现在可用这种方法解一下思考题 2.1 中的方程组。

在方程组(2.1)、(2.2)中，是否存在其他的解？即有没有其他的 x 和 y 值(除了 -2 和 3)能同时满足这两个方程式？下面用图像法探讨这个问题。

现在重新整理一下方程组(2.1)、(2.2)，用 x 来表示 y

$$3x + 4y = 6 \rightarrow 4y = 6 - 3x \rightarrow y = 1.5 - 0.75x \tag{2.6}$$

$$2x + 6y = 14 \rightarrow 6y = 14 - 2x \rightarrow y = 2.33 - 0.33x \tag{2.7}$$

注意式(2.6)和式(2.7)中最后一个式子是式(2.1)和式(2.2)中线性关系的一种重新表达，在式(2.6)和式(2.7)中，y 都是 x 的函数。这些函数通过图 2.1 来描述。因为函数是线性的，所以图像是直线，只需要画出两点就可以了。

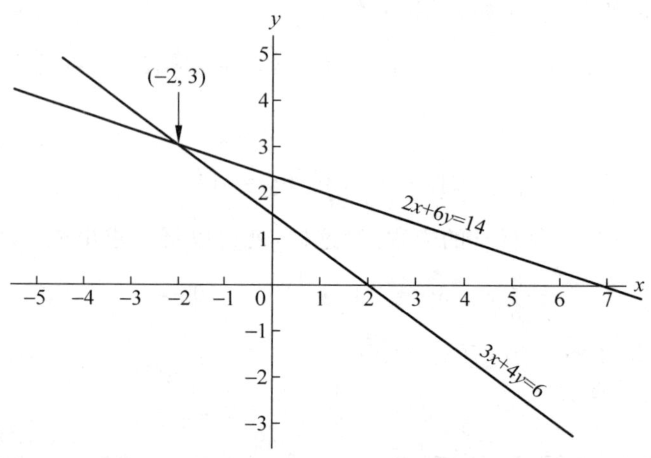

图 2.1　相交的两条直线

求方程组(2.1)、(2.2)的解，就是寻找一对 x 和 y 的值同时满足这两个方程，当然也满足函数式(2.6)和式(2.7)。从第 1 章的讨论中可知，若一对值所代表的点位于某个函数的图像上，那么这对值就是此函数的解。因此，我们要求的点应位于图 2.1 中的两条线上，实际上这样的点只有一个，那就是两条直线的交点。该点的坐标为(-2,3)，通过图像法可以得出 $x=-2$ 和 $y=3$，这与用代数法求得的解是相同的。从图 2.1 中可以清楚地看到，交点只有一个，也就是说方程组(2.1)、(2.2)仅有一个解。

方程(2.1)和方程(2.2)都具有一般形式

$$\alpha x + \beta y = r \tag{2.8}$$

因为这样的方程式可以像式(2.6)和式(2.7)那样重新表示成线性函数关系，所以它们被称为线性方程。很明显，这样的线性方程的图像始终是一条直线，一组联立的线性方程（其方程的个数可能超过两个）被称为一个线性方程组。

由于两条直线通常只有一个交点，因此我们认为，含有两个方程的二元线性方程组在一般情况下有且只有一个解。

对于上述的一般性定理有一个明显的例外，这种情况发生在给出的直线是平行的时候。例如，考虑线性方程组

$$3x - 5y = 4 \tag{2.9}$$

$$6x - 10y = 1 \tag{2.10}$$

把每个方程中的 y 都用 x 表示，可得

$$3x - 5y = 4 \to -5y = 4 - 3x \to y = 0.6x - 0.8 \tag{2.11}$$

$$6x - 10y = -1 \to -10y = -1 - 6x \to y = 0.6x + 0.1 \tag{2.12}$$

从式(2.11)和式(2.12)中可以看出，这两条直线有相同的斜率 0.6，但是在 y 轴上的截距不相同，图像如图 2.2 所示。

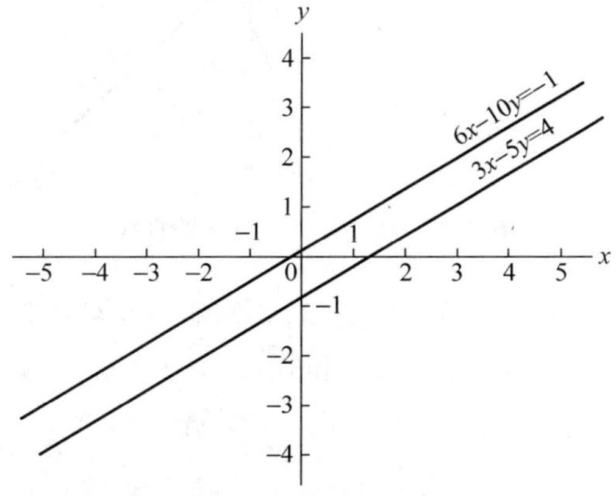

图 2.2　两条平行直线

因为这样的两条平行直线没有交点，显然方程组(2.9)、(2.10)没有解，即不存在一对 x 和 y 值同时满足两个方程。实际上，如果我们用代数方法解方程(2.9)也很快就会遇到麻烦。例如，从式(2.11)可知 $y=0.6x-0.8$，将 y 代入式(2.10)，得

$$6x - 10(0.6 - 0.8) = -1 \quad 或 \quad 8 = -1 \tag{2.13}$$

很明显这是错误的。

下面我们讨论超过两个线性方程的方程组，但仍然会有两个变量。例如，考虑如下线性方程

$$2x + 3y = 10 \tag{2.14}$$

$$4x - 2y = 5 \tag{2.15}$$

$$2x + 2y = -2 \tag{2.16}$$

解方程组(2.14)～(2.16)意味着要找出一对 x 和 y 的值同时满足三个方程。这样的解存在吗？我们仍然用图像法处理这个问题。首次，依次将每个式子写成用 x 表示 y 的形式

$$2x+3y=10 \rightarrow 3y=10-2x \rightarrow y=-0.67x+3.33$$
$$4x-2y=5 \rightarrow -2y=5-4x \rightarrow y=2x-2.5$$
$$2x+2y=-1 \rightarrow 2y=-1-2x \rightarrow y=-x-0.5$$

这三条直线如图 2.3 所示。很明显,没有一个点同时位于这三条直线上,既然这三条线没有一个共同的交点。方程组没有解。

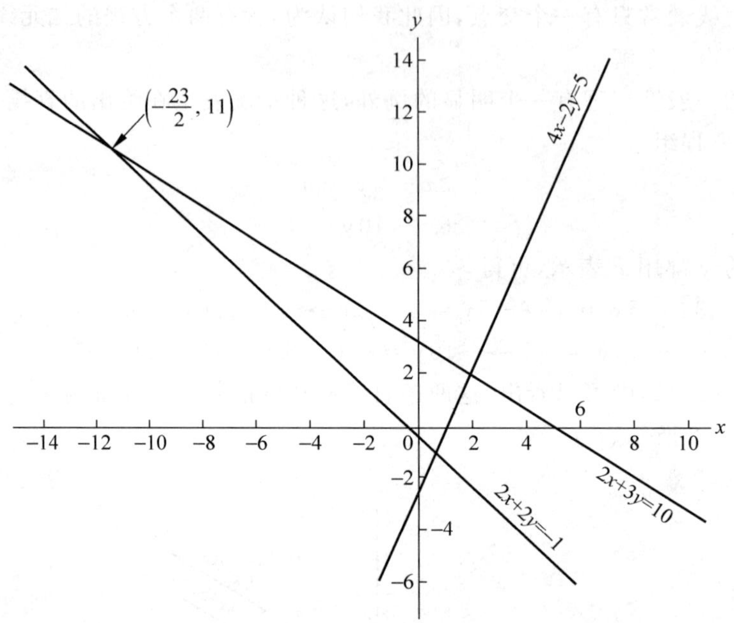

图 2.3　无共同交点的三条直线

用代数方法也可以得出同样的结论。例如,我们能很容易地得到前两个方程的解,事实上 $x=35/16$ 和 $y=15/8$ 同时满足式(2.14)和式(2.15)。然而,如果我们把这两个值代入式(2.16)会得出

$$2\times\left(\frac{35}{16}\right)+2\times\left(\frac{15}{8}\right)=-1 \quad \text{或} \quad 8.125=-1 \tag{2.17}$$

这个式子显然不正确。

我们得出像式(2.13)和式(2.17)那样错误的式子是因为在方程组中的式子是彼此矛盾的,所以方程同时成立是不可能的,这样的方程组称为“不相容性方程组”。

三条直线没有共同交点的情况是常见的,所以,在通常情况下,含有三个方程的二元线性方程组没有解,它们是不相容性方程组。当然,也有一个可能的例外,即三条直线通过一个共同的交点。例如,考虑方程组

$$-2x+6y=2 \tag{2.18}$$
$$x-2y=1 \tag{2.19}$$
$$3x+y=17 \tag{2.20}$$

解方程组(2.18)～(2.20)中的任意两个方程都会得出 $x=5, y=2$。当把这两个值代入第三个方程时,第三个方程也成立。方程组(2.18)～(2.20)画在图 2.4 中,显然它们有一个共同的交点(5,2)。

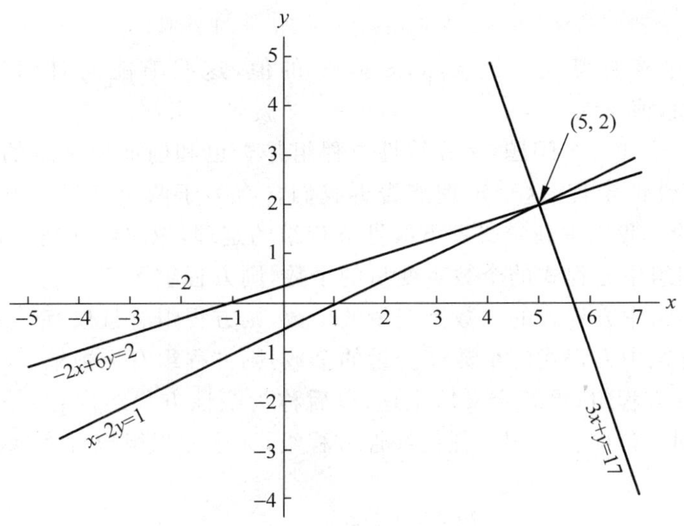

图 2.4　有一个共同交点的三条直线

需要强调的是，正如平行的两条直线一样，三条直线有一个共同交点的情况，也是一种不常见的非常特殊的情况。通常情况下，我们认为，含有两个方程的二元线性方程组有且仅有一个解，而含有三个方程的二元线性方程组没有解。

2.2　下列方程组中哪些有解，哪些没有解、是不相容的？

(a) $\begin{cases} x+y=1 \\ -2x+3y=13 \end{cases}$；　(b) $\begin{cases} 3x+y=6 \\ x+3y=6 \\ x+y=-2 \end{cases}$；　(c) $\begin{cases} 2x-5y=11 \\ x+y=2 \end{cases}$。

为了论述的完整性，最后我们考虑一下仅有一个方程的线性"方程组"

$$4x - 5y = 10 \tag{2.21}$$

如果要问这个"方程组"是否有解，其实就是问是否有一对 x 和 y 值能够满足方程(2.21)。事实上，有无数对这样的解。求式(2.21)的解，要做的就是找一个 x 值并代入式(2.21)，然后求对应的 y 值。例如，若 $x=3$，则代入式(2.21)得出 $y=0.4$。因此，$x=3$，$y=0.4$ 是式(2.21)的一个解。同理，$x=4$，$y=1.2$ 也是一个解；$x=2$，$y=-0.4$ 又是一个解；等等。

将我们在本节所做的推论综合一下，忽略特殊情况，关于线性方程组可以得到定理性的一般结论如下：

(2.1) 含有三个或三个以上方程的二元线性方程组没有解。

(2.2) 含有两个方程的二元线性方程组有且仅有一个解。

(2.3) 含有一个方程的二元线性方程组有无数个解。

2.2　有两个以上变量的线性方程组

在线性方程组中，变量的个数可能会超过两个。例如，考虑方程组

$$5x - 2y + 3z + 3w = -6 \tag{2.22}$$

$$4x+3y-2z-7w=10 \tag{2.23}$$

解这个方程组意味着要得到一组 x,y,z 和 w 的值,这些值能同时满足方程(2.22)和方程(2.23)。例如,值 $x=-1,y=2,z=3,w=-2$ 就是一组解。

读者自然要问这样一个问题,多元线性方程组是否也和前面所学过的二元线性方程组一样,存在着一般性的定理,这个定理能告诉我们含有多于两个变量的方程组有解还是无解?答案是肯定的。我们重新定义一下线性方程组的定理,忽略特殊情况,有:

(2.4) 若方程组中方程式的个数>变量的个数,则方程组无解。

(2.5) 若方程组中方程式的个数=变量的个数,则方程组有且仅有一个解。

(2.6) 若方程组中方程式的个数<变量的个数,则方程组有无数解。

对于二元线性方程组,重新定义后定理(以后称为线性方程组定理)等同于原先由推论得出的定理。不同的是前者适用于任何线性方程组,无论方程组包含多少变量。例如,考虑方程组

$$\begin{cases}4x+3y+z=3\\6x-5y=11\\-3x+7y+5z=16\end{cases} \tag{2.24}$$

因为在方程组(2.24)中方程式的个数和变量的个数都等于 3 个,我们立即可以得出该方程组有且只有一个解的结论。具体的求解方法将在第 14 章介绍,现在仅记住这样的方程组仅有一个解就可以了。实际上解为 $x=1,y=-1,z=2$。

像(2.24)这样的方程组,其方程式和变量个数相同,而且有唯一的解。因此,有时将这样的方程组称为确定性方程组,因为它们肯定能得出方程组中变量的值。例如,方程组(2.24)中"确定"变量 x,y,z 的值分别是 1,−1 和 2。

考虑另一个线性方程组

$$\begin{cases}3a+2b-c=8\\-3a+b+2c-3d=14\\a-4c+d=12\\4a-2b+3c=21\\4b+2c-2d=7\end{cases} \tag{2.25}$$

方程组(2.25)中包括 4 个变量 a,b,c,d 和 5 个方程式。根据定理(2.4)可以得出该方程组没有解。我们能找到满足前 4 个方程的变量值,但这些值却不能满足第 5 个方程。我们把这些没有解的方程组称为不相容性方程组,有时也称为超确定性方程组。

再举最后一个运用线性方程组定理的例子。考虑线性方程组

$$\begin{cases}8u+3w+x-2y+3z=20\\2w+2x+y-2z=30\end{cases} \tag{2.26}$$

很明显,方程组(2.26)中变量的个数(5 个)多于方程式的个数(2 个),应用线性方程组定理(2.6),方程组有无数个解。即有许多组 u,w,x,y 和 z 的值能同时满足方程组(2.26)中的方程式。实际上,可以任选三个变量的值,代入方程组(2.26)解出其他两个变量值,然后就可以求得解。例如,若选 $x=1,y=0,z=-1$,把这些值代入方程组(2.26)可得

$$8u+3w=22$$
$$2w=26$$

求解可得 $w=13$，$u=-2.125$，它们构成了方程组(2.26)的一个解。这个解的值为 $u=-2.125$，$w=13$，$x=1$，$y=0$，$z=-1$。正因为可以任意选择 x，y 和 z 的值，所以方程组(2.26)有无数个解。像式(2.26)这样有无穷多个解的方程组常被称作不确定性方程组。原因在于这样的方程组不能确定变量的值，我们不知道变量的实际值到底是多少。

2.3 下列哪些方程组有且仅有一个解？

(a) $\begin{cases}3w+2x+4z=4\\2x-3y+z=-8\\w-3x+2y=5\end{cases}$；　(b) $\begin{cases}3x+2y=8\\2y-4z=6\\4x-2z=10\end{cases}$；　(c) $\begin{cases}2p+3q=2m-6\\5p=q+m\end{cases}$。

在结束对不确定性方程组的讨论之前，还要说明的一点是，如果我们能事先"知道"足够多的变量值，就一定会找到其他变量的确定的值。例如，在方程组(2.26)中，若"知道" x，y 和 z 的值分别是 1，0 和 -1，就可"确定地"得出 u 和 w 的值是 -2.125 和 13。

在第 4 章中，我们会进一步学习处理不确定性方程组的方法。现阶段，只需要知道若不确定性线性方程组含有 n 个方程，k 个变量($k>n$)，且变量中($k-n$)个值是已知的，就能利用方程组得出 n 个变量中其他的未知变量的值。如在方程组(2.26)中，$n=2$，$k=5$。因此必须事先知道 $k-n=3$ 个变量的值，才能确定地得到剩余的 $n=2$ 个变量的值。同理，在由方程(2.22)和方程(2.23)组成的方程组中，$n=2$，$k=4$。在此方程组中若已知任意两个变量的值，则其余的两个变量的值就可求了。

思考题

2.4 考虑方程组 $\begin{cases}5a+2b-3c+d=8\\2a-b+4c+3d=4\end{cases}$。(a)若 $a=1$，$b=2$，求方程组的解；(b)若 $a=-3$，$b=0$，求方程组的解。

2.5 考虑下列方程组，需要确定几个变量的值，才能求出方程组的解？

(a) $\begin{cases}3x+4y+w=5\\2x-3y+2w=3\\x+y-z=4\end{cases}$；　(b) $\begin{cases}2p+3q=2m-6\\5p=q+m\end{cases}$。

2.3　非线性方程组

我们已经学习了应用线性方程组定理(2.4)～(2.6)去分析线性方程组。下一个问题是，这些定理是否能应用于至少有一个方程是非线性的方程组中？例如，考虑如下的方程组

$$3x^2-5x-3y=-4 \tag{2.27}$$

$$2x+3y=10 \tag{2.28}$$

很明显，此方程组中的方程(2.27)是非线性的，因为它包括了一个 x^2 项，所以就不具备如式(2.28)中线性方程的一般形式。至少包括一个非线性方程的方程组称作非线性方程组。

首先，我们用代数法解这个非线性方程组。把式(2.28)写成用 x 表示 y 的形式

$$2x+3y=10 \rightarrow 3y=10-2x \rightarrow y=\frac{10}{3}-\frac{2}{3}x \tag{2.29}$$

将 y 值代入式(2.27),可得

$$3x^2-5x-3y=-4 \rightarrow 3x^2-5x-3\left(\frac{10}{3}-\frac{2}{3}x\right)=-4 \rightarrow 3x^2-3x-6=0$$

这是一个仅包括 x 的二次方程式,用因式分解法求解,有

$$3x^2-3x-6=0 \rightarrow x^2-x-2=0 \rightarrow (x-2)(x+1)=0$$

解 x 的值为 $x=2,x=-1$。把 x 值代入式(2.29)中最后一个方程式可求得对应的 y 值:当 $x=2$ 时,$y=\frac{10}{3}-\frac{2}{3}\times 2=2$;当 $x=-1$ 时,$y=\frac{10}{3}-\frac{2}{3}\times(-1)=4$。因此由方程式(2.27)和式(2.28)组成的方程组有两个解。一个是 $x=2,y=2$,另一个是 $x=-1,y=4$,这两对解都同时满足式(2.27)和式(2.28)。

用图像法表示这些解,首先将式(2.27)重新整理成 y 是 x 的函数

$$3x^2-5x-3y=-4 \rightarrow -3y=-3x^2+5x-4 \rightarrow y=x^2-\frac{5}{3}x+\frac{4}{3} \tag{2.30}$$

在式(2.30)中方程(2.27)被表达成一个二次函数的形式。这个二次函数式与直线(2.28)的关系如图 2.5 所示。两条曲线的交点有两个,分别是点(2,2)和点(-1,4)。这与代数法所求得的两个解是相同的。

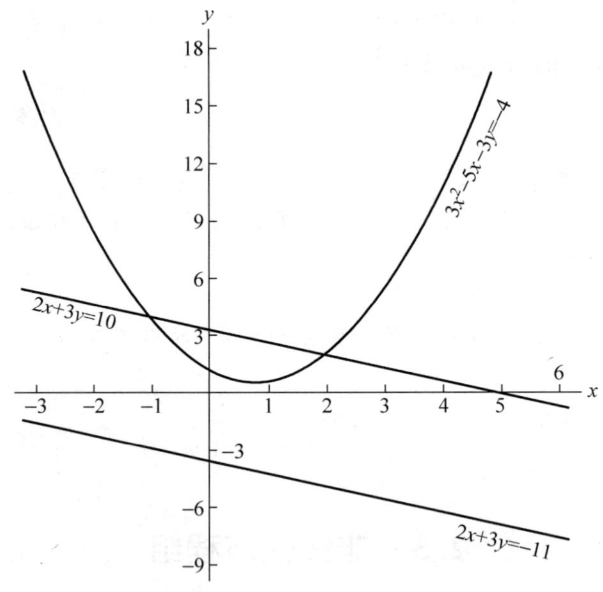

图 2.5 方程式 $3x^2-5x-3y=-4$ 和两条直线

显然,由方程(2.27)和方程(2.28)组成的非线性方程并未遵照线性方程组定理。进一步,假设式(2.28)被替换成以下方程式

$$2x+3y=-11 \tag{2.31}$$

方程式(2.31)也画在图 2.5 中,显然由式(2.27)和式(2.31)组成的方程组没有解。

现在看一下这两个方程组,它们中方程的个数都等于变量的个数,但它们都不适用于线性方程组定理(2.5)。在第一种情况中,我们得到两个解,在第二种情况中,一个解都没有。

显然线性方程组定理不适用于非线性方程组，严格地说，只有方程组中的每个方程都是线性的时候，才能运用线性方程组定理(2.4)～(2.6)。

2.6　下列方程组是否有解？你觉得答案有什么特别吗？如果是，为什么？

(a) $\begin{cases} y=-3x^2+5y+3 \\ y=4x+1 \end{cases}$；　(b) $\begin{cases} y=2x^2+3x+4 \\ y=x+3 \end{cases}$。

2.4　经济模型的完整性和相容性

经济现象太复杂，我们很难理解，因此，需要一个简化的版本来帮助我们思考，这就是经济模型。利用函数关系或方程组可以将经济系统的实际运行模型化。问题是，好的经济模型应该什么样呢？

从线性方程组定理的角度看，好的经济模型应该同时具有下面两个性质：

第一，经济模型应该具有"完整性"，也就是说，经济模型中的每个变量都要有"明确"的界定，要交代其变动的规律，这是对变量进行了某种约束，要求变量按照某种"规律"来变动。例如，第 1 章中的需求函数(1.18)就明确了需求量变动的规律，当然，这也是一个线性方程。一个方程就是一个变量变动的规律，从这一点来说，在经济模型中，完整性的具体要求，就是模型中方程式的个数不能少于变量的个数。

第二，经济模型应具有"相容性"，也就是说，经济模型中的每个变量不应该有太多的规律来"约束"，很显然，如果约束太多，有可能会出现相互冲突的情况，即规律之间不相容。既然一个方程就是一个约束，因此，在经济模型中，相容性的具体要求，就是模型中方程式的个数不能多于变量的个数。

我们能看到，"完整性"和"相容性"仅是从线性方程组的角度来考虑经济问题，因为，同时满足完整性和相容性，就是要求经济模型中方程式个数和变量个数相等，一般情况下，只有这样的经济模型才有唯一解，即告诉我们经济中的"均衡"状况。其实，要具体衡量经济模型的优劣，还有很多其他方面的要求，但这超出了经济数学的范围，我们就不讨论了。

当然，完整性和相容性也告诉我们，在构造经济模型时，如何从形式上来予以完善和改进。

凯恩斯国民收入决定模型

简单的凯恩斯国民收入决定理论，它用图 2.6 的凯恩斯模型来表示。横轴用 Y，代表收入和产出；纵轴用 E，代表支出。

图 2.6 中直线 C 是消费函数的图像，显示在不同收入水平下消费者的支出水平。它虽然被画出一条直线，但实际上消费函数并非一定是线性的。因此，用代数法将消费函数表示为

$$C = f(Y) \tag{2.32}$$

式(2.32)可以理解为"消费支出是收入的函数"。

在这个简单的模型中，把非消费支出——个体投资 I 和政府支出 G——假设为固定的

常数 I_0 和 G_0，且独立于收入水平。因此可以写成

$$I = I_0 \tag{2.33}$$

$$G = G_0 \tag{2.34}$$

在总支出$(C+I+G)$等于总收入时，决定了均衡的国民收入。在图 2.6 中，均衡产生在$(C+I+G)$线与 45°线相交时，此时，有一个均衡的收入水平 Y^* 和一个均衡的消费水平 C^*。均衡条件的数学表达为

$$Y = C + I + G \tag{2.35}$$

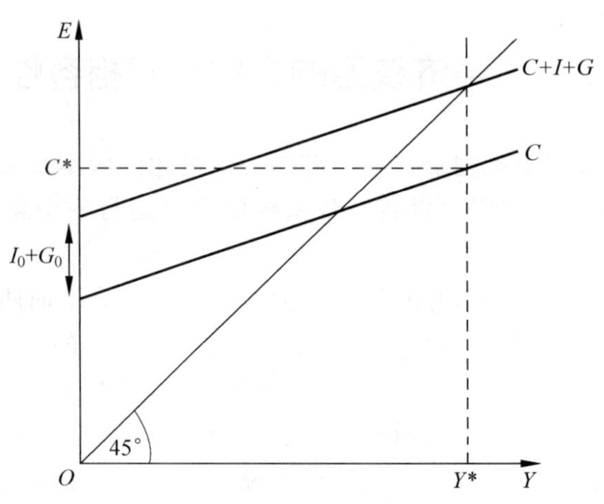

图 2.6 凯恩斯模型

图 2.6 所描绘的简单凯恩斯模型告诉我们什么是均衡的国民收入和消费水平。它的数学表达，即方程式(2.32)～(2.35)是一个含有四个方程式的四元联立方程组，四个变量为 C,Y,I 和 G，利用本章上两节中的定理可知，这是一个确定性方程组，并且只有一个解，即为变量的均衡值。因此，数学化的模型也告诉了我们均衡值是什么。

关于这个简单模型，有两点需要强调。

第一，模型是"确定"的，并不意味着它一定是现实世界中国民收入如何决定的充分描述。它的"确定性"只意味着它至少在模型内部是完整的和相容的，即模型所包含的方程个数与变量个数是相等的，该模型有唯一确定的解。而模型本身是不是够好则是另外一回事。

第二，式(2.33)和式(2.34)中，I 和 G 为给定的常数。因此，有人认为它根本不能称为方程式。若没有这两个式子，我们就只会得到由方程(2.32)和方程(2.35)组成的方程组，在这个方程组中有四个变量，C,Y,I,G 和两个方程式，根据线性方程组定理(2.6)，这是一个不确定性方程组。然而，在上面的学习中，我们知道这种方程组可以通过事先给定足够个数变量的值，来求解其他变量的值。在这个模型中，给定 $I=I_0$,$G=G_0$，方程组就简化为含有两个变量 C,Y 和两个方程的形式，这种形式就可以求解了。实际上，在不确定性方程组中，"已知"某些变量的值相当于给该方程组增加额外的方程式，如果已知 I 和 G，就相当于在前面的方程组中又添加了两个方程式(2.33)和(2.34)。

2.7 在一个简单的宏观经济模型中，Y 是 GDP，C 是消费者的支出，I 是投资支出。已

知$\begin{cases}C=20+0.8Y\\I=10+0.1Y\end{cases}$。在均衡条件为(2,35)时，这个经济模型满足完整性和相容性吗？为什么？

现在，用两种方式扩展一下凯恩斯模型。第一，假定消费不仅仅取决于收入，还取决于利率 R。例如，当 R 上升时，储蓄增加，此时，若收入一定，消费就会减少。则更一般的消费函数应为

$$C = f(Y,R) \tag{2.36}$$

式(2.36)表示消费 C 是收入 Y 和利率 R 的函数，即消费由收入和利率决定。

接着，考虑投资 I，它也是由利率决定的，当利率下降时，投资支出将会上升。因此用下式来代替方程式(2.33)

$$I = g(R) \tag{2.37}$$

现在，若均衡条件(2.36)保持不变，我们就得到了一个由四个方程式(2.34)～(2.37)组成的方程组，方程组中有 5 个变量——C,Y,I,G 和 R。显然，方程组是不确定的，不能得出唯一解。在这个方程组中，有无数组 C,Y,I,G 和 R 的值能同时满足四个方程。此时，经济模型在某种意义上是不完整的，因为它不能告诉我们所有变量的均衡值。

利用三种方法可以使该模型变得“完整”，即可使模型成为确定性的，并使之具有内在的相容性。

(1) 我们假设金融主管部门保持利率为一个常数，若 R 已知，则含有四个方程的方程组就可解出其余四个变量 C,Y,I 和 G 的唯一解。当然，这也相当于在方程组中增加了第五个方程，$R=R_0$。同样，若给定 G 和 R，方程组决定了均衡的 Y,C 和 I 的值。

(2) 假设劳动市场能根据工资率的变化进行充分调整，并自发实现劳动市场的充分就业。这一点意味着国民收入 Y 始终处于充分就业水平。在此条件下，在模型中也可增加第 5 个方程式为 $Y=Y_F$，Y_F 是给定的充分就业时的收入水平。若给定 Y，模型也将得出确定的 C,I,G 和 R 的值。

(3) 如果不想假设 R 或 Y 为已知的，又希望模型能给出确定的值，那就需要扩展原模型。传统的完善该模型的凯恩斯方法是加入货币需求和货币供给的方程式，以及货币市场均衡条件

$$L = L(R,Y) \tag{2.38}$$

$$M = M_0 \tag{2.39}$$

$$L = M \tag{2.40}$$

式(2.38)代表货币需求 L，它是利率 R(出于投机动机)和收入水平 Y(出于交易动机)的函数。式(2.39)表示货币供给 M，它是一个由金融主管部门决定的固定的量。式(2.40)是货币市场上的均衡条件，均衡时货币需求等于货币供给。

现在，我们有了一个由式(2.34)～式(2.40)组成的 7 个方程的方程组，同时也包含了 7 个变量 C,Y,I,G,R,L 和 M，因此，这是一个确定性的方程组，并有唯一的解，解即是所有变量的均衡值。

经济学教材把由式(2.34)～式(2.40)组成的模型称为 IS-LM 模型。

线性方程组定理仅适用于线性方程组，而我们不能想当然地认为经济关系都是线性的。但是，相当多的情况下经济关系可以用线性函数很好地近似。例如，像消费函数(2.32)，即

使它是非线性的,也会被认为是连续的向上方倾斜的。因此,线性方程组定理适用于大多数经济关系,即使它们不完全是线性的。但我们必须确保模型中方程的个数不能多于变量的个数,否则,该模型一定在某些方面具有内在的不相容性,从理念上,这就是要求只构建方程个数等于变量个数的经济模型。

当然,我们已经知道如何处理有过多变量的不确定的方程组,方法就是把一部分变量当作是"给定的"或是"已知的"。实践中,这种情况经常发生,如一些变量可认为是"政府决定的",税率就是一个明显的例子。其他的变量像进口被认为是由"世界经济决定的"。

2.8 在一个简单的宏观经济模型中,Y 是 GDP,C 是消费者的支出,I 是投资支出,G 是政府支出,R 是利率。假设:

$$\begin{aligned} C &= 20 + 0.8Y \\ I &= 10 + 0.1Y - 2R \\ Y &= C + I + G \end{aligned}$$

在下列情况下,该经济模型是确定性的,还是不确定性的或者说是不相容的?

(a) 若允许所有的 5 个变量都自由变动;

(b) 若政府固定 G,但允许其他的变量自由变动;

(c) 若政府固定 G 和 R,但允许其他的变量自由变动;

(d) 若政府固定 G,R 和 Y,但允许其他的变量自由变动。

习　题

2.1 用代数法确定下列方程组是否有解?

(a) $\begin{cases} 3x-y=5 \\ -2x+y=4 \end{cases}$;　(b) $\begin{cases} 4x-2y=3 \\ 2x+y=9 \\ 2x+5y=24 \end{cases}$;　(c) $\begin{cases} 2x+3y=37 \\ 3x+2y=-2 \\ x+y=7 \\ 4x+3y=10 \end{cases}$。

2.2 考虑方程组 $\begin{cases} 3w-2x+4y-z=20 \\ 2w+3x-2y=18 \end{cases}$:

(a) 通过任选 x 和 w 的值,求出方程组的 5 个解;

(b) 若任选 x,y 和 z 的值,能求出方程组的解吗?

2.3 求解下列方程组:

(a) $\begin{cases} y=3x^2+12x+5 \\ y=2x+2 \end{cases}$;　(b) $\begin{cases} y=3x^2+12x+5 \\ y=2x-6 \end{cases}$;　(c) $\begin{cases} y=3x^2+12x+5 \\ y=2x-\dfrac{10}{3} \end{cases}$。

2.4 在一个简单的宏观经济模型中,Y 是 GDP,C 是消费者的支出,I 是投资支出,R 是利率,L 是货币需求,M 是货币供给。假设:

$$\begin{aligned} C &= 50 + 0.8Y \\ I &= 20 - 5R \end{aligned}$$

$$L = 100 - R + 0.5Y$$

$$M = 200$$

在下列情况下,该经济模型是确定性的,还是不确定性的或者说是不相容的?

(a) 若允许所有的变量都自由变动;

(b) 增加均衡条件 $Y=C+I$,但允许其他的变量自由变动;

(c) 增加均衡条件 $L=M$,但允许其他的变量自由变动;

(d) 增加均衡条件 $Y=C+I$ 和 $L=M$,但允许其他的变量自由变动。

第3章　经济学中的存量、流量与均衡

3.1　存量和流量

经济学中涉及的变量分为两类：性质变量和数量变量。性质变量用以反映事物的属性，如性别变量的取值为男性或女性，学历变量的取值有小学、初中、高中、大学、研究生等几个类别。而数量变量则用来反映事物量的属性，如价格、收入、销售量等，它们可以取不同的具体数值。本章重点研究数量变量。数量变量有两种不同的类型——流量和存量。首先考虑流量。

经济学中流量的典型例子是"收入""消费""产出"等。流量的特点是，每个时间单位都必须计算一遍。例如，每年、每月或者每星期。计算流量的时间间隔必须是固定的。很明显，"一个大型汽车制造厂的产出是2 000辆汽车"这样的表述是没有意义的，除非我们知道究竟是一周生产2 000辆，一个月生产2 000辆还是一年生产2 000辆。同样地，知道"一个家庭的收入是5 000元"对我们了解这个家庭的富裕状况毫无帮助，因为我们不知道这是这个家庭一个星期的收入还是一年的收入。

判断流量的一个重要标准是注意时间单位的重要性。以上面的家庭收入为例，一个家庭1"小时"的收入是5 000元和一"年"的收入是5 000元有重大区别，前者是高收入家庭，而后者可能需要政府给予某种救济了。所以，在判断是否是流量时，不妨加进时间单位，看看时间单位是"小时"和"年"时，是否会对经济现象有不同认识，如果存在"小时"和"年"之间的差别，那么，这个变量就是流量了。

相反地，存量不能按照一段时间来计算，而应该在特定的时点上进行计算。存量的典型例子是"货币供给量""资本设备""土地"等。很明显，"我国的农业用地是每年800万公顷"这样的表述是完全没有意义的。同样地，一国的货币供应量也应该限定，必须在特定的时点进行计算，如每年的年末。例如，2014年12月31日的货币供应量是200亿元，而不能表达成每年200亿元。

判断存量的标准是，两个数量值能否累加。以上面的农业用地为例，"2013年我国的农业用地是800万公顷"和"2014年我国的农业用地是800万公顷"，是否代表"我国的农业用地是1 600万公顷"，常识告诉我们，这个结论当然是错误的，也就是说，两个农业用地的数量值是不能累加的，这样的变量是存量。

思考题

3.1　存量和流量之间的区别对于大部分经济变量来说是十分重要的，考虑下列经济变量的类型，是流量还是存量？

(a) 销售额；　(b) 存货；　(c) 劳动力；　(d) 出口；

(e) 外汇储备；　(f) 财富；　(g) 利润。

由于一些原因，我们可能会疑惑处理的是存量还是流量。一个原因是，大多数经济学文献在讨论流量时没有明确地说明所包括的时间单位。这可能是因为它暗含地假定时间单位是一年，或者是因为在一个纯粹的理论模型中，虽然流量仍然必须每个时间单位计算一次，但是这与使用的时间单位是一个星期、一个月还是一年是不相干的。另外一个原因是，对于经济学中的每一个存量来说，都有对应的、有联系的流量。下面的例子会使你明白这一点。

一个城市里已经竣工的、可居住的住房的数量是存量，假设在 2005 年 12 月 31 日(即 2005 年年末)存量是 60 000 间住房。这个存量的数值在 2006 年年末将会因为两个原因而发生变化：一是新的住房将会建成竣工，二是旧的住房将会被拆除掉。因此，有两个与存量有联系的流量——每年竣工的新住房的数量和每年拆除的旧住房的数量。在表 3.1 中，列举了四年的数据来说明存量——住房与两个流量——竣工的房屋和拆除的房屋之间的关系。

表 3.1　某城市可居住的住房　(单位：间)

年份	年初存量	竣工的房屋	拆除的房屋	净流量	年末存量
2005					60 000
2006	60 000	2 000	800	1 200	16 200
2007	61 200	500	800	－300	60 900
2008	60 900	1 000	800	200	61 100
2009	61 100	800	800	0	61 100

在表 3.1 中，我们假定房屋以每年 800 间的不变速度进行拆除，但是竣工房屋的数量却由于依赖可利用资金或者天气条件而每年都在改变，很显然，从一年年末到下一年年末可居住房屋存量下降、上升还是保持不变取决于一年中竣工的房屋和拆除的房屋之间的差额。两者的差额是净流量。当竣工的房屋超过被房屋时，净流量是正值并且房屋的存量会上升。当净流量是负值时，如 2007 年，存量就会下降。只有当净流量为零时，如 2009 年，年末的存量才会保持不变。

再举一个例子，一个国家的外汇储备是存量。当一国居民为购买的境外商品或者金融资产进行支付时，他们必须付出外汇，这会消耗他们国家的外汇储备，我们将这类购买称作“进口”。然而，当居民向境外出售商品或者金融资产时，他们在交换中得到外汇，这将增加他们国家的外汇储备。我们将这类出售称为“出口”。在表 3.2 中，说明了经过一系列连续的月份后，存量——外汇储备与两个流量——出口与进口之间的关系。这个例子中净流量被称作“国际收支”，单位是亿元。

表 3.2　出口、进口与外汇储备　(单位：亿元)

月份	月初外汇储备	出口	进口	净流量	月末外汇储备
1					2 000
2	2 000	400	500	－100	1 900
3	1 900	450	450	0	1 900
4	1 900	450	400	50	1 950
5	1 950	500	450	50	2 000

当净流量为正值时(即“出口”超过“进口”)，外汇储备增加。当净流量为负值时(即“进口”超过“出口”)，外汇储备下降。只有当净流量为零时，外汇储备保持不变。

通过上面的例子,我们可以看出存量和流量之间的对应关系:

一方面,存量是流量的积累。当净流量大于零时,存量会增加;当净流量小于零时,存量会减少;只有当净流量等于零时,存量才会保持不变。

另一方面,流量是存量的变动。当存量增加时,净流量大于零;当存量减少时,净流量小于零;只有当存量保持不变时,净流量才等于零。

存量和流量是一种现象的两个表现。在本章的余下部分和以后的两章中,我们将使用以上方法来区分存量和流量。

3.2 2005 年 1 月 1 日总资本存量是 100 亿元。贬值或者资本消耗以年初资本存量数值的 4%发生,且每年的速度相同。如果在 2005—2008 年期间年均固定资本投资分别是 4 亿元、2 亿元、10 亿元、3 亿元。计算从 2006—2009 年每年 1 月 1 日的总资本存量。

3.3 某工厂 1 月初产品的存货是 5 000 箱。工厂的生产遵循一条规则:每月的产出等于 $3\,000-0.1S$,S 是月初工厂的存货。所有的产出都加到最初的存货当中。如果一年的前五个月销售量均是 2 300 箱/月,试求出从 2—6 月初的存货水平。工厂的存货 S 是多少时将保持不变?

3.2 与市场有关的一些定义

市场是使某种商品的买方和卖方最终达成价格的有机系统。市场不必局限于一个活动的场所,比如,很多基础商品(罐头、小麦、油等)的买方和卖方通过电话或网络进行接触,形成了世界性的市场。

市场中最重要的概念是供给和需求,这两个概念也存在存量和流量之分。下面,以一种特定商品——小汽车的市场为例进行说明。首先定义存量。存量需求可定义为个人(消费者或者生产者)希望在特定的时刻拥有的某种商品的总和。例如,2008 年 12 月 31 日小汽车的存量需求是 20 万辆。相应地,存量供给是在特定的时刻实际存在的商品的总和。由于存量均持有在某些人手中,因此存量供给就是个人实际拥有的商品总和。例如,2008 年 12 月 31 日小汽车的存量供给是 25 万辆,这意味着人们实际持有的小汽车数量多于他们想要持有的小汽车数量。

下面再定义两个流量。流量需求可定义为消费者在每个时间单位想要实现的消费量。同样地,流量供给是生产者在每个时间单位想要实现的产出量。因此,每个星期小汽车的流量需求可能是 2 万辆,流量供给是 2.5 万辆。由于描述的是两个流量,所以在说明的时候必须指定时间单位。

超额流量需求是流量需求超过流量供给的剩余部分。也就是说,想要的消费量超过想要的产出量的剩余部分。这个变量可以是负的。例如,如果每个星期的流量需求是 2 万辆,流量供给是 2.5 万辆,那么,每个星期的超额流量需求是$-5\,000$ 辆。

假定消费者总是消费他们想要消费的东西,生产者总是生产他们想要生产的东西。那么流量需求(目标消费)将与实际消费相等,流量供给(目标生产)将会与实际生产相等。在这种条件下,流量需求、流量供给与存量供给之间存在着一个明确的关系。如果一种商品的生产超过这种商品的消费，那么这种商品的存量供给一定增加。同样地，如果消费超过生产，那么存量供给一定下降。当生产和消费相等时，存量供给将会保持不变。因此，我们可以说，假定消费者和生产者的目标都能实现，则

$$\text{存量供给} = \text{常数，当且仅当流量需求} = \text{流量供给} \tag{3.1}$$

我们通过定义市场需求和市场供给这两个流量来总结本节内容。首先，我们把一种商品的市场需求定义为消费者在每个时间单位想要购买的商品量。购买行为的发生可以是为了立即消费的目的，也可以是为了今后的消费而增加持有的商品存货。因此有

$$\text{市场需求} = \text{流量需求} + \text{想要增加的存货量} \tag{3.2}$$

市场供给是生产者在每个时间单位想要销售的商品量。销售的目的是出售现在的产出或者是减少持有的存货。因此有

$$\text{市场供给} = \text{流量供给} + \text{想要减少的存货量} \tag{3.3}$$

市场需要小于流量需求是有可能发生的。例如，如果消费者每个星期想要消费2万辆小汽车，但同时也计划以每星期4 000辆的速度减少存货。这样，在式(3.2)中，想要增加的存货量就是负的，每个星期市场需求就只有16 000辆。同样地，如果生产者决定他们要增加存货，在式(3.3)中，想要减少的存货量就是负的，当前产量的一部分将会加到生产者的存货中而不是立即销售掉，市场供给将会少于流量供给。

我们也可以定义一个净流量——超额市场需求，指的是市场需求与市场供给的差额

$$\text{超额市场需求} = \text{市场需求} - \text{市场供给} \tag{3.4}$$

或者，使用式(3.2)和式(3.3)，有

$$\text{超额市场需求} = \text{超额流量需求} + \text{存货投资净额} \tag{3.5}$$

在这里，存货投资净额代表想要增加的存货量与想要减少的存货量的差额。如果从总体上说，消费者和生产者希望减少存货而不是增加存货，存货投资净额也可以是负的。

3.3　静态分析与单一商品流量市场

在经济学中，静态分析是一种能使我们确定变量均衡数值的分析方法，告诉我们均衡点位置在哪里。静态分析起源于经济模型的完整性。

考虑最简单的市场类型：市场中只有一种易坏或不能储存的商品。由于这种商品是易坏的，不论消费者或生产者都没有理由持有这种商品的存货。因为这种商品不立即出售或消费掉的话，就会变得不适合消费。在这种情况下，由于这种商品只是因为立即消费的缘故才会被购买，式(3.2)变为

$$\text{市场需求} = \text{流量需求} \tag{3.6}$$

同时，由于所有的产品必须立即卖出去，式(3.3)变为

$$\text{市场供给} = \text{流量供给} \tag{3.7}$$

因此，由式(3.6)和式(3.7)，有

$$\text{超额市场需求} = \text{超额流量需求} \tag{3.8}$$

此时，我们假定流量需求和流量供给都只是商品价格的函数。这就是说，我们假定其他商品价格、消费者收入和生产要素价格等变量在分析过程中，都保持不变。

流量供给函数

如果以 p 代表商品价格,s 代表流量供给,使用在第 1 章中介绍的函数定义,可以写出

$$s = s(p) \tag{3.9}$$

边际生产力递减规律意味着,至少在短期内,流量供给曲线向上方倾斜。假设可以用下面这个线性函数来表述

$$s = -700 + 300p \tag{3.10}$$

函数表达式(3.10)描绘在图 3.1 中。

需要指出的是,与数学常规不同,我们把因变量 s 放在横轴上,把自变量 p 放在纵轴上,这是经济学家的习惯。

在图 3.1 中,我们已经画出价格大于$\frac{7}{3}$的供给函数(3.10)。当 $p<\frac{7}{3}$时,函数中 s 为负值(如当 $p=0$ 时,$s=-700$),这不符合经济现实,所以在图像上消去了。一般地,流量供给函数告诉我们在商品价格 p 的不同水平上,厂商想要生产的产量。例如,如果 $p=4$,那么每个时间单位的生产目标是 $s=500$。

流量需求函数

如果使用 d 来代表流量需求,在其他因素保持不变的条件下,可以将流量需求写成

$$d = d(p) \tag{3.11}$$

由于边际效用递减规律,式(3.11)中的流量需求曲线向右下方倾斜。假设这个函数可以用下面的线性函数来表述

$$d = 7\,000 - 400p \tag{3.12}$$

这个函数描绘在图 3.2 中,价格还是位于纵轴上。

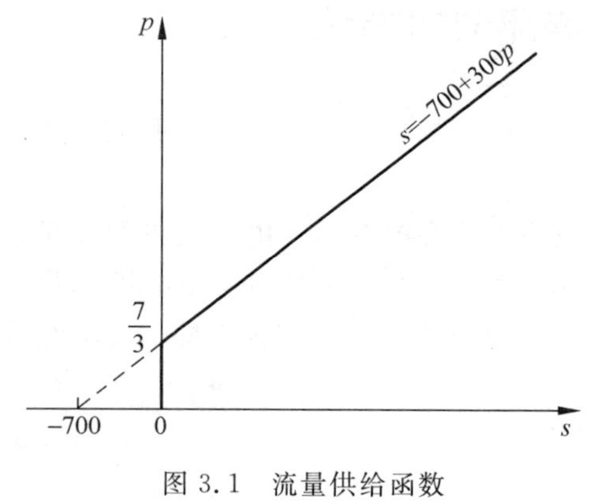

图 3.1 流量供给函数

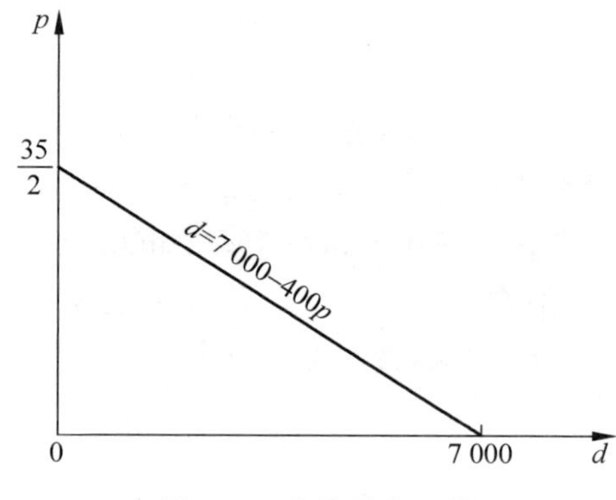

图 3.2 流量需求函数

需要指出的是,我们只描绘出了 p 的数值在 $0\sim\frac{35}{2}$函数的图形。这是因为价格不能为负值,并且 p 的值大于$\frac{35}{2}$时,式(3.12)中 d 的数值为负,意味着当价格超过$\frac{35}{2}$时,消费者不再想要消费这种商品。一般地,流量需求函数告诉我们在商品价格 p 的不同水平上消费者想要消费多少。例如,当 $p=10$ 时,每个时间单位的消费目标是 $d=3\,000$。

流量市场中的均衡

在经济学中，当提到均衡时，通常指的是部分或者全部变量经过一段时间后都保持不变。均衡有两种类型：一种是流量均衡，指模型中的所有流量经过一些特定时间间隔后都保持不变；另一个更加重要的均衡类型指的是不仅模型中的流量，而且所有的存量经过一段时间都保持不变，这种均衡被称作完全存量均衡。在第 5 章我们将看到，流量均衡位置不会持续太久，除非它也是一个完全存量均衡。目前讨论的市场中不存在存量，只涉及流量均衡。

既然市场中的两个流量——流量供给和流量需求被假定为价格的函数，那么就存在流量均衡。也就是说假如价格 p 保持不变，d 或 s 将不会显示出变化的趋势。在 3.2 节中提到过，只有当超额市场需求为零时，价格才保持不变。从式(3.8)中，我们看到对于目前考虑的流量市场而言，只有当流量需求等于流量供给时，超额市场需求才会为零。也就是说

$$d - s = 0 \quad 或 \quad d = s \tag{3.13}$$

式(3.13)保证价格不会出现向上或向下变化的趋势，并且一旦价格不变，式(3.10)和式(3.12)就会得到 d 和 s 的流量均衡数值。在式(3.13)中替代 d 和 s，有

$$7\,000 - 400p = -700 + 300p$$

解出流量均衡价格 $p=11$，将 p 的值代入式(3.10)和式(3.12)可以得出流量需求和流量供给的均衡数值：$d=s=2\,600$。只有当变量取这些值时，这个市场才处于均衡状态，流量在一段时间内保持不变。

值得注意的是，由于模型中包括三个变量 d,s 和 p，应用第 2 章的理论可以得到一个方程式的数量与变量的数量相等的方程组。这样的方程组具有唯一的解，这个解为所有的变量提供了流量均衡的数值。

当然，我们可以用图形来解决这样的模型。由于达到均衡时流量需求等于流量供给，所以可以用一个变量 q 来替代式(3.10)和式(3.12)中的 d 和 s，其中 q 代表“数量”，即

$$q = -700 + 300p \tag{3.10a}$$

$$q = 7\,000 - 400p \tag{3.12a}$$

式(3.10a)和式(3.12a)代表一个包含两个方程、两个变量的方程组，如图 3.3 所示。在图 3.3 中这个模型的解就是两条直线的交点。计算得出均衡数值是 $p=11$,$q=2\,600$。

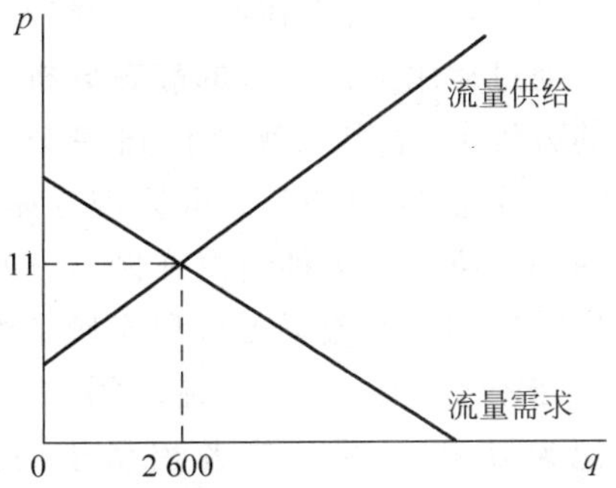

图 3.3　流量均衡的决定

最后，我们可以式(3.8)为条件来分析市场。利用式(3.10)和式(3.12)，可以把式(3.8)写成

$$\begin{aligned}超额市场需求 &= 超额流量需求 \\ &= d - s \\ &= 7\,000 - 400p - (-700 + 300p)\end{aligned}$$

用字母 x 来代表超额市场需求

$$x = 7\,700 - 700p \tag{3.14}$$

超额需求函数(3.14)告诉我们在价格 p 的任何水平上，想要购买的商品量和想要销售的商品量之间的差额。例如，当 $p=15$ 时，$x=-2\,800$，说明了想要购买的商品量与想要销售的商品量之间的差额。

为了确定均衡价格水平,引入当超额市场需求为零时,也就是说当 $x=0$ 时,价格保持不变的假定。从式(3.14)看,计算

$$7\,700-700p=0 \tag{3.15}$$

解式(3.15)得到与前面同样的均衡价格:$p=11$。

需要注意的是,对于这个类型的市场而言,无论流量需求函数和流量供给函数是什么样子,这种方法都将得出像式(3.15)那样只有一个变量 p 的方程式。关键在于,无论我们如何分析这个市场,最终都会得到一个产生唯一解的确定性方程组。式(3.10),式(3.12)和式(3.13)组成的这个模型有三个方程式和三个变量,式(3.10a)和式(3.12a)组成的模型有两个方程式和两个变量。每一种方法都得出一个唯一的解,告诉我们市场中流量均衡时变量数值的大小。

3.4 考虑下面这些单一商品的流量市场:

(a) $\begin{array}{l} d=80-5p \\ s=-10+6p \end{array}$; (b) $\begin{array}{l} d=25-p \\ s=40-4p \end{array}$; (c) $\begin{array}{l} d=-2p^2-4p+14 \\ s=-1+3p \end{array}$。

用代数法求出每个市场中 p,d 和 s 的流量均衡数值。

3.4 比较静态分析和动态分析

在 3.3 节中我们通过求解方程组来确定单一商品流量市场中的均衡。但是,我们的分析并没有说明当市场处于不均衡状态时,变量是如何行动的。而且,也没有说明从不均衡状态开始的市场是否会到达均衡状态。

为了弄清这个问题,假设市场处于均衡状态,$p=11$,$d=s=2\,600$。进一步假设,由于消费者偏好的改变,流量需求函数(3.12)变为

$$d=8\,400-400p \tag{3.16}$$

也就是说,消费需求在所有的价格水平 p 下,都增加了 1 400。

通过运用前面一节的静态分析和求解包括式(3.10),式(3.13)以及式(3.16)三个方程式的方程组,很容易就会找到一个新的均衡状态。新的流量均衡数值是 $p=13$,$d=s=3\,200$。我们要问的是:市场现在是否要移动到新的均衡位置?这种情况在图 3.4 中表示出来,图中的横轴表示流量需求和流量供给。

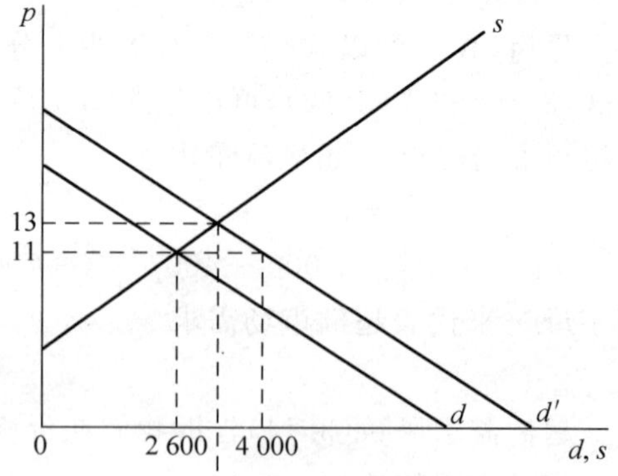

图 3.4 需求曲线的移动

在图 3.4 中,初始的流量需求和流量供给函数记为 d 和 s,并且二者相交于原来的均衡点 $p=11$ 和 $d=s=2\,600$。新的流量需求函数记为 d',从图形上可以清晰地看到,一旦发生从 d 到 d'的移动,在价格 $p=11$ 处,流量需求将会超过流量供给。实际上,将 $p=11$ 代入式(3.10)和式(3.16)中,会得到流量供给为 2 600,流量需求为 4 000。新的均衡点产生在 s 和 d' 曲线的交点

$p=13$，$d=s=3\,200$。当我们比较初始均衡点与新的均衡点时，这种分析方法称为比较静态分析。

市场是否会移动到新的均衡点依赖于当处于不均衡状态时，市场如何行动。当超额市场需求为正数时价格会上升，当超额市场需求为负数时价格将会下降。不存在存货的情况下，这等价于

$$\text{如果流量需求} > \text{流量供给，价格上升} \tag{3.17}$$

$$\text{如果流量需求} < \text{流量供给，价格下降} \tag{3.18}$$

在原来的价格 $p=11$ 处，流量需求超过流量供给，价格将会上升。而且，在低于新均衡 $p=13$ 的任何价格水平，流量需求超过流量供给，所以价格在达到新的均衡点之前将一直上升。一旦价格达到 $p=13$，流量需求和流量供给相等，价格将不会有进一步变化的趋势。

对于一个模型处于不均衡状态是如何变动的分析，在经济学中称为动态分析。像式(3.17)和式(3.18)这样关于处于不均衡状态的模型如何变动的假定，称为动态假定。

3.5　假定思考题 3.4(a)中的流量需求函数变为 $d=60-5p$。求出新的流量均衡位置。如果式(3.17)和式(3.18)的动态假定有效，市场会向新的均衡移动吗？

3.6　假定思考题 3.4(b)中的流量需求函数变为 $d=30-p$，求出新的流量均衡位置。如果式(3.17)和式(3.18)的动态假定有效，市场会向新的均衡移动吗？

3.5　稳定均衡和不稳定均衡

经济模型中的均衡有的是稳定的均衡，一旦变量偏离均衡，会有一种力量发挥作用使其恢复到原来的均衡。当然，一旦变量偏离均衡，也可能有一种力量发挥作用导致进一步偏离均衡位置，这种均衡则称为不稳定均衡。我们将在以后进一步讨论均衡的稳定性和不稳定性。

在图 3.5 中，按惯例向上倾斜的流量供给曲线与按惯例向下倾斜的流量需求曲线相交于均衡价格 p^*。假定一个偶然的事件使价格高于均衡水平 p^*。如果式(3.17)和式(3.18)的假定有效，那么由于在价格高于 p^* 时，流量供给高于流量需求，价格将会下降回到均衡水平。同样地，如果价格低于 p^*，那么流量需求超过流量供给，价格将会上升回到均衡水平。很明显，给定动态假设式(3.17)和式(3.18)，图 3.5 中的均衡是稳定的。

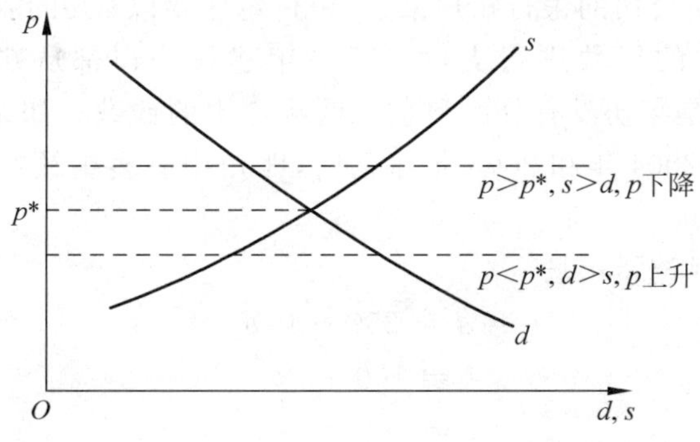

图 3.5　稳定均衡

流量需求曲线也有可能向上倾斜,虽然这种情况极其少见。可能是因为相关的商品是吉芬商品,或者是因为与炫耀性消费有关,在图 3.6 中画出了向上倾斜的流量需求曲线和向上倾斜的流量供给曲线。均衡价格是 p^*。

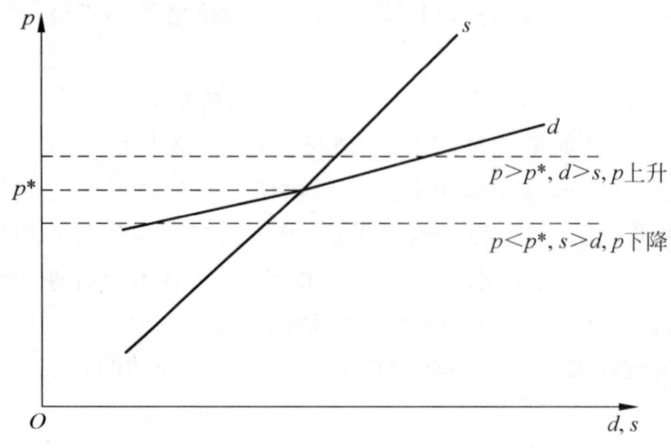

图 3.6 不稳定均衡

仔细研究图 3.6,不难发现这里描述的均衡是不稳定的。如果价格高于 p^*,流量需求高于流量供给,那么价格将继续上升;如果价格低于 p^*,流量供给超过流量需求,价格将继续下降。在任何一种情况中,市场力量都会导致商品价格越来越偏离它的均衡水平。

以上的分析很清楚地表明,均衡稳定与否很大程度上依赖于动态假定——也就是说,依赖于当模型不再处于均衡状态时,它如何行动。如果我们采纳与式(3.17)和式(3.18)不同的动态假定,在上面的例子中可能得出关于均衡稳定性的不同结论。

3.7 在思考题 3.4 中的均衡位置中,哪个是稳定的,哪个是不稳定的?

习 题

3.1 判断一下:下列变量中哪个是流量,哪个是存量?

(a) 银行收支差额; (b) 进口; (c) 股息; (d) 国内生产总值;
(e) 流通中的货币; (f) 固定资产; (g) 投资; (h)失业。

3.2 对于一个建筑公司的银行账户来说,银行每年要以 5% 的利率分派利息。利息在每年年初时按照账户中的钱数进行支付。每一年建筑公司都从账户中取出一部分钱:$0.25A-300$,A 代表的是年初没有分派利息之前账户中的钱数。如果 2002 年年初时 A 为 2 000 元,那么 2003 年、2004 年和 2005 年年初时,账户中有多少钱?账户中的钱是多少时将保持稳定?

3.3 考虑单一商品流量市场

$$d = 250 - 10p$$
$$s = 100 + 5p$$
$$d = s$$

画出流量需求曲线和流量供给曲线，利用图形求出流量均衡数值，并在数学上论证你的结果。

(a) 假设在流量供给保持不变时，流量需求曲线移动到 $d=280-10p$，求出新的流量均衡数值。(b)假设在流量需求保持不变时，流量供给曲线移动到 $s=100+8p$，求出新的流量均衡水平。

3.4　流量市场中商品的流量需求函数是

$$d = 21 - 2p + 3q$$

流量供给函数是

$$s = -5 + 6p - 2q$$

式中：p 为商品本身的价格；q 为替代品的价格。

(a) 如果 $q=2$，求出 d，s 和 p 的流量均衡数值；(b)如果替代品价格 q 上升到 3，求出 d，s 和 p 的新流量均衡数值。

你刚才使用的是哪种类型的分析方法？结合式(3.17)和式(3.18)的动态假设，新的均衡是稳定的还是不稳定的？

第4章 结构式和简化式

本章的主要内容是介绍如何进行比较静态分析。在这一章中，首先，考虑放宽我们在分析单一商品流量市场时作出的其他条件保持不变的假定。其次，我们将要把分析扩展到多种商品的情况。我们将继续维持商品的易坏性假定，把存量的问题留到第5章再讨论。

4.1 单一商品流量市场的扩展

再次考虑曾经在3.3节中讨论过的单一的、易坏商品的流量市场。我们把这种商品称为商品1，流量需求为 d_1，流量供给为 s_1，价格为 p_1。假设商品1有一种替代品——商品2，价格为 p_2，对商品1的流量需求和流量供给会产生重要的影响。假设商品2也为易坏品。此时，如果维持原来的假定，那么对于商品1，有

$$\text{市场需求} = \text{流量需求}: d_1 = d_1(p_1, p_2) \tag{4.1}$$

$$\text{市场供给} = \text{流量供给}: s_1 = s_1(p_1, p_2) \tag{4.2}$$

式(4.1)表明 d_1 是两个变量 p_1 和 p_2 的函数。也就是说，d_1 依赖于 p_1 和 p_2。同样地，式(4.2)表明 s_1 也是 p_1 和 p_2 的函数。

为了得到均衡价格水平，要求超额市场需求等于零，或者流量需求等于流量供给。也就是

$$d_1 = s_1 \tag{4.3}$$

式(4.1)～式(4.3)建立一个包括三个方程式和四个变量 d_1, s_1, p_1 和 p_2 的经济模型。应用第2章中线性方程组定理，会发现我们违反了完整性，得到一个不确定性方程组，这个方程组有无数个解。由于这个方程组没有唯一的解，所以不能告诉我们变量的流量均衡数值是多少，很容易看出问题出在哪里。虽然方程(4.3)确保了一个不变的价格水平 p_1，但是式(4.1)和式(4.2)表明流量需求和流量供给不但依赖于 p_1，还依赖于 p_2，即替代品的价格。

给出的函数(4.1)和函数(4.2)具体的形式上，上面的问题将会变得更清晰一些。例如，假定

$$d_1 = 8\,000 - 200p_1 + 300p_2 \tag{4.4}$$

$$s_1 = -200 + 500p_1 - 100p_2 \tag{4.5}$$

注意方程(4.4)和方程(4.5)中变量 p_2 的系数。如果 p_1 不发生变化，则当 p_2 上升时，d_1 上升，这意味着商品2是商品1的替代品，当商品2的价格与商品1相比上升时，消费者就会从购买商品2转向购买商品1。同样地，在式(4.5)中，如果 p_1 不发生改变，当 p_2 上升时，s_1 下降，因为当 p_2 相对于 p_1 来说上升时，生产商品2就会产生比生产商品1更多的利润，厂商会转去生产商品2，以至于商品1的供给下降。

问题在于我们无法像第3章那样画出商品1的流量需求和流量供给曲线，除非我们知道 p_2，即商品2的价格。因此，我们也无法确定两条曲线的交点。

方程组(4.1)～(4.3)是不确定的，因为它不能告诉我们 p_2 是多少。如果我们仍然坚持其他条件保持不变的假设，能够使模型变得可以确定的一个方法是，在模型中加入商品2的

流量需求和流量供给，以及一个保证 p_2 数值不变的均衡条件。这样，得到下面扩展的方程组

$$d_1 = d_1(p_1, p_2)$$
$$s_1 = s_1(p_1, p_2)$$
$$d_1 = s_1$$
$$d_2 = d_2(p_1, p_2) \tag{4.6}$$
$$s_2 = s_2(p_1, p_2) \tag{4.7}$$
$$d_2 = s_2 \tag{4.8}$$

方程(4.6)和方程(4.7)表明商品 2 的流量需求 d_2 和流量供给 s_2 是两种商品价格 p_1 和 p_2 的函数。式(4.8)表明，商品 2 的流量供给和流量需求必须相等，才能使商品 2 的价格 p_2 保持不变。这与式(4.3)一样是一个均衡条件。

现在，我们有六个方程式和六个变量：d_1, s_1, p_1, d_2, s_2 和 p_2。因此，可以期望这个方程组有唯一的解，能够告诉我们所有变量的流量均衡数值，均衡条件(4.3)确定一个不变的 p_1，均衡条件(4.8)确定一个不变的 p_2。给定 p_1, p_2 不变的数值，余下的方程可以确保其余变量 d_1, s_1, d_2, s_2 不变的数值。

作为一个例子，假定模型采取下列具体的形式

$$d_1 = 8\,000 - 200p_1 + 300p_2 \tag{4.9}$$
$$s_1 = -200 + 500p_1 - 100p_2 \tag{4.10}$$
$$d_1 = s_1 \tag{4.11}$$
$$d_1 = 1\,000 + 200p_1 - 150p_2 \tag{4.12}$$
$$s_2 = 6\,200 - 200p_1 + 50p_2 \tag{4.13}$$
$$d_2 = s_2 \tag{4.14}$$

通过把式(4.9)和式(4.10)代入式(4.11)中，得到

$$8\,200 - 700p_1 + 400p_2 = 0 \tag{4.15}$$

把式(4.12)和式(4.13)代入式(4.14)中，得到

$$-5\,200 + 400p_1 - 200p_2 = 0 \tag{4.16}$$

由方程(4.15)和方程(4.16)可以解出 p_1 和 p_2 的流量均衡值。从方程(4.16)得到

$$-200p_2 = 5\,200 - 400p_1 \rightarrow p_2 = -26 + 2p_1 \tag{4.17}$$

在方程(4.15)中替换 p_2，得到

$$8\,200 - 700p_1 + 400(-26 + 2p_1) = 0 \rightarrow -2\,200 + 100p_1 = 0 \tag{4.18}$$

解得 $p_1 = 22$，那么在方程(4.17)中，$p_2 = -26 + 2 \times 22 = 18$。

因此，流量均衡价格为 $p_1 = 22, p_2 = 18$，把这两个值代入方程(4.9)，方程(4.10)，方程(4.12)和方程(4.13)中，我们得到余下变量的均衡值，$d_1 = s_1 = 9\,000, d_2 = s_2 = 2\,700$。由于模型有唯一的解，所以只有当变量取这些值时，才能达到流量均衡。

4.1　考虑下面的两个商品流量市场：$\begin{cases} d_1 = 12 - 3p_1 + 4p_2 \\ s_1 = -5 + 4p_1 - 2p_2 \\ d_2 = 2 + 2p_1 - p_2 \\ s_2 = 18 - 3p_1 + 2p_2 \end{cases}$。求出每一个市场中 p_1, p_2, d_1, d_2, s_1 和 s_2 的流量均衡数值。

上面的方程组也可以扩展到包括多于两种商品的情况。实际上,把分析扩展到 n 种商品的情况,不论 n 是多少,方程组都有唯一的解。这种方法是一般均衡分析方法的基础。一般均衡是在19世纪由经济学家瓦尔拉斯首次设想出来的,这种方法把整个经济体系看作一个大规模的联立方程组。

4.2　线性方程组的简化式

再次考虑4.1节的单一商品流量市场

$$d_1 = 8\,000 - 200p_1 + 300p_2 \tag{4.19}$$

$$s_2 = -200 + 400p_1 - 100p_2 \tag{4.20}$$

$$d_1 = s_1 \tag{4.21}$$

方程组(4.19)~(4.21)包含了三个方程式和四个变量:d_1,s_1,p_1,p_2。这是一个不确定性方程组,有无数个解。它无法告诉我们变量的流量均衡数值是多少。

解决上述不确定性问题的最简单方法,是加入关于 p_2 变动的决定方程,这是我们在4.1节中的核心内容。除此之外,还可以采取另一种方法。即,我们可以把 p_2 看作外生变量,把 p_2 看作是由我们分析的单一商品市场以外的因素决定的。

一旦将 p_2 看作外生变量,那么给定 p_2 的值,就可以求出剩余变量的流量均衡数值。我们把 d_1,s_1,p_1 看作由我们分析的单一商品市场内部决定的变量。这些变量对整个模型来说是由内部力量决定的,因此称为内生变量。

在表4.1中,模型中所有内生变量的流量均衡数值,都是根据给定的外生变量 p_2 的数值计算出来的。

例如,如果 $p_2=4$,将其代入式(4.19)和式(4.20),则流量需求和流量供给函数变为

$$d_1 = 9\,200 - 200p_1 \tag{4.22}$$

$$s_1 = -600 + 500p_1 \tag{4.23}$$

函数(4.22)和函数(4.23)在图4.1中用实线画出。

方程(4.21)~(4.23)组成了一个包含三个变量的方程组,解得 $p_1=14,d_1=s_1=6\,400$,在图4.1中用点 A 表示。这是 $p_2=4$ 时的流量均衡点。

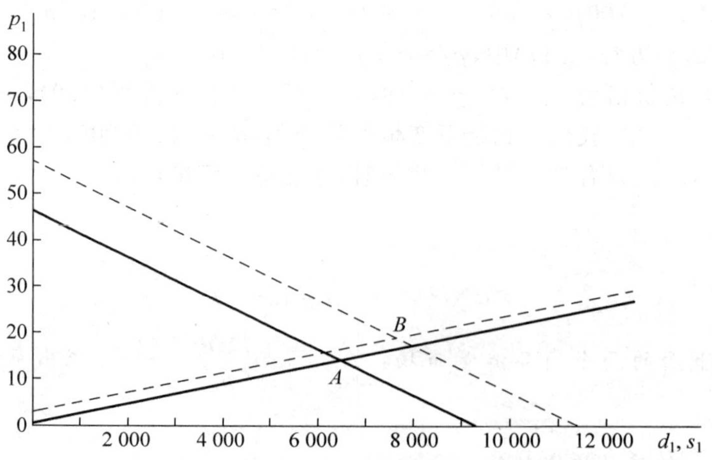

图4.1　不同替代品价格时的流量需求和流量供给曲线

假定 $p_2=11$，方程(4.19)和方程(4.20)变为

$$d_1 = 11\,300 - 200p_1 \tag{4.24}$$

$$s_1 = -1\,300 + 500p_1 \tag{4.25}$$

对应的流量需求和流量供给函数在图 4.1 中用虚线画出。它们相交于 B 点，$p_1=18$，$d_1=s_1=7\,700$。因此，如果 $p_2=11$，那么市场在新的数值下达到流量均衡。

最后，在表 4.1 的第三部分，给定 $p_2=18$，可以按照同样的方法计算。使用这种方法比较不同的流量均衡位置就是比较静态分析。

表 4.1　p_2 取不同数值时的流量均衡值

外部决定的 p_2 值	模型变为	超额市场需求等于 0	流量均衡解
$p_2=4$	$d_1=9\,200-200p_1$ $s_1=-600+500p_1$ $d_1=s_1$	$9\,800-700p_1=0$	$p_1=14$ $p_2=4$ $d_1=s_1=6\,400$
$p_2=11$	$d_1=11\,300-200p_1$ $s_1=-1\,300+500p_1$ $d_1=s_1$	$12\,600-700p_1=0$	$p_1=18$ $p_2=11$ $d_1=s_1=7\,700$
$p_2=18$	$d_1=13\,400-200p_1$ $s_1=-2\,000+500p_1$ $d_1=s_1$	$15\,400-700p_1=0$	$p_1=22$ $p_2=18$ $d_1=s_1=9\,000$

如一个经济模型中包含的方程式数量少于变量数，这个模型通常是不确定的。尽管如此，正如我们在第 2 章中提到的那样，在一个包括 n 个方程式和 $k>n$ 个变量的方程组中，如果可以事先为$(k-n)$个变量赋值，那么我们就可以解余下 n 个变量的模型。要做的是，把$(k-n)$个变量看作模型中的外生变量。例如，在一个方程数 $n=5$ 和变量数 $k=8$ 的模型中，我们可以把 $k-n=3$ 个变量看作外生变量，给定 3 个外生变量的值，就剩下 5 个方程式和 5 个变量，那么就可以解这个方程组。这种方法是可行的，但是我们必须找到足够数量的变量作为外生变量。此时

$$\text{方程式数量} = \text{内生变量数量} \tag{4.26}$$

如果条件(4.26)能够满足的话，我们就可以处理变量总数超过方程式总数的联立方程组。在用数学方法表示经济现象的时候，我们应该有目的地构建使条件(4.26)能够成立的方程组。

在经济模型中把某些变量看作外生变量的技巧，作用是非常大的。我们把外生变量看作是“驱动”系统有效的“杠杆”。例如，方程组(4.19)～(4.21)这个模型可以看作是由 p_2 这个外生变量“驱动”的。正如表 4.1 中表明的那样，p_2 的变化导致模型中内生变量在流量均衡数值上的变化。如果模型中的外生变量是由政府控制的，那么这种方法就能够说明政府行为对经济运行的影响。

这里必须强调的一点是，不能随意地将模型中的变量看作外生变量。单纯地从数学角度考虑方程(4.19)～(4.21)，我们可以随意地选择，如把 p_1 看作“外生”变量，给定 p_1 的值，就可以求出这个模型中剩余的变量 d_1，s_1 和 p_2，就和我们给定 p_2 时的求解方法一样。但是，从经济学的角度看，这种做法没有多大意义。理论上说，我们希望由外生变量来影响这个模型，要求结果是从外生变量传达到模型中的，而不是反过来。

表 4.1 中,给定 p_2 的不同值来计算流量均衡数值时,我们不得不用每一个给定的 p_2 的数值来求解这个模型,这种方法计算量比较大。一种更加方便且实用的方法是首先求出这个模型的简化式。初始方程组(4.19)～(4.21)被称为结构方程,构成了所谓的模型的结构式。为了得到简化式,我们求解结构方程,并且无论在什么时候都把 p_2 看作一个常量或者一个数值。简化式要求:

(4.1) 模型中的每一个内生变量都有一个方程。

(4.2) 等式右侧的方程只包含外生变量。

求出模型(4.19)～(4.21)简化式的最简便方法如下:把式(4.19)和式(4.20)带入式(4.21)中,得到

$$8\,000-200p_1+300p_2=-200+500p_1-100p_2$$

或者

$$-700p_1=-8\,200-400p_2 \tag{4.27}$$

值得注意的是在式(4.27)中,我们把 p_2 看作一个普通的数字,并把它放在等号的右侧。既然 p_2 一直被看成常数,因此,可以按照通常的方法求解,得到

$$p_1=\frac{82}{7}+\frac{4}{7}p_2 \tag{4.28}$$

方程式(4.28)是 p_1 的简化式方程。正如要求的那样,它只由外生变量 p_2 表示出来。为了得到余下的简化式方程,我们只需要将 p_1 的表达式代入式(4.19)和式(4.20)中,得到

$$d_1=\frac{39\,600}{7}+\frac{1\,300}{7}p_2 \tag{4.29}$$

$$s_1=\frac{39\,600}{7}+\frac{1\,300}{7}p_2 \tag{4.30}$$

方程(4.28)～(4.30)构成了模型(4.19)～(4.21)的全部简化式。值得注意的是,在简化式中全部的内生变量都是由一个外生变量 p_2 来表示的,内生变量表现为外生变量的函数。

如果我们想要得到给定 p_2 的值时模型的流量均衡数值,只要把 p_2 的值代入简化式方程。例如,如果 $p_2=4$,把 $p_2=4$ 代入方程(4.28)～(4.30),得到

$$p_1=14,\quad d_1=s_1=6\,400$$

当然,这与表 4.1 中第一部分得到的流量均衡解是相同的。关键在于,无论给定的 p_2 值是多少,我们不再需要求解整个模型来寻找流量均衡数值。只需要将给定的 p_2 值替换到简化式方程中,因此,简化式的应用是一种进行比较静态分析特别方便的方法。

4.2 考虑下面的单一商品流量市场:

$$d_1=-15-2p_1+2p_2$$

$$s_1=3+4p_1-p_2$$

已知价格 p_2 是外生变量。给定 $d_1=s_1$,求出模型的简化式。并由此计算当 $p_2=8$ 时,内生变量的流量均衡数值。

简化式的系数

简化式方程最重要的应用体现在系数上。在简化式方程(4.28)～(4.30)中的常数,如

方程(4.28)中的$\frac{4}{7}$被称为简化式系数。对应地,在原来结构式方程(4.19)～(4.21)中的常数被称为结构式系数。结构式系数表现了外生变量对内生变量的直接影响;而简化式系数则表明了外生变量变动对内生变量的最终影响,即直接影响和间接影响之和。在经济学术语中,与外生变量相连的简化式系数,有时也称为乘数。

例如,考虑 d_1 的简化式方程

$$d_1 = \frac{39\,600}{7} + \frac{1\,300}{7}p_2 \tag{4.29}$$

我们可以从方程中推断出,商品 2 的价格 p_2 上升 1 个单位(不论这个增量是从 2 到 3,从 20 到 21,从 300 到 301)最终会导致商品 1 的流量均衡需求上升$\frac{1\,300}{7}$个单位。如果只是考虑结构方程式(4.19)～(4.21),将很难推断出这个结果。实际上,方程(4.19)好像表明 p_2 上升 1 个单位将会导致商品 1 的流量均衡需求上升 300 个单位。但是,商品 2 价格 p_2 的上升,事实上引起了商品 1 市场上需求和供给的"连锁反应"。商品 1 的流量均衡需求上升 300 个单位,只是这个连锁事件的最初反应。d_1 的上升将会导致对商品 1 的超额市场需求,因此,商品 1 的价格 p_1 也要上升。但是,从方程(4.20)中,我们知道 p_1 的上升意味着 s_1 的变动,以及 d_1 的进一步变动。依次下去,这些流量的变动意味着与价格有关的超额市场需求的变动,等等。

在方程(4.29)中,系数$\frac{1\,300}{7}$告诉我们这一连锁事件在商品 1 流量需求上的总影响。它告诉我们一旦由于 p_2 的上升引起连锁反应充分发生,会对 d_1 有什么影响。同样地,方程(4.28)告诉我们 p_2 上升 1 个单位会使商品 1 的流量均衡价格上升$\frac{4}{7}$个单位。

这里,我们应该注意到,以上的分析均暗含着经过外生变量 p_2 的变动后,会达到一个新的流量均衡点的假设。伴随着外生变量的变动,我们可以使用简化式找出新的流量均衡数值是多少,但是我们并没有讨论新的均衡最终是否能达到的问题。是否达到新的均衡首先依赖于描述模型处于不均衡状态时行为的动态假设,我们将把这部分内容顺延到第 13 章讲解。

思考题

4.3　考虑下列单一易坏商品的流量市场:

$$d_1 = 10 + 2Y - 3p_1 + p_2$$
$$s_1 = 12 + 2p_1 - 3p_2$$
$$d_1 = s_1$$

式中:p_1 为商品的价格;d_1 为市场需求;s_1 为市场供给;Y 为消费者收入;p_2 为替代品价格。如果将 Y 和 p_2 看作外生变量。

(a) 求出模型的简化式;

(b) 需求方程表明替代品价格 p_2 下降,会导致需求下降。那么,当 Y 保持不变时,p_2 下降 1 个单位会导致流量均衡值如何变动?

4.4　在单一易坏商品市场上,市场需求为 d_1,市场供给为 s_1:

$$d_1 = -25 + 6Y - 2p_1 + p_2$$
$$s_1 = -5 + 5p_1 - 2p_2$$

p_1 是这种商品的价格。消费者收入 Y 和替代品价格 p_2 是外生变量。如果 $d=s$ 时达到流量均衡,求出 Y 下降 7 个单位,p_2 上升 14 个单位对 d_1,s_1 和 p_1 流量均衡值的影响。

4.3 一个宏观经济的例子

由于简化式系数反映了外生变量对内生变量总的影响,这是决策者所关心的内容,因此,简化式常常用作预测和政策评价的工具。作为一个例子,再次考虑由方程式(2.35)～(2.37)表述的简单凯恩斯模型。假定方程(2.36)中的消费函数采取的形式是

$$C = 80 + 0.8Y - 0.5R \tag{4.31}$$

私人投资支出 I 与利率的关系如下:

$$I = 2\,000 - 2R \tag{4.32}$$

由方程(2.35)给定的均衡条件,我们重新阐述如下

$$Y = C + I + G \tag{4.33}$$

方程(4.31)～(4.33)构成了一个包括三个方程五个变量——Y,C,I,G 和 R 的方程组,这是不确定性方程组。但是,如果我们假定利率 R 和政府支出 G 都是在政府当局的控制之下,那么我们可以把这两个变量看作外生变量。这样,就剩下包括三个内生变量 Y,C 和 I 的方程组。因此,给定 G 和 R 的数值,就可以确定这个模型的均衡数值。

我们来推导上述模型的简化式。记住,对于每一个内生变量 Y,C 和 I,都需要一个简化式方程,而且在这些方程的右侧只包括外生变量。由于方程(4.32)的右侧已经包括了一个外生变量,所以它可以直接当作 I 的简化式方程。

为了得到剩余的简化式方程,最简单的方法就是把式(4.31)和式(4.32)中的 I 和 C 代入到方程(4.33)中

$$Y = 80 + 0.8Y - 0.5R + 2\,000 - 2R + G$$

解出 Y,把外生变量 R 和 G 看作常数

$$0.2Y = 2\,080 - 2.5R + G$$

或者

$$Y = 10\,400 - 12.5R + 5G \tag{4.34}$$

式(4.34)是 Y 的简化式方程。为了求出 C 的简化式,我们只需用式(4.34)替换方程(4.31)中的 Y

$$C = 80 + 0.8(10\,400 - 12.5R + 5G) - 0.5R$$

或者

$$C = 8\,400 - 10.5R + 4G \tag{4.35}$$

我们现在可以使用简化式方程(4.32)、(4.34)和(4.35),给定任意的 R 和 G 数值,得到 Y,C 和 I 的流量均衡数值。例如,如果 $G=300$,$R=6$,那么当 $Y=11\,825$,$C=9\,537$ 和 $I=1\,988$ 时,模型处于均衡状态。另外,如果 $G=400$,$R=4$,那么流量均衡数值是 $Y=12\,350$,$C=9\,958$ 和 $I=1\,992$。一旦得到了简化式,比较静态分析就变得简单了。

而且,简化式最有效的作用是告诉我们,当外生变量发生变化时,对内生变量会发生什

么样的影响。因此，我们从式(4.33)中看到，利率 R 上升 1 个百分点，将会导致收入的均衡水平上升 12.5 个单位。

第二个影响就是著名的凯恩斯乘数。在方程(4.31)中我们看到收入上升 1 个单位(假设利率不变)将会导致消费增加 0.8 个单位，这个系数称为边际消费倾向，而差 $1-0.8=0.2$ 称为边际储蓄倾向。凯恩斯乘数是边际储蓄倾向的倒数。在这里凯恩斯乘数为 $\frac{1}{1-0.8}=5$。事实上，这就是式(4.34)告诉我们的内容——在这个模型中，政府支出 G 的任何增量都会导致均衡收入 Y 的 5 倍增量。

4.5　下面的简单宏观经济模型中，C,Y,I 和 R 分别代表消费、国民收入、投资和利率

$$C=20+0.8Y$$
$$I=10+0.1Y-0.5R$$
$$Y=C+I+G$$

如果将利率看作外生变量，求出这个宏观模型的简化式。当 R 从 5 上升到 10 时，对内生变量均衡值有什么影响？

4.6　在下面的简单宏观经济模型中，消费 C、投资 I、国民收入 Y 都是内生变量，政府支出 G、利率 R 都是外生变量。C,I,Y,G 的计量单位都是 10 亿元。

$$C=10+0.8Y$$
$$I=5+0.1Y-50R$$
$$Y=C+I+G$$

求出模型的简化式，然后：

(a) 当 G 为 200 亿元，$R=0.1$ 时，求出内生变量的均衡水平；

(b) 当政府支出增加 10 亿元时，推断对内生变量的影响。

习　　题

4.1　在两种易坏商品的流量市场上，流量需求和流量供给函数如下：

$$d_1=-7-2p_1+2p_2$$
$$s_1=8+3p_1-2p_2$$
$$d_2=4+3p_1-p_2$$
$$s_2=3-2p_1+p_2$$

当 $d_1=s_1$ 和 $d_2=s_2$ 时达到流量均衡。求出所有变量的流量均衡数值。

4.2　在单一商品流量市场中，流量需求和流量供给函数是

$$d_1=-5-3p_1+2p_2$$
$$s_1=10+3p_1-2p_2$$

当 $d_1=s_1$ 时达到流量均衡。如果将商品 2 价格 p_2 看作外生变量，求出模型的简化式。然后，求出当 $p_2=6$ 时所有内生变量的流量均衡数值。假定 p_2 变动到 7，新的流量均衡值是多少？

4.3 在一个不持有存货的单一商品市场中,市场需求 d_1,市场供给 s_1 决定于

$$d_1 = -30 + 8Y - 3p_1 + 2p_2$$
$$s_1 = -4 + 6p_1 - p_2$$

其中,p_1 是商品价格。如果消费者的收入 Y 和替代品的价格 p_2 是外生变量,并且 $d_1 = s_1$ 时达到流量均衡,求出模型的简化式。说明当 Y 下降 2 个单位并且 p_2 上升 4 个单位时,对 d_1,s_1 和 p_1 的流量均衡值的影响。

4.4 在单一货币市场模型中,M 和 L 分别代表货币的供给和需求,单位是亿元,Y 是国民收入,单位也是亿元,R 是百分数表示的利率。

$$L = 5 + 8Y - 2R$$
$$M = 4 + R$$

国民收入水平 Y 可以看作外生变量,当 $L=M$ 时市场处于均衡状态。求出模型的简化式;然后,求出当 $Y=4$ 时,市场均衡数值。如果 Y 下降 1 个单位,对利率均衡值的影响是多少?

4.5 在简单宏观经济模型中,C,I,Y 和 G 分别代表今年的消费、国民收入、投资和政府支出,Y_{-1}代表前一年的国民收入。

$$C = 20 + 0.6Y$$
$$I = 5 + 0.1(Y - Y_{-1})$$
$$Y = C + I + G$$

政府支出 G 是外生变量,Y_{-1}也可以看作外生变量;C,Y 和 I 是内生变量。求出模型的简化式。

如果 2004 年的国民收入是 180,2005 年政府支出是 50,使用简化式求出 2005 年 C,Y 和 I 的数值。如果政府支出保持 50 不变。那么,2006—2008 年 C,Y 和 I 会怎样变动?

如果 G 保持 50 不变,你能推断出国民收入 Y 在什么数值时将保持稳定吗?

第 5 章　存量—流量市场

到目前为止,我们均假设商品是易坏的,这样可以避开对存量问题的探讨,而仅仅研究流量均衡的问题。但一旦我们接受商品不是易坏的事实,存量的研究就是必要的。对存量的理解涉及经济学中的动态分析方法。

5.1　存货投资净额

首先来探讨含有单一非易坏商品的存量—流量市场。假定其他条件(如其他商品的价格、消费者的收入水平和消费者偏好、生产要素的价格等)均保持不变。在这种情况下,流量需求和流量供给都可以视作单变量函数,自变量是商品的市场价格。分别用字母 d,s,p 表示流量需求、流量供给和商品价格,有

$$d = d(p), \quad s = s(p) \tag{5.1}$$

另外,假设存量需求(用 D 表示),也是一个仅由商品价格决定的函数,即

$$D = D(p) \tag{5.2}$$

需要指出的是,存量供给(用 S 表示),不是一个直接由价格决定的函数。正如 3.2 节中所讲到的,存量供给依赖于产出总量是否超过消费总量,即存量供给 S 取决于流量需求与流量供给的对比关系。当流量需求大于流量供给时,存量供给减少;反之,当流量需求小于流量供给时,存量供给增加。

既然市场需求和市场供给最终决定市场价格,我们便以式(3.5)为出发点,并重建方程为

$$\text{超额市场需求} = \text{超额流量需求} + \text{存货投资净额} \tag{5.3}$$

式(5.3)表示,购买量超出销售量的差额由两部分组成。超额流量需求是目标消费量与目标生产量的差额;存货投资净额是存货目标增加量与目标消耗量的差额。因此,重写式(5.3),可得到

$$x = d(p) - s(p) + N \tag{5.4}$$

式中:x 为表超额市场需求;N 为存货投资净额。

对于 N,需要指出的是,它是一个流量,描述了一段时期内存货目标增加值。例如,如果 $N=500$,我们必须指明它代表的是每周存货增量为 500,还是每年存货增量为 500。例如,如果选定时间单位为一周,若一周开始时,存量需求 D 大于存量供给 S,则一般情况下,我们可以认定人们会在本周内增加存货量,因此

$$\text{若 } D < S\text{,即 } D - S > 0 \text{ 时,则 } N > 0 \tag{5.5}$$

类似地,如果在一周开始时,人们实际持有的存货量 S 大于目标存货量 D,则 N 为负数,人们将会减少存货量,因此

$$\text{若 } D < S\text{,即 } D - S < 0 \text{ 时,则 } N < 0 \tag{5.6}$$

显然,存货投资净额取决于存量需求与存量供给间的对比关系。二者的函数关系如

图 5.1 中的实线所示。图 5.1 中的实线必然经过原点,其原因在于若 $D-S=0$,即人们实际持有的存货量等于想持有的存货量,则 $N=0$,此时人们既不想增加也不想减少存货量。但问题是即使我们知道曲线通过原点,也无法准确地表达出图 5.1 所示曲线的函数关系式,因此我们假定可以用线性关系来近似描述该函数,记为

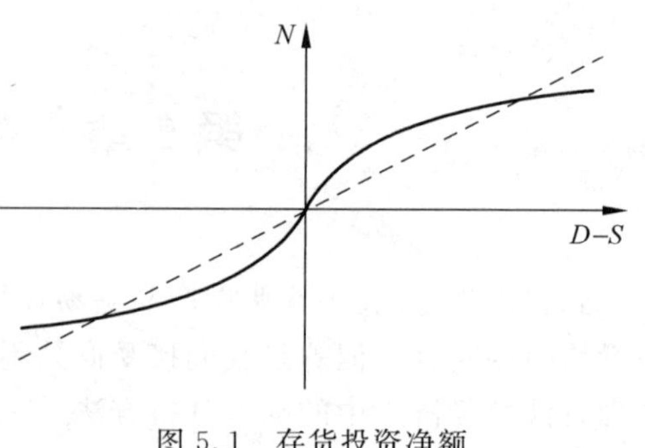

图 5.1 存货投资净额

$$N = k(D-S) \tag{5.7}$$

式中:k 为常数,且 $0<k<1$,称之为存货调整系数。

我们用式(5.7)(图 5.1 中的虚直线)来近似替代图 5.1 中的实线。由于式(5.7)中,截距为 0,直线通过原点,也就是说,当 $D-S=0$ 时,$N=0$。该直线的斜率由式(5.7)中的 k 给定。

为了理解式(5.7)中的假定,我们暂时令 $k=\frac{1}{5}$。如果在一周初,$D=500$ 且 $S=400$,那么就意味着生产者和消费者想持有的存货比实际拥有的存货多 100 个单位。显然,他们希望在本周余下的几天里增加存量供给 S,但是,式(5.7)中 $k=\frac{1}{5}$,它暗示生产者及消费者不能或不愿在本周内增加全部 100 个单位的存货。本周内实际的存货投资净额仅是 100 的 $\frac{1}{5}$,即 20 个单位。这在告诉我们,将实际的存量供给调整到我们想要的水平是需要时间的。对于消费者来说,在给定收入水平时,一定是购买力超过了实际的消费量;对于生产者来说,在给定生产能力水平时,一定是产出量超过销售量。在限定的时间内,将存货量完全调整至所想要的水平是不可能的。可以做到的仅是部分调整,这也正是 k 被称作存货调整系数的原因。

再如,假定存货调整系数 $k=\frac{1}{4}$,月初的情况是 $S=100$,$D=1\,300$,以月为调整单位,则 $N=k(D-S)=\frac{1}{4}\times(1\,300-100)=300$,下月初的存量供给为

$$S' = S + N = 100 + 300 = 400$$

k 的实际值将依赖于时间单位的长度。显然,以年作为调整单位的 k 值一定比以周作为调整单位的 k 值更大。如果时间单位足够长,那么完全调整是可能的,此时 k 取其最大值 1。只要时间单位内发生了某种程度的调整,k 的值就会大于零。

将式(5.7)代入式(5.4),可以得到超额市场需求

$$x = d(p) - s(p) + k[D(p) - S] \tag{5.8}$$

总结一下,存货投资净额和存量供给的关系如下:

(5.1) 存货投资净额大于零,或 $N>0$,则存量供给 S 增加。

(5.2) 存货投资净额小于零,或 $N<0$,则存量供给 S 减少。

(5.3) 存货投资净额等于零,或 $N=0$,则存量供给 S 保持不变。

结合前面的内容,(5.1)～(5.3)实际上是我们在第 3 章中了解到的存量与流量关系在具体经济问题中的体现。

5.1　假定存货投资净额由式(5.7)中的存量调整系数决定,$k=\frac{1}{3}$,以月为调整单位。依据下列各种月初的情况,计算下月初持有的存货(即存量供给 S)会发生什么变化?

(a) $S=500, D=1\,100$；　(b) $S=800, D=800$；

(c) $S=700, D=400$；　(d) $S=200, D=500$。

5.2　存量—流量市场均衡

流量需求和流量供给在各期均取常数值时,无论存量取何值,都存在流量均衡;但是,完全存量均衡却只存在于一种情况下,即流量的和存量的需求和供给在各时期中均保持不变。

因为流量需求和流量供给都只是价格的函数,所以在当前市场中,流量均衡存在的条件与均衡价格的存在条件是一样的。若我们仍假定,只有当超额市场需求为零时,价格才保持不变,由式(5.8)可知这一假定意味着

$$d(p)-s(p)+k[D(P)-S]=0 \tag{5.9}$$

因为存量需求 D 也仅是价格 p 的函数,所以不变的价格水平意味着存在一个不变的存量需求,但是完全存量均衡还要求一个不变的存量供给 S。我们已经知道存量供给的值取决于生产和消费之间的关系。当生产量和消费量相等时,存量供给就会保持不变。因此,存量供给保持不变的条件是流量需求和流量供给相等。也就是说,超额流量需求为零,或者

$$d(p)-s(p)=0 \tag{5.10}$$

只有当条件(5.9)和(5.10)同时成立时,市场才会处于完全存量均衡。方程(5.10)保证 S 不变而方程(5.9)保证了价格不变,进而决定不变的 d,s 和 D 的值。因此,在存量—流量市场中,方程(5.9)和(5.10)是完全存量均衡的条件。它们恰好由含有两个变量 p 和 S 的两个方程式组成,因而可以确定地求得 p 和 S 的均衡值。给定 p 和 S 的均衡值,就可以确定其余变量 d,s 和 D 的值。下面举例说明,假定

存量需求　$$D=-2p+8 \tag{5.11}$$

流量需求　$$d=-4p+10 \tag{5.12}$$

流量供给　$$s=3p+6 \tag{5.13}$$

$$k=\frac{1}{2} \tag{5.14}$$

将这些表达式代入式(5.9),得

$$-4p+10-(3p+6)+\frac{1}{2}\times[(-2p+8)-S]=0$$

整理有

$$-8p-\frac{1}{2}S+8=0$$

或

$$S = 16 - 16p \tag{5.15}$$

同理,将式(5.12)和式(5.13)代入式(5.10),得

$$-4p + 10 - (3p + 6) = 0$$

或

$$-7p + 4 = 0 \tag{5.16}$$

注意:在(5.15)和(5.16)这两个方程中,恰好有两个变量 p 和 S。在式(5.16)中只含有变量 p,因此可以立即解出完全存量均衡下的 p 值,$p=\frac{4}{7}$。将 p 值代入式(5.15)就得到存量供给 S 的均衡值,$S=\frac{48}{7}$。最后,可以将 p 值代入式(5.11)～式(5.13),分别得到 D,d 和 s 的值。完全存量均衡的解是

$$p = \frac{4}{7}, \quad d = s = \frac{54}{7}, \quad D = S = \frac{48}{7} \tag{5.17}$$

注意:在完全存量均衡中,存量需求和存量供给相等。它告诉我们这样一个事实,即人们只有在持有了他们想要的存货量时才不会再增加或减少存货,也只有这时存量供给才保持不变。

流量均衡与完全存量均衡之间的关系

初级经济学教材中所讲的需求曲线和供给曲线,指的就是我们所定义的市场需求和市场供给,它们共同决定了“市场时期”的均衡价格。这里,市场时期是指由商业活动开始到商业活动结束的一段时期。

我们用前面提到过的单一商品模型为例来进行说明。图 5.2 画出了“市场时期 1”的市场需求和市场供给曲线。这些曲线的交点决定了“市场时期 1”的均衡价格水平 p^*。只有在这样的价格下,超额市场需求才等于零,且价格不会上升或下降。

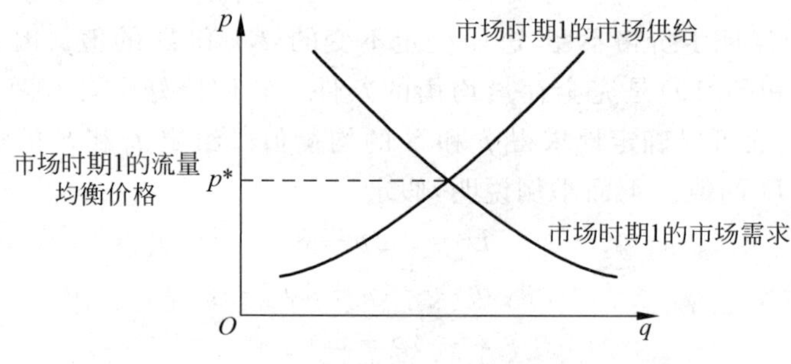

图 5.2 市场时期 1 的均衡

对于图 5.2,首先需要指出的是这只是流量均衡,并不一定是完全存量均衡。由式(5.1)可知,当价格 p 不变时,市场时期 1 的 d 和 s,即流量需求和流量供给也将保持不变,因为它们都仅取决于 p。但是,流量需求和流量供给固定不变,并不意味着它们必然相等。如果它们不等,则条件(5.10)一定不成立。只要存量供给还有变化,市场就不会处于完全存量均衡状态。

现在我们考虑下一期即“市场时期 2”时的均衡价格条件，不难发现，它与时期 1 的条件是一样的，实际上，只有在市场时期 1 的均衡既是流量均衡也是完全存量均衡时，均衡价格才会保持不变。

考虑超额市场需求(5.8)，

$$x = d(p) - s(p) + k[D(p) - s]$$

因为 k 是常数，则在任一时期的超额市场需求只依赖于价格和期初时的存量供给水平。给定存量供给水平不变，超额市场需求曲线如图 5.3 所示。

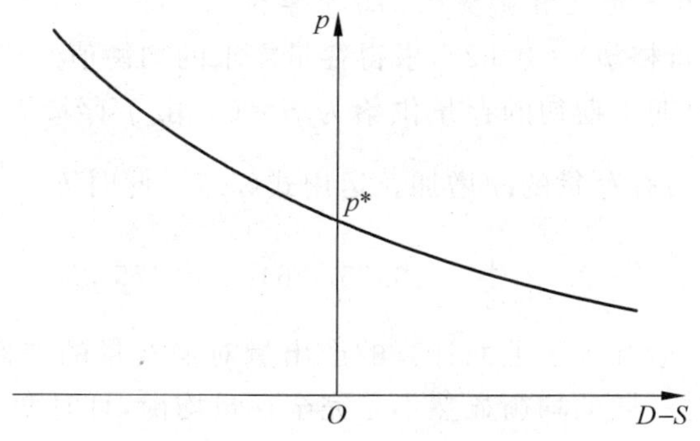

图 5.3　超额市场需求曲线

用图 5.2 中的市场需求减去市场供给就可以得到图 5.3 中的超额市场需求。只有在均衡价格 p^* 处，超额市场需求才为零。若价格水平低于 p^*，则超额市场需求取正值；若价格水平高于 p^*，则超额市场需求为负。

应注意的是，存量供给的变化会移动图 5.3 中的超额市场需求曲线。例如，存量供给上升，但存量需求不变，由式(5.8)中的 $k[D(p)-S]$ 项所决定，会导致存货投资净额下降，同时使超额市场需求下降。在图 5.3 中，表现为曲线向左移动。同理，存量供给下降会增加超额市场需求，表现为曲线向右移动。

现在假定市场时期 1 的均衡只是流量均衡而不是完全存量均衡。也就是说流量需求和流量供给是固定不变的值但并不在完全存量均衡价格处相等。由于没有满足条件(5.9)，市场时期 2 期初的存量供给一定不同于时期 1 期初的存量供给，这意味着两个时期间的超额市场需求曲线(图 5.3)将会发生移动。因此，该曲线与代表价格的纵轴的交点一定也会发生改变，这意味着在时期 2 会有不同的流量均衡价格。

相反，如果时期 1 的均衡是完全存量均衡，那么时期 2 期初的存量供给仍会取与上一期期初相同的值。因此，在两期间的超额市场需求不会发生变化，均衡价格也不会变动。而且，由于在这两期之间没有发生任何变化，所以市场时期 2 的均衡仍然是完全存量均衡，它暗示了在“市场时期 3”，仍存在一个不变的均衡价格。

显然，只有完全存量均衡时，各期的均衡价格才能保持不变。与完全存量均衡不同，流量均衡是暂时性的。我们用式(5.11)～式(5.14)的例子来说明这一问题。这个市场的完全存量均衡值由式(5.17)给出。

假设在市场时期 1，期初存量供给 $S=6$，注意这不是完全存量均衡时存量供给的值。在时期 1 超额市场需求等于零时，价格达到它的均衡值。将式(5.11)～式(5.14)和 $S=6$ 代入方程(5.9)，得到

$$-4p+10-(3p+6)+\frac{1}{2}\times[(-2p+8)-6]=0 \tag{5.18}$$

解方程(5.18),得到均衡价格的值 $p^*=0.625$。这是市场时期 1 价格的均衡值。给定价格为 0.625,利用式(5.12)和式(5.13),我们可以求得流量需求和流量供给的值。于是有了市场时期 1 的流量均衡值,分别是

$$p^*=0.625,\quad d=7.5,\quad s=7.875 \tag{5.19}$$

注意:流量需求和流量供给是不相等的,实际上有超额流量需求 −0.375 个单位。换言之,在市场时期 1,产出量超过消费量 0.375 个单位。

我们也可以用均衡价格 $p^*=0.625$,求得存量需求的均衡值。代入式(5.11),得到 $D=6.75$,同时我们知道在时期 1 期初的存量供给为 $S=6$。由于存量需求超过了存量供给,所以在市场时期 1 内一定会有存货的净增加。运用式(5.7),此时 $k=\frac{1}{2}$,存货投资净额将是

$$N=\frac{1}{2}\times(6.75-6)=0.375 \tag{5.20}$$

当然,存货投资净额恰好等于上面计算的产出量对消费量的差额。由于在时期 1 期间内有存货的增加,所以这一期的均衡显然不是完全存量均衡,且时期 2 期初的存量供给会不同于时期 1 期初的存量供给。实际上,因为时期 1 期初 $S=6$,时期 1 期间又有 0.375 的增加额,那么,时期 2 期初的存量供给将是 $S=6.375$。

为计算市场时期 2 的均衡价格水平,我们再一次将方程(5.11)～(5.14)代入式(5.9),但这次用 $S=6.375$。于是有

$$-4p+10-(3p+6)+\frac{1}{2}\times[(-2p+8)-6.375]=0 \tag{5.21}$$

得到市场时期 2 的均衡价格水平 $p^*=0.6015$。

注意:这与时期 1 的均衡价格值不同,原因在于我们取了不同的存量供给值,由于时期 1 的均衡只是流量均衡而不是完全存量均衡,所以时期 2 的均衡价格水平发生了变化。

在时期 2 期初的存量供给为 $S=6.375$,仍然不等于式(5.17)给出的完全存量均衡值。因此在这一期市场仍然不能达到完全存量均衡,这暗示了在市场时期 3 的均衡价格水平还会发生变化。

然而,现在假定在时期 1 期初时的存量供给不是 $S=6$,而是取在完全存量均衡时的值,$S=\frac{48}{7}$。我们将 $S=\frac{48}{7}$ 代入方程(5.9)来计算均衡价格,得到的方程不是(5.18)而是

$$-4p+10-(3p+6)+\frac{1}{2}\times\left[(-2p+8)-\frac{48}{7}\right]=0 \tag{5.22}$$

解方程(5.22)得到均衡价格是水平 $p^*=\frac{4}{7}$。将这一价格代入式(5.11)～式(5.13),得到时期 1 各均衡值为 $D=\frac{48}{7}$,$d=\frac{54}{7}$ 及 $s=\frac{54}{7}$。由式(5.17)可知,现在我们正处于完全存量均衡状态中。在完全存量均衡中,$d=s$,产出量和消费量相等,同时 $D=S$,期间内,存货没有增加,因此时期 2 的期初存量供给会与时期 1 的相同,为得到时期 2 的均衡价格水平,我们要再一次求解式(5.22)。显然会再一次得到 $p^*=\frac{4}{7}$,与上期的完全存量均衡值相同。既

然我们仍处于完全存量均衡中，市场时期 3 的存量供给仍不会有变化。为得到时期 3 的均衡价格水平，我们仍需解方程(5.22)。显然，只要处于完全存量均衡，各期的价格就会保持不变。

5.2 在下面单一商品存量—流量市场上，求完全存量均衡的值：

流量需求 $d=-2p+15$

流量供给 $s=3p-5$

存量需求 $D=-5p+30$

每期的存货投资净额等于存量需求超过存量供给部分的$\frac{1}{3}$$\left(\text{即 } k=\frac{1}{3}\right)$。

5.3 某商品流量需求和流量供给分别是：$d=-3p+10$ 和 $s=2p+5$，其中 p 是商品的价格。商品的存量需求由 $D=-2p+8$ 给出，存货调整系数 $k=\frac{1}{2}$。

(a) 求所以变量的完全存量均衡值；

(b) 给定某期期初存量供给的值是 10，计算当期和下一期的 p,d,s 和 D 的流量均衡值；

(c) 若 $k=\frac{1}{4}$，这会对(a)和(b)中的答案有何影响？

5.3 存量市场模型的简化式

在上一节的单一商品存量—流量模型中所有的变量都是内生的，就是说模型本身能够确定所有变量的值。但是，这并不一定意味着在存量—流量模型中就不会出现外生变量。例如，流量需求和存量需求都可能会依赖于外生决定的变量——消费者收入水平 Y。假定，仍使用上一节的符号，我们有单一商品存量—流量市场

流量需求 $d=10-2p+5Y$ (5.23)

流量供给 $s=3p+5$ (5.24)

存量需求 $D=12-3p+6Y$ (5.25)

存货调整系数 $k=\frac{1}{3}$ (5.26)

对于含有外生变量的模型，先找到它的简化式总是明智的。这种情况下求得的完全存量均衡值的简化式是外生变量 Y 的函数。我们采用与上一章同样的方法处理模型，就可得到简化式。

将式(5.23)～式(5.26)代入超额市场需求条件(5.9)中，得到

$$10-2p+5Y-(3p+5)+\frac{1}{3}(12-3p+6Y-S)=0$$

将内生变量放在等式左侧，其他式子都移至等式右侧，有

$$-2p-3p-p-\frac{1}{3}S=-4-2Y-10-5Y+5$$

或

$$6p+\frac{1}{3}S=9+7Y \tag{5.27}$$

将式(5.23)~式(5.24)代入式(5.10),得

$$10-2p+5Y-(3p+5)=0$$

或

$$5p=5+5Y \rightarrow p=1+Y \tag{5.28}$$

式(5.28)是我们得到的第一个简化式,它给出了依赖于外生收入 Y 的完全存量均衡下的价格水平。

将 p 值代入式(5.27),得

$$6(1+Y)+\frac{1}{3}S=9+7Y$$

或

$$\frac{1}{3}S=3+Y \rightarrow S=9+3Y \tag{5.29}$$

式(5.29)是完全存量均衡下的存量供给 S 的简化式。

将 p 代入方程(5.23)~方程(5.25),可以得到其余内生变量的简化式

$$d=s=8+3Y \tag{5.30}$$

$$D=9+3Y \tag{5.31}$$

注意:在完全存量均衡中 $D=S$,所以简化式方程(5.29)和(5.31)是相同的。

5.4 在下面单一商品存量—流量市场上:

流量需求 $d=15-2p+5Y$

流量供给 $s=3p-5$

存量需求 $D=30-15p+30Y$

存货调整系数 $k=\frac{1}{3}$

其中,变量 d,s,D 和 p 与以往定义相同;Y 是消费者收入。随着消费者收入的提高,消费者的消费量和持有的存货量会上升。将 Y 视为一个外生变量,而其他变量均为内生的。求完全存量均衡时 d,s,D,S 和 P 的简化式。

(a) 当 $Y=4$ 时,计算所有变量的完全存量均衡值;

(b) 当 Y 提高 1 单位时,会对完全存量均衡值有何影响?

习　题

5.1 对下面的单一商品存量—流量市场,计算所有变量的完全存量均衡值:

流量需求 $d=10-p$

流量供给 $s=4+2p$

存量需求 $D=16-2p$

其中，p 是价格，存货调整系数 $k=0.25$。若期初存量供给 $S=8$，在本期末和下一期期末市场的均衡值分别是多少？

5.2　在单一商品存量—流量市场，有

流量需求　$D=32-2p$

流量供给　$s=7+3p$

存量需求　$D=40-4p$

任意一期存货投资净额等于该期期初存量需求和存量供给差额的一半。在某一期期初，存量供给 S 的值是 16。求这一期 d,s,D 和 p 的流量均衡值。然后计算下一期期初存量供给 S 的值。

5.3　考虑下面的单一商品存量—流量市场：

流量需求　$d=-3p+22$

流量供给　$s=2p+2$

存量需求　$D=-4p+20$

$k=0.25$

(a) 计算所有变量的完全存量均衡值。

(b) 如果存货调整系数等于 0.5($k=0.5$)，完全存量均衡值会有什么变化？

5.4　在单一商品的存量—流量市场中：

流量需求　$d=20-3p$

流量供给　$s=26-4w+2p$

存量需求　$D=42-2p$

存货调整系数　$k=\frac{1}{2}$

其中，变量 d,s,D 和 p 与以往定义相同；w 是工资，随着工资的提高，市场中厂商的产出量会下降。将 w 视为一个外生变量，而其他变量均为内生的。求：完全存量均衡时，d,s,D,S 和 p 的简化式。

(a) 当 $w=6$ 时，计算所有变量的完全存量均衡值。

(b) 当 w 提高 1 单位时，会对完全存量均衡值有何影响？

第6章 几何级数和现金流量贴现

在经济分析中,经常需要比较在不同时点上的变量值。例如,考虑修建一座水电站时,需要比较当年的建筑成本,将来每年的维修成本与将来的使用收入。涉及流量与存量,或流量与流量之间进行跨期比较时,应如何分析,最简单的方法是使用现金流量贴现法把未来的变量值贴现到现在。

6.1 复 利

大多数人都不会对复利感到陌生。假如某人在银行的存款账户中存入500元,年利息率(简称利率)为8%,则该账户中第一年年末的本息和应该为

$$D_1 = 500 + (500 \times 8\%) = 500(1 + 8\%) = 500 \times 1.08$$

假如钱未取回,那么第二年年末的利息是以最初存款额与第一年所得利息之和,即第一年年末账户的存款总额,为基数计算出来的。假如年利率保持不变,则第二年年末账户中的总金额为

$$D_2 = 500 \times 1.08 + 500 \times 1.08 \times 8\% = 500 \times 1.08 \times (1 + 8\%) = 500 \times 1.08^2$$

类似地,如果钱仍未取回,继续获得复利,则在第三年年末账户内的总金额将为

$$D_3 = 500 \times 1.08^3$$

第四年年末的总额为

$$D_4 = 500 \times 1.08^4$$

一般地,如果最初存款额为A,年利率为R(注意,若利率为12%,则$R=0.12$),那么

$$\begin{aligned} D_1 &= A(1+R) \\ D_2 &= A(1+R)^2 \\ D_3 &= A(1+R)^3 \\ D_4 &= A(1+R)^4 \\ &\vdots \end{aligned}$$

由上面的复利规律可知,第t年年末的金额为

$$D_t = A(1+R)^t \tag{6.1}$$

正是复利的存在,西方文献中有一段话来概括:"谁若丢失了五先令,实际上丢失的便不只是这五先令,而是丢失了这五先令在周转中所带来的所有收益,这收益到一个年轻人老了的时候会积成一大笔钱。"[①]在本章中,我们将大量运用复利公式(6.1)。

上文关于D的数列恰好构成了一个等比数列,因为每一项D都可以由前一项D乘以常数$(1+R)$得到。等比数列是几何级数的基础,几何级数在经济学中的经常出现,因此先对其进行讨论。

---

① 马克斯·韦伯:新教伦理与资本主义精神。

6.2　几何级数

对于等比数列 1,3,9,27,81,243,…,把它的各项依次用加号连接起来,即

$$1+3+9+27+81+243+\cdots \tag{6.2}$$

就是一个几何级数。又因为式(6.2)中的每一项都是前一项乘以常数 3,因此,式(6.2)也称为公比为 3 的几何级数。构成几何级数(6.2)的第 n 项称为通项,记为 a_n,且有

$$a_n = 1 \times 3^{n-1} \tag{6.3}$$

在式(6.3)中,常数 1 称为几何级数的首项,常数 3 称为几何级数的公比,记为 c。因此,式(6.2)是一个首项为 1,公比 $c=3$ 的几何级数。

类似地,$4+(-2)+1+\left(-\frac{1}{2}\right)+\frac{1}{4}+\left(-\frac{1}{8}\right)+\cdots$是一个首项为 4,公比 $c=-\frac{1}{2}$ 的几何级数。

6.1　判断下列级数中哪些是几何级数,哪些不是。是几何级数的,公比 c 是多少?

(a) $12+6+3+1.5+0.75+\cdots$;

(b) $3+6+9+12+15+\cdots$;

(c) $(-2)+6+(-18)+54+(-162)+\cdots$;

(d) $3+8+13+18+23+\cdots$;

(e) $0.45+1.8+7.2+28.8+115.2+\cdots$;

(f) $\frac{1}{2}+\frac{1}{3}+\frac{1}{4}+\frac{1}{5}+\frac{1}{6}+\cdots$。

几何级数的部分和,通常用 S_n 表示。因此,对于通项为 $a_n=a\cdot c^{n-1}$ 的几何级数,其部分和 S_n 为

$$S_n = a + ac + ac^2 + ac^3 + \cdots + ac^{n-1} \tag{6.4}$$

为了获得更简单的几何级数部分和 S_n,我们在等式两边同乘以公比 c,有

$$cS_n = ac + ac^2 + ac^3 + ac^4 + \cdots + ac^{n-1} + ac^n \tag{6.5}$$

用式(6.4)减去式(6.5),可得

$$S_n - cS_n = a - ac^n$$

或

$$S_n(1-c) = a(1-c^n)$$

因此,得出几何级数部分和

$$S_n = \frac{a(1-c^n)}{1-c} \tag{6.6}$$

为了说明式(6.3)和式(6.6)的用途,现举例如下。

例如,几何级数$\frac{1}{2}+1+2+4+8+\cdots$,显然,这是一个首项 $a=\frac{1}{2}$,公比 $c=2$ 的几何级数,其第六项为

$$a_6 = ac^{n-1} = \frac{1}{2} \times 2^5 = 16$$

运用式(6.6)计算几何级数的前六项和,有

$$S_6 = \frac{a(1-c^6)}{1-c} = \frac{\frac{1}{2} \times (1-2^6)}{1-2} = \frac{\frac{1}{2} \times (1-64)}{-1} = 31.5$$

注意:在较简单的例子中,用式(6.3)和式(6.6)计算出的结果可以通过各项的简单加总得到检验。例如,在本例中,几何级数可以扩展为$\frac{1}{2}+1+2+4+8+16+32+64+\cdots$,前六项简单相加即可得 $S_6=31.5$。

再如,几何级数 $9-3+1-\frac{1}{3}+\cdots$,可知,这是 $a=9$,$c=-\frac{1}{3}$的几何级数,其第六项为

$$a_6 = ac^{6-1} = 9 \times \left(-\frac{1}{3}\right)^5 = 9 \times \left(-\frac{1}{243}\right) = -\frac{1}{27}$$

前六项的和

$$S_6 = \frac{a(1-c^6)}{1-c} = \frac{9 \times \left[1-\left(-\frac{1}{3}\right)^6\right]}{1-\left(-\frac{1}{3}\right)} = \frac{9 \times \left(1-\frac{1}{729}\right)}{\frac{4}{3}} = \frac{182}{27}$$

6.2 写出下列几何级数的前五项和。

(a) $\frac{1}{9}+\frac{1}{3}+1+3+\cdots$;

(b) $\frac{2}{3}+\frac{2}{9}+\frac{2}{27}+\frac{2}{81}+\cdots$;

(c) $0.7+0.56+0.448+0.3584+\cdots$;

(d) $-2+4-8+16-\cdots$;

(e) $50-25+12.5-6.25+\cdots$。

几何级数的敛散性

所有的几何级数均有无穷项。例如,几何级数

$$8+4+2+1+\frac{1}{2}+\frac{1}{4}+\cdots \tag{6.7}$$

将无限地延伸下去。那么,能求出具体的几何级数吗?答案是肯定的,而且它的和将是一个有限的数值。运用式(6.6)来计算式(6.7)所示的几何级数。在式(6.7)中,$a=8$,$c=\frac{1}{2}$,代入式(6.6),得

$$S_n = \frac{8 \times \left[1-\left(\frac{1}{2}\right)^n\right]}{1-\left(\frac{1}{2}\right)} = 16 \times \left[1-\left(\frac{1}{2}\right)^n\right] \tag{6.8}$$

从图 6.1 可看出,随着数列项数的不断增加,数列各项之和逐渐接近于 16。显然,式(6.7)

中的几何级数是一个有限的数，即 16。

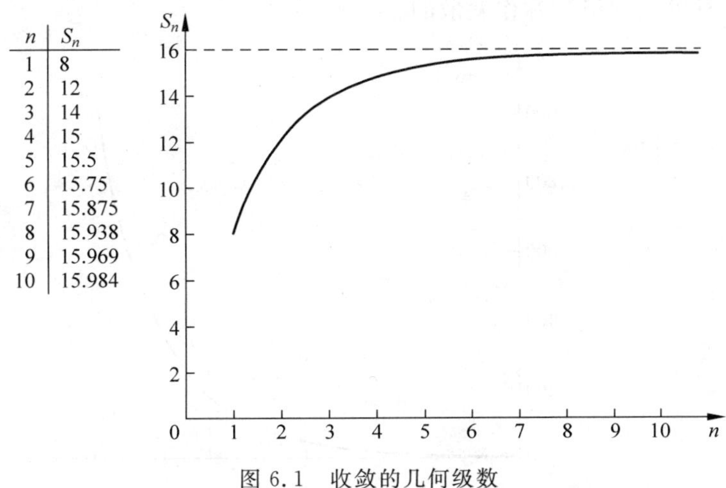

n	S_n
1	8
2	12
3	14
4	15
5	15.5
6	15.75
7	15.875
8	15.938
9	15.969
10	15.984

图 6.1　收敛的几何级数

为什么会这样呢？首先，我们将式(6.8)写成

$$S_n = 16 - 16 \times \left(\frac{1}{2}\right)^n \tag{6.9}$$

当项数 n 逐渐增大时，式(6.9)的前半部分即 16 始终保持不变，而 $\left(\frac{1}{2}\right)^n$ 会随着 n 的增大而逐渐变小。如 $\left(\frac{1}{2}\right)^2=0.25$，$\left(\frac{1}{2}\right)^4=0.0625$，$\left(\frac{1}{2}\right)^6=0.015625$，等等，这就意味着式(6.9)中的第二部分，即 $16\times\left(\frac{1}{2}\right)^n$，会随着 n 的增大而逐渐变小，接近于 0。所以当 n 增大时，S_n 会逐渐接近于 16。用数学语言表达，就是“当 n 趋向于无穷大时，S_n 趋近于 16”，或者是

$$\text{当 } n \to \infty, \quad S_n \to 16 \tag{6.10}$$

其中，箭头代表“趋近于”，而符号“∞”代表无穷大。

另一种表述方式是：“当 n 趋向于无穷大时，S_n 的极限值为 16”。用数学形式简写成

$$\operatorname*{Lim}_{n\to\infty} S_n = 16 \tag{6.10a}$$

式(6.10)和式(6.10a)只是一个问题的两种不同表述形式。S_n 的极限表示随着 n 不断增大，S_n 逐渐接近的数值。

当一个几何级数的无穷项之和是一个有限的数值时，我们称这个几何级数是收敛的，因为 S_n 会随着 n 的不断增加而逐渐收敛于一个有限的数值。

然而，也有许多几何级数不是收敛的，无法求出无穷项之和。例如，几何级数

$$3 + 9 + 27 + 81 + 243 + \cdots \tag{6.11}$$

运用式(6.6)，S_n 的值如图 6.2 及旁边的表格所示。很明显，当项数 n 逐渐增大时，各项之和 S_n 也逐渐增大。我们来分析一下原因。根据式(6.6)，$a=3$，$c=3$，则

$$S_n = \frac{3(1-3^n)}{1-3} = -\frac{3}{2} + \frac{3}{2} \times 3^n$$

由于 3^n 会随着 n 的变大而无限制地增大下去，用数学语言表示为

$$\text{当 } n \to \infty, \quad S_n \to \infty \quad \text{或} \quad \operatorname*{Lim}_{n\to\infty} S_n = \infty \tag{6.12}$$

显然,式(6.11)的无穷项之和不存在。也就是说,该几何级数的无穷项之和无法用一个有限数值来表示。这样的几何级数称作发散的。

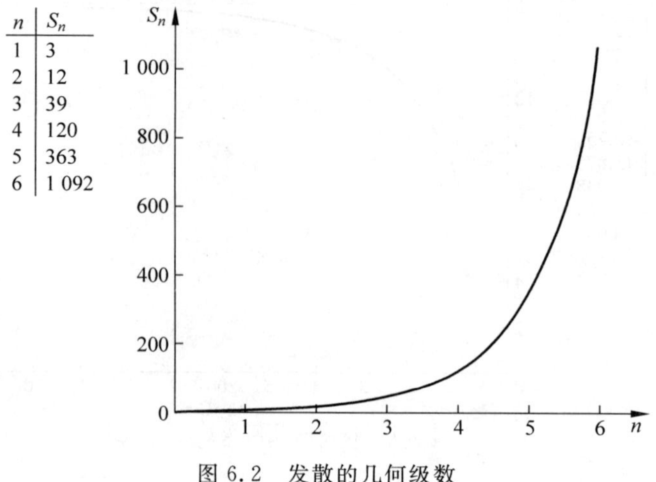

n	S_n
1	3
2	12
3	39
4	120
5	363
6	1 092

图 6.2　发散的几何级数

为了推导出几何级数收敛所应具备的条件,先来看看式(6.6)。根据式(6.6),其 n 项和为

$$S_n = \frac{a(1-c^n)}{1-c} = \frac{a-ac^n}{1-c} = \frac{a}{1-c} - \frac{ac^n}{1-c}$$

因此

$$S_n = \frac{a}{1-c} - \left(\frac{a}{1-c}\right)c^n \tag{6.13}$$

先看第一项$\frac{a}{1-c}$,它是一个常数。现在来考虑第二项$\left(\frac{1}{1-c}\right)c^n$。若公比 c 介于-1~1,就像级数(6.7)那样,那么

$$当\ n \to \infty,\quad c^n \to 0 \tag{6.14}$$

例如,当 $c=\frac{1}{3}$或$-\frac{1}{4}$时,观察随着 n 的变化,c^n 是如何变化的。结合式(6.14)来考察式(6.13),可得

$$当\ n \to \infty,\quad S_n \to \frac{a}{1-c} \quad 或 \quad \operatorname*{Lim}_{n\to\infty} S_n = \frac{a}{1-c} \tag{6.15}$$

式(6.15)表示,随着项数的逐渐增加,n 项和逐渐接近于常数$\frac{a}{1-c}$,其中 a 为首项,c 为公比。由此可得

若$-1<c<1$,则几何级数是收敛的,其无穷项之和趋向于$\frac{a}{1-c}$　(6.16)

但是,如果 c 大于 1 或小于-1,就像几何级数(6.11),关于式(6.13),我们有

$$当\ n \to \infty,\quad c^n \to \pm\infty \tag{6.17}$$

例如,若 $c=3$ 或-4,考察 n 增大时 c^n 的变化。根据式(6.13),我们有

$$当\ n \to \infty,\quad S_n \to \pm\infty$$

对于这一类几何级数,随着项数 n 的不断增加,不会趋近于一个有限的值。因此

$$若\ c>1\ 或\ c<-1,\quad 则几何级数是发散的 \tag{6.18}$$

总之,一个几何级数中的公比若介于$-1\sim1$,它就是收敛的,否则就是发散的。例如,几何级数(6.7)的公比$c=\frac{1}{2}$,这一几何级数是收敛的;而几何级数(6.11)的公比为$c=3$,是发散的几何级数。根据式(6.16),几何级数(6.7)的无穷项之和可以表示为$\left(其中\ a=8, c=\frac{1}{2}\right)$

$$\frac{a}{1-c}=\frac{8}{1-\frac{1}{2}}=16$$

当然,这一结果与图 6.1 中的推论相同。

6.3　判断思考题 6.2 中的几何级数哪些是收敛的,哪些是发散的。

6.4　求下列几何级数的无穷项之和:

(a) $1-x^2+x^4-x^6+x^8-x^{10}+\cdots$,其中$-1<x<1$;

(b) $\frac{x+3}{y+1}+\frac{(x+3)^2}{(y+1)^2}+\frac{(x+3)^3}{(y+1)^3}+\frac{(x+3)^4}{(y+1)^4}+\cdots$,其中 $y>x+2>0$。

6.3 现　　值

在第 3 章我们指出了经济学中存量和流量的差别。这种差别使我们无法将某一时点的存量与一段时间内的流量进行直接比较。例如,一个人很难在"立即获得 5 000 元(存量)"与"今后每年获得 500 元(流量)直至死亡时为止"两个方案之间进行选择。如果流量的价值在这段时间内会发生变化,那么问题就会变得更加复杂。处理这种问题需要借助于现值的概念。

在 6.1 节中,我们知道,若用一笔钱 A 进行投资,按复利计算,则经过 t 年,这笔钱的总额将变为 $A(1+R)^t$。显然如果投资 $4A$,则经过 t 年的总额将会变为 $4A(1+R)^t$。类似地,如果投资$\frac{1}{3}A$,则 t 年后总额将会变为$\frac{A(1+R)^t}{3}$。特别地,如果投资$\frac{A}{(1+R)^t}$,则 t 年后将变为$\frac{A}{(1+R)^t}(1+R)^t=A$。则

$$\frac{A}{(1+R)^t}\ 即为\ t\ 年后支付金额\ A\ 的现值 \tag{6.19}$$

式(6.19)中现值的意思是承诺在 t 年后支付的款项的现在价值,其中$\frac{1}{(1+R)^t}$称为贴现因子。为了便于记录,我们把承诺在 t 年后支付的款项的现在价值记为 PV_t,则式(6.19)可写为

$$PV_t=\frac{A}{(1+R)^t} \tag{6.20}$$

假设利率为 5%($R=0.05$),由式(6.1)可知,今天投资的 100 元五年后,即 $t=5, A=100$,总金额将变成

$$100\times(1.05)^5\approx100\times1.276=127.6 \tag{6.21}$$

想要五年后获得 100 元,现在需投资

$$PV_5 = \frac{100}{1.05^5} \approx \frac{100}{1.276} \approx 78.4(元) \tag{6.22}$$

即现在投资 78.4 元,五年后将变为 100 元。

根据式(6.19)可作如下解释:78.4 元是承诺五年后支付款项 100 元的现在价值。我们可以将这一承诺看作一张来自一个完全值得信任的人五年后一定可以兑现的欠条,现值不多不少正好等于 78.4 元。

第一,理性人都不愿意为这一承诺付出更多。例如,没有人愿意为这一承诺付出 80 元。如果这么做,则在五年后一定能获得 100 元,但从式(6.21)可以推断出,若投资 80 元,在利率为 5%的情况下,在五年后所获收入将为 102.08 元,大于 100 元。在利率为 5%且保持不变的情况下,没有理性人愿意用未来的 102 元换取未来的 100 元,即,理性人不会用 80 元的价格购买"五年后支付 100 元"的承诺。

第二,任何理性人都不会以低于 78.4 元的价格出售这一承诺。例如,没有人愿意卖 75 元。假定承诺一旦卖出就要保证兑现,因此在五年后一定会兑现 100 元,但从式(6.21)可知,若将转让承诺所得的 75 元按利率 5%进行投资,则五年后获得的回报是 95.7 元,少于 100 元。当兑现承诺时,出让承诺的人会亏本,因此,没有理性人会以 75 元的价格出售"五年后支付 100 元"的承诺。

由于没有人愿意以高于 78.4 元的价格来购买承诺,也没有人愿意以低于 78.4 元的价格来出售承诺,因此,只有在 78.4 元时,承诺能够成交。也就是说该承诺付款的现在价值为 78.4 元。注意,当 $R>0$ 时,$(1+R)^t$ 随 t 的增大而增大,PV_t 变小。也就是说,取得未来收入所等待的时间越长,未来收入的现值越低。

需要指出的一点是,以上分析是以完全确定为前提条件的,付款的承诺是不会改变的,购买者有理由相信五年后承诺一定会兑现。一旦情况不能完全确定,承诺的价值都将小于 78.4 元,价格低于 78.4 元的程度将取决于承诺的不确定程度。

6.5 求下列未来款项的现值:

(a) 8 年后支付款项 1 300 元,利率为 3%;

(b) 3 年后支付款项 500 元,利率为 6%;

(c) 6 年后支付款项 700 元,利率为 7%;

(d) 20 年后支付款项 25 000 元,利率为 8%。

6.6 若 4 年后支付 600 元的现值为 300 元,利率应该为多少?

年金

年金是持续若干年的等额款项。假定一个人在两种方案下选择:"立即获得 4 000 元",或者"立即获得 1 000 元,随后四年每年也获得 1 000 元"。先来计算第二种方案的现值,即五年中每年支付款项 1 000 元的现值。若利率 $R=0.08$,则根据式(6.19)有

四年后支付的 1 000 元的现值为 $PV_4 = \frac{1\,000}{1.08^4}$(元)

三年后支付的 1 000 元的现值为 $PV_3=\frac{1\,000}{1.08^3}$(元)

两年后支付的 1 000 元的现值为 $PV_2=\frac{1\,000}{1.08^2}$(元)

一年后支付的 1 000 元的现值为 $PV_1=\frac{1\,000}{1.08}$(元)

由于立即支付 1 000 元的现值就是 1 000 元,因此第二种方案的总现值为

$$PV=1\,000+\frac{1\,000}{1.08}+\frac{1\,000}{1.08^2}+\frac{1\,000}{1.08^3}+\frac{1\,000}{1.08^4}(\text{元}) \tag{6.23}$$

显然,式(6.23)是对几何级数前五项求和,其中首项 $a=1\,000$,公比 $c=\frac{1}{1.08}\approx 0.926$。根据式(6.6),有

$$PV=\frac{1\,000(1-0.926^5)}{1-0.926}\approx\frac{1\,000(1-0.681)}{0.074}\approx 4\,311(\text{元})$$

第二种方案的总现值为 4 311 元,因此,第二种方案要优于第一种方案。再一次提醒注意,这一结论是建立在提供年金的人是完全值得信任的假设条件下。

在计算年金现值时,经常需要处理公比为$\frac{1}{1+R}$的几何级数。以工资为例,假设年利率为 3%,月工资为 2 500 元,可持续 30 年,试计算这种工资年金的现值。

从表面上看,月工资为 2 500 元,则年工资为 30 000 元,持续 30 年的工资收入为 90 万元,但是考虑到年金现值,则有

$$\begin{aligned}PV&=30\,000+\frac{30\,000}{1+0.03}+\frac{30\,000}{(1+0.03)^2}+\cdots+\frac{30\,000}{(1+0.03)^{29}}\\&=\frac{30\,000\left[1-\left(\frac{1}{1+0.03}\right)^{30}\right]}{1-\frac{1}{1+0.03}}\approx 60.565\,4(\text{万元})\end{aligned}$$

这个工资年金现值有什么用呢?可以用来分析向银行贷款的能力。假设我打算买房子,向银行申请住房贷款,我最多能申请多少钱呢?按照经济学的常识,月还款额应该不超过收入的 40%,即月还款能力只有 2 500×40%=1 000(元),即年还款额为 12 000 元,按照这个计算,银行最多同意给我的贷款额为

$$\begin{aligned}PV&=12\,000+\frac{12\,000}{1+0.03}+\frac{12\,000}{(1+0.03)^2}+\cdots+\frac{12\,000}{(1+0.03)^{29}}\\&=\frac{12\,000\left[1-\left(\frac{1}{1+0.03}\right)^{30}\right]}{1-\frac{1}{1+0.03}}\approx 24.226\,2(\text{万元})\end{aligned}$$

这一贷款能力远远低于总工资收入 90 万元。

永续年金

有时,人们希望得到一种能够永久支付的年金,如退休金等。例如,一个永续年金是由这样一系列支付款项构成的,即立即支付 500 元和在今后永久地每年支付 500 元,若利率为 4%,则永续年金现值为

$$\mathrm{PV} = 500 + \frac{500}{1.04} + \frac{500}{1.04^2} + \frac{500}{1.04^3} + \cdots \tag{6.24}$$

式(6.24)是一个公比 $c=\frac{1}{1.04}\approx 0.961\,54$ 的几何级数。根据式(6.16),有

$$\mathrm{PV} = \frac{a}{1-c} = \frac{500}{1-0.961\,54} \approx 13\,000(\text{元})$$

永续年金现值为 13 000 元。下面分析一下产生这一结果的原因。

首先,没有人愿意以多于 13 000 元的价格购买此永续年金。比如,人们就不会支付 13 130 元,假如拥有这样一笔钱,可以先存起 505 元,将剩下的 12 625 元用于投资,如存在银行中,在利率为 4%的情况下,以后每年可获得 0.04×12 625=505(元)的利息收入,而且是永久获得。这一方案明显优于拥有“立即支付 500 元和在今后永久地每年支付 500 元”的年金。

其次,没有人愿意以低于 13 000 元的价格转让该永续年金。比如,售出 12 870 元,则只能立即获得收入 495 元,剩下的 12 375 元,在利率为 4%时,每年可获得 0.04×12 375=495(元)的收入,显然这笔支付少于“立即支付 500 元和在今后永久地每年支付 500 元”这一永续年金承诺的支付。

既然没有人愿意以高于 13 000 元的价格购买该年金,也没人愿意以低于 13 000 元的价格转让该年金,则此永续年金的价格一定等于 13 000 元。

由式(6.24)明显可以看出,求永续年金的现值相当于求收敛的几何级数无穷项之和,公比为 $\frac{1}{1+R}$,若年金为 A,则根据式(6.16),永续年金现值为

$$\mathrm{PV} = \frac{a}{1-c} = \frac{A}{1-\frac{1}{1+R}} = \frac{A(1+R)}{R} \tag{6.25}$$

6.7 求下列支付款项的现值:

(a) 现在支付 500 元,今后十年每年支付 500 元的年金,利率为 8%;

(b) 现在支付 500 元,以后每年支付 500 元的永续年金,利率为 8%;

(c) 现在支付 10 000 元,今后三年每年支付 10 000 的年金,利率为 6%;

(d) 现在支付 10 000 元,以后每年支付 10 000 元的永续年金,利率为 6%。

6.4 现金流量贴现

式(6.19)还可以用来计算一系列不等额支付款项的现值,如某公司投资一个项目,预计第一年净收入为 800 元,第二年、第三年、第四年和第五年的净收入分别为 1 200 元、700 元、500 元和 300 元,第五年后再无收入。若将第一年净收入看作立即获得的款项,第二年净收入看作一年后收入,第三年净收入看作两年后的收入,等等,那么在利率为 5%的条件下,这一系列净收入的现值为

$$\mathrm{PV} = 800 + \frac{1\,200}{1.05} + \frac{700}{1.05^2} + \frac{500}{1.05^3} + \frac{300}{1.05^4} \tag{6.26}$$

注意看上式，由于每年收入不同，因此不能将它看作几何级数，只能分别计算每一项的现值，其投资收入为

$$PV \approx 300 + 1\,143 + 635 + 432 + 247 = 3\,257(\text{元}) \tag{6.27}$$

若每年收入可以完全确定，利率也保持不变，则公司将在此项目中获得现值为 3 257 元的收入。因此若该项目的初始投资少于 3 257 元，而且公司恰有闲置资金，同时没有其他更好的用途，则应该考虑投资此项目。

6.8　在年利率为 10%的条件下，求下列支付款项的现值：

(a) 立即获得收入 500 元，一年后获得 800 元，两年后获得 600 元，三年后获得 400 元；

(b) 立即获得收入 200 元，一年后获得收入 300 元，两年后获得收入 700 元；

(c) 立即获得收入 800 元，之后五年每年获得收入 2 000 元，再接下来的五年，每年获得收入 1 000 元。

上述计算未来支付款项现值的方法叫贴现。由已贴现款项形成的贴现值求和的过程就是现金流量贴现，如式(6.27)中相加的各项。

成本收益比较法

现金流量贴现的方法可以用来比较两个不同的未来系列支付款项的优劣。例如，某公司正面临着对本节开篇部分的项目决策。从式(6.27)算出，该项目的预期收入为 3 257 元，若另有一投资项目，第一年投资净收入为 900 元，第二年为 1 800 元，第三年为 600 元，与项目一不同，项目二在第四年和第五年及以后均再无收入。在利率仍为 5%的条件下，用贴现现金流量的方法得出项目二的现值为

$$PV = 900 + \frac{1\,800}{1.05} + \frac{600}{1.05^2} \approx 900 + 1\,714 + 544 = 3\,158(\text{元}) \tag{6.28}$$

公司将从项目二中获得现值为 3 158 元的收入，若初始投资少于 3 158 元，则该项目可以选择。

若两个项目的初始投资均为 2 500 元，也就是说，公司为了获得任意一种收入，都必须在开始时投入 2 500 元。显然，若公司有足够的资金供给，两个项目都应进行投资。因为从式(6.27)和式(6.28)的计算结果可知，两个项目均“值”2 500 元，若公司没有足够的资金，只能投资其中的一个项目，那么，公司应该选择现值较大的项目一。

以上所有的计算都是在利率为 5%的情况下进行的。若利率突然升至 15%，那么公司的选择会不会受到影响呢？我们可以简单地计算一下利率 $R=0.15$ 时两个项目的现值。对于项目一，有

$$PV = 800 + \frac{1\,200}{1.15} + \frac{700}{1.15^2} + \frac{500}{1.15^3} + \frac{300}{1.15^4} \approx 2\,873(\text{元}) \tag{6.29}$$

对于项目二，有

$$PV = 900 + \frac{1\,800}{1.15} + \frac{600}{1.15^2} \approx 2\,919(\text{元}) \tag{6.30}$$

首先，利率的增加导致两个项目的收入现值均有所下降，原因很简单，即公司若投资其他项目，则会获得比利率为 5%时更多的收入。因此，公司会减少原来项目的投资而增加对

其他项目的投资。

由于两个项目的收入现值仍大于 2 500 元,因此公司若有足够资金,应对两个项目进行投资。但公司若只能支付得起一个项目,它必定会选择项目二。一眼看上去,这似乎与前面的答案矛盾。那么让我们来仔细探讨一下,为什么利率从 5%增至 15%以后,会引起选择结果的变化?

在进行项目选择时,要考虑两个事实。第一,公司要选择总收入较大而不是较小的项目进行投资。项目一未经贴现的收入总额为 3 500 元,而项目二未经贴现的收入总额只有 3 300 元,若利率为 0,则项目一较优。第二,公司倾向于投资回收较早而不是较晚的项目。这是由于利率不为 0,较早收回的资金可以进行再投资以获得更多的收入。显然,项目二的投资回收早于项目一,按照这一标准项目二较优。注意,利率越大,投资回收早的项目越会得到优先考虑,因为此时再投资获得的收入比较多。

现在来看,利率的增加会使公司不再选择项目一,转而选择项目二的原因就很清楚了。当利率为 5%时,具有较大收入的项目一优于具有较小收入的项目二,因此公司选择项目一。而当利率为 15%时,投资回收早晚的问题显得更加重要,因此投资回收早的项目二优于回收晚的项目一,予以优先考虑。

项目评估中经常用到现值计算。许多投资项目的成本和收入并不随时间同比例变化,通常是在投资前期成本非常大,收入却在一个很长的时间内平均分布。水力发电建设项目是一个非常典型的例子。为比较前期的成本和后期的收入,比较所有成本和收入的现值就是一个标准的程序。

看一个例子。假设某公司可以任意地选择两个项目。两个项目初始投资均为 5 000 元。项目一立即获得净收入 4 200 元,一年后获得净收入 900 元。项目二立即获得净收入 500 元,一年后获得净收入 4 800 元。考虑如下两个问题:

(1) 若该公司有 10 000 元可供投资,在利率为 4%时,应选择哪个项目?

(2) 在利率提高到 8%时,公司的投资决策是否会发生变化?

由式(6.20),可知项目一的收入现值为

$$PV_1 = 4\,200 + \frac{900}{1+R}$$

项目二的收入现值为

$$PV_2 = 500 + \frac{4\,800}{1+R}$$

记所需初始投资为 A。

(1) 在利率 $R=4\%$时,项目一的收入现值为

$$PV_1 = 4\,200 + \frac{900}{1+4\%} \approx 5\,065(\text{元})$$

项目二的收入现值为

$$PV_2 = 500 + \frac{4\,800}{1+4\%} \approx 5\,115(\text{元})$$

由于 $PV_1 > PV_2 > A = 5\,000$,则若公司有 10 000 元可供投资,将同时投资两个项目。

(2) 在利率 $R=8\%$时,项目一的收入现值为

$$PV_1 = 4\,200 + \frac{900}{1+8\%} \approx 5\,033(\text{元})$$

项目二的收入现值为

$$PV_2 = 500 + \frac{4\,800}{1+8\%} \approx 4\,944(\text{元})$$

由于 $PV_1 > A$，所以公司会投资 5 000 元在项目一上；而 $PV_2 < A$，则该公司不会在项目二上进行投资。

6.9　现有两个独立的项目供公司选择。项目一的初始投资为 1 000 元，之后四年每年的净收入分别为 1 500 元、1 300 元、1 200 元和 200 元。项目二初始投资为 500 元，之后五年每年的净收入分别为 1 200 元、800 元、600 元，600 元和 600 元。(一年付息一次，且第一年净收入无须贴现)。

(a) 若利率为 5%，试问应该选择哪个项目？

(b) 若利率增至 8%，公司会不会改变选择？若改变了，是什么原因？

6.10　某公司在两个独立的项目间进行选择。已知两个项目的初始投资均为 1 000 元。项目一在之后三年中每年净收入分别为 500 元，500 元和 400 元。项目二在之后三年中每年的净收入分别是 900 元，400 元和 50 元。若利率为 10%，公司在下列情况下，将作何选择？(一年付息一次，且第一次净收入无须贴现。)

(a) 用 2 000 元进行投资。

(b) 用 1 000 元进行投资。

(c) 若利率降为 5%，则在条件(b)下，公司是否会改变原有的选择，试解释其原因。

习　题

6.1　判断下列哪些是几何级数，哪些不是。是几何级数的，公比 c 是多少？

(a) $10+5+2.5+1.25+0.625+\cdots$；

(b) $30+24+18+12+6+\cdots$；

(c) $-3+6-12+24-48+\cdots$；

(d) $128+64-32-16+8+4-2-1+\cdots$；

(e) $0.9+0.63+0.441+0.308\,7+0.216\,09+\cdots$。

6.2　对于习题 6.1 中的几何级数，判断哪些是收敛的，并求出其无穷项之和。

6.3　对于下列几何级数，先写出首项为 a、公比为 c 的几何级数的部分和表达式，再求出其无穷项之和：

(a) $600+400+\frac{800}{3}+\frac{1\,600}{9}+\cdots$；

(b) $1+\frac{(y+3)^2}{x^2}+\frac{(y+3)^4}{x^4}+\frac{(y+3)^6}{x^6}+\cdots$，其中 $x>y+3>0$。

6.4　若利率为 6%，试求出“立即支付 300 元，之后四年每年支付 300 元”的年金现值。

6.5　若利率为 6%，每年支付 300 元的永续年金，那么，这个永续年金的现值是多少？

6.6　某公司正在考察一个项目，该项目初始投资为 1 500 元。之后三年每年净收入分别为 500 元，450 元和 630 元。若利率为 R，试写出收入现值的表达式，然后计算收入现值

恰好等于初始投资的利率水平。(一年付息一次,且第一次净收入无须贴现)

6.7　某公司正在对两项目进行考察。其初始投资均为 6 000 元,项目一在随后三年中年收入分别 4 000 元,4 000 元和 6 000 元。项目二则分别为 3 000 元,3 000 元和 10 000 元。(一年付息一次,且第一次净收入无须贴现)

(a) 分别计算两个项目收入现值与初始投资相等时的利率。

(b) 计算两个项目收入现值相等时的利率。

(c) 在利率分别为 20%,35%,60%,75%时,不用进一步计算,在公司可投资资金为 12 000 元时,试推断出公司将做何选择(公司将投资一个项目、两个项目还是一个都不投资)。

6.8　三峡工程是世界上规模最大的水利枢纽工程。1994 年正式动工兴建,2009 年全部完工,历时 16 年,预计建设投资 900.9 亿元。三峡工程主要作用是发电,预计年发电量为 840 亿千瓦时。按照每千瓦时 0.25 元计算,在年利率为 3%的情况下,三峡工程是否应该建设?

第7章　一元函数的微分

7.1　非线性函数的斜率

在1.2节我们将直线 $y=mx+c$ 的斜率定义为 x 的单位变化所导致的 y 的变化。对一条直线来说，在式(1.11)中给定系数 m，则斜率是一个常数。对于非线性函数，斜率就不那么简单了。考虑图7.1所示的非线性函数，我们将曲线在 A 点的斜率定义为在 A 点与该曲线相切的切线的斜率。在 A 点的切线简单地说就是一条在该点与函数图像“正好相接”的直线。因此，曲线在 A 点的斜率就是这条直线的斜率。同样，函数在 B 点的斜率就是在 B 点的切线的斜率。既然非线性函数的图像是曲线而非直线，那么很显然一个非线性函数的斜率不是常数，是随着点的不同而相应变化的。例如，图7.1中函数在 A 点的斜率是正的，而在 B 点的斜率则是负的。

一个函数在某一点的斜率用以衡量在该点附近 y 对于 x 的非常小或无穷小的变化的反应程度。例如，在图7.1中，C 点的斜率大于 A 点的斜率，表明在 C 点 y 对于 x 的无穷小的变化的反应程度比 A 点更大。

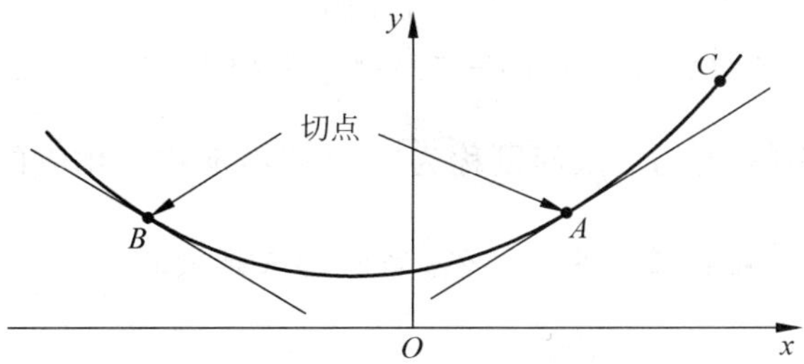

图7.1　非线性函数的斜率

斜率的概念在经济学中非常有用。很明显，如果我们知道一个函数，那么，就可以通过画曲线的切线、确定切线的斜率来找出曲线的斜率。然而，这样逐个点做图的过程将非常烦琐且不够精确。幸运的是，在数学上有一种用来计算曲线在某点斜率的更为简便的方法。在介绍这种方法之前，需要先考虑函数极限概念。

7.2　一元函数的极限

中国很早就有极限的思想，如《庄子·天下篇》中就有“一尺之棰，日取其半，万世不竭”的句子。而本书在讨论几何级数时我们也遇到过极限概念。6.2节给出了一个公比 c 存在于 -1～1 之间的几何级数，则当项数越来越多时，几何级数中的 n 项和趋于一个有限的数值 $\frac{a}{1-c}$，我们将这个有限数值称为当 n 趋向于无穷大时 S_n 的极限，写作

$$\lim_{n\to\infty} S_n = \frac{a}{1-c}$$

与此类似,我们可以定义一元函数 $y=f(x)$的极限为:当自变量 x 连续不断变化时,函数值 y 的变化趋势。为了更全面地理解极限的概念,最好考虑几个例子。首先看一个简单的例子,假设要求当 x 趋于无穷大时函数 $f(x)=\frac{1}{x+3}$的极限。我们可以通过不断地将 x 的越来越大的值代入表达式$\frac{1}{x+3}$来得到极限。例如:

如果 $x=100$,则$\frac{1}{x+3}=0.009\,708\,73\approx0.01$

如果 $x=1\,000$,则$\frac{1}{x+3}=0.000\,997\,01\approx0.001$

如果 $x=10\,000$,则$\frac{1}{x+3}=0.000\,099\,97\approx0.000\,1$

显然 x 越大,$\frac{1}{x+3}$越接近于 0,因此,可以有

$$\lim_{x\to\infty}\frac{1}{x+3}=0$$

下面这个例子不是十分明显。假设我们要求

$$\lim_{x\to\infty}\frac{2x+1}{x+50}$$

对于不断增大的 x 值,$(2x+1)$和$(x+50)$都越来越大,即$\lim\limits_{x\to\infty}(2x+1)=\infty$且$\lim\limits_{x\to\infty}(x+50)=\infty$,一般把$\lim\limits_{x\to\infty}\frac{2x+1}{x+50}$类的极限问题称为“$\frac{\infty}{\infty}$型”不定式。相应的$(2x+1)$,$(x+50)$以及$\frac{2x+1}{x+50}$的值已在表 7.1 中计算出来。显然,当 x 越来越大时,$\frac{2x+1}{x+50}$的值越来越接近于 2,因此有

$$\lim_{x\to\infty}\frac{2x+1}{x+50}=2$$

在这个例子中,当 x 越来越大时,$(2x+1)$中的 1 和$(x+50)$中的 50 变得越来越不重要,因此$\frac{2x+1}{x+50}$接近于$\frac{2x}{x}$,而$\frac{2x}{x}$当然等于 2。

表 7.1 当 $x\to\infty$时,$\frac{2x+1}{x+50}$的极限

x	$2x+1$	$x+50$	$\frac{2x+1}{x+50}$
10	21	60	0.350 0
100	201	250	1.340 0
1 000	2 001	2 050	1.905 7
10 000	20 001	10 050	1.990 1
100 000	200 001	200 050	1.999 0
1 000 000	2 000 001	2 000 050	1.999 9

对于函数 $y=f(x)$，如果 x 沿 x 轴正方向无限增大时，相应的 $f(x)$ 值无限接近于某个常数 A，则称当 x 趋向于正无穷大时，函数 $f(x)$ 以 A 为极限，记为

$$\operatorname*{Lim}_{x\to+\infty} f(x)=A \quad 或 \quad f(x)\to A(x\to+\infty) \tag{7.1}$$

相应地，如果 x 沿 x 轴负方向无限减少时，相应的 $f(x)$ 值无限接近于某个常数 A，则称当 x 趋向于负无穷大时，函数 $f(x)$ 以 A 为极限，记为

$$\operatorname*{Lim}_{x\to-\infty} f(x)=A \quad 或 \quad f(x)\to A(x\to-\infty) \tag{7.2}$$

例如，函数 $f(x)=a^x(a>1)$，当 $x\to-\infty$ 时 a^x 的值无限接近于 0，故有

$$\operatorname*{Lim}_{x\to-\infty} a^x=0$$

严格地说

$$只有 \operatorname*{Lim}_{x\to+\infty} f(x)=\operatorname*{Lim}_{x\to-\infty} f(x)=A, \quad 才有 \operatorname*{Lim}_{x\to\infty} f(x)=A \tag{7.3}$$

例如，对于函数 $f(x)=\frac{1}{x}$，因为 $\operatorname*{Lim}_{x\to+\infty}\frac{1}{x}=0$ 且 $\operatorname*{Lim}_{x\to-\infty}\frac{1}{x}=0$，才有

$$\operatorname*{Lim}_{x\to\infty}\frac{1}{x}=0$$

而对于函数 $f(x)=a^x(a>1)$ 来说，虽然 $\operatorname*{Lim}_{x\to-\infty} a^x=0$，但 $\operatorname*{Lim}_{x\to+\infty} a^x$ 不存在，因此，当 $x\to\infty$ 时，函数 $f(x)=a^x(a>1)$ 的极限不存在。

7.1　求下列极限：

(a) $\operatorname*{Lim}_{x\to\infty}\frac{3x+1}{2x-10}$；　(b) $\operatorname*{Lim}_{x\to\infty}\frac{x-1}{x^2+3}$；　(c) $\operatorname*{Lim}_{x\to\infty}\frac{x^2+2x}{x^2+5}$。

接下来，我们考虑一种类型稍微不同的极限

$$\operatorname*{Lim}_{x\to1}\frac{x-1}{x^2+3x-4} \tag{7.4}$$

现在，我们试图发现当 x 越来越接近于 1，即 x 趋近于 1 时式(7.4)中的各项发生了什么变化。需要注意的重要一点是不能通过简单地将 $x=1$ 代入式(7.4)中的表达式来获取答案，因为当 $x=1$ 时有

$$\frac{x-1}{x^2+3x-4}=\frac{1-1}{1+3-4}=\frac{0}{0}=?$$

当 x 接近于 1 时，式(7.4)中的分子 $(x-1)$ 和分母 (x^2+3x-4) 的值都接近于 0，即 $\operatorname*{Lim}_{x\to1}(x-1)=0$ 且 $\operatorname*{Lim}_{x\to1}(x^2+3x-4)=0$，一般称如式(7.4)的极限问题为"$\frac{0}{0}$型"不定式。由表 7.2，很明显有

$$\operatorname*{Lim}_{x\to1}\frac{x-1}{x^2+3x-4}=\frac{1}{5} \tag{7.5}$$

实际上，确定式(7.4)的极限有一个更快的方法。由于

$$\frac{x-1}{x^2+3x-4}=\frac{x-1}{(x-1)(x+4)}=\frac{1}{x+4}$$

当 $x=1$，显然 $\frac{1}{x+4}=\frac{1}{5}$，有

$$\operatorname*{Lim}_{x\to 1}\frac{x-1}{x^2+3x-4}=\operatorname*{Lim}_{x\to 1}\frac{1}{x+4}=\frac{1}{5}$$

我们之所以使用表 7.2 这种烦琐的方法来求式(7.4)的值,是想表明一个要点:虽然,当 x 接近于 1 时,$(x-1)$和(x^2+3x-4)的值都接近于 0,但是它们的比值$\frac{x-1}{x^2+3x-4}$却接近于一个确定的非零值$\frac{1}{5}$。

表 7.2 当 $x\to 1$,$\frac{x-1}{x^2+3x-4}$的极限

x	$x-1$	x^2+3x-4	$\frac{x-1}{x^2+3x-4}$
2	1	6	0.166 670
1.1	0.1	0.51	0.196 080
1.01	0.01	0.050 1	0.199 600
1.001	0.001	0.005 001	0.199 960
1.000 1	0.000 1	0.000 500 01	0.199 996

下面这个极限有相似之处

$$\operatorname*{Lim}_{x\to 0}\frac{(2+x)^2-4}{x} \tag{7.6}$$

在这一例中,要求 x 接近于 0 时的极限。同样不能将 $x=0$ 代入式(7.6),因为当 $x=0$ 时

$$\frac{(2+x)^2-4}{x}=\frac{(2+0)^2-4}{0}=\frac{0}{0}=?$$

也就是说,式(7.6)也是一个"$\frac{0}{0}$型"不定式。同样,我们允许 x 如表 7.3 所示逐渐趋近于 0。由表 7.3,很明显我们要求的极限等于 4。找到答案还有一种更快的方法,即

$$\frac{(2+x)^2-4}{x}=\frac{4+x^2+4x-4}{x}=\frac{x^2+4x}{x}=x+4$$

显然,当 $x=0$ 时,$x+4=4$,所以有

$$\operatorname*{Lim}_{x\to 0}\frac{(2+x)^2-4}{x}=\operatorname*{Lim}_{x\to 0}(x+4)=4 \tag{7.7}$$

表 7.3 当 $x\to 0$ 时,$\frac{(2+x)^2-4}{x}$的极限

x	$(2-x)^2-4$	$\frac{(2+x)^2-4}{x}$
10	140	14
1	5	5
0.1	0.41	4.1
0.01	0.040 1	4.01
0.001	0.004 001	4.001
0.000 1	0.000 400 01	4.000 1

我们之所以采用表格方式获得上述极限，同样是为了表明：虽然当 x 趋近于 0 时，式(7.6)中分子和分母都趋近于 0，但它们的比值并不趋近于 0。实际上，许多形如$\frac{f(x)}{g(x)}$的函数都会出现这种情况，这里 f 和 g 是 x 的函数。即使当 x 趋近于 0 时，$f(x)$和 $g(x)$均趋于 0，但$\frac{f(x)}{g(x)}$仍有可能趋近于某个确定的非零常数。

7.2　求下列极限：

(a) $\operatorname{Lim}\limits_{x\to 0}\frac{(x+5)^2-25}{2x}$；　　(b) $\operatorname{Lim}\limits_{x\to 0}\frac{x^3+2x^2-8x}{x^2-2x}$。

对于上述内容作一个总结。对于函数 $y=f(x)$，如果当 x 从 x_0 点的左边无限趋向于 x_0 时，相应的函数值无限趋近于某个常数 A，则称当 x 趋向于 x_0 时，$f(x)$以 A 为左极限，记为

$$\operatorname{Lim}_{x\to x_0^-} f(x) = A \quad 或 \quad f(x)\to A(x\to x_0^-) \tag{7.8}$$

例如，当 x 从 1 的左边无限趋向 1 时，$f(x)=x+1$ 的值无限趋近于 2，则有

$$\operatorname{Lim}_{x\to 1^-}(x+1) = 2$$

同样地，对于函数 $y=f(x)$，如果当 x 从 x_0 点的右边无限地趋向于 x_0 时，函数值无限接近于某个常数 A，则称当 x 趋向于 x_0 时，$f(x)$以 A 为右极限，记为

$$\operatorname{Lim}_{x\to x_0^+} f(x) = A \quad 或 \quad f(x)\to A(x\to x_0^+) \tag{7.9}$$

对于 $f(x)=x+1$ 来说，当 x 从 1 的右边无限趋向于 1 时，有极限

$$\operatorname{Lim}_{x\to 1^+}(x+1) = 2$$

这样，对于函数 $y=f(x)$，如果当 x 趋向于 x_0 时，$f(x)$的左极限是 A，右极限也是 A，则称当 x 趋向于 x_0 时，$f(x)$以 A 为极限，记为

$$\operatorname{Lim}_{x\to x_0^-} f(x) = \operatorname{Lim}_{x\to x_0^+} f(x) = \operatorname{Lim}_{x\to x_0} f(x) = A \tag{7.10}$$

由上面的例子，可以看出，因为$\operatorname{Lim}\limits_{x\to 1^-}(x+1)=2$ 且$\operatorname{Lim}\limits_{x\to 1^+}(x+1)=2$，所以有

$$\operatorname{Lim}_{x\to 1}(x+1) = 2$$

再看一个例子。考察分段函数

$$f(x) = \begin{cases} x+1, & x<0 \\ 0, & x=0 \\ x-1, & x>0 \end{cases} \tag{7.11}$$

判断一下，当 x 趋向于 0 时，函数(7.11)是否存在极限？由于该函数在 $x_0=0$ 处的左极限和右极限不同

$$\operatorname{Lim}_{x\to 0^-} f(x) = \operatorname{Lim}_{x\to 0^-}(x+1) = 1$$

$$\operatorname{Lim}_{x\to 0^+} f(x) = \operatorname{Lim}_{x\to 0^+}(x-1) = -1$$

所以，当 x 趋向于 0 时，分段函数(7.11)的极限不存在。

7.3 对于分段函数 $f(x)=\begin{cases}2-x, & x<1\\ 1, & x=1\\ x, & x>1\end{cases}$。当 x 趋向于 1 时，该函数的极限是否存在？

7.4 对于分段函数 $f(x)=\begin{cases}4x-1, & -1<x<1\\ 3, & x=1\\ 4x^2, & 1<x<2\end{cases}$，求 $\underset{x\to 0}{\mathrm{Lim}}f(x)$，$\underset{x\to 1}{\mathrm{Lim}}f(x)$ 和 $\underset{x\to \frac{3}{2}}{\mathrm{Lim}}f(x)$。由上述三个极限，能得到什么启示？

求极限的常用方法

上面的例子中，用来求函数极限的方法是比较简单的，即求 $x\to x_0$ 的极限时，只要把 x_0 作为自变量 x 的值代入函数中求出函数值就可以了，我们不妨称为"直接代入法"。例如：

$$\underset{x\to 2}{\mathrm{Lim}}(2x+1)=2\times 2+1=5$$

经常地，我们还要面临多个函数极限之间的运算问题，在对函数极限进行运算时，要遵循以下运算法则。

若在同一变化过程中，$\mathrm{Lim}f(x)=A$，$\mathrm{Lim}g(x)=B$，k 为常数。

法则一：函数极限的加减法则

$$\mathrm{Lim}[f(x)\pm g(x)]=\mathrm{Lim}f(x)\pm \mathrm{Lim}g(x)=A\pm B \tag{7.12}$$

加减法则的含义是，求两个函数和或差的极限，可以对两个函数分别求极限之后，再相加减。例如：

$$\underset{x\to 1}{\mathrm{Lim}}\left(\sqrt{x}+\frac{1}{x}\right)=\underset{x\to 1}{\mathrm{Lim}}\sqrt{x}+\underset{x\to 1}{\mathrm{Lim}}\frac{1}{x}=1+1=2$$

法则二：函数极限的乘法法则

$$\mathrm{Lim}[f(x)\cdot g(x)]=\mathrm{Lim}f(x)\cdot \mathrm{Lim}g(x)=A\cdot B \tag{7.13}$$

乘法法则的含义是，求两个函数乘积的极限，可以对两个函数分别求极限之后，再相乘。例如：

$$\underset{x\to 2}{\mathrm{Lim}}[x^3(3x-1)]=\underset{x\to 2}{\mathrm{Lim}}(x^3)\cdot \underset{x\to 2}{\mathrm{Lim}}(3x-1)=8\times 5=40$$

法则三：函数极限的数乘法则

$$\mathrm{Lim}[k\cdot f(x)]=k\cdot \mathrm{Lim}f(x)=k\cdot A$$

例如：

$$\underset{x\to 4}{\mathrm{Lim}}\frac{15}{x-1}=15\times \underset{x\to 4}{\mathrm{Lim}}\frac{1}{x-1}=15\times\frac{1}{3}=5$$

法则四：函数极限的除法法则

若 $B\neq 0$，则

$$\mathrm{Lim}\frac{f(x)}{g(x)}=\frac{\mathrm{Lim}f(x)}{\mathrm{Lim}g(x)}=\frac{A}{B} \tag{7.14}$$

除法法则的含义是，求两个函数商的极限，可以对两个函数分别求极限之后，再相除。

例如：

$$\lim_{x\to 1}\frac{2x+1}{x+3}=\frac{\lim\limits_{x\to 1}(2x+1)}{\lim\limits_{x\to 1}(x+5)}=\frac{3}{6}=\frac{1}{2}$$

当参与运算的函数式是有限多个时，上述四个法则也仍然适用。例如：

$$\lim_{x\to 2}\left(x^2+3x+\frac{4}{x}\right)=\lim_{x\to 2}(x^2)+\lim_{x\to 2}(3x)+\lim_{x\to 2}\left(\frac{4}{x}\right)=2^2+3\times 2+\frac{4}{2}=12$$

7.5　用直接代入法求下列极限：

(a) $\lim\limits_{x\to 1}(2x^2-5)$；　(b) $\lim\limits_{x\to 1}(4x^2+x+3)$；　(c) $\lim\limits_{x\to 1}(2x^2-5)(4x^2+x+3)$；

(d) $\lim\limits_{x\to 1}\dfrac{2x^2-5}{4x^2+x+3}$；　(e) $\lim\limits_{x\to 0}(2x^2-5)(4x^2+x+3)$。

需要注意的是，除法法则仅适用于函数式分母不为 0 的情况，当$\lim\limits_{x\to x_0}\dfrac{f(x)}{g(x)}$为“$\dfrac{0}{0}$型”不定式时，除法法则就不适用了，此时需要用其他的方法来求函数极限。首先可以考虑“因式分解法”，即先对函数式进行因式分解，消除令函数式为 0 的公因子，然后再代入 x 值，求出极限。例如，要求 $x\to 1$ 时，$\dfrac{x^2-1}{x-1}$的极限，因为有

$$\frac{x^2-1}{x-1}=\frac{(x-1)(x+1)}{x-1}=x+1$$

所以

$$\lim_{x\to 1}\frac{x^2-1}{x-1}=\lim_{x\to 1}(x+1)=2$$

7.6　用因式分解法求下列极限：

(a) $\lim\limits_{x\to 2}\dfrac{x^3-8}{x-2}$；　(b) $\lim\limits_{x\to 3}\dfrac{x^2-9}{x-3}$；

(c) $\lim\limits_{x\to 1}\dfrac{x-1}{\sqrt{x}-1}$；　(d) $\lim\limits_{x\to 4}\dfrac{x^2-6x+8}{x^2-5x+4}$。

当无法进行因式分解时，对于$\lim\limits_{x\to x_0}\dfrac{f(x)}{g(x)}=\dfrac{0}{0}$型不定式，还可以利用“共轭法”求函数极限，即通过同时乘以某个式子来删掉根号，以简化函数，也称为“有理化”方法。例如，要求 $x\to 0$ 时，$\dfrac{x^2}{\sqrt{x^2+9}-3}$的极限，因为有

$$\frac{x^2}{\sqrt{x^2+9}-3}=\frac{x^2(\sqrt{x^2+9}+3)}{(\sqrt{x^2+9}-3)(\sqrt{x^2+9}+3)}=\frac{x^2(\sqrt{x^2+9}+3)}{x^2}=\sqrt{x^2+9}+3$$

所以

$$\lim_{x\to 0}\frac{x^2}{\sqrt{x^2+9}-3}=\lim_{x\to 0}(\sqrt{x^2+9}+3)=6$$

即当 $x\to 0$ 时,$\dfrac{x^2}{\sqrt{x^2+9}-3}\to 6$。

7.7 试利用共轭法求下列极限值:

(a) $\lim\limits_{x\to 0}\dfrac{x}{\sqrt{x+10}-\sqrt{10}}$;　　(b) $\lim\limits_{x\to 4}\dfrac{\sqrt{x}-2}{x^2-5x+4}$;

(c) $\lim\limits_{x\to 1}\dfrac{\sqrt{5x-4}-\sqrt{x}}{x-1}$;　　(d) $\lim\limits_{x\to 0}\dfrac{\sqrt{x^2+4}-2}{\sqrt{x^2+9}-3}$。

以上讨论了当 $\lim\limits_{x\to x_0}\dfrac{f(x)}{g(x)}$ 为"$\dfrac{0}{0}$型"不定式时求极限的技巧。实际上,除此之外,我们还会遇到 $\lim\limits_{x\to\infty}\dfrac{f(x)}{g(x)}$ 为"$\dfrac{\infty}{\infty}$型"不定式的情况。由于这种情况下也不能简单地直接代入,则可采用"除幂次法"来进行判断。一般地,当 $\lim\limits_{x\to\infty}\dfrac{f(x)}{g(x)}$ 为"$\dfrac{\infty}{\infty}$型"不定式时,有

$$\lim_{x\to\infty}\frac{f(x)}{g(x)}=\lim_{x\to\infty}\frac{a_nx^n+a_{n-1}x^{n-1}+\cdots+a_0}{b_mx^m+b_{m-1}x^{m-1}+\cdots+b_0}=\begin{cases}0, & \text{如果 } n<m\\ \dfrac{a_n}{b_m}, & \text{如果 } n=m\\ \infty, & \text{如果 } n>m\end{cases}\tag{7.15}$$

7.8 利用除幂次法求下列极限:

(a) $\lim\limits_{x\to\infty}\dfrac{2x^2-5}{4x^2+x+3}$;　　(b) $\lim\limits_{x\to\infty}\dfrac{2x+3}{x^2-1}$;

(c) $\lim\limits_{x\to\infty}\dfrac{5x-1}{x+300}$;　　(d) $\lim\limits_{x\to\infty}\dfrac{x}{\sqrt[3]{x^2+1}}$。

求极限的方法很多,但我们要把握一个基本原则,就是在求极限时,直接代入法优先,这包括两层含义:一是如果直接代入就能得到常数,那么这个常数就是极限;二是如果不能得到一个常数,那么我们能够判断极限类型,在了解极限类型的基础之上,再找适当的方法求极限。因此,求极限时,切记直接代入优先这一原则。

函数的连续性

在本节的最后,我们探讨一下与极限有关的函数的连续性问题,连续性是微分中的重要概念。对于函数 $y=f(x)$,如果在 x_0 点处,有 $\lim\limits_{x\to x_0}f(x)=f(x_0)$,则称函数 $f(x)$ 在点 x_0 处连续。具体地,函数 $f(x)$ 在 x_0 处连续必须同时满足以下三个条件:

(7.1) $f(x)$ 在 x_0 点处有定义。

(7.2) $\lim\limits_{x\to x_0}f(x)$ 是存在的。

(7.3) $\lim\limits_{x\to x_0}f(x)=f(x_0)$。

如条件(7.1)不满足,意味着 $f(x)$ 在 x_0 处无定义,即 x_0 不在定义域范围内;如条件

(7.2)不满足，意味着 $f(x)$ 在 x_0 处极限不存在；如条件(7.3)不满足，则意味着 $f(x)$ 在点 x_0 处发生跳跃。对于分段函数，尤其要考虑上述三个条件。

我们来检验图 7.2 所示的函数是否是连续的。在图 7.2(a)中，点 N 在定义域内，当 $x \to N$ 时，y 具有极限 L，且极限 L 恰好等于函数在点 N 的值，因此，该曲线所表示的函数在 N 处是连续的。同样，图 7.2(b)所描述的函数也是连续的，因为 L 是当 x 趋近于定义在 N 点处函数的极限，且 L 也是在点 N 时的函数值。而在 7.20(c)中，函数在点 N 处是不连续的，因为极限在该点不存在，与连续性的第二条要求(7.2)相违背。

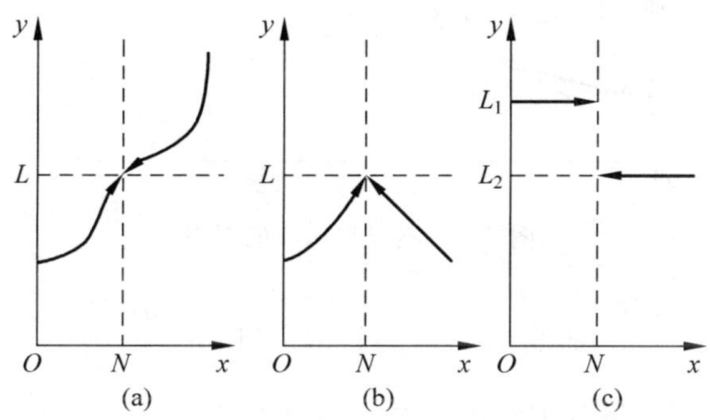

图 7.2　连续函数和非连续函数

7.9　运用函数连续性的条件(7.1)～(7.3)解下列问题：

(a) 设 $f(x)=\begin{cases} x-1, & x<0 \\ 0, & x=0 \\ x+1, & x>0 \end{cases}$，考察函数 $f(x)$ 在 $x=0$ 处的连续性；

(b) 设 $f(x)=\begin{cases} x+1, & x\neq 1 \\ 2, & x=1 \end{cases}$，考察函数 $f(x)$ 在 $x=1$ 处的连续性。

7.3　一元函数的导数

现在我们回到寻找非线性函数的斜率问题上来。考虑图 7.3 所示的曲线，假设我们要求这条曲线在 P 点的斜率，即求曲线在 P 点的切线的斜率。我们采用下面的方法。假设 Q 是曲线上一个邻近的点。直线 PQ 是曲线的一条割线，割线 PQ 的斜率等于$\frac{QR}{PR}$。现在考虑使 Q 点延着曲线逐渐靠近 P，即使 Q 到达 Q'，Q''，Q'''，等等。当 Q 趋近于 P 时，割线 PQ 的斜率将越来越趋近于在 P 点的切线的斜率。即

$$\operatorname*{Lim}_{Q\to P}(\text{割线 } PQ \text{ 的斜率}) = P \text{ 点切线的斜率}$$

当然，PQ 的斜率是$\frac{QR}{PR}$，并且当 Q 趋近于 P 时，距离 PR 越来越接近于 0。由于 P 点的切线的斜率就是曲线在 P 点的斜率，我们有

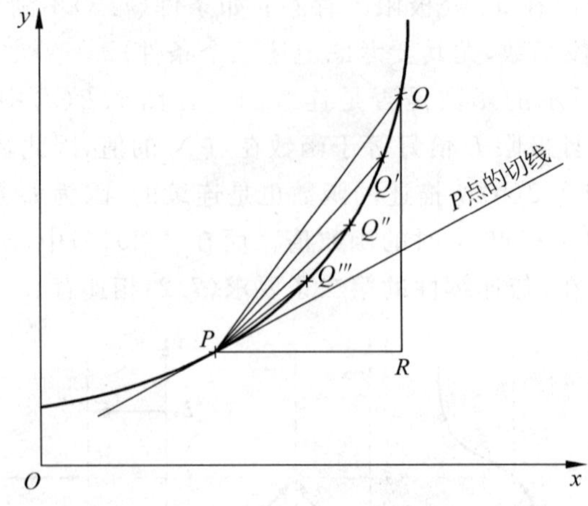

图 7.3 割线和切线的斜率

$$\text{曲线在}\ P\ \text{点的斜率} = \underset{PR \to 0}{\mathrm{Lim}} \frac{QR}{PR} \tag{7.16}$$

注意：当 Q 接近 P 时，不仅 PR 接近于 0，而且 QR 也接近于 0。当然，通过 7.2 节的例子我们知道，这并不意味着比值$\frac{QR}{PR}$不会趋近于一个非零常数。

现在将上述技巧应用于具体的非线性函数。我们以下述函数为例

$$y = 3x^2 \tag{7.17}$$

其图像如图 7.4 所示。

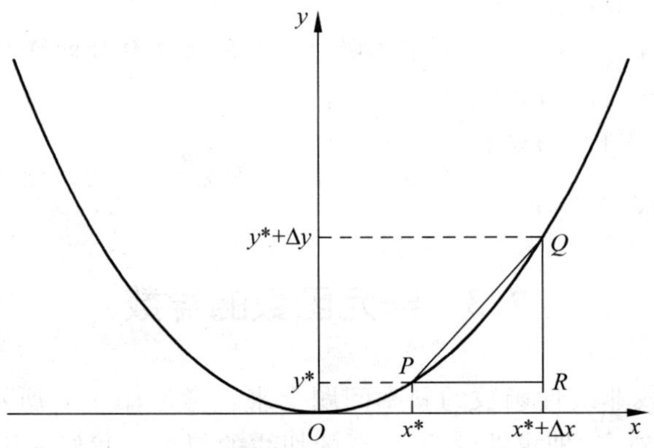

图 7.4 曲线 $y=3x^2$ 的斜率

假设在图 7.4 中曲线上的 P 点坐标为(x^*, y^*)。如果 Q 是曲线上接近于 P 的一点，它的坐标与 P 的坐标不会相差很大，我们将其写作$(x^* + \Delta x, y^* + \Delta y)$，$\Delta x$ 是点 Q 和 P 在横坐标上的"微小差距"，而 Δy 是两点在纵坐标上的"微小差距"。习惯上，我们经常使用 Δx 和 Δy 来表示 x 和 y 的微小变化。

在图 7.4 中割线 PQ 的斜率是$\frac{QR}{PR}$，显然有 $QR = \Delta y$ 和 $PR = \Delta x$。因此

$$\text{割线}\ PQ\ \text{的斜率} = \frac{\Delta y}{\Delta x} \tag{7.18}$$

应用式(7.16)，又有

$$\text{曲线在 } P \text{ 点的斜率} = \operatorname*{Lim}_{\Delta x \to 0} \frac{\Delta y}{\Delta x} \tag{7.19}$$

然后，为了得到所求的斜率，我们需要找到$\frac{\Delta y}{\Delta x}$的表达式并且观察当 Δx 趋近于 0 时此表达式发生了什么变化。既然点 Q 位于函数 $y=3x^2$ 的图像上，它的坐标$(x^* + \Delta x)$和$(y^* + \Delta y)$之间一定满足这个函数关系，即

$$y^* + \Delta y = 3(x^* + \Delta x)^2$$

或

$$y^* + \Delta y = 3(x^*)^2 + 6x^* \Delta x + (\Delta x)^2 \tag{7.20}$$

同时，P 点也位于图像上，所以它的坐标 x^* 和 y^* 也一定满足 $y=3x^2$，即

$$y^* = 3(x^*)^2 \tag{7.21}$$

由式(7.20)中减去式(7.21)，有

$$\Delta y = 6x^* \Delta x + (\Delta x)^2$$

整个式子除以 Δx，有

$$\frac{\Delta y}{\Delta x} = 6x^* + 3\Delta x \tag{7.22}$$

现在，我们有了$\frac{\Delta y}{\Delta x}$的表达式，将其代入式(7.19)，有

$$\text{曲线在 } P \text{ 点的斜率} = \operatorname*{Lim}_{\Delta x \to 0}(6x^* + 3\Delta x) = 6x^*$$

可以说，如果(x^*, y^*)是 $y=3x^2$ 图像上的任意一点，则在这点的斜率是 $6x^*$。这样我们得到了 $y=3x^2$ 曲线斜率的一般表达式。例如，(1,3)是图像上的一点，这里 $x^*=1$，因此，曲线在这一点的斜率一定是 $6x^*=6$。同样在点(4,48)和(−2,12)处的斜率分别是 24 和−12。点(−2,12)处的负斜率反映了这样一个事实，即当 x 是负数时图像向右下方倾斜。

第二个例子，考虑函数 $y=4x^2+2x$。假定在这一函数图像上有两点 P 和 Q，坐标分别为(x^*, y^*)和$(x^* + \Delta x, y^* + \Delta y)$。既然 Q 位于 $y=4x^2+2x$ 的曲线上，必有

$$y^* + \Delta y = 4(x^* + \Delta x)^2 + 2(x^* + \Delta x)$$

或

$$y^* + \Delta y = 4x^{*2} + 8x^* \Delta x + 4(\Delta x)^2 + 2x^* + 2\Delta x \tag{7.23}$$

同样，P 点也在函数曲线上，有

$$y^* = 4x^{*2} + 2x^* \tag{7.24}$$

从式(7.23)减去式(7.24)，有

$$\Delta y = 8x^* \Delta x + 4(\Delta x)^2 + 2\Delta x$$

等式两侧同时除以 Δx，得

$$\frac{\Delta y}{\Delta x} = 8x^* + 4\Delta x + 2$$

因此，应用式(7.19)，有

$$\text{曲线在 } P \text{ 点的斜率} = \operatorname*{Lim}_{\Delta x \to 0}(8x^* + 4\Delta x + 2) = 8x^* + 2 \tag{7.25}$$

这样，函数 $y=4x^2+2x$ 在点(x^*, y^*)处的斜率由一般表达式$(8x^*+2)$给出。例如，在点(3,42)处的斜率是 $8\times3+2=26$，在点(−1,2)的斜率是 $8\times(-1)+2=-6$。

7.10 利用式(7.19)求曲线 $y=8x^2+5$ 在点(1,13),(-2,37)和(0,5)等处的斜率。

术语和记号

总是将一条曲线上点的斜率记作 $\lim\limits_{\Delta x\to 0}\dfrac{\Delta y}{\Delta x}$ 有些麻烦,通常我们采用一种方便的记号,$\dfrac{\mathrm{d}y}{\mathrm{d}x}$,即

$$\frac{\mathrm{d}y}{\mathrm{d}x}=\lim_{\Delta x\to 0}\frac{\Delta y}{\Delta x}=\lim_{\Delta x\to 0}\frac{f(x+\Delta x)-f(x)}{\Delta x}=f'(x) \tag{7.26}$$

符号 $\dfrac{\mathrm{d}y}{\mathrm{d}x}$ 称作 y 关于 x 的导数。注意它并不表示"d 倍的 y 除以 d 倍的 x",它只是一种简单的记法。

因此,再考虑函数(7.17),根据式(7.26),有

$$\text{曲线在}(x,y)\text{的斜率}=\frac{\mathrm{d}y}{\mathrm{d}x}=6x$$

7.11 利用式(7.26)求下列函数的导数:

(a) $y=3x+2$; (b) $y=x^2$。

7.4 导数的一般法则 I

用 7.3 节中使用的方法求函数导数是相当烦琐的,求导法则可以简化运算过程。这里我们仅给出这些法则的内容,感兴趣的读者可以参考一般的高等数学教材来获得其证明过程。事实上,所有的证明都是以 7.3 节中的方法为基础的。

乘方法则

如果 $y=f(x)=ax^n$,其中 a 和 n 是两个任意常数,则

$$\frac{\mathrm{d}y}{\mathrm{d}x}=f'(x)=n\cdot a\cdot x^{n-1} \tag{7.27}$$

乘方法则主要适用于幂函数的情况,因此也称为幂运算法则。在 7.3 节中我们对 $y=3x^2$ 求导得到 $\dfrac{\mathrm{d}y}{\mathrm{d}x}=6x$。这不过是式(7.27)当 $a=3$ 和 $n=2$ 时的一种具体应用。同样地,还可以有很多应用。

如果 $y=8x^3$, 则 $\dfrac{\mathrm{d}y}{\mathrm{d}x}=3\times 8x^{3-1}=24x^2\quad(a=8,n=3)$

如果 $y=-4x^7$, 则 $\dfrac{\mathrm{d}y}{\mathrm{d}x}=7\times(-4)x^{7-1}=-28x^6\quad(a=-4,n=7)$

如果 $y=6x^4$, 则 $\dfrac{\mathrm{d}y}{\mathrm{d}x}=4\times 6x^{4-1}=24x^3\quad(a=6,n=4)$

需要注意，式(7.27)有两种特殊情况。

第一，当式(7.27)中 $n=1$ 时，有 $y=ax$，意味着对一个线性函数求导数。既然 $y=ax$ 没有截距项，它的图像必然是经过原点的一条直线，且具有不变的斜率 a。实际上，乘方法则(7.27)给出了这种结果：

$$\text{如果 } y = ax^1, \quad \text{则} \frac{\mathrm{d}y}{\mathrm{d}x} = 1 \times ax^{1-1} = ax^0 = a$$

因此，线性函数的导数总是一个不变的常数。

第二，如果在式(7.27)中 $n=0$，那么，由于 $x^0=1$，此时 $y=a$，这里 a 是常数。既然 $y=a$ 的图像只是经过 y 轴上 $(0,a)$ 点的一条水平直线，它的斜率一定总是为 0，法则(7.27)也给出了这种结果：

$$\text{如果 } y = ax^0 = a, \quad \text{则} \frac{\mathrm{d}y}{\mathrm{d}x} = 0 \times ax^{0-1} = 0$$

因此，常数的导数总是为 0。

7.12　求下列函数的导数 $\frac{\mathrm{d}y}{\mathrm{d}x}$：

(a) $y=-4x^8$；　(b) $y=-9x$；　(c) $y=10x^3$；　(d) $y=3x^{42}$；　(e) $y=6$。

当 n 是负数或分数时，乘方法则(7.27)也同样适用。考虑对下式求导数：

$$y = \frac{3}{x^4}$$

将 $\frac{1}{x^4}$ 重新写作 x^{-4}，有 $y=3x^{-4}$。既然满足当 $n=-4$ 时的 $y=ax^n$ 形式，我们可以使用乘方法则进行计算，得到

$$\frac{\mathrm{d}y}{\mathrm{d}x} = (-4) \times 3x^{-4-1} = -12x^{-5}$$

接下来，考虑对下式求导数

$$y = 2\sqrt[5]{x}$$

式 $\sqrt[5]{x}$ 可以写作 $x^{\frac{1}{5}}$，有 $y=2x^{\frac{1}{5}}$。当 $n=\frac{1}{5}$ 时可以应用乘方法则(7.27)，得到

$$\frac{\mathrm{d}y}{\mathrm{d}x} = \left(\frac{1}{5}\right) \times 2x^{\frac{1}{5}-1} = \frac{2}{5}x^{-\frac{4}{5}}$$

当然，幂指数 n 可以既是负的又是分数。例如，$y=\frac{3}{x^{\frac{1}{4}}}$，为了应用乘方法则，我们必须将其改写为 $y=3x^{-\frac{1}{4}}$。所以

$$\frac{\mathrm{d}y}{\mathrm{d}x} = \left(-\frac{1}{4}\right) \times 3x^{-\frac{1}{4}-1} = -\frac{3}{4}x^{-\frac{5}{4}}$$

通过使用乘方法则，小数的幂指数也可以求导数。例如：

$$\text{如果 } y = 3x^{2.4}, \quad \text{则} \frac{\mathrm{d}y}{\mathrm{d}x} = 7.2x^{1.4}$$

对上述所有函数式求导数的诀窍是使函数符合 $y=ax^n$ 的形式，然后再应用乘方法则

(7.27)。例如：

$$如果\ y=4\sqrt{x}=4x^{\frac{1}{2}},\quad 则\frac{dy}{dx}=2x^{-\frac{1}{2}}$$

$$如果\ y=\frac{1}{x^6}=x^{-6},\quad 则\frac{dy}{dx}=-6x^{-7}=-\frac{6}{x^7}$$

$$如果\ y=4x^{0.4},\quad 则\frac{dy}{dx}=1.6x^{-0.6}=\frac{1.6}{x^{0.6}}$$

7.13 求下列函数的导数$\frac{dy}{dx}$：

(a) $y=\frac{1}{x^3}$； (b) $y=2x^{0.8}$； (c) $y=\frac{4}{x^2}$；

(d) $y=x^{\frac{3}{2}}$； (e) $y=\frac{1}{\sqrt[3]{x}}$。

加减法则

若函数 $u(x)$与 $v(x)$关于 x 可导，有导数 $u'(x)$和 $v'(x)$，则函数 $u(x)\pm v(x)$关于 x 也可导，且

$$[u(x)\pm v(x)]'=u'(x)\pm v'(x) \tag{7.28}$$

也就是说，函数的和(或差)的导数等于函数导数的和(或差)。如果一个函数是两个幂函数的和或差，那么对这个和或差求导数只需要一项接一项地求导数，然后再相加减。例如，如果 $y=3x^3+4x^2$，我们只需要先对 $3x^3$ 项应用乘方法则(7.27)，然后对 $4x^2$ 项应用(7.27)，最后将它们相加，有

$$\frac{dy}{dx}=9x^2+8x$$

类似地，如果 $y=8x^5-3x^3$，则$\frac{dy}{dx}=40x^4-9x^2$。

加减法则也可处理超过两个函数的和或差的情况。

$$如果\ y=4x^4+2x^3-6x^2,\quad 则\frac{dy}{dx}=16x^3+6x^2-12x$$

$$如果\ y=x^3-4x^2+x+6,\quad 则\frac{dy}{dx}=3x^2-8x+1$$

注意：在最后一个例子中对最后一项求导时，常数的导数是 0。

显然，导数的概念可以应用于 x 和 y 以外的变量。例如：

$$如果\ z=8w^3-5w,\quad 则\frac{dz}{dw}=24w^2-5\quad (z\ 关于\ w\ 的导数)$$

$$如果\ q=9p^4+3p^2,\quad 则\frac{dq}{dp}=36p^3+6p\quad (q\ 关于\ p\ 的导数)$$

类似地

$$如果\ f(z)=9z^3+8,\quad 则\ f'(z)=27z^2\quad (关于\ z\ 的导数)$$

$$如果\ g(p)=5p^3-4p,\quad 则\ g'(p)=15p^2-4\quad (关于\ p\ 的导数)$$

7.14　求下列函数的导数$\frac{dy}{dx}$：

(a) $y=3x^2-12x+4$；　(b) $y=5x^3+10$；　(c) $y=x^6-3x^4+8x^2+5$；

(d) $y=x^3-3x^2+10x+4$；　(e) $y=x^2+\frac{1}{x^2}$。

斜率与函数的单调性

我们知道了求导数的一般方法后，再求曲线的斜率就可以直接利用求导数的一般法则，求出曲线斜率的一般表达式，然后再代入具体的自变量取值，以了解曲线上特定点的斜率。

例如，对于曲线

$$y=\frac{1}{3}x^3-x^2+\frac{1}{3} \tag{7.29}$$

我们想了解曲线上某点的斜率，利用乘方法则(7.27)和加减法则(7.28)，就可以知道该曲线斜率的一般表达式为

$$\frac{dy}{dx}=x^2-2x \tag{7.30}$$

有了这个曲线斜率的一般表达式，我们直接代入就可以求出斜率是多少了。例如，曲线(7.29)上点(−1，−1)的斜率，将 $x=-1$ 代入式(7.30)，有

$$\left.\frac{dy}{dx}\right|_{x=-1}=(-1)^2-2\times(-1)=3$$

点(−1，−1)的斜率为 3。同理，曲线上点$\left(1,-\frac{1}{3}\right)$的斜率为$\left.\frac{dy}{dx}\right|_{x=1}=1^2-2\times1=-1$；曲线上点$\left(3,\frac{1}{3}\right)$的斜率为$\left.\frac{dy}{dx}\right|_{x=3}=3^2-2\times3=3$。

7.15　运用乘方法则和加减法则：

(a) 求曲线 $y=4x^3+3x+7$ 在点 $x=2$，$x=4$ 和 $x=6$ 处的斜率；

(b) 求曲线 $y=3x^2+1$ 在它与直线 $y=3x+1$ 的交点处的斜率；

(c) 求曲线 $y=1-x-2x^2$ 上斜率为 0 的点。

在求曲线(7.29)的斜率时，我们发现，有时曲线的斜率是正的，表现曲线向右上方倾斜，即曲线是单调递增的；有时曲线的斜率是负的，表示曲线向右下方倾斜，即曲线是单调递减的。这个规律给了我们一个方法来判断函数的单调性的方法。具体来说，如果有函数 $y=f(x)$，那么

(7.4) 对于 $x\in(a,b)$，恒有 $f'(x)>0$，则 $f(x)$在$[a,b]$内单调增加。

(7.5) 对于 $x\in(a,b)$，恒有 $f'(x)<0$，则 $f(x)$在$[a,b]$内单调减少。

(7.6) 对于 $x\in(a,b)$，有 $f'(x)=0$，则称 x 为函数 $f(x)$的驻点。

我们可以直接利用(7.4)～(7.6)来判断函数的单调性。例如，对于曲线(7.29)，我们首先要找到驻点，即满足

$$\frac{\mathrm{d}y}{\mathrm{d}x}=x^2-2x=0$$

这是一个一元二次方程,解得驻点有两个,分别是 $x_1=0$ 和 $x_2=2$。用这两个驻点分割函数的定义域,把定义域分割成三个部分,分别是$(-\infty,0)$,$(0,2)$和$(2,+\infty)$,然后分区间讨论。由于导数正负在每个区间内部不发生变化,所以只要选择代表性的点进行判断就可以了。利用前面的结果,我们分别选择点$(-1,-1)$、$\left(1,-\frac{1}{3}\right)$和$\left(3,\frac{1}{3}\right)$作为代表,判断结果见表 7.4。

表 7.4　函数$y=\frac{1}{3}x^3-x^2+\frac{1}{3}$的单调性

x	$(-\infty,0)$	0	$(0,2)$	2	$(2,+\infty)$
$\frac{\mathrm{d}y}{\mathrm{d}x}$	+	0	−	0	+
$y=f(x)$	单调递增	1/3	单调递减	−1	单调递增

表 7.4 由三行构成,第一行表示自变量的取值范围,即函数的定义域,曲线(7.29)的定义域是$(-\infty,+\infty)$,用两个驻点分割成若干个区间。第二行表示导数值的正负,我们用“+”“−”符号来具体表示。第三行是关于单调性的判断,曲线在$(-\infty,0)$和$(2,+\infty)$单调递增,在$(0,2)$单调递减。

单调性对许多经济函数来说很重要。比如说,经济分析中一般认为总成本函数图像是单调递增的曲线,而平均成本函数图像是先递增后递减的“U”形曲线。而与成本函数相对应的总收入函数图像则是先递增后递减的曲线。

7.16　讨论下列函数的单调性:

(a) $f(x)=2x^3-3x^2-36x+16$;　　(b) $f(x)=x^4-2x^3$;

(c) $f(x)=\frac{3}{5}x^{\frac{5}{3}}-\frac{3}{2}x^{\frac{2}{3}}+1$。

7.5　导数的经济应用

导数在经济学中主要是分析各种边际量和弹性问题。

导数与边际函数

回到图 1.10 所描绘的总成本函数(1.28),若此时 $a=1,b=2$ 和 $c=8$,即

$$\mathrm{TC}=q^2+2q+8 \tag{7.31}$$

注意:既然产量 q 是一个流量而总成本 TC 取决于产量,那么总成本自身也是一个流量。也就是说,它必须以单位时间来衡量。

边际成本(MC)是总成本曲线的斜率,用以衡量总成本对于产量在不同点的无穷小的变化的反应程度。在经济学中则通常将边际成本定义为增加一单位产量所引起的总成本的

变化量。考虑产量的无穷小的增加，为得到边际成本必须对总成本函数关于产量 q 求导数

$$\mathrm{MC}=\mathrm{MC}(q)=\frac{\mathrm{dTC}}{\mathrm{d}q} \tag{7.32}$$

现在我们可以用式(7.32)来计算总成本函数(7.31)对应的边际成本函数 MC，有

$$\mathrm{MC}=\frac{\mathrm{dTC}}{\mathrm{d}q}=2q+2 \tag{7.33}$$

要想知道任何产量水平上的边际成本，直接在式(7.33)中代入产量 q 的值即可。例如，当 $q=3$，MC=8；当 $q=10$，MC=22；当 $q=30$，MC=62。

这样，对于总成本函数(7.31)来说，边际成本随着产量的增加而增加。也就是说，产量水平越高，总成本对于产量的进一步增加的敏感程度越大。

平均成本(AC)不同于边际成本。平均成本等于总成本除以产量 q，因此有

$$\mathrm{AC}=\mathrm{AC}(q)=\frac{\mathrm{TC}}{q} \tag{7.34}$$

利用式(7.34)可以从总成本函数(7.31)直接得到平均成本函数 AC，有

$$\mathrm{AC}=\frac{\mathrm{TC}}{q}=q+2+\frac{8}{q} \tag{7.35}$$

式(7.35)可以计算任何产量水平上的平均成本。例如，当 $q=3$ 时，AC=7.67；当 $q=10$ 时，AC=12.8；当 $q=20$ 时，AC=22.4。

7.17　如果一个企业的总成本函数如下：

$$\mathrm{TC}=3q^2+5q+75$$

式中：q 为产量。求当产量等于下述两种情况时这个企业的边际成本：(a)10；(b)20。在这些产量水平上的平均成本是多少？在什么产量水平上，平均成本和边际成本相等？

7.18　一个企业的总成本函数如下：

$$\mathrm{TC}=0.25q^3-3q^2+20q$$

求出企业的平均成本函数和边际成本函数。在什么产量水平上，平均成本与边际成本相等？

我们熟悉的另一个概念是边际收入(MR)。假设一家生产易坏商品的企业面临着一个流量需求函数

$$d=16-0.5p$$

既然商品是易坏的，则流量需求和市场需求是一致的。因此产量(或者企业能够以价格 p 出售的商品数量)由下式给出

$$q=16-0.5p \tag{7.36}$$

将式(7.36)进行变形以便用产量来表示价格，有

$$p=32-2q \tag{7.37}$$

企业获得的总收入(TR)由产品的价格和销售量决定，即

$$\mathrm{TR}=p\cdot q=32q-2q^2 \tag{7.38}$$

式(7.38)表明总收入是产量(或销售量)q 的函数。注意总收入的表达式也可以通过使式(7.36)乘以 p 得 $pq=16p-0.5p^2$。这并非不正确，但相比之下式(7.38)是总收入的一个更加有用的表达式，即，总收入 TR 表示为产量(而非价格)的函数。因此，为了得到总收入

函数 TR,首先必须在式(7.37)中用 q 表示 p。

图 7.5 给出了函数(7.38)的图像。注意,既然产量是一个流量并且总收入取决于产量,那么总收入也是一个流量。

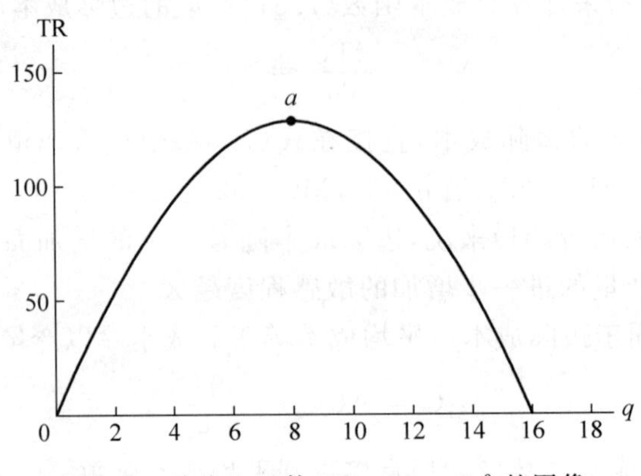

图 7.5　总收入函数 $\mathrm{TR}=32q-2q^2$ 的图像

边际收入(MR)为总收入曲线的斜率,用来衡量总收入对产量增加的反应程度。边际收入表示产量的每单位增加所带来的收入的增加。当考虑无穷小的变化时,有

$$\mathrm{MR}=\mathrm{MR}(q)=\frac{\mathrm{dTR}}{\mathrm{d}q} \tag{7.39}$$

我们可以对总收入函数(7.38)求关于 q 的导数来得到边际收入

$$\mathrm{MR}=\frac{\mathrm{dTR}}{\mathrm{d}q}=32-4q \tag{7.40}$$

可以用式(7.40)来确定该企业在任何产量水平上的边际收入。例如,当 $q=3$ 时,$\mathrm{MR}=20$;当 $q=5$ 时,$\mathrm{MR}=12$;当 $q=10$ 时,$\mathrm{MR}=-8$。

这样,对总收入函数(7.38)来说,边际收入随着产量的增加而下降。换句话说,随着产量的增加,产量的每单位增加所带来的总收入的增加变得越来越小。注意,边际收入为负也是可能的。这只不过意味着产量 q 的增加导致价格大幅度下降以至于使总收入 TR 下降。这种情况出现在图 7.5 中点 a 的右侧。

平均收入(AR)为企业的总收入除以其产量。既然总收入是 pq,平均收入很显然等于价格

$$\mathrm{AR}=\mathrm{AR}(q)=\frac{\mathrm{TR}}{q}=p \tag{7.41}$$

因此可以将式(7.37)改写为

$$\mathrm{AR}=\frac{\mathrm{TR}}{q}=32-2q \tag{7.42}$$

式(7.42)表明平均收入是产量的函数。式(7.42)可以用于确定企业在任何产量水平上的平均收入。例如,当 $q=3$ 时,$\mathrm{AR}=26$;当 $q=5$ 时,$\mathrm{AR}=22$;当 $q=10$ 时,$\mathrm{AR}=12$。

图 7.6 给出了 MR 函数(7.40)和 AR 函数(7.42)的图像。注意对于线性的 MR 和 AR 函数,MR 曲线总是比 AR 曲线更陡峭。实际上,MR 曲线的斜率恰好是 AR 曲线的斜率的两倍。例如,MR 函数(7.40)的斜率为-4,而 AR 函数(7.42)的斜率为-2。

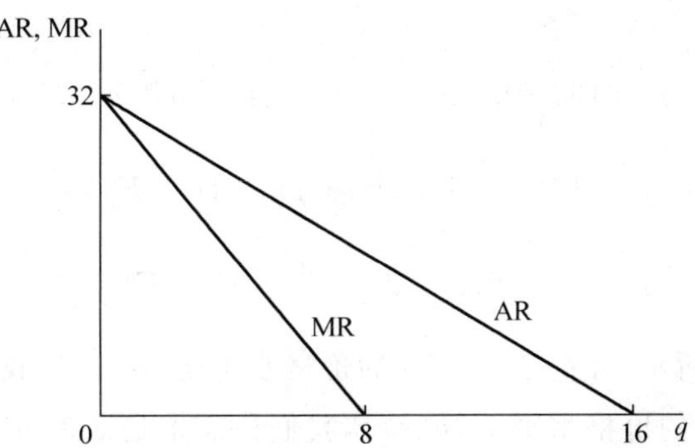

图 7.6　平均收入曲线和边际收入曲线

7.19　某企业面临的需求函数为 $q=80-5p$，其中 p 为产品价格，q 为产量。

(a) 求该企业的总收入函数 TR、边际收入函数 MR 和平均收入函数 AR；

(b) 计算当产量 $q=5$，$q=10$ 时的总收入、边际收入和平均收入。

需求和需求弹性

再一次考虑需求函数(7.36)。这个线性函数的斜率或导数很明显是-0.5，表示价格下降1单位总是会导致需求量0.5单位的上升。因此，导数是需求量对价格变化的敏感度的一个衡量尺度。但是导数的衡量要依赖于所使用的单位，因此它不能用于比较不同产品需求量对价格变动的反应程度。为此，当衡量需求量对价格变化的反应程度时，经济学家们通常使用需求的价格弹性，即

$$E_{\mathrm{p}}^{\mathrm{d}}=-\frac{\text{需求量变动的百分比}}{\text{价格变动的百分比}}=-\frac{\frac{\Delta q}{q}}{\frac{\Delta p}{p}}=-\frac{\Delta q}{\Delta p}\cdot\frac{p}{q} \tag{7.43}$$

在式(7.43)中 Δp 表示价格的"微小变化"，Δq 表示需求量的"微小变化"。表达式前面的负号意味着对于一个正常的向右下方倾斜的需求曲线，弹性是正的。

为了计算需求曲线上某一点的弹性，我们只需要确定当价格变化 Δp 趋近于0时，式(7.43)发生什么变化。由定义

$$\lim_{\Delta p\to 0}\frac{\Delta q}{\Delta p}=\frac{\mathrm{d}q}{\mathrm{d}p}$$

这里$\frac{\mathrm{d}q}{\mathrm{d}p}$是 q 关于 p 的导数，那么在某一点的需求价格弹性则由下式给出

$$E_{\mathrm{p}}^{\mathrm{d}}=-\frac{\mathrm{d}q}{\mathrm{d}p}\cdot\frac{p}{q} \tag{7.44}$$

图7.7给出了需求函数(7.36)的图像。由于这一需求曲线的斜率是一个常数，需求价格弹性会随曲线上点的不同而发生变化。曲线的斜率是-0.5，所以弹性由

$$E_{\mathrm{p}}^{\mathrm{d}}=0.5\left(\frac{p}{q}\right)$$

给出。因此

$$当\ p=2\ 时,\quad q=16-0.5\times 2=15 \quad 且 \quad E_{\mathrm{p}}^{\mathrm{d}}=0.5\times\frac{2}{15}=0.067$$

$$当\ p=10\ 时,\quad q=16-0.5\times 10=11 \quad 且 \quad E_{\mathrm{p}}^{\mathrm{d}}=0.5\times\frac{10}{11}=0.455$$

$$当\ p=20\ 时,\quad q=16-0.5\times 20=6 \quad 且 \quad E_{\mathrm{p}}^{\mathrm{d}}=0.5\times\frac{20}{6}=1.667$$

实际上,如图 7.7 所示,在高于 $p=16$ 的价格水平上,$E_{\mathrm{p}}^{\mathrm{d}}>1$,我们称需求是富有价格弹性的;而在低于 $p=16$ 的价格水平上,$E_{\mathrm{p}}^{\mathrm{d}}<1$,我们称需求是缺乏价格弹性的;在 $p=16$ 时,$E_{\mathrm{p}}^{\mathrm{d}}=1$,此时,需求具有单位弹性。我们将在 7.6 节末尾处看到,需求是否富有弹性对于价格变化时总收入的变动具有重要影响。

像需求函数(7.36)中弹性沿着一条需求曲线而发生变化是很常见的。而且,在需求曲线由于某种原因发生平移时,即使斜率不发生变化,也会由于 p 和 q 的取值不同而有不同的需求价格弹性。事实上,只有一类需求曲线其价格弹性在所有点均是一个不变的常数。考虑下面的需求函数

$$q=Ap^{-a} \tag{7.45}$$

这里 A 和 a 是常数。在这种情况下 $\dfrac{\mathrm{d}q}{\mathrm{d}p}=-Aap^{-a-1}$(使用乘方法则),因此,根据需求价格弹性公式(7.44),有

$$E_{\mathrm{p}}^{\mathrm{d}}=-\frac{\mathrm{d}q}{\mathrm{d}p}\cdot\frac{p}{q}=\frac{Aap^{-a-1}\cdot p}{Ap^{-a}}=\frac{ap^{-a}}{p^{-a}}=a=常数$$

图 7.8 给出了一条形如式(7.45)的需求函数,$a=2$,$A=10$,它具有不变的需求价格弹性。这样一个函数,除了具有不变的价格弹性外,还有一些其他的有用属性。由于 $q=10p^{-2}$,则当 $p\to 0$ 时,$q\to\infty$。因此无论价格变得多么低,函数永远不会与 q 轴相交。而且,由于 $p\to\infty$ 时,$q\to 0$,所以只有当价格变得无穷大时,函数才能接近 p 轴。也就是说,在有限的价格水平上需求永远不会变成 0。人们认为许多产品都具有这一类型的需求曲线,而且不变的弹性给数学计算带来许多便利,因此形如式(7.45)这一类型的函数很受经济学家的欢迎。

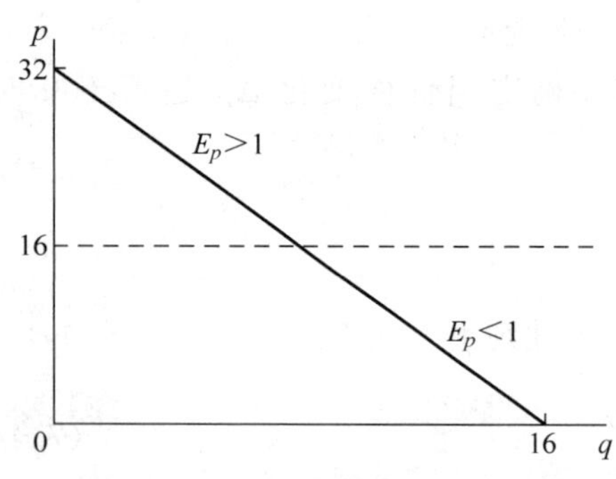

图 7.7 变化的需求价格弹性

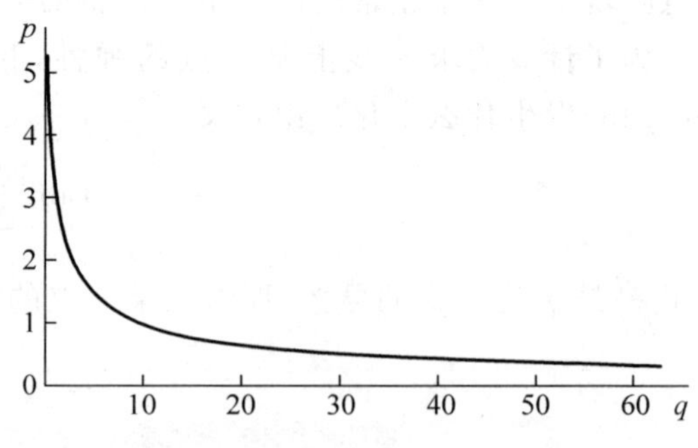

图 7.8 不变的需求价格弹性

弹性的概念在经济学分析中有大量的应用。除了需求的价格弹性之外,还有供给的价格弹性等。基本原理都是一样的,读者可以自己找资料来练习一下。

7.20　一个企业的市场需求函数为：$q=80-5p$，求当价格 $p=10$ 时的需求价格弹性。

7.6　导数的一般法则Ⅱ

乘法法则

对乘积求导数要复杂一些。如果 $u(x)$ 和 $v(x)$ 都是 x 的可导函数，有导数$\frac{\mathrm{d}u}{\mathrm{d}x}$和$\frac{\mathrm{d}v}{\mathrm{d}x}$，且 $y=u(x)v(x)$，则

$$\frac{\mathrm{d}y}{\mathrm{d}x}=v\frac{\mathrm{d}u}{\mathrm{d}x}+u\frac{\mathrm{d}v}{\mathrm{d}x} \tag{7.46}$$

例如，如果

$$y=(4x^3+2x)(3x^2+6x) \tag{7.47}$$

我们对式(7.47)应用乘法法则，这里 $u=4x^3+2x$ 且 $v=3x^2+6x$，于是，可以分别得到 u 和 v 关于 x 的导数

$$\frac{\mathrm{d}u}{\mathrm{d}x}=12x^2+2 \quad 和 \quad \frac{\mathrm{d}v}{\mathrm{d}x}=6x+6 \tag{7.48}$$

将式(7.48)代入乘法法则公式(7.46)，有

$$\frac{\mathrm{d}y}{\mathrm{d}x}=(12x^2+2)(3x^2+6x)+(6x+6)(4x^3+2x)$$

整理后，有

$$\frac{\mathrm{d}y}{\mathrm{d}x}=60x^4+96x^3+18x^2+24x$$

另一个例子，考虑

$$y=x^2(5x^2+3x) \tag{7.49}$$

为了对式(7.49)求导数，令 $u=x^2$，$v=5x^2+3x$。因此

$$\frac{\mathrm{d}u}{\mathrm{d}x}=2x,\quad \frac{\mathrm{d}v}{\mathrm{d}x}=10x+3$$

应用乘法法则(7.46)，有

$$\frac{\mathrm{d}y}{\mathrm{d}x}=(5x^2+3x)\cdot 2x+x^2(10x+3)=20x^3+9x^2 \tag{7.50}$$

注意：我们也可以将式(7.49)中的项乘开然后求导，有 $y=5x^4+3x^3$，于是得到

$$\mathrm{d}y/\mathrm{d}x=20x^3+9x^2$$

这与应用乘法法则得到的结果(7.50)是相同的。

7.21　用乘法法则求下列函数的导数$\frac{\mathrm{d}y}{\mathrm{d}x}$：

(a) $y=(3x^2+1)(2x+1)$；　　(b) $y=(\sqrt{x}+1)\left(\frac{1}{\sqrt{x}}+1\right)$；

(c) $y=(1-x)(1-2x)$； (d) $y=(4x^3+6)(5x+7)$；

(e) $y=(3x+2)(4x^3+5x)$。

乘法法则可以推广到有限个函数乘积的情况，如对函数 $y=(2x+3)(1-x)(x+2)$ 求导数，有

$$\frac{\mathrm{d}y}{\mathrm{d}x}=(2x+3)'(1-x)(x+2)+(2x+3)(1-x)'(x+2)+(2x+3)(1-x)(x+2)'$$
$$=2(1-x)(x+2)-(2x+3)(x+2)+(2x+3)(1-x)$$
$$=-6x^2-10x+1$$

在本章和以后的章节中我们会看到，许多复杂的函数乘积不能通过将各项乘开求导数，因此乘法法则(7.46)就变得十分有用。

除法法则

如果 $u(x)$ 和 $v(x)$ 都是 x 的可导函数，有导数 $\frac{\mathrm{d}u}{\mathrm{d}x}$ 和 $\frac{\mathrm{d}v}{\mathrm{d}x}$，且 $y=\frac{u(x)}{v(x)}$，则

$$\frac{\mathrm{d}y}{\mathrm{d}x}=\frac{v(\mathrm{d}u/\mathrm{d}x)-u(\mathrm{d}v/\mathrm{d}x)}{v^2} \tag{7.51}$$

作为一个例子，有函数

$$y=\frac{5x+6}{2x^2+3x}$$

在这个例子中，$u=5x+6$ 且 $v=2x^2+3x$，因此有

$$\frac{\mathrm{d}u}{\mathrm{d}x}=5,\quad \frac{\mathrm{d}v}{\mathrm{d}x}=4x+3$$

利用除法法则(7.51)，有

$$\frac{\mathrm{d}y}{\mathrm{d}x}=\frac{(2x^2+3x)5-(5x+6)(4x+3)}{(2x^2+3x)^2}=\frac{-2(5x^2+12x+9)}{(2x^2+3x)^2}$$

另一个更加简单的例子，考虑

$$y=\frac{3x-5}{2x+4}$$

令 $u=3x-5$ 且 $v=2x+4$。于是

$$\frac{\mathrm{d}u}{\mathrm{d}x}=3,\quad \frac{\mathrm{d}v}{\mathrm{d}x}=2$$

利用式(7.51)，有

$$\frac{\mathrm{d}y}{\mathrm{d}x}=\frac{(2x+4)3-(3x-5)2}{(2x+4)^2}=\frac{22}{(2x+4)^2}$$

7.22 使用除法法则(7.51)求下列函数的导数 $\frac{\mathrm{d}y}{\mathrm{d}x}$：

(a) $y=\frac{x-1}{x+1}$； (b) $y=\frac{3x^2+8x}{x^3+2}$；

(c) $y=\frac{2x-5}{2x+3}$； (d) $y=\frac{4x^2}{1+x}$。

链式法则

考虑函数

$$y = (3x^2 + 6)^7 \tag{7.52}$$

对式(7.52)求导数的方法之一是将$(3x^2+6)^7$展开，这无疑会相当麻烦。可以用另一种方法，令

$$u = 3x^2 + 6, \quad 因此\ y = u^7 \tag{7.53}$$

注意：在式(7.53)中，y现在是u的函数，而u又是x的函数。因此，可以说y是一个函数的函数，即y是x的复合函数，u为中间变量。

现在假设Δx是x的微小变化，它导致了u的微小变化Δu，并因此使y也发生了微小变化Δy。显然

$$\frac{\Delta y}{\Delta x} = \frac{\Delta y}{\Delta u} \cdot \frac{\Delta u}{\Delta x} \tag{7.54}$$

我们要求$\frac{\mathrm{d}y}{\mathrm{d}x}$，它是当$\Delta x \to 0$时$\Delta y/\Delta x$的极限。由于当$\Delta x \to 0$时$\Delta u \to 0$且$\Delta y \to 0$也成立，则有

$$\operatorname*{Lim}_{\Delta x \to 0} \frac{\Delta y}{\Delta u} = \frac{\mathrm{d}y}{\mathrm{d}u} \quad 和 \quad \operatorname*{Lim}_{\Delta x \to 0} \frac{\Delta u}{\Delta x} = \frac{\mathrm{d}u}{\mathrm{d}x}$$

根据函数极限的乘法法则公式(7.13)，式(7.54)变为

$$\frac{\mathrm{d}y}{\mathrm{d}x} = \frac{\mathrm{d}y}{\mathrm{d}u} \cdot \frac{\mathrm{d}u}{\mathrm{d}x} \tag{7.55}$$

式(7.55)称为链式法则。

现在我们可以使用链式法则(7.55)求式(7.52)的导数。由式(7.53)，有

$$\frac{\mathrm{d}y}{\mathrm{d}u} = 7u^6 \quad 和 \quad \frac{\mathrm{d}u}{\mathrm{d}x} = 6x$$

应用链式法则(7.55)，得

$$\frac{\mathrm{d}y}{\mathrm{d}x} = 7u^6(6x) = 42xu^6$$

通常我们要求$\frac{\mathrm{d}y}{\mathrm{d}x}$只表示成$x$的函数，因此利用式(7.53)中的前半部分，有

$$\frac{\mathrm{d}y}{\mathrm{d}x} = 42x(3x^2 + 6)^6$$

注意，在应用链式法则(7.55)对式(7.52)求导数时，可以先将括号内的项看作一个整体，好像它就是一个x，对它应用乘方法则(7.27)，然后再乘以括号内项的导数。即

$$\frac{\mathrm{d}y}{\mathrm{d}x} = 7(\cdot)^6 \frac{\mathrm{d}(\cdot)}{\mathrm{d}x} \tag{7.56}$$

作为链式法则应用的另一个例子，考虑函数$y=8\times(2x^2+4x)^5$，这次我们令$u=2x^2+4x$，则$y=8u^5$，因此有

$$\frac{\mathrm{d}y}{\mathrm{d}u} = 40u^4 \quad 和 \quad \frac{\mathrm{d}u}{\mathrm{d}x} = 4x + 4$$

应用链式法则(7.55)，得

$$\frac{\mathrm{d}y}{\mathrm{d}x}=40u^4(4x+4)$$

再一次,我们要求$\frac{\mathrm{d}y}{\mathrm{d}x}$只用 x 来表示,因此替换 u,则

$$\frac{\mathrm{d}y}{\mathrm{d}x}=40(2x^2+4x)^4(4x+4)$$

注意,获得所求导数的一个快捷方法是

$$\frac{\mathrm{d}y}{\mathrm{d}x}=40(\cdot)^4\frac{\mathrm{d}(\cdot)}{\mathrm{d}x} \tag{7.57}$$

则有

$$\frac{\mathrm{d}y}{\mathrm{d}x}=40(\cdot)^4\frac{\mathrm{d}(\cdot)}{\mathrm{d}x}=40(2x^2+4x)^4(2x^2+4x)'=40(2x^2+4x)^4(4x+4)$$

再如,如果 $y=(4x^3+2x)^5$,则由式(7.56),有

$$\frac{\mathrm{d}y}{\mathrm{d}x}=5(\cdot)^4\frac{\mathrm{d}(\cdot)}{\mathrm{d}x}=5(4x^3+2x)^4(4x^3+2x)'=5(4x^3+2x)^4(12x^2+2)$$

类似地,有

若 $y=(6x+8)^{10}$, 则$\frac{\mathrm{d}y}{\mathrm{d}x}=10(6x+8)^9(6x+8)'=10(6x+8)^9(6)=60(6x+8)^9$

若 $y=\sqrt{3x-5}$, 则$\frac{\mathrm{d}y}{\mathrm{d}x}=\frac{1}{2}(3x-5)^{-\frac{1}{2}}(3x-5)'=\frac{1}{2}(3x-5)^{-\frac{1}{2}}(3)=\frac{3}{2}(3x-5)^{-\frac{1}{2}}$

同上,若 $f(x)=(3x^2+5x+4)^3$,则

$$f'(x)=3(3x^2+5x+4)^2(3x^2+5x+4)'=3(3x^2+5x+4)^2(6x+5)$$

类似于式(7.56)和式(7.57)这样,快捷地使用链式法则求导数的方法,我们也称为"剥皮法",即像剥洋葱一样从外向里层层求导数,剥到最后一层时的结果,就是我们所要求的导数了。

7.23 使用链式法则(7.55)求导数 $f'(x)$:

(a) $f(x)=(3x^2+5)^7$; (b) $f(x)=(3x+4)^{10}$;

(c) $f(x)=(5x^2+4x)^{-2}$; (d) $f(x)=(2x+4)^{-\frac{1}{2}}$。

乘法法则(7.46)和除法法则(7.51)有时可以与链式法则(7.55)结合起来应用。例如,求下式的导数

$$y=\frac{x}{\sqrt{1-x^2}}$$

根据除法法则(7.51),有

$$\frac{\mathrm{d}u}{\mathrm{d}x}=1,\quad \frac{\mathrm{d}v}{\mathrm{d}x}=\frac{1}{2}(1-x^2)^{-\frac{1}{2}}\cdot(1-x^2)'=-x(1-x^2)^{-\frac{1}{2}}$$

注意:在计算$\frac{\mathrm{d}v}{\mathrm{d}x}$的过程中我们运用了链式法则。进一步地,根据除法法则(7.51),有

$$\frac{\mathrm{d}y}{\mathrm{d}x}=\frac{\sqrt{1-x^2}\cdot 1-x[-x(1-x^2)^{-\frac{1}{2}}]}{(\sqrt{1-x^2})^2}=(1-x^2)^{-\frac{3}{2}}$$

7.24　使用乘法法则、除法法则和链式法则求导数$\frac{dy}{dx}$：

(a) $y=(x^2+4)^4(x^3-3x)^2$；　(b) $y=\frac{(1+x)^3}{(2x-1)^2}$；　(c) $y=\frac{3x^2+4}{(x+6)^5}$。

7.25　如果 $z=\frac{3t^4+6}{(t+3)^6}$，求导数$\frac{dz}{dt}$。

至于一些其他类型的函数，如指数函数、对数函数等，也有相应的求导方法。

对于对数函数 $y=\log_a x(a>0, a\neq 1, x>0)$，有

$$\frac{dy}{dx}=\frac{1}{x}\cdot\frac{1}{\ln a} \tag{7.58}$$

特别地，当 $a=e$ 时，则 $y=\ln x$，此时

$$\frac{dy}{dx}=\frac{1}{x} \tag{7.59}$$

对于指数函数 $y=a^x(a>0, a\neq 1, x>0)$，有

$$\frac{dy}{dx}=a^x\cdot\ln a \tag{7.60}$$

上述导数的基本法则可以结合起来应用。在应用的过程中，大致有一个原则，从外侧向内侧求导数，即最外侧的法则优先。例如，有函数

$$y=x+3^x$$

的导数，从外侧来看，是幂函数和指数函数的和的形式，因此，加减法则优先，有

$$\frac{dy}{dx}=(x)'+(3^x)'=1+3^x\ln 3$$

再如，对于函数

$$y=\ln(2x-1)$$

从外侧来看，首先是对数函数的形式，是以对数函数为基础形成的复合函数，因此，对数函数法则优先，有

$$\frac{dy}{dx}=\frac{1}{2x-1}(2x-1)'=\frac{2}{2x-1}$$

7.26　利用导数的基本法则求下列函数的导数$\frac{dy}{dx}$：

(a) $y=\frac{x^3+2x}{e^x}$；　(b) $y=\sqrt{1+e^x}$；　(c) $y=\ln\sqrt{x}+\sqrt{\ln x}$；

(d) $y=\ln(9-x^2)$；　(e) $y=2^{-x}$。

反函数法则

考虑函数关系(1.40)，复写如下：

$$y=2x^3+4x \tag{7.61}$$

图 1.14 给出了其图像。在第 1 章中我们看到,虽然反函数 $x=x(y)$ 的图像可以通过转换坐标轴获取(图 1.15),但是写出精确的函数形式 $x=x(y)$ 是很困难的。因此求这个函数的导数 $\frac{dx}{dy}$ 也非易事。此时要使用反函数法则。

如在式(7.61)中,有

$$y = y(x) \tag{7.62}$$

下面对式(7.62)的两侧同时求关于 y 的导数。y 关于 y 的导数显然是 1,而对式(7.62)的右边

$$\frac{dy(x)}{dy} = \frac{dy(x)}{dx} \cdot \frac{dx}{dy}$$

有

$$\frac{dy(x)}{dx} \cdot \frac{dx}{dy} = 1$$

给定 $\frac{dy(x)}{dx}$ 非零,有

$$\frac{dx}{dy} = \frac{1}{\frac{dy}{dx}} \tag{7.63}$$

式(7.63)称为反函数法则。对式(7.61)可应用反函数法则(7.63)求 $\frac{dx}{dy}$,此时

$$\frac{dy}{dx} = 6x^2 + 4$$

应用反函数法则(7.63),得

$$\frac{dx}{dy} = \frac{1}{6x^2 + 4}$$

注意:$\frac{dx}{dy}$ 是用 x 而不是 y 来表达的。

7.27 利用反函数法则,求下列导数:

(a) 求 $\frac{dx}{dy}$:(i) $y=8x^4+3x^2+6$; (ii) $y=(3x+6)^3$。

(b) 求 $\frac{dy}{dx}$:(i) $x=\frac{4y-2}{3y-1}$; (ii) $x=4(2y^2+3)^4$。

关于价格弹性的更多知识

在 7.5 节中,我们说到需求是否富有价格弹性对总收入有重要的影响。现在我们用乘法法则和反函数法则来证明这一论断。一个企业的总收入是价格和销售量的乘积,即 $p \cdot q$,这里价格本身是销售量的一个函数,如式(7.35)所示。即

$$\text{TR} = p(q) \cdot q$$

用乘法法则对上式求关于 q 的导数,有

$$\frac{d\text{TR}}{dq} = p(q) + q\frac{dp}{dq} \tag{7.64}$$

式(7.64)等号右边的第一项是 $p(q)$ 乘以 q 的导数(此处为 1),第二项是 q 乘以 p 的导数。等号左边我们得到总收入的导数,当然就是边际收入。因此,对式(7.64)等号右边提取公因子 p,有

$$\mathrm{MR}=p\left(1+\frac{q}{p}\cdot\frac{\mathrm{d}p}{\mathrm{d}q}\right) \tag{7.65}$$

这里为了方便,我们将 $p(q)$ 简写作 p。使用需求价格的弹性定义(7.42),可将式(7.65)改写为

$$\mathrm{MR}=p\left(1-\frac{1}{E_{\mathrm{p}}^{\mathrm{d}}}\right) \tag{7.66}$$

式(7.66)给出了边际收入和需求价格弹性之间一个十分有用的关系。它表明如果需求在某一特定点是富有价格弹性的($E_{\mathrm{p}}^{\mathrm{d}}>1$),则边际收入为正,因而当销售量增加(或者说,价格下降)时总收入增加。另外,如果需求是缺乏价格弹性的($E_{\mathrm{p}}^{\mathrm{d}}<1$),则边际收入为负且当销售量增加(或者说,价格下降)时总收入减少。当然,如果 $E_{\mathrm{p}}^{\mathrm{d}}=1$,则边际收入为 0,则当销售量上升和价格下降时总收入保持不变。

思考题

7.28　设某商品的价格 $p=500$ 元时,销售量 $q=100$ 件,现假定价格下降 10%,利用式(7.66)求下列两种情况下总收入的变化:

(a) 该商品是需求富有价格弹性的商品,且 $E_{\mathrm{p}}^{\mathrm{d}}=2$;

(b) 该商品是需求缺乏价格弹性的商品,且 $E_{\mathrm{p}}^{\mathrm{d}}=0.4$。

7.7　微分及其数学应用

微分的含义

给定函数 $y=f(x)$,自变量的变化量 Δx 将导致相应因变量的变化量 Δy,且我们可以使用 $\frac{\Delta y}{\Delta x}$ 表示 y 对 x 的变化率。因为

$$\Delta y\equiv\left(\frac{\Delta y}{\Delta x}\right)\Delta x \tag{7.67}$$

成立,一旦变化率 $\frac{\Delta y}{\Delta x}$ 和 x 的变差已知,则可求出 Δy 的大小。

在 7.3 节中,我们将 x 的微小变化 Δx 引起 y 的变化 Δy,定义为 y 对 x 的导数。那么我们就可以通过求解 $\Delta x\to 0$ 时 $\frac{\Delta y}{\Delta x}$ 的极限,得到导数 $\frac{\mathrm{d}y}{\mathrm{d}x}$。显然这里所指的微小变化 Δx 不是真的为零,而是无限趋近于零。我们用导数替换恒等式(7.67)中的 $\frac{\Delta y}{\Delta x}$,此时,式(7.67)变为

$$\Delta y\approx\frac{\mathrm{d}y}{\mathrm{d}x}\Delta x \tag{7.68}$$

此处符号"≈"表示"近似于"。

Δx 和 Δy 越趋近于零,近似式(7.68)成立的可能性越大。事实上,对于 x 和 y 的无穷

小变化,近似是如此的接近以至于我们可以将(7.68)写成一个等式

$$\Delta y = \frac{\mathrm{d}y}{\mathrm{d}x}\Delta x \quad 或 \quad \Delta y = f'(x)\Delta x \tag{7.69}$$

若我们分别以 $\mathrm{d}x$ 和 $\mathrm{d}y$(不用 Δx 和 Δy)表示 x 和 y 的无穷小变化,式(7.69)也可以写为

$$\mathrm{d}y = \left(\frac{\mathrm{d}y}{\mathrm{d}x}\right)\cdot \mathrm{d}x \quad 或 \quad \mathrm{d}y = f'(x)\cdot \mathrm{d}x \tag{7.70}$$

式(7.69)中的符号 $\mathrm{d}y$ 和 $\mathrm{d}x$ 分别称为 y 和 x 的微分,是微小的区分的简称。

将式(7.69)两边同时除以 $\mathrm{d}x$,有

$$\frac{(\mathrm{d}y)}{(\mathrm{d}x)} = \frac{\mathrm{d}y}{\mathrm{d}x} \quad 或 \quad \frac{(\mathrm{d}y)}{(\mathrm{d}x)} = f'(x)$$

这一结果表明,导数$\frac{\mathrm{d}y}{\mathrm{d}x}=f'(x)$可以解释为两个独立微分 $\mathrm{d}y$ 和 $\mathrm{d}x$ 的商。

从式(7.69)可以看到,一旦我们知道函数 $y=f(x)$的导数,$\mathrm{d}y$ 便可以写成 $f'(x)\mathrm{d}x$。因此,可以将导数 $f'(x)$看作一个"转换因子",它将无穷小变化 $\mathrm{d}x$ 转化为相应的无穷小变化 $\mathrm{d}y$。

式(7.69)告诉我们,求函数的微分可以先求出函数的导数,然后再乘以 $\mathrm{d}x$ 即可。例如:

$$若\ y = 3x^3, \quad 则微分\ \mathrm{d}y = \frac{\mathrm{d}y}{\mathrm{d}x}\cdot \mathrm{d}x = 9x^2\mathrm{d}x$$

$$若\ y = (x+3)^5, \quad 则微分\ \mathrm{d}y = \frac{\mathrm{d}y}{\mathrm{d}x}\cdot \mathrm{d}x = 5(x+3)^4\mathrm{d}x$$

因为微分和导数之间的紧密联系,很多时候并不需求明确区分微分和导数这两个概念,而经常把微分理解为求导数$\frac{\mathrm{d}y}{\mathrm{d}x}$或 $f'(x)$的过程。需要注意的是,在求微分的结果中,千万不要漏写最后面的 $\mathrm{d}x$。

7.29 利用微分公式(7.70)写出下列函数的微分:

(a) $y=5x^3$; (b) $y=(3x^3+2x)^6$; (c) $y=\ln x$。

微分的数学应用:近似计算

虽然在很多情况下,不用区分导数和微分两个概念,但是两者之间还是有一定区别的,这个区别就是微分表示因变量的变化量,我们经常应用微分这一含义进行近似计算。

给定函数 $y=f(x)$,当 x 有一个变化量 Δx 时,我们知道 $\Delta y=f(x+\Delta x)-f(x)$,由式(7.69),有

$$\Delta y = f(x+\Delta x) - f(x) \approx f'(x)\Delta x \tag{7.71}$$

整理,得

$$f(x+\Delta x) \approx f(x) + f'(x)\Delta x \tag{7.72}$$

式(7.72)就是利用微分进行近似计算的数学原理,一般说来 Δx 越小,式(7.71)的近似程度越高。此时,$\Delta x \to \mathrm{d}x$,根据微分公式(7.70),式(7.72)重写为

$$f(x+\mathrm{d}x) = f(x) + f'(x)\mathrm{d}x$$

例如，对于函数 $y=x^2$，想要知道当自变量 x 由 1 增加到 1.01 时，因变量 y 的变化量。传统算法为

$$\Delta y=(x+\Delta x)^2-x^2=1.01^2-1^2=0.0201 \tag{7.73}$$

利用微分方法，此时

$$\left.\frac{\mathrm{d}y}{\mathrm{d}x}\right|_{x=1}=\left.2x\right|_{x=1}=2\times 1 \quad \text{和} \quad \Delta x=1.01-1=0.01 \tag{7.74}$$

将式(7.74)的结果代入到式(7.70)中，为

$$\Delta y\approx\frac{\mathrm{d}y}{\mathrm{d}x}\cdot\Delta x=2\times 1\times 0.01=0.02 \tag{7.75}$$

式(7.75)是传统算法(7.73)的近似值，两者有偏差 0.0001，但作为对因变量的大致估计，在很多情况下还是可以接受的。

再如，想要求 $\sqrt[3]{1.03}$ 的近似值。这里并未给出确定的函数形式，所以，首先要明确所使用的函数，令

$$f(x)=\sqrt[3]{x} \tag{7.76}$$

对(7.76)求导数，有

$$f'(x)=\frac{1}{3}x^{-\frac{2}{3}}$$

再令 $x=1$，$\Delta x=0.03$，根据式(7.72)，有

$$\sqrt[3]{1.03}=f(1+0.03)\approx f(1)+f'(1)(0.03)=\sqrt[3]{1}+\frac{1}{3}(1)^{-\frac{2}{3}}(0.03)=1.01$$

即 $\sqrt[3]{1.03}$ 近似等于 1.01。

7.30　利用公式(7.71)求近似值：

(a) $\sqrt{26}$；　(b) ln1.01；　(c) $\sqrt[3]{997}$。

想一想，在确定 x 和 Δx 时需要遵循什么原则？

习　题

7.1　已知分段函数 $f(x)=\begin{cases}3x+2, & x\leqslant 0\\ x^2+1, & 0<x\leqslant 1\\ \dfrac{2}{x}-1, & x>1\end{cases}$，试求：$\mathrm{Lim}_{x\to -1}f(x)$，$\mathrm{Lim}_{x\to 0}f(x)$，$\mathrm{Lim}_{x\to 1}f(x)$ 和 $\mathrm{Lim}_{x\to 2}f(x)$。

7.2　求下列极限：

(a) $\mathrm{Lim}_{x\to\infty}\dfrac{4x+3}{2x+1}$；　(b) $\mathrm{Lim}_{x\to\infty}\dfrac{x^2+2x+3}{x+5}$；　(c) $\mathrm{Lim}_{x\to 2}\dfrac{x^2+2x-8}{x-2}$；

(d) $\mathrm{Lim}_{x\to -3}\dfrac{x+3}{x^2+4x+3}$；　(e) $\mathrm{Lim}_{x\to 0}\dfrac{x^3+x^2-6x}{x^2+x}$；　(f) $\mathrm{Lim}_{x\to 0}\dfrac{x^2}{2x+1}$。

7.3 求下列函数的导数$\frac{dy}{dx}$:

(a) $y=\frac{3}{x^3}$; (b) $y=3x^{-\frac{1}{4}}$; (c) $y=\sqrt[3]{x}$; (d) $y=3x^{0.25}$;

(e) $y=\frac{2}{x^2}+5x+3$; (f) $y=2x^{-2}+3\sqrt{x}$。

7.4 讨论下列函数的单调性:

(a) $f(x)=x^3-6x^2+9x+3$;

(b) $f(x)=2x^3-9x^2+12x-3$;

(c) $y=(3x+6)^4$。

7.5 已知一个企业的总成本函数为:$TC=2q^2+5q+98$。

(a) 求企业的平均成本(AC)函数和边际成本(MC)函数。

(b) 当产量$q=5$和$q=10$时,求出TC,MC和AC。

(c) 求出当MC=AC时的产量水平。

7.6 若某企业的销售量q与价格p关系为:$p=10-\frac{q}{5}$。试求:当销售量为30时的企业的总收入(TR),平均收入(AR)和边际收入(MR)。

7.7 一个企业面临的需求函数是:$q=200-4p$。求当价格$p=25$时企业的总收入(TR)、平均收入(AR)和边际收入(MR)。

7.8 已知某企业的总收入函数和总成本函数为产量q的函数,且为:$TR=200q-q^2$和$TC=100+5q+2q^2$。试求:

(a) 边际成本函数和边际收入函数。

(b) 平均成本函数和平均收入函数。

7.9 如果一个企业的需求函数为:$q=240-4p-2p^2$,$0\leqslant p\leqslant 10$。求当价格$p=4$和$p=6$时的需求价格弹性。

7.10 对下列需求函数求当价格$p=4$时的需求价格弹性:

(a) $q=200-2p-p^2$; (b) $q=20+900p^{-3}$。

7.11 应用乘法法则和除法法则求导数$\frac{dy}{dx}$:

(a) $y=(2x^2+3x)(5x-2)$; (b) $y=(x^2+1)\cdot\ln x$;

(c) $y=\frac{3x-4}{3x+3}$; (d) $y=\frac{2x+4}{3x^2+4x}$。

7.12 求下列函数的导数$\frac{dy}{dx}$:

(a) $y=8(2x+5)^3$; (b) $y=3(3x^2+2x)^7$;

(c) $y=(5x^3-2x^2)^{-\frac{2}{3}}$; (d) $y=(5x+3)^2(3x-4)^4$;

(e) $y=\frac{(1+x)^3}{(2x-1)^2}$。

7.13 已知某商品的需求量q为价格p的函数:$q=150-2p^2$。

(a) 求当价格$p=6$时的需求价格弹性,此时,为了增加总收入,企业是应该涨价,还是应该降价?

(b) 求当价格 $p=4$ 时的需求价格弹性，此时，为了增加总收入，企业是应该涨价，还是应该降价？

7.14　利用反函数法则求导数：

(a) 求$\frac{dx}{dy}$：(i) $y=x^4+5x^2+3$；　　(ii) $y=(x^2+3)^2$。

(b) 求$\frac{dy}{dx}$：(i) $x=y^2-2y^2-10$；　　(ii) $x=(2y-5)^3$。

7.15　写出下列函数的微分 dy：

(a) $y=x^3+2x$；　(b) $y=(2x+3)^5$；　(c) $y=(x+1)(2x-1)$。

7.16　利用微分方法(7.72)进行近似计算：

(a) $e^{0.01}$；　　(b) 101^2。

第8章 高阶导数

8.1 二阶导数

函数 $y=f(x)$ 的导数 $\frac{\mathrm{d}y}{\mathrm{d}x}$ 仍然是一个关于 x 的函数。例如，考虑函数

$$y = x^3 - 6x^2 + 9x + 4 \tag{8.1}$$

求关于 x 的导数，有

$$\frac{\mathrm{d}y}{\mathrm{d}x} = 3x^2 - 12x + 9 \tag{8.2}$$

首先记住，y 关于 x 的导数 $\frac{\mathrm{d}y}{\mathrm{d}x}$ 给出了式(8.1)的斜率。式(8.1)和式(8.2)分别画在图 8.1 和图 8.2 中。

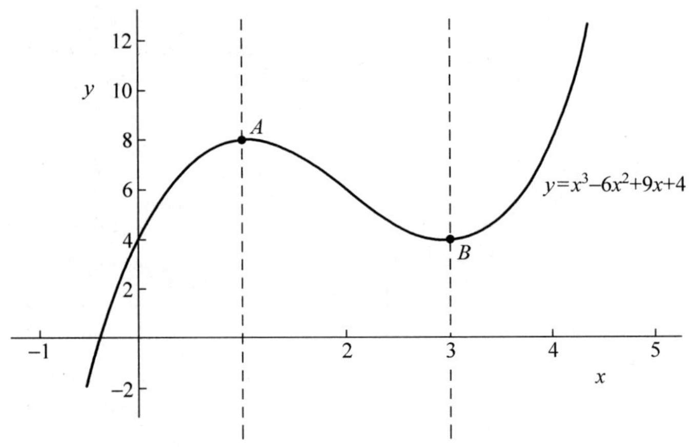

图 8.1 $y=x^3-6x^2+9x+4$ 的图像

显然，y 关于 x 的导数 $\frac{\mathrm{d}y}{\mathrm{d}x}$ 本身也是一个关于 x 的函数。因此可以对这个导数自身应用求导的技巧。也就是说，我们可以对 $\frac{\mathrm{d}y}{\mathrm{d}x}$ 求导数。对式(8.2)求导数，得到

$$\frac{\mathrm{d}\left(\frac{\mathrm{d}y}{\mathrm{d}x}\right)}{\mathrm{d}x} = (3x^2 - 12x + 9)' = 6x - 12 \tag{8.3}$$

一般地，如式(8.3)这样的导数，我们称为二阶导数，通常将 $\frac{\mathrm{d}\left(\frac{\mathrm{d}y}{\mathrm{d}x}\right)}{\mathrm{d}x}$ 写作 $\frac{\mathrm{d}^2 y}{\mathrm{d}x^2}$，即

$$\frac{\mathrm{d}^2 y}{\mathrm{d}x^2} = 6x - 12 \tag{8.4}$$

以示区别，我们称式(8.2)中的导数为函数(8.1)的一阶导数。另外，如果将这一函数写作

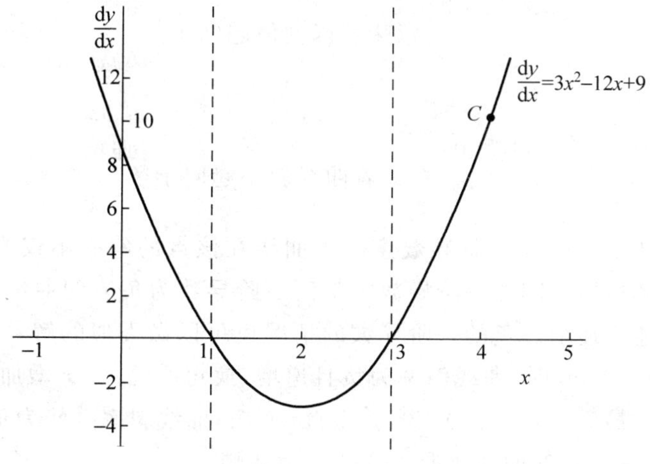

图 8.2　$\frac{dy}{dx}=3x^2-12x+9$ 的图像

$$f(x)=x^3-6x^2+9x+4$$

则

$$f'(x)=3x^2-12x+9$$

如果再一次求导数，就会得到 $f(x)$的二阶导数，记作 $f''(x)$。即

$$f''(x)=6x-12$$

注意，为了得到 y 或 $f(x)$的二阶导数$\frac{d^2y}{dx^2}$或者 $f''(x)$，我们都对其进行了两次关于 x 的导数。

既然在式(8.4)中我们对图 8.2 中所画的函数(8.2)求导数，那么显然式(8.4)给出了这个图像的斜率。例如，当 $x=4$，由式(8.4)我们可以看到

$$\frac{d^2y}{dx^2}=6\times 4-12=12$$

因此图 8.2 中的图像在点 $C(x=4)$的斜率是 12。总之，$\frac{d^2y}{dx^2}$是$\frac{dy}{dx}$的斜率。类似地，$f''(x)$即 $f'(x)$的斜率。

在计算二阶导数时，第 7 章中学到的导数基本法则仍然适用，也就是说，可以利用乘方法则、加减法则、乘法法则和链式法则等进行运算。例如，对于函数

$$f(x)=(2x-1)^4$$

可以看到其一阶导数为 $f'(x)=8(2x-1)^3$ 还是一个关于自变量 x 的函数，而且这是由幂函数构成的复合函数，运用链式法则和乘方法则进行运算，就可求得二阶导数

$$f''(x)=24(2x-1)^2(2x-1)'=48(2x-1)^2$$

二阶导数的解释

导数 $f'(x)$用于度量函数 $f(x)$的变化率。同样，二阶导数 $f''(x)$用于度量一阶导数 $f'(x)$的变化率，换句话说，二阶导数度量原函数 $f(x)$变化率的变化率。为说明一阶和二阶导数的区别，在 $x=x_0$ 处给出自变量 x 的无穷小增量，一阶导数

$$\left.\begin{array}{l} f'(x_0) > 0 \\ f'(x_0) < 0 \end{array}\right\} 意味着函数值趋向于 \left\{\begin{array}{l} 递增 \\ 递减 \end{array}\right.$$

而对于二阶导数

$$\left.\begin{array}{l} f''(x_0) > 0 \\ f''(x_0) < 0 \end{array}\right\} 意味着曲线斜率趋向于 \left\{\begin{array}{l} 递增 \\ 递减 \end{array}\right.$$

因此,在 $x=x_0$ 处,正的一阶和二阶导数意味着曲线在该点的斜率不仅为正,而且递增,即函数值以递增的速率递增。同样一阶导数为正而二阶导数为负表明曲线斜率为正但递减,即函数值以递减的速率递增。负的一阶导数的情况也可以做类似的解释。但应注意的是,当 $f'(x_0)<0$ 和 $f''(x_0)>0$ 时,曲线斜率为负且递增,换句话说,当 x 增加时,斜率为负的曲线的切线趋于平缓。最后,当 $f'(x_0)<0$,$f''(x_0)<0$ 时,曲线斜率必然为负且递减。这意味着随着 x 的增加,斜率为负的曲线倾向于变得较为陡峭。

8.1 求下列函数的一阶导数和二阶导数:

(a) $y=3x^2+2x+5$; (b) $y=\dfrac{2x}{x^2+3}$; (c) $f(x)=(3x-5)^7$。

8.2 平稳点

二阶导数可以用来寻找曲线的平稳点尤其是驻点。考虑图 8.1 中的 A 点。在式(8.1)中位于此点的 y 值已经达到了所谓局部极大值。也就是说,在 A 点上的 y 值比曲线上 A 点附近的任何其他点上的 y 值都大,由于对于 $x=10,100,\cdots$ 显然可以得到 y 的更高的值,因此,我们只将它称作局部的极大值。类似的,点 B 被称为局部极小值点,因为在 B 点,y 的取值小于其附近其他点上的函数值。

不难看出,对于曲线上的一点来说,要想成为局部极大值点或局部极小值点,曲线在这一点的切线必须是水平的。也就是说,曲线必须有零斜率。因此,一点成为极大值点或极小值点的必要条件是 $\dfrac{\mathrm{d}y}{\mathrm{d}x}=0$。局部极大值点和局部极小值点统称为驻点。

什么条件能使我们将两种类型的驻点分离开来呢?先考虑 A 点。当我们沿着曲线移动经过 A 点时,它的斜率起初为正,然后在 A 点处为 0,随后则为负。也就是说,斜率 $\dfrac{\mathrm{d}y}{\mathrm{d}x}$ 在 A 点是递减的。显然,如图 8.3 所示,这一点对于局部极大值点总是成立的。但是如果当 x 增加时 $\dfrac{\mathrm{d}y}{\mathrm{d}x}$ 是递减的,那么 $\dfrac{\mathrm{d}^2y}{\mathrm{d}x^2}$ $\left(\dfrac{\mathrm{d}y}{\mathrm{d}x}\text{的斜率},\dfrac{\mathrm{d}y}{\mathrm{d}x}\text{如图 8.2 所示}\right)$ 一定是负的。因此我们可以说,如果在某一点处有下面的条件成立,那么这一点就是一个局部极大值点

$$\frac{\mathrm{d}y}{\mathrm{d}x}=0 \quad 且 \quad \frac{\mathrm{d}^2y}{\mathrm{d}x^2}<0 \tag{8.5}$$

如果使用函数符号,则 $f(x)$ 在某一点有局部最大值的条件是

$$f'(x)=0 \quad 且 \quad f''(x)<0 \tag{8.6}$$

现在考虑图 8.1 中的局部极小值点 B。当我们沿曲线经过 B 点移动时，曲线的斜率开始为负，然后在 B 点为 0，最后则为正。因此$\frac{dy}{dx}$在点 B 是递增的。如图 8.4 所示，这对于局部极小值点总是成立的。由于当$\frac{dy}{dx}$递增时，$\frac{d^2y}{dx^2}$一定为正，局部极小值的条件是

$$\frac{dy}{dx}=0 \quad 且 \quad \frac{d^2y}{dx^2}>0 \tag{8.7}$$

或者

$$f'(x)=0 \quad 且 \quad f''(x)>0 \tag{8.8}$$

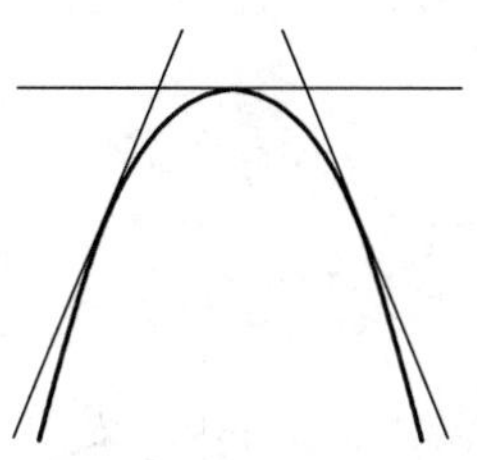

图 8.3　局部极大值

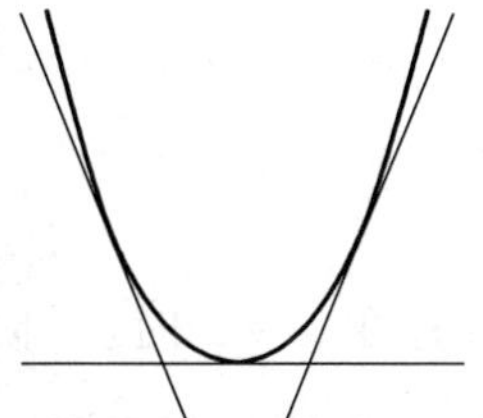

图 8.4　局部极小值

我们可以使用上述条件来证实，在图 8.1 中，当 $x=1$ 时函数(8.1)有局部极大值，当 $x=3$ 时有局部极小值。我们知道，对所有的驻点都有$\frac{dy}{dx}=0$。

首先，根据式(8.2)，有

$$\frac{dy}{dx}=3x^2-12x+9=0$$

式(8.2)除以 3，则当下式成立时一定出现驻点

$$x^2-4x+3=0 \tag{8.9}$$

方程(8.9)是一个二次方程，通过因式分解很容易解开。只有当下式成立时，局部极大值和极小值才会出现

$$(x-3)(x-1)=0$$

解得，$x=1$ 和 $x=3$。

现在来考察 x 取这两个值时$\frac{d^2y}{dx^2}$为正还是为负。应用式(8.4)，有

$$当\ x=1\ 时，\left.\frac{d^2y}{dx^2}\right|_{x=1}=(6x-12)\big|_{x=1}=-6$$

$$当\ x=3\ 时，\left.\frac{d^2y}{dx^2}\right|_{x=3}=(6x-12)\big|_{x=3}=6$$

由于 $x=1$ 时$\frac{d^2y}{dx^2}$是负的，在这点的局部极大值得到了证实。同样地，由于 $x=3$ 时，$\frac{d^2y}{dx^2}$是正的，这里的局部极小值也得到证实。

条件(8.5)～(8.8)的有用性在于它们可以使我们不用画出函数图像就能找到函数的局部极大值点和局部极小值点。例如，考虑函数

$$f(x)=3x^2+8x+7 \tag{8.10}$$

其一阶导数

$$f'(x) = 6x + 8$$

当 $6x+8=0$ 即 $x=-\frac{4}{3}$ 时,一阶导数将为 0。二阶导数是

$$f''(x) = 6$$

既然 x 取任意值时二阶导数都等于 6,那么当 $x=-\frac{4}{3}$ 时,二阶导数当然是正的。因此函数(8.10)在点 $x=-\frac{4}{3}$ 处有局部极小值。

另一个例子,考虑函数

$$y = 10 + 4x - 2x^2 \tag{8.11}$$

取一阶导数

$$\frac{dy}{dx} = 4 - 4x$$

在这个例子中,只有在 $x=1$ 时,一阶导数为 0。由于 $\frac{d^2y}{dx^2}=-4$,即二阶导数是负的,当 $x=1$ 时函数(8.11)一定有局部极大值。图 8.5 给出了函数(8.11)的图像。注意在这个例子中,在 A 点的 y 值不仅大于与 A 邻近处 y 的取值,而且对于 x 的所有可能取值,A 点的 y 值都是最大的。这样的点不仅仅只是一个局部极大值点,还是整个定义域上的最大值点。类似地,如果画出函数(8.10)的图像,可以看出当 $x=-\frac{4}{3}$ 时,$f(x)$ 有全域最小值而不仅是局部极小值。

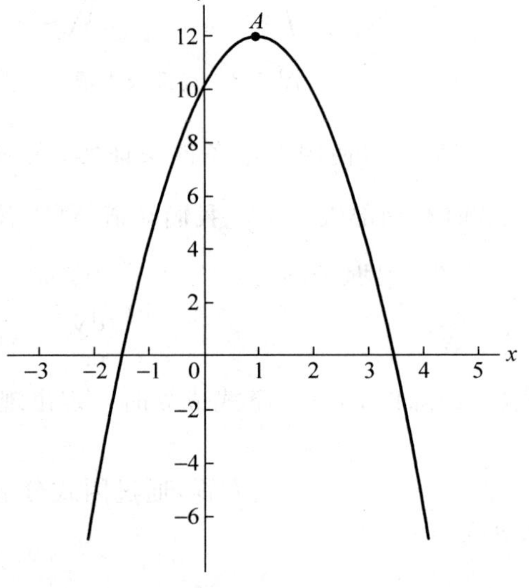

图 8.5 $y=10+4x-2x^2$ 的图像

利用导数求驻点的一个更加复杂的例子,考虑

$$y = 4x + \frac{9}{x} \tag{8.12}$$

对 x 求导数,得

$$\frac{dy}{dx} = 4 - 9x^{-2}$$

令导数为 0,有

$$4 - 9x^{-2} = 0 \to 4x^2 = 9 \to x = 1.5 \quad 或 \quad x = -1.5$$

有两个可能的驻点。再一次求导,有

$$\frac{d^2y}{dx^2} = 18x^{-3} = \frac{18}{x^3} \tag{8.13}$$

当 $x=1.5$ 时,二阶导数 $\frac{d^2y}{dx^2}=\frac{18}{1.5^3}$ 是正的,因此当 $x=1.5$ 时 y 有局部极小值 12。当 $x=-1.5$ 时,$\frac{d^2y}{dx^2}=\frac{18}{(-1.5)^3}$ 是负的,因此当 $x=-1.5$ 时 y 有局部极大值 -12。

图 8.6 给出了函数(8.12)的图像。注意这个函数与我们之前所见的函数的不同之处在

于它的图像分为两个部分。这对于更加复杂的函数来说并非是罕见的情况。

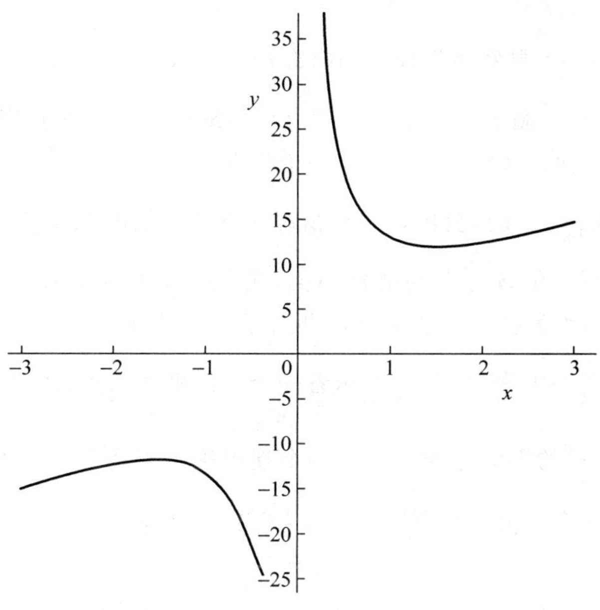

图 8.6　$y=4x+\frac{9}{x}$的图像

8.2　求函数 $y=2x^3+3x^2-12x-5$ 的局部极大值和局部极小值。画出函数图像。局部极大值点和极小值点是否也是全域最大值和最小值呢？

8.3　求下列函数的局部极值点，这些极值点是极大值点还是极小值点？

(a) $f(x)=x^3-4x^2+5x-5$；

(b) $f(x)=3x^2-6x+12$；

(c) $f(x)=2x^3-6x^2-18x+7$。

拐点

目前为止，我们一直忽略了这样一种可能性，即，当$\frac{dy}{dx}=0$ 时，$\frac{d^2y}{dx^2}$既不为正也不为负，而是同样为 0。考虑

$$y=2x^3-24x^2+96x+12 \tag{8.14}$$

在这个例子中

$$\frac{dy}{dx}=6x^2-48x+96$$

如果令一阶导数等于 0，有

$$6x^2-48x+96=0 \rightarrow x^2-8x+16=0 \rightarrow (x-4)(x-4)=0$$

因此，只有当 $x=4$ 时，$\frac{dy}{dx}=0$。再次求导数

$$\frac{d^2y}{dx^2} = 12x - 48$$

因此当 $x=4$ 时,$\frac{d^2y}{dx^2}=0$。显然条件(8.5)和(8.7)都不成立,因此我们无法判断是局部极大值点或是局部极小值点。图 8.7 给出了式(8.14)的图像。我们看到当 $x=4$ 时没有局部极大值,也没有局部极小值。实际上,点 P 是一个拐点。

现在我们知道当$\frac{dy}{dx}=0$ 时,会出现三种情况:或者①如图 8.1 所示在 A 点有局部极大值,或者②如图 8.1 所示在 B 点有局部极小值,或者③如图 8.7 所示有一个拐点。所有的这些点都称为平稳点,因为在每种情况下,y 既不会上升也不会下降。

我们知道,给定$\frac{dy}{dx}=0$,$\frac{d^2y}{dx^2}$的负值意味着一个局部极大值点,而其正值则意味着一个局部极小值点。那么,$\frac{d^2y}{dx^2}$的零值是否意味着一个拐点呢?事情并非那么简单。$\frac{d^2y}{dx^2}=0$ 可以表示一个拐点,但这并不一定总是事实。例如,考虑

$$y = (x+4)^4 + 3 \tag{8.15}$$

图 8.8 给出了这个函数的图像,而且很明显当 $x=-4$ 时函数有一个局部极小值。式(8.15)的一阶导数和二阶导数分别是

$$\frac{dy}{dx} = 4(x+4)^3, \quad \frac{d^2y}{dx^2} = 12(x+4)^2$$

只有当 $x=-4$ 时$\frac{dy}{dx}=0$,这与图像相一致。然而,当 $x=-4$ 时,$\frac{d^2y}{dx^2}$也等于 0,但是由图像看显然在这一点上我们有一个极小值点而非拐点。为了找到区分不同种类的平稳点的方法,我们必须进一步考虑高阶导数。

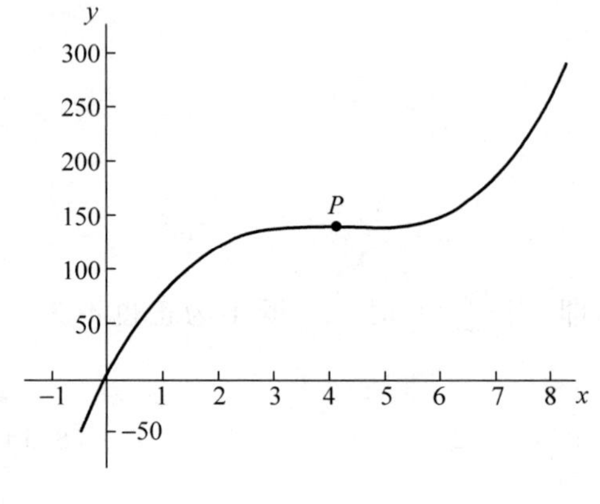

图 8.7 一个拐点

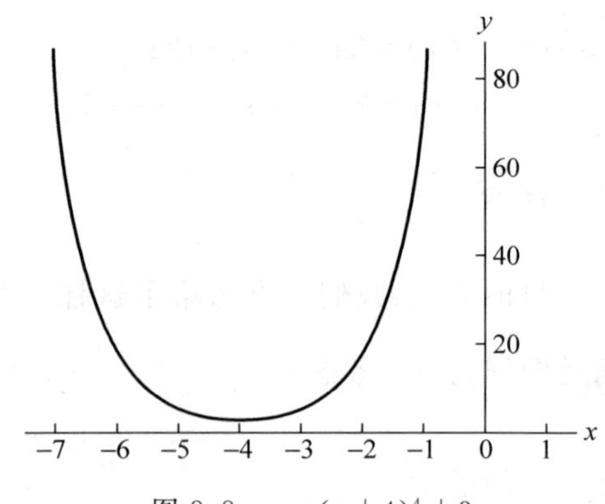

图 8.8 $y=(x+4)^4+3$

高阶导数

正如我们可以对一个一阶导数求导得到二阶导数一样,我们也可以对二阶导数再求导以得到三阶导数,通常我们将其写作

$$\frac{\mathrm{d}\left(\frac{\mathrm{d}^2 y}{\mathrm{d}x^2}\right)}{\mathrm{d}x} = \frac{\mathrm{d}^3 y}{\mathrm{d}x^3} \tag{8.16}$$

例如，对于函数 $y=x^6$，有

$$\frac{\mathrm{d}y}{\mathrm{d}x} = 6x^5, \quad \frac{\mathrm{d}^2 y}{\mathrm{d}x^2} = 30x^4, \quad \frac{\mathrm{d}^3 y}{\mathrm{d}x^3} = 120x^3$$

虽然对高阶导数的理解并不容易，但我们仍然可以将这种过程继续推进从而得出四阶导数$\frac{\mathrm{d}^4 y}{\mathrm{d}x^4}$和五阶导数$\frac{\mathrm{d}^5 y}{\mathrm{d}x^5}$等。注意，如果 y 只是 x 的函数，那么所有的导数就同样也只是 x 的函数，因此总是可以进一步求导的。二阶及二阶以上的导数，统称为高阶导数。对于函数 $y=f(x)$，高阶导数可以记为 $f^{(n)}(x)$或$\frac{\mathrm{d}^n y}{\mathrm{d}x^n}$。

8.4　求下列函数的三阶导数$\frac{\mathrm{d}^3 y}{\mathrm{d}x^3}$：

(a) $y=2x^3+3x+1$；　(b) $y=\ln x$；　(c) $y=(2x+5)^5$；　(d) $y=\mathrm{e}^x$。

现在回到函数(8.15)，我们知道当 $x=-4$ 时有一个平稳点。如果求出在点 $x=-4$ 的所有高阶导数值，有

$$\frac{\mathrm{d}^2 y}{\mathrm{d}x^2} = 12(x+4)^2 = 0$$

$$\frac{\mathrm{d}^3 y}{\mathrm{d}x^3} = 24(x+4) = 0$$

$$\frac{\mathrm{d}^4 y}{\mathrm{d}x^4} = 24 > 0$$

从五阶以后的所有导数当然为 0。然而，四阶导数是正的，并且正是这一点告诉我们，在这个例子中，$x=-4$ 的平稳点是一个极小值点。区分平稳点的一般法则(此处不予证明)如下：

(8.1) 如果第一个非零高阶导数(在平稳点处求得)出现在奇数次求导之后，则有一个拐点。

(8.2) 如果第一个非零高阶导数(在平稳点处求得)出现在偶数次求导之后，则当高阶导数为负时有局部极大值，当高阶导数为正时有局部极小值。

现在我们能明白为什么式(8.15)在 $x=-4$ 时有一个局部极小值了。在 $x=-4$ 时找到一个非零导数之间我们必须进行偶数次求导(4 次)，而且这个四阶导数是正的。

现在我们可以总结一下求一个函数局部极大值点、极小值点和拐点的过程。

(8.3) 一阶导数等于 0 找出所有的平稳点。即，令

$$\frac{\mathrm{d}y}{\mathrm{d}x} = 0 \quad \text{或} \quad f'(x) = 0 \tag{8.17}$$

式(8.17)也称作极值存在的一阶条件或必要条件。

(8.4) 在每个平稳点处求二阶导数的值：

如果$\frac{\mathrm{d}^2 y}{\mathrm{d}x^2}$或者 $f''(x)$ 是负的，有一个局部极大值。

如果$\frac{\mathrm{d}^2 y}{\mathrm{d}x^2}$或者$f''(x)$是正的,有一个局部极小值。

这两个结论称作极值存在的二阶条件或充分条件。

(8.5) 如果在某个平稳点处二阶导数为0,则继续求导数,直到获得第一个非零的高阶导数为止。此时再根据条件(8.1)和(8.2)进行具体判断。

8.5 求下列函数的平稳点。它们是极大值点、极小值点还是拐点?

(a) $y=(3x+6)^4$;

(b) $y=x^3+6x^2+12x+15$;

(c) $y=(2x-8)^3$。

8.3 利润最大化

经济学是一门关于选择的科学。当要实现一个特定的经济目标时,如实现一个特定水平的产出,通常有许多可供选择的方式。但是在诸多选择中,按照某一标准,会有一种方式比其他方式更好。根据所规定的标准,选择最适宜的方式,这就是最优化问题的实质。

在经济学中,最常见的选择问题是最大化目标(如厂商利润最大化、消费者效用最大化或一国经济增长率最大化等)或最小化目标(如在给定产出下使成本最小化等)。在经济学上,我们可以把最大化目标和最小化目标统称为最优化问题,即"寻求最优"。注意,从纯数学角度看,"极大值"和"极小值"这两个术语并无最优化的含义。

系统地阐述一个最优化问题,首先要确定目标函数,其中因变量表示最大化或最小化的对象;而自变量则表示这样一组对象,其数值大小由相关经济主体出于"寻求最优"的目的而进行选择。因此,我们将这些自变量称为选择变量。简单地说,最优化的实质就是求出那些能够使目标函数达到极值的选择变量的值的集合。

我们以一个数字的例子开始。假定一个企业的总成本函数为

$$\mathrm{TC}=q^2+2q+8 \tag{8.18}$$

且它面临的市场需求函数为$p=32-2q$,则总收入函数将是

$$\mathrm{TR}=pq=32q-2q^2 \tag{8.19}$$

企业的利润记为π,它是企业总收入与总成本的差,即$\pi=\mathrm{TR}-\mathrm{TC}$。因此,由式(8.18)和式(8.19),有

$$\pi=-3q^2+30q-8 \tag{8.20}$$

式(8.20)是企业的利润函数,它告诉我们企业在不同产量q上的利润水平。

假设企业的目标是利润最大化,即

$$\max_q \pi=-3q^2+30q-8$$

其中,$\max\limits_q$的含义是通过选择产量q实现最大化。那么就可以使用8.2节中的技巧求企业的最优产量水平q。首先,应用式(8.17),对利润函数(8.20)求关于产量的导数并且令其等于0

$$\frac{d\pi}{dq}=-6q+30=0$$

显然只有当产量 $q=5$ 时，$\frac{d\pi}{dq}=0$。为了保证这是利润最大化的产量水平，我们必须检验局部极大值的二阶条件是否得到满足。再一次求导数

$$\frac{d^2\pi}{dq^2}=-6<0$$

所以，利润函数在 $q=5$ 时，有一个局部极大值。由于这个利润函数是一个二次函数，它的函数一定会符合第 1 章所描述的二次函数图像的一般形式，因此可以肯定地说这个利润函数在 $q=5$ 时，既有一个局部极大值也有一个全域最大值。

因而这个企业的利润最大化产量 $q=5$。为了求得它所对应的价格，我们使用 $p=32-2q$。当 $q=5$ 时，$p=32-2\times5=22$。因此这个企业在产量为 5 单位、价格为 22 单位时，实现了利润最大化。我们也可以将 $q=5$ 代入利润函数(8.20)求得最大化的利润水平 $\pi=-3\times5^2+30\times5-8=67$。

一般来说，我们可以只用产量来表示一个企业的总收入和总成本，即

$$\text{TR}=\text{TR}(q)\quad \text{和} \quad \text{TC}=\text{TC}(q) \tag{8.21}$$

利润是总收入与总成本的差，因此也是产量 q 的函数

$$\pi(q)=\text{TR}(q)-\text{TC}(q)$$

为了使利润最大化，我们求关于 q 的导数并使导数等于 0，即

$$\frac{d\pi}{dq}=\frac{d\text{TR}}{dq}-\frac{d\text{TC}}{dq}=0 \tag{8.22}$$

式(8.22)是利润最大化的一阶条件。注意在式(8.22)的等号右端，有$\frac{d\text{TR}}{dq}$，在第 7 章中我们将其定义为边际收入 MR 以及$\frac{d\text{TC}}{dq}$，我们将其定义为边际成本 MC。因此，一阶条件(8.22)也可改写为

$$\text{MR}=\text{MC} \tag{8.23}$$

式(8.23)表明，为了实现利润最大化，边际收入和边际成本必须相等。但它还不足以确保实现利润最大化。由 8.2 节可知，我们还必须检查二阶导数$\frac{d^2\pi}{dq^2}$。二阶导数为负是利润最大化的充分条件，即

$$\frac{d^2\pi}{dq^2}=\frac{d^2\text{TR}}{dq^2}-\frac{d^2\text{TC}}{dq^2}<0 \tag{8.24}$$

式(8.24)称作利润最大化的二阶条件，它同一阶条件(8.22)一样重要。如果没有式(8.24)，式(8.22)可能是一个利润最小化点或者一个拐点。

二阶条件的经济解释不如一阶条件那么简单易懂，既然总收入关于产量的一阶导数是边际收入，那么总收入的二阶导数就是边际收入的导数，即

$$\frac{d^2\text{TR}}{dq^2}=\frac{d\text{MR}}{dq} \tag{8.25}$$

类似地，总成本的二阶导数是边际成本的一阶导数，即

$$\frac{d^2\text{TC}}{dq^2}=\frac{d\text{MC}}{dq} \tag{8.26}$$

应用式(8.25)和式(8.26),可将二阶条件式(8.24)改写成

$$\frac{\mathrm{dMR}}{\mathrm{d}q}<\frac{\mathrm{dMC}}{\mathrm{d}q} \tag{8.27}$$

由于一个函数的导数就是它的斜率,二阶条件表明,对于一个满足 MR=MC 的产量水平,要想成为利润最大化点,必须满足在这一产量水平上 MR 曲线的斜率小于 MC 曲线的斜率。也就是说,如图 8.9 所示,边际成本曲线应当从下往上与边际收入曲线相交,而不是如图 8.10 所示从上往下相交。如果一个产量水平要成为利润最大化的产量水平,那么它必须满足产量的增加或减少都不会导致利润的增长。在图 8.9 中,如果产量增加到 q^* 以上,则 MC>MR,即产量增加所引起的成本增加大于收入的增加,因此利润会下降。另外,如果产量减少到 q^* 以下,则 MC<MR,收入的下降超过成本的下降,因此利润会再次下降。因此在图 8.9 中 q^* 是一个利润最大化的产量水平,相反,在图 8.10 中,产量由 q^* 的增加或减少都会导致利润的增加,因此这种情况下,我们有一个利润最小化的产量水平,这是企业丝毫不感兴趣的。

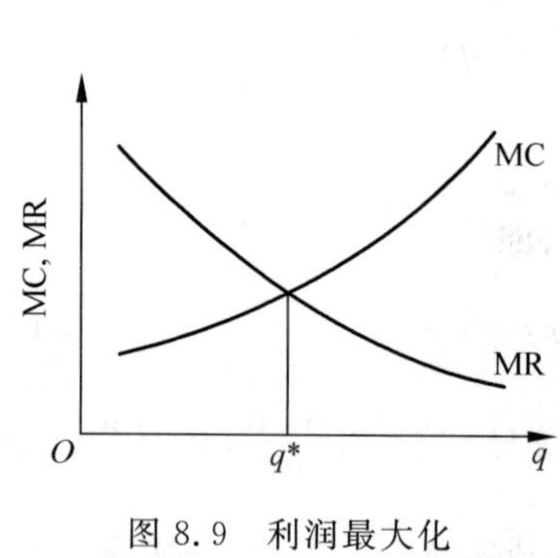

图 8.9　利润最大化

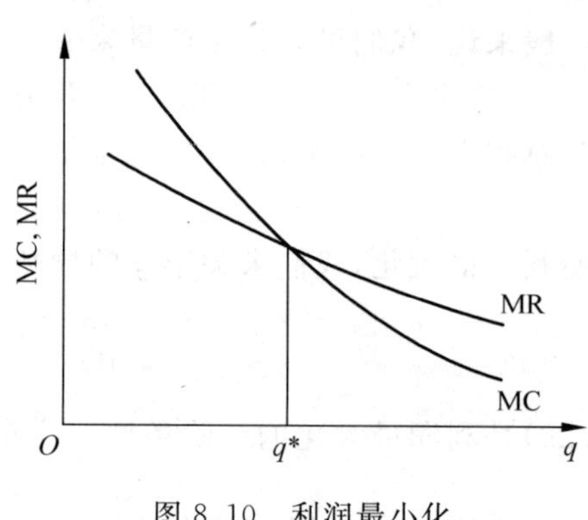

图 8.10　利润最小化

我们可以非常容易地应用式(8.18)和式(8.19)的例子进行检查。对于总成本函数(8.18)和总收入函数(8.19),边际收入函数和边际成本函数分别是

$$\mathrm{MR}=32-4q, \quad \mathrm{MC}=2q+2$$

正如所料,当 $q=5$ 时 MR=MC=12。两个函数都是线性的,因此 MR 函数有一个不变的负斜率−4,而 MC 函数有一个不变的正斜率 2。所以它们的相交情况可以用类似于图 8.10 的图形来表示,确保我们有一个利润最大化点。

8.6　一个企业的总成本函数由思考题 8.5 给出。这个企业面临着一个市场需求曲线

$$q=\frac{100}{3}-\frac{4}{3}p$$

企业在什么产量水平上会实现利润最大化?在这个产量水平上企业的相应价格和利润水平是多少?

可能会有这种情况,一个企业并不一定希望最大化它的利润。企业可能希望最大化它的收入,例如,在短期内它可能只希望通过增加销售量来获得比较快的收入增长。对于上述企业,我们的目标是最大化其总收入函数(8.19)。即

$$\max_{q} \mathrm{TR} = 32q - 2q^2 \tag{8.28}$$

式(8.28)中$\max_{q}$的含义是通过选择产量 q 实现最大化。对总收入 TR 求关于产量的导数，并令其导数等于 0，有

$$\frac{\mathrm{dTR}}{\mathrm{d}q} = 32 - 4q = 0 \rightarrow q = 8$$

二阶导数$\frac{\mathrm{d}^2\mathrm{TR}}{\mathrm{d}q^2} = -4 < 0$，表明这是一个局部极大值点。因此当产量为 8 时，总收入实现了最大化。当 $q=8$ 时，价格 $p=32-2\times8=16$，所以收入最大化的价格低于利润最大化的价格水平。最大化的总收入 $\mathrm{TR}=32\times8-2\times8^2=128$。注意在收入最大化的产量水平上，应用式(8.23)，企业的利润可达 $-3\times8^2+30\times8-8=40$。并不奇怪，此时的利润水平低于在利润最大化时的利润水平。

思考题

8.7　一个企业面临着如下需求函数：

$$p = 60 - 0.75q$$

而且它的平均成本函数形式如下：

$$\mathrm{AC} = 10 + 0.5q + \frac{50}{q}$$

(a) 求总收入最大化时的产量水平 q 和利润水平 π；

(b) 求平均成本最小化时的产量水平 q 和利润水平 π；

(c) 求利润最大化时的产量水平 q 和利润水平 π。

(d) 比较上述三种情况下的产量水平 q 和利润水平 π，你能得出什么结论？

8.8　一个企业面临着如下需求函数：

$$p = 50 - 2q$$

总成本函数为

$$\mathrm{TC} = 20 + 2q + 0.5q^2$$

问：利润最大化的价格和产出是多少？

8.4　税收和利润最大化

现实经济中，企业利润与政府税收密切相关。政府对企业征税有三种基本方式，可以对利润征税，可以对销售量征税，也可以对收入征税。我们将采取最优化方法比较这些征税方法的影响。

利润税与利润最大化

利润税是最容易处理的。假定政府只对利润征收一次性税收，即，无论利润水平多少，都征收固定数量 A。这种征税方式下，一个企业的净利润将是

$$\pi^* = \mathrm{TR} - \mathrm{TC} - A \tag{8.29}$$

现在由于企业将会寻求净利润的最大化，在这种情况下我们可以通过对式(8.29)求导

得到一阶条件。由于 A 是一个常数,简单地得出 MR=MC,与不征税时的一阶条件相同。二阶条件也没有改变,因此我们可以下结论说,征收一次性利润税不会改变企业的产量和价格,当然企业的利润会减少。

利润税的另一种可能形式是政府对企业的利润征固定比例 t 的税收。在这种征税方式下,一个企业的净利润将是

$$\pi^* = (1-t)(\mathrm{TR}-\mathrm{TC}) \tag{8.30}$$

通过对式(8.30)求导数并且同时除以$(1-t)$,我们可以看到一阶条件和二阶条件仍然没有改变,因此这种形式的利润税对企业的价格和产量也没有影响。

通过上面的分析可以看出,对利润征税不会影响价格和产量。

8.9 某玩具厂生产某种玩具,每个定价 10 元,总成本为 $\mathrm{TC}(q)=10+2q+0.01q^2$,其中 q 为每天的玩具产量。假定每天生产的玩具能够全部卖完。问:

(a) 每天生产多少个玩具,玩具厂才能实现利润最大?

(b) 现在,政府对其利润征收比率为 5%的利润税(即 $t=0.05$),为实现利润最大化,玩具厂每天应该生产多少个玩具?此时,玩具厂的最大利润是多少?

销售税和利润最大化

与利润税不同,销售税和收入税都会影响价格和产量。先考虑销售税,假定政府对每单位销售量征收 s 份额的销售税。在征收比例销售税的情况下,企业的净利润将变成

$$\pi^* = \mathrm{TR}-\mathrm{TC}-sq \tag{8.31}$$

对式(8.31)求关于 q 的导数,我们可以得到一阶条件:MR=MC+s,二阶条件保持不变。图 8.11 显示了利润最大化的产量水平 q^* 的确定。由于现在的边际收入必须等于边际成本加上税率 s,我们看到 q^* 小于 q_0(q_0 是不征税情况下的利润最大化的产量水平)。由于企业的需求曲线是向下倾斜的,价格将会相应地提高。因此,征收销售税会减少产量,提高价格。

将销售税引进到 8.3 节中的数字例子(8.18)和(8.19)。在模型中引入销售税 $s=6$。应用式(8.31),TR 和 TC 函数不变,净利润函数现在是

$$\begin{aligned}\pi^* &= 32q-2q^2-(q^2+2q+8)-6q \\ &= -3q^2+24q-8\end{aligned} \tag{8.32}$$

在这种情况下,为了最大化净利润,我们对式(8.32)求关于 q 的导数,并令导数为 0,有

$$\frac{\mathrm{d}\pi^*}{\mathrm{d}q} = -6q+24 = 0 \rightarrow q = 4$$

π^* 的二阶导数$\frac{\mathrm{d}^2\pi^*}{\mathrm{d}q^2}=-6<0$,表明这是一个局部极大值点。因此当产量 $q=4$ 时,净利润最大化。当 $q=4$ 时,价格 $p=32-2\times4=24$。将 $q=4$ 代入式(8.35),可以求得净利润,此时,净利润为 $\pi^*=40$。

注意:征收销售税导致了产量的下降,从税前的利润最大化产量水平 5 下降到 4。企业产品的价格从税前的 22 增加到 24。企业的利润由原来的 67 削减到 40。不过,政府却能从税收中获利,此时税收收入为 $sq=6\times4=24$,政府税收收入等于每单位的税收乘以生产产

品的单位数。

同时，对企业征收销售税也导致了社会福利净损失。不征税时，企业的总利润为 67；征税时，企业利润与政府销售税收入之和为 40＋24＝64。与不征销售税相比，损失了 3 个单位（即 64－67＝－3）的社会福利。

8.10　已知某企业的需求函数为价格 $p=10-\frac{q}{5}$，成本函数为 TC＝50＋2q，其中 q 为产品产量。假定生产的产量能够全部售出。问：

(a) 产量为多少时企业总利润最大？此时的价格是多少，利润呢？

(b) 现在，政府对每单位销售量征收 1 单位的销售税（即 $s=1$），为实现利润最大化，企业的销售量应该是多少？此时，企业的最大利润是多少？

收入税与利润最大化

收入税是将总收入中的一个固定比例 r 上交给政府，在这种情况下，企业的净利润是

$$\pi^* = (1-r)\mathrm{TR}-\mathrm{TC} \tag{8.33}$$

现在一阶条件是 $(1-r)\mathrm{MR}=\mathrm{MC}$，图 8.12 给出了最优产量 q^* 的确定。由于 $(1-r)$ 位于 0～1，我们再一次看到 q^* 小于 q_0，即不征税时的利润最大化的产量水平。因此，像销售税一样，收入税也导致了产量的下降以及相应的价格提高。

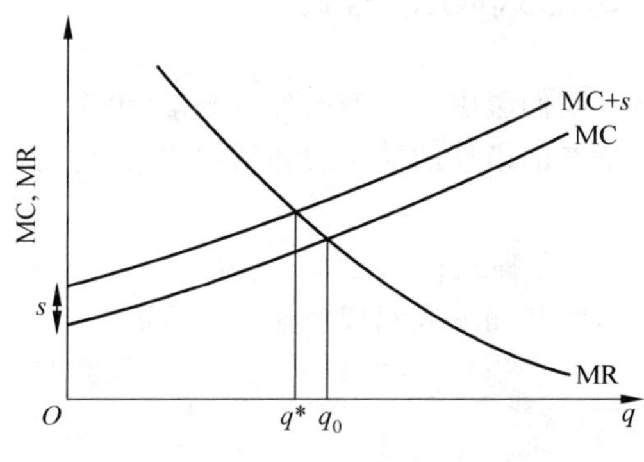

图 8.11　销售税的影响

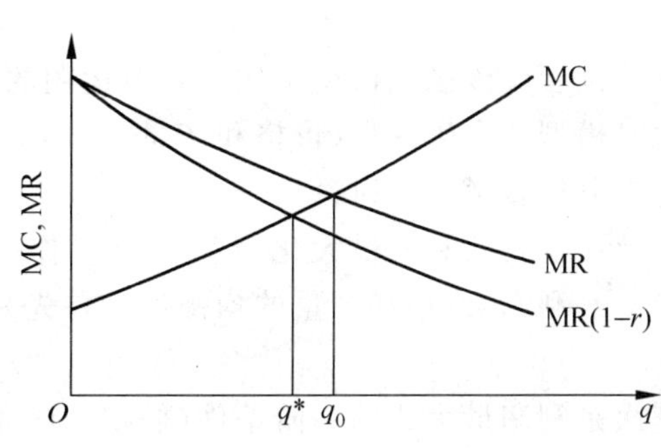

图 8.12　收入税的影响

将收入税引进到 8.4 节的数字例子 (8.18) 和 (8.19)。我们引进一个收入税 $r=0.25$。也就是说，政府征收总收入的 25% 作为税收。通过应用式 (8.33)，TR 和 TC 函数不变，净利润变成

$$\begin{aligned}\pi^* &= 0.75(32q-2q^2)-(q^2+2q+8)\\ &=-2.5q^2+22q-8\end{aligned} \tag{8.34}$$

为了最大化净利润，我们对式 (8.34) 求关于 q 的导数，并令导数为 0

$$\frac{\mathrm{d}\pi^*}{\mathrm{d}q}=-5q+22=0 \rightarrow q=4.4$$

再一次求导得出 $\frac{\mathrm{d}^2\pi^*}{\mathrm{d}q^2}=-5<0$，这意味着一个局部极大值。因而当产量 $q=4.4$ 时，净

利润达到最大化。$q=4.4$ 时,价格 $p=32-2\times4.4=23.2$。最大化的净利润可由式(8.34)求得

$$\pi^* = -2.5\times4.4^2+22\times4.4-8=40.4$$

注意:征收收入税使这个企业减少它的产量,从税前的产量 $q=5$ 减少到 $q=4.4$。另外,税收引起企业价格从税前的 22 增加到 23.2。企业的利润由税前的 67 削减到 40.4。由收入税政府得到的税收收入是 0.25TR,即总收入的 25%,因此政府税收收入等于 $0.25(32q-2q^2)$,当 $q=4.4$ 时,其值为 25.52。

与征收销售税一样,对企业征收收入税也导致了社会福利净损失。不征税时,企业的总利润为 67;征税时,企业利润与政府收入税收入之和为 40.4+25.52=65.92。与不征销售税相比,损失了 1.08 个单位(即 65.92−67=−1.08)的社会福利。

8.11 一个企业的总成本函数为:$TC=0.25q^3-3q^2+20q+15$。这个企业面临着一个市场需求曲线为:$q=\frac{100}{3}-\frac{4}{3}p$。政府征税会对它的利润、价格和产量产生什么影响?

(a) 政府对其利润征收比率为 5%的利润税(即 $t=0.05$)。

(b) 每单位销售量征收 2 单位的销售税(即 $s=2$)。

(c) 收入税是总收入的 10%(即 $r=0.1$)。

8.5 利润最大化模型的简化式和结构式

读者应该已经认识了在 8.4 节运用的分析类型。我们考虑了模型的外生变量(税率)变化对模型的内生变量(价格和产量)的影响。在第 4 章考虑模型的简化式和结构式时我们对这种分析做了详细讨论。

无税收的利润最大化模型可以看作一个含有三个方程式的方程组,它决定了三个变量——利润、价格和产量的均衡值。首先是利润函数,将利润 π 表示成产量 q 的函数

$$\pi=\pi(q) \tag{8.35}$$

其次是利润最大化的一阶条件(假定二阶条件成立)

$$\frac{d\pi}{dq}=\pi'(q)=0 \tag{8.36}$$

最后是企业的需求函数,将产量表示成价格的函数

$$q=q(p) \tag{8.37}$$

这是一个确定性的方程组。方程(8.39)决定了利润最大化的产量水平 q,而且 q 一旦确定,式(8.35)和式(8.37)分别给出了利润水平和价格水平。

如果征收了销售税,净利润变成了产量和税率 s 的函数

$$\pi^*=\pi^*(q,s) \tag{8.35a}$$

净利润最大化的一阶条件是

$$\frac{d\pi^*}{dq}=\pi^{*\prime}(q,s) \tag{8.36a}$$

企业的需求函数没有改变

$$q = q(p) \tag{8.37a}$$

方程(8.35a)～(8.37a)构成了一个含有三个方程式的方程组,其中有三个内生变量——π^*、p 和 q,一个外生变量 s。如果给定外生变量的值,解这三个方程式就能确定利润最大化时 π^*、p 和 q 的均衡值。

处理这样一个方程组的最好方法当然是找出它的简化式,用外生变量 s 来表示内生的 π^*、p 和 q。

假设某企业的需求函数为价格

$$p = 10 - \frac{q}{5} \tag{8.38}$$

成本函数为

$$\mathrm{TC} = 50 + 2q \tag{8.39}$$

其中 q 为产品产量。假定生产的产量能够全部售出。若政府对每单位销售量征收 s 单位的销售税,此时,企业的净利润函数为

$$\pi^* = 10q - \frac{1}{5}q^2 - 50 - 2q - sq$$

整理有

$$\pi^* = 8q - \frac{1}{5}q^2 - 50 - sq \tag{8.40}$$

净利润最大化的一阶条件为

$$\frac{\mathrm{d}\pi^*}{\mathrm{d}q} = 8 - \frac{2}{5}q - s = 0 \tag{8.41}$$

这样式(8.38)、式(8.40)和式(8.41)就构成了一个含有三个方程式的结构式方程组,其中内生变量三个——π^*、p 和 q,外生变量为 s。

由式(8.41)解出,利润最大化时内生变量 q 的简化式

$$q = q(s) = 20 - \frac{5}{2}s \tag{8.42}$$

将式(8.42)代入式(8.38)和式(8.40),可得到内生变量 π^* 和 p 的简化式

$$p = p(s) = 6 + \frac{1}{2}s \tag{8.43}$$

$$\pi^* = \pi^*(s) = 30 - 20s + \frac{5}{4}s^2 \tag{8.44}$$

式(8.42)～式(8.44)就是这个模型的简化式。可以验证一下,当 $s=1$ 时这个简化式中净利润最大化的均衡值与思考题 8.10(b)的结果是一样的。

8.12　一个企业的总成本函数为:$\mathrm{TC}=10q+15$。这个企业面临着一个反市场需求曲线为:$p=25-\frac{1}{4}q$。

(a) 写出企业的利润函数,并求出利润最大化时的产量、价格和利润水平。

(b) 政府对每单位销售量征收 s 单位的销售税。如果可以将销售税 s 看作外生变量;

将价格 p、产量 q 和利润 π 看作内生变量。写出利润最大化时的简化式。

(c) 销售税提高 1 个单位,会对它的利润、价格和产量产生什么影响?

习　题

8.1 求下列函数的二阶导数$\frac{d^2y}{dx^2}$:

(a) $y=3x$;　(b) $y=3x^2$;　(c) $y=2x^3-5x+1$。

8.2 求下列函数的所有平稳点,这些平稳点是极大值点还是极小值点?

(a) $y=3x^2+12x+5$;　(b) $y=x^3+4.5x^2-30x+7$;

(c) $y=2x^3-54x$;　(d) $y=2x^3-0.5x^2+2$。

8.3 求下列函数的三阶导数$\frac{d^3y}{dx^3}$:

(a) $y=4x^2$;　(b) $y=4x^3$;　(c) $y=(x+1)^4$。

8.4 求下列函数的平稳点,这些平稳点是极大值点、极小值点还是拐点?

(a) $y=2(4x-8)^5$;

(b) $y=x^3+9x^2+27x+4$;

(c) $y=3x^4-10x^3-9x^2+5$。

8.5 一个企业产品的市场需求由 $q=52-4p$ 给出,式中 p 和 q 分别是产品的价格和产量。平均成本函数如下:

$$AC=3+q+\frac{25}{q}$$

(a) 写出企业的利润函数,并求利润最大化的产量水平、价格水平和利润水平。

(b) 求出总收入最大化时的产量水平、价格水平和利润水平。

(c) 求出平均成本最小化时的产量水平、价格水平和利润水平。

(d) 比较(a)、(b)和(c)中的结果,你有什么发现?

8.6 一个企业面临的市场需求函数是 $q=100-2p$。企业的总成本函数如下:

$$TC=10q+1.5q^2+60$$

(a) 产量 q 和价格 p 位于什么水平上时会使利润达到最大化?

(b) 如果政府对每单位产量征收的 5 单位的销售税(即 $s=5$),那么利润最大化时企业的产量水平和价格水平是多少?政府的税收收入是多少?

8.7 一个企业面临着的反市场需求函数为 $p=600-5q$,式中 p 和 q 分别是价格和产量。企业的总成本函数如下:

$$TC=4q^2+150q+30$$

(a) 为实现利润最大化,企业将会选择的价格水平和产量水平是多少?最大化的利润水平是多少?

(b) 如果政府对总收入征收税率为 25%的收入税(即 $r=0.25$),这将对企业利润最大化时的价格、产量和利润产生怎样的影响?政府得到的税收收入是多少?

8.8 一个企业使用一种可变生产要素——劳动进行生产。生产出 q 单位产量所必需的劳动量由下式给出:$L=5q+0.5q^2$。企业的总成本函数为:$TC=10+wL$,其中 w 是工资率。而且企业面临的市场需求为：$q=20-2p$，其中 p 是产品的价格。

(a) 写出企业的利润函数；

(b) 如果企业追求利润最大化，这可以用一个含有三个方程式的方程组来表示，其中含有 4 个变量——利润、价格、产量和工资率。如果工资率 w 是外生的，求这个模型的简化式，并据此分析工资率的上升将会对企业的产品价格和产量产生什么影响。

第 9 章　一元函数的积分

积分是微分的逆运算。举例说明如下，给定一个函数关系

$$y = x^2 + 3 \tag{9.1}$$

通常运用微分法，我们可以得到微分

$$dy = 2x dx \tag{9.2}$$

积分的意义是给定 dy，求 y。这就是说，知道一个微分，然后去找到能够产生这一微分的函数形式。考虑到微分和导数之间的密切联系，我们也可以把积分理解为知道导数$\frac{dy}{dx}$，去寻找能够产生这一导数的函数形式。此时，式(9.2)可以理解为：$\frac{dy}{dx}=2x$。这里会有一个小的混乱，因为常数的导数是零，任一形如式(9.3)的函数关系，其中 c 是常数，都将满足式(9.2)。因此

$$y = x^2 + c \tag{9.3}$$

如果我们仅仅知道式(9.2)，就不能认为式(9.1)是必然的结果，而只能得到如式(9.3)那样的一般函数关系。图 9.1 说明了这种情况。$\frac{dy}{dx}=2x$，只能给定一条曲线的斜率，并不能告诉我们任何关于该曲线空间位置的信息。例如，图 9.1 中的几条曲线，当 $x=2$ 时，都有相同的斜率 4，并且它们都满足$\frac{dy}{dx}=2x$。显然，这样的曲线有无数条。式(9.3)中的常数 c 称作积分常数。函数的积分运算，总是会出现这样的常数。

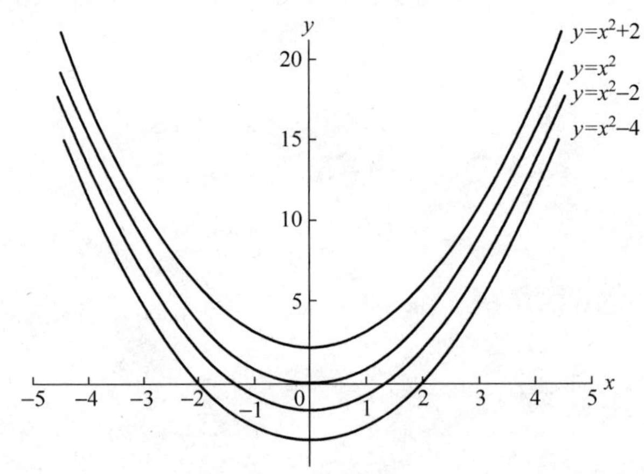

图 9.1　具有相同斜率的几条曲线

9.1　记号和术语

前文曾提到过，积分是微分的逆过程。若给定函数 $f(x)$，对其微分得到导数 $f'(x)$，假设可以得到适当的信息以确定在积分过程中产生的任意常数，那么，我们可以"积分" $f'(x)$

以求得 $f(x)$。函数 $f(x)$称作 $f'(x)$的原导数。因此这两种运算过程类似于研究家谱的两种方法：积分就是追溯函数 $f'(x)$的家系或出身，而微分则是寻找 $f(x)$的后裔。但要注意其区别：尽管求导原函数总是产生一个后代，即唯一的导数 $f'(x)$，但导数 $f'(x)$的积分，则可能追溯到无数个可能父母：因为 $f(x)$是 $f'(x)$的原函数，则 $f(x)$加上任意常数也是 $f'(x)$的原函数。

若有式(9.2)成立，则 y 被称作 $2x$ 关于 x 的积分，写出这一函数就是

$$y = \int 2x\mathrm{d}x = x^2 + c \tag{9.4}$$

其中，$\int$ 是一个拉长的 s，称作积分符号；$2x$ 称作被积函数，x 称作积分变量。

一般地，如果 $f'(x)$是 x 的函数，因为$\frac{\mathrm{d}y}{\mathrm{d}x}=f'(x)$，微分为 $\mathrm{d}y=f'(x)\mathrm{d}x$，则可以将积分写作

$$y = \int f'(x)\mathrm{d}x \tag{9.5}$$

正如 $f(x)$的导数写作 $f'(x)$，我们将 $f'(x)$的积分写作 $f(x)$，有

$$f(x) = \int f'(x)\mathrm{d}x \tag{9.6}$$

注意：在微分中，表达式 $\mathrm{d}x$ 是不能省略的，这一表达式不但明确了积分变量是 x，要以 x 为核心展开运算，也表明了积分与微分的对应关系。

9.2　积分法则 I

积分通常是一个试错的过程，通过对不同形式的函数求导以期得到一个与被积函数相同的函数，从而得到被积函数的积分。不过，正如存在微分法则一样，这里也有几个很有用的法则。

积分的乘方法则

积分的乘方法则其实是微分中乘方法则的逆运算。

若$\frac{\mathrm{d}y}{\mathrm{d}x}=bx^m$($b$,$m$ 为任意常数，且 $m\neq-1$)，则 $y=\frac{b}{m+1}\cdot x^{m+1}+c$，其中 c 是积分常数。采用上面提到的记号，有

$$\int bx^m\mathrm{d}x = \frac{b}{m+1}\cdot x^{m+1} + c,\quad m\neq-1 \tag{9.7}$$

式(9.7)就是积分的乘方法则。

注意：乘方法则(9.7)不适用于 $m=-1$，即$\frac{\mathrm{d}y}{\mathrm{d}x}=\frac{b}{x}$的情况。这种情况下的运算法则涉及被零除的问题。实际上，有

$$\int \frac{b}{x}\mathrm{d}x = \ln|x| + c$$

下面，让我们看几个运用积分乘方法则的例子。

$$若\ dy/dx = 4x^3, \quad 则\ y = \int 4x^3 dx = x^4 + c$$

$$若\ dy/dx = 6x, \quad 则\ y = \int 6x dx = 3x^2 + c$$

$$若\ dy/dx = 5, \quad 则\ y = \int 5 dx = 5x + c$$

$$若\ dy/dx = 3x^{10}, \quad 则\ y = \int 3x^{10} dx = \frac{3}{11}x^{11} + c$$

上面所给出的例子中,c 都是一个待定的积分常数。

9.1 求解下列积分:

(a) $\int 5x^4 dx$; (b) $\int 6x^3 dx$; (c) $\int 10 dx$; (d) $\int 3x^8 dx$。

积分的乘方法则也可应用于负数、分数和小数幂中。例如,当 m 为负数时,有

$$\int \frac{4}{x^3} dx = \int 4x^{-3} dx = -2x^{-2} + c = -\frac{2}{x^2} + c$$

再如,当 m 为分数时,有

$$\int \sqrt{x} dx = \int x^{\frac{1}{2}} dx = \frac{2}{3}x^{\frac{3}{2}} + c$$

9.2 求解下列积分:

(a) $\int \frac{3}{x^2} dx$; (b) $\int x^{0.6} dx$; (c) $\int 4x^{0.25} dx$; (d) $\int 3x^{-4} dx$。

积分的加减法则

正如和与差项可以逐项地求导之后再相加减一样,它们也可以逐项积分后再相加减。即

$$\int [f(x) \pm g(x)] dx = \int f(x) dx \pm \int g(x) dx \tag{9.8}$$

例如,若

$$dy/dx = 3x^2 + 8x$$

则

$$y = \int (3x^2 + 8x) dx = \int 3x^2 dx + \int 8x dx = x^3 + 4x^2 + c$$

同样地

$$\int (x^4 - 6x) dx = \int x^4 dx - \int 6x dx = \frac{1}{5}x^5 - 3x^2 + c$$

当然,加减法则(9.8)的使用范围可以扩展到两个以上函数的和或差中。例如,若

$$dy/dx = 8x^2 - 3x + 5$$

则

$$y = \int(8x^2 - 3x + 5)\mathrm{d}x = \int 8x^2\mathrm{d}x - \int 3x\mathrm{d}x + \int 5\mathrm{d}x = \frac{8}{3}x^3 - \frac{3}{2}x^2 + 5x + c$$

或者

$$\int(3x^5 + 8x^3 - 3x^2 + 5x - 4)\mathrm{d}x = \int 3x^5\mathrm{d}x + \int 8x^3\mathrm{d}x - \int 3x^2\mathrm{d}x + \int 5x\mathrm{d}x - \int 4\mathrm{d}x$$
$$= \frac{1}{2}x^6 + 2x^4 - x^3 + \frac{5}{2}x^2 - 4x + c$$

可以证明,对上述各式的结果求导,能够得出被积函数。

9.3　求解下列积分：

(a) $\int(3x^2 + 10x + 2)\mathrm{d}x$；　(b) $\int(9x^2 - 8x)\mathrm{d}x$；　(c) $\int(10x^4 + 6x^2 - 3)\mathrm{d}x$。

9.3　总函数和边际函数

已知边际成本函数求总成本函数,已知边际收入函数求总收入函数,这也许是积分法在经济学中最显著的应用。

假定我们知道一家企业的边际成本函数由下式给定

$$\mathrm{MC} = 6q^2 - 6q + 5 \tag{9.9}$$

既然边际成本是总成本的导数,那么总成本就是边际成本的积分,因此,我们可以通过对式(9.9)求积分而得到总成本函数

$$\mathrm{TC} = \int(6q^2 - 6q + 5)\mathrm{d}q$$

注意,此时的积分变量是产量 q。或者写作

$$\mathrm{TC} = 2q^3 - 3q^2 + 5q + c \tag{9.10}$$

注意,式(9.10)中含有一个未知的积分常数 c。因为当 $q=0$ 时,$\mathrm{TC}=c$,这时积分常数 c 衡量了厂商的固定成本,即无论产量水平是多少,企业都需要固定支付的费用。只拥有边际成本函数的信息,我们还不能确定固定成本的数值。但是,如果还有个额外的信息条件,比如,当产量 $q=5$ 时,总成本 $\mathrm{TC}=230$,将它们代入式(9.10),得

$$230 = 2\times 5^3 - 3\times 5^2 + 5\times 5 + c$$

就可以解出固定成本一定是 30。所以有

$$\mathrm{TC} = 2q^3 - 3q^2 + 5q + 30$$

9.4　一企业的边际成本函数为 $\mathrm{MC}=0.75q^2-6q+20$。并且当产出 $q=10$ 时,总成本为 200。求出企业的总成本函数。

同理,积分也可以用来在已知边际收入函数的情况下求总收入函数。例如,若边际收入函数为

$$\mathrm{MR} = 8 - 0.2q$$

因为边际收入是总收入的导数,反之,总收入则是边际收入的积分,因此有总收入函数为

$$\mathrm{TR}=\int(8-0.2q)\mathrm{d}q$$

或者

$$\mathrm{TR}=8q-0.1q^2+c \tag{9.11}$$

注意,式(9.11)也含有一个积分常数 c。但假定当产出 $q=0$ 时,厂商的总收入为零是合理的,所以我们认为此时积分常数的值为零。所以有

$$\mathrm{TR}=8q-0.1q^2$$

9.5 已知某企业生产 q 件产品的边际成本函数为 $\mathrm{MC}=\mathrm{MC}(q)=8+\frac{1}{2}q$,边际收入函数 $\mathrm{MR}=\mathrm{MR}(q)=16-2q$,固定成本为10。试求:该企业的总成本函数和总收入函数。

上述两个例子介绍的方法可直接推广至由已知边际函数求总函数(如总储蓄函数、总消费函数)的其他问题。还应重申的是,在这类问题中,答案(积分)的正确性,总可以通过微分来加以验证。

9.6 如果边际储蓄倾向(MPS)是收入 Y 的函数,且有:$S'(Y)=0.3-0.1Y^{-1/2}$。已知当收入 $Y=81$ 时,总储蓄 $S=0$。试求:储蓄函数 $S(Y)$。

9.4 积分法则Ⅱ

换元积分法

换元积分法则实际上是微分链式法则(7.55)的逆运算,可以写作

$$\int f(u)\frac{\mathrm{d}u}{\mathrm{d}x}\mathrm{d}x=\int f(u)\mathrm{d}u \tag{9.12}$$

通过例子可以更好地理解这个法则。假设我们要计算

$$\int 6x^2(x^3+4)\mathrm{d}x \tag{9.13}$$

最简单的方法就是将被积函数乘开,于是有

$$\int 6x^2(x^3+4)\mathrm{d}x=\int(6x^5+24x^2)\mathrm{d}x=x^6+8x^3+c \tag{9.14}$$

其中 c 是积分常数。此外我们也可以使用式(9.12)的换元积分法则。

式(9.12)中,如果令 $u=x^3+4$,求导数有 $\frac{\mathrm{d}u}{\mathrm{d}x}=3x^2$,则 $6x^2=2(3x^2)=2\frac{\mathrm{d}u}{\mathrm{d}x}$。将其代入式(9.13),有

$$\int 6x^2(x^3+4)\mathrm{d}x=\int 2\frac{\mathrm{d}u}{\mathrm{d}x}u\,\mathrm{d}x$$

整理有

$$\int 2u\frac{\mathrm{d}u}{\mathrm{d}x}\mathrm{d}x = \int 2u\mathrm{d}u = u^2 + d \tag{9.15}$$

其中 d 是另一个积分常数。将式(9.15)中的 u 替换掉可得

$$\int 6x^2(x^3+4)\mathrm{d}x = (x^3+4)^2 + \mathrm{d} = x^6 + 8x^3 + 16 + d \tag{9.16}$$

如果式(9.14)中的常数 c 与式(9.16)中的常数($d+16$)相等,则表达式(9.14)和式(9.16)就是一样的。

再考虑一例,计算下面的积分

$$\int 3x^2(3x^3+5)^4\mathrm{d}x \tag{9.17}$$

通过展开被积函数来计算式(9.17)是非常费力的,于是我们便用换元积分法则(9.12)。令 $u=3x^3+5$,求导有 $\mathrm{d}u/\mathrm{d}x=9x^2$,则 $3x^2=\frac{1}{3}(9x^2)=\frac{1}{3}\cdot\frac{\mathrm{d}u}{\mathrm{d}x}$。将其代入式(9.17),有

$$\int 3x^2(3x^3+5)^4\mathrm{d}x = \int\frac{1}{3}\cdot\frac{\mathrm{d}u}{\mathrm{d}x}\cdot u^4\mathrm{d}x$$

整理有

$$\int\frac{1}{3}\cdot\frac{\mathrm{d}u}{\mathrm{d}x}\cdot u^4\mathrm{d}x = \int\frac{1}{3}u^4\mathrm{d}u = \frac{1}{15}u^5 + c$$

代入 $u=3x^3+5$,有

$$\int 3x^2(3x^3+5)^4\mathrm{d}x = \frac{1}{15}(3x^3+5)^5 + c$$

其中 c 是积分常数。

只有被积函数具有适当的形式,才能运用换元积分法则(9.12)。例如,我们就不能用式(9.12)的方法去计算 $\int 6x^2(3x^2+5)^4\mathrm{d}x$。因为尽管可以令 $u=3x^2+5$,但却不能使 $\mathrm{d}u/\mathrm{d}x=6x^2$ 成立。同理,下面这个积分问题也不能使用换元积分法求解

$$\int 8x(3x^3+4)^5\mathrm{d}x$$

9.7 用换元积分法则(9.12)求下列不定积分:

(a) $\int 6x^3(x^4+3)\mathrm{d}x$;　　(b) $\int x^2(x^3+5)^7\mathrm{d}x$;

(c) $\int 4x(2x^2+4)^{-3}\mathrm{d}x$;　　(d) $\int\frac{5x^2}{(x^3+5)^6}\mathrm{d}x$;

(e) $\int(x^3+5x)^{10}(3x^2+5)\mathrm{d}x$。

分部积分法

导数的乘法法则表明,若 $y=u(x)v(x)$,且 u 和 v 都是 x 的可导函数,那么

$$\frac{\mathrm{d}y}{\mathrm{d}x} = v\frac{\mathrm{d}u}{\mathrm{d}x} + u\frac{\mathrm{d}v}{\mathrm{d}x}$$

将上式关于 x 进行积分,利用加减法则,可以得到

$$y=\int v\frac{\mathrm{d}u}{\mathrm{d}x}\mathrm{d}x+\int u\frac{\mathrm{d}v}{\mathrm{d}x}\mathrm{d}x \tag{9.18}$$

用 uv 替代 y，然后重新排列分部积分法则(9.18)，就得到了分部积分法则

$$\int u\frac{\mathrm{d}v}{\mathrm{d}x}\mathrm{d}x=uv-\int v\frac{\mathrm{d}u}{\mathrm{d}x}\mathrm{d}x \tag{9.19}$$

下面通过例子来说明式(9.19)的用法。比如

$$\int 12x(x+1)^2\mathrm{d}x \tag{9.20}$$

对式(9.20)求积分的一种方法是，将被积函数乘开，逐项进行积分，计算过程如下：

$$\int 12x(x+1)^2\mathrm{d}x=\int(12x^3+24x^2+12x)\mathrm{d}x=3x^4+8x^3+6x^2+c \tag{9.21}$$

其中 c 是积分常数。

我们也可以用分部积分法则(9.19)求式(9.20)的解，然后比较它与式(9.21)是否相同。对式(9.20)，令

$$u=12x,\quad \frac{\mathrm{d}v}{\mathrm{d}x}=(x+1)^2$$

于是

$$\frac{\mathrm{d}u}{\mathrm{d}x}=12,\quad v=\int(x+1)^2\mathrm{d}x=\frac{1}{3}(x+1)^3$$

因此应用分部积分法则(9.19)，得

$$\begin{aligned}\int 12x(x+1)^2\mathrm{d}x&=(12x)\left[\frac{1}{3}(x+1)^3\right]-\int(12)\left[\frac{1}{3}(x+1)^3\right]\mathrm{d}x\\&=4x(x+1)^3-\int 4(x+1)^3\mathrm{d}x\\&=4x(x+1)^3-(x+1)^4+d\end{aligned} \tag{9.22}$$

其中 d 是积分常数。

将式(9.22)乘开，除积分常数不同外，会得到与(9.21)同样的结果。其实式(9.21)中的 c 等于 $(d-1)$。这是由于在式(9.22)中进行了两次积分运算，一次是对 $\frac{\mathrm{d}v}{\mathrm{d}x}$ 积分得到 v，再一次是运用式(9.19)进行积分运算。

考虑下面的积分

$$\int 4x(x+4)^9\mathrm{d}x \tag{9.23}$$

计算式(9.23)的一种方法是再将 $(x+4)^9$ 乘开，但是这样的运算将非常费力费时，所以我们宁愿运用式(9.19)。令

$$u=4x,\quad \frac{\mathrm{d}v}{\mathrm{d}u}=(x+4)^9 \tag{9.24}$$

于是有

$$\frac{\mathrm{d}u}{\mathrm{d}x}=4,\quad v=\int(x+4)^9\mathrm{d}x=\frac{1}{10}(x+4)^{10}$$

代入式(9.19)，得

$$\int 4x(x+4)^9\mathrm{d}x=(4x)\left[\frac{1}{10}(x+4)^{10}\right]-\int 4\left[\frac{1}{10}(x+4)^{10}\right]\mathrm{d}x$$

$$= \frac{2}{5}x(x+4)^{10} - \int \frac{2}{5}(x+4)^{10}\mathrm{d}x$$

$$= \frac{2}{5}x(x+4)^{10} - \frac{2}{55}(x+4)^{11} + c \tag{9.25}$$

其中 c 是积分常数。我们可以通过对式(9.25)求导来验证计算结果是否正确。

注意，分部积分法并不是对式(9.23)进行积分运算，它只是用一个更易于计算的积分来替换式(9.23)。由于有时第二个积分要比第一个积分更加复杂，所以说分部积分法并非总是有效的。例如，对于式(9.23)，如果我们用相反的方式来设计 u 和 $\mathrm{d}v/\mathrm{d}x$，令

$$u = (x+4)^9, \quad \frac{\mathrm{d}v}{\mathrm{d}u} = 4x$$

则有

$$\frac{\mathrm{d}u}{\mathrm{d}x} = 9(x+4)^8, \quad v = \int 4x\mathrm{d}x = 2x^2$$

运用式(9.19)，得到

$$\int 4x(x+4)^9\mathrm{d}x = 2x^2(x+4)^9 - \int 18x^2(x+4)^2\mathrm{d}x \tag{9.26}$$

式(9.26)中等式右侧第二项要比初始的积分更加难解。然而，我们经常遇到这种情况，即无论怎样设计 u 和 $\mathrm{d}v/\mathrm{d}x$，都将得到一个更加复杂的积分，此时就不适合使用分部积分法了。

9.8　用分部积分法则(9.19)计算下列积分：

(a) $\int 6x(x+10)^7\mathrm{d}x$；　　(b) $\int 8x(2x+3)^5\mathrm{d}x$；

(c) $\int 3x(4x+5)^{\frac{1}{2}}\mathrm{d}x$；　　(d) $\int x^2(x+2)^8\mathrm{d}x$。

提示：(d)为获得正确答案，需要两次使用分部积分法。

9.9　运用积分的基本法则计算：

(a) $\int x^{-3}\mathrm{d}x$；　　(b) $\int \sqrt{x}\mathrm{d}x$；　　(c) $\int \left(8x^2 + \frac{5}{x^2}\right)\mathrm{d}x$；

(d) $\int \frac{3x}{\sqrt{x^2+2}}\mathrm{d}x$；　　(e) $\int 5x(x+4)^{\frac{3}{2}}\mathrm{d}x$。

想一想：怎么区分该运用换元积分法则(9.12)还是运用分部积分法则(9.19)？

9.5 定　积　分

前面几节我们处理的积分也称作不定积分。不定积分是函数，如式(9.25)的积分明显是关于 x 的一个函数。而定积分是一个具体的数值。例如，不定积分

$$f(x) = \int (5x^2 + 3x)\mathrm{d}x = \frac{5}{3}x^3 + \frac{3}{2}x^2 + c \tag{9.27}$$

式(9.27)显然是一个 x 的函数。而在一个定积分的例子中

$$\int_3^6 (5x^2 + 3x)\mathrm{d}x \tag{9.28}$$

式(9.28)意味着用 $x=6$ 时的积分函数值减去 $x=3$ 时的积分函数值。$x=6$ 称为定积分的上限,$x=3$ 称为定积分的下限,这两个值代表了积分变量 x 的变化范围。根据式(9.27),有

$$x = 6 \text{ 时},\quad f(6) = \frac{5}{3}\times 6^3 + \frac{3}{2}\times 6^2 + c = 414 + c$$

$$x = 3 \text{ 时},\quad f(3) = \frac{5}{3}\times 3^3 + \frac{3}{2}\times 3^2 + c = 58.5 + c$$

定积分(9.28)为

$$\int_3^6 (5x^2 + 3x)\mathrm{d}x = 414 + c - (58.5 + c) = 355.5$$

由式(9.27)和式(9.28),我们可以知道,要计算定积分(9.28),首先要通过不定积分法则求出原函数,然后计算原函数在积分上限和积分下限时的函数值,最后再相减。例如,要计算定积分

$$\int_0^1 x^2\mathrm{d}x \tag{9.29}$$

首先,要求出 $\int x^2\mathrm{d}x$。利用积分的乘方法则,很容易算出 $\int x^2\mathrm{d}x = \frac{1}{3}x^3 + c$。然后计算函数 $\frac{1}{3}x^3+c$ 在 $x=1$ 和 $x=0$ 时的函数值,即当 $x=1$ 时,$\frac{1}{3}x^3+c=\frac{1}{3}\times 1^3+c=\frac{1}{3}+c$,当 $x=0$ 时,$\frac{1}{3}x^3+c=\frac{1}{3}\times 0^3+c=c$。最后把两个函数值相减,有

$$\int_0^1 x^2\mathrm{d}x = \left(\frac{1}{3}+c\right) - c = \frac{1}{3}$$

注意,在计算定积分时积分常数会被消掉。所以在计算定积分时,我们将省略掉积分常数 c。如计算定积分(9.28),通常写作

$$\begin{aligned}\int_3^6 (5x^2 + 3x)\mathrm{d}x &= \left[\frac{5}{3}x^3 + \frac{3}{2}x^2\right]_3^6 \\ &= (360 + 54) - \left(45 + \frac{27}{2}\right) \\ &= 355.5\end{aligned} \tag{9.30}$$

式(9.30)方括号中的项是求解不定积分的结果,其中积分常数 c 被省略了。第一个圆括号内是 $x=6$ 的函数值,第二个圆括号内是 $x=3$ 时的函数值。

再如,计算(9.29),通常写作

$$\int_0^1 x^2\mathrm{d}x = \left[\frac{1}{3}x^3\right]_0^1 = \frac{1}{3} - 0 = \frac{1}{3}$$

类似地,有

$$\begin{aligned}\int_1^3 (3x^2 + 5x - 4)\mathrm{d}x &= \left[x^3 + \frac{5}{2}x^2 - 4x\right]_1^3 \\ &= \left(27 + \frac{45}{2} - 12\right) - \left(1 + \frac{5}{2} - 4\right) = 38\end{aligned}$$

及

$$\int_{-4}^{2}(2x^2+8x+1)\mathrm{d}x=\left[\frac{2}{3}x^3+4x^2+x\right]_{-4}^{2}$$
$$=\left(\frac{16}{3}+16+2\right)-\left(-\frac{128}{3}+64-4\right)=6$$

总结一下，若 $f(x)$ 是 $f'(x)$ 的原函数，则函数 $f'(x)$ 在区间 (a,b) 上的定积分为

$$\int_a^b f'(x)\mathrm{d}x=[f(x)]_a^b=f(b)-f(a) \tag{9.31}$$

9.10　计算下列定积分：

(a) $\int_1^2 x^{-2}\mathrm{d}x$；　(b) $\int_{-3}^{3}(5x^4+3)\mathrm{d}x$；

(c) $\int_1^4(2x^3+3x+5)\mathrm{d}x$；　(d) $\int_2^5(x^2-5x+3)\mathrm{d}x$；

(e) $\int_1^3 3x^2(x^3-2)^2\mathrm{d}x$；　(f) $\int_1^2 2x(x^2+3)^3\mathrm{d}x$。

定积分的性质

通过上一小节的讨论，可以得到定积分的一个重要性质。

一个定积分可以表示成有限个子定积分的和，即

$$\int_a^c f'(x)\mathrm{d}x=\int_a^b f'(x)\mathrm{d}x+\int_b^c f'(x)\mathrm{d}x, a<b<c \tag{9.32}$$

式(9.32)中只给出了两个子积分，但该性质对 n 个子积分的情况同样成立。这个性质称为“定积分的区间可加性”。

根据定积分的区间可加性，我们可以求得某些不连续函数的定积分。考虑图 9.2(a)中的分段函数，尽管此函数在区间 $[a,c]$ 中的点 b 不连续，我们可以由如下和

$$\int_a^b f(x)\mathrm{d}x+\int_b^c f(x)\mathrm{d}x$$

求得函数在区间 $[a,c]$ 上的定积分。同样，这也可以应用于图 9.2(b)中的情况。

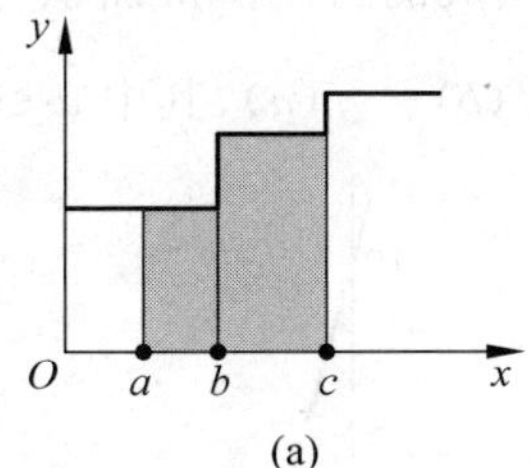

(a)

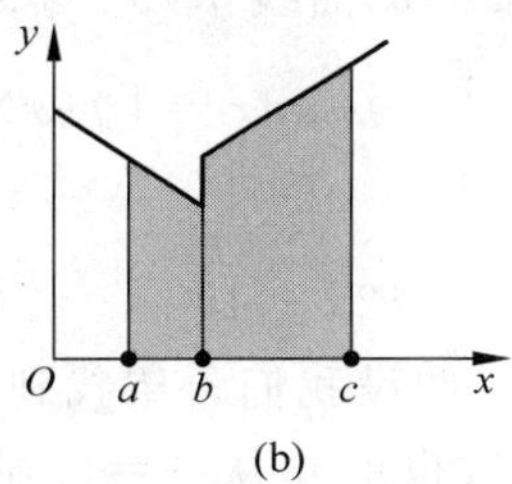

(b)

图 9.2　定积分性质

9.11　已知 $f(x)=\begin{cases}x+1, & x\leqslant 1\\ x^2/2, & x>1\end{cases}$，试计算定积分 $\int_0^2 f(x)\mathrm{d}x$ 的值。

定积分和曲边图形的面积

每个定积分均为一个确定的值。在几何上,定积分可以解释由特定曲线所围成的曲边图形的面积。

例如,计算线性函数 $y=3x+2$ 的定积分

$$\int_{2}^{5}(3x+2)\mathrm{d}x=\left[\frac{3}{2}x^{2}+2x\right]_{2}^{5}=\left(\frac{75}{2}+10\right)-(6+4)=37.5 \qquad (9.33)$$

考虑图 9.3 和图 9.4,其中每幅图中我们都画出了一条 $y=3x+2$ 的直线。在图 9.3 中,我们考虑 x 取从原点到 5 的值时,直线 $y=3x+2$ 与 x 轴围成的封闭图形面积,$x=5$ 由式(9.32)的定积分上限决定。它是三角形 A 和矩形 B 的面积之和,A 和 B 的面积分别是 $\frac{75}{2}$ 和 10。留心这些面积的值,它们恰好与式(9.33)方括号中的项在 $x=5$ 时的函数值相等。在图 9.4 中,考虑 x 取从原点到 2 时,直线 $y=3x+2$ 与 x 轴围成的封闭图形面积,其中 x 取 2 值由式(9.33)定积分的下限决定。它的面积由三角形 A 和矩形 B 组成,面积分别为 6 和 4。我们将积分下限 $x=2$ 代入式(9.33)的方括号项中,所得的值与这些面积的和是相等的。显然,对于式(9.33)定积分的计算,实际上我们是计算了直线 $x=2$,直线 $x=5$,直线 $y=3x+2$ 和 x 轴所围成的封闭图形面积。

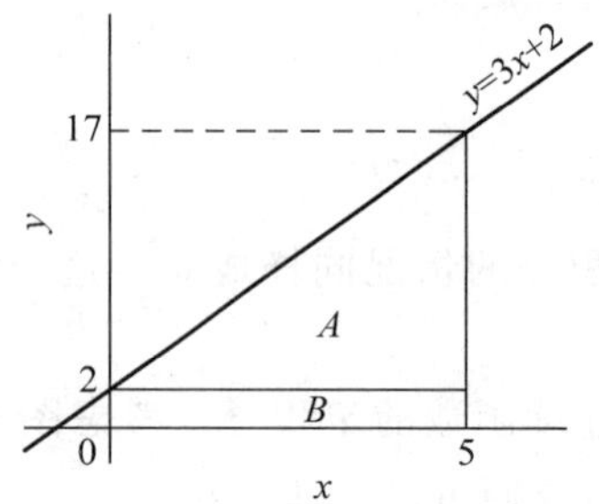

图 9.3 直线下的面积(a)

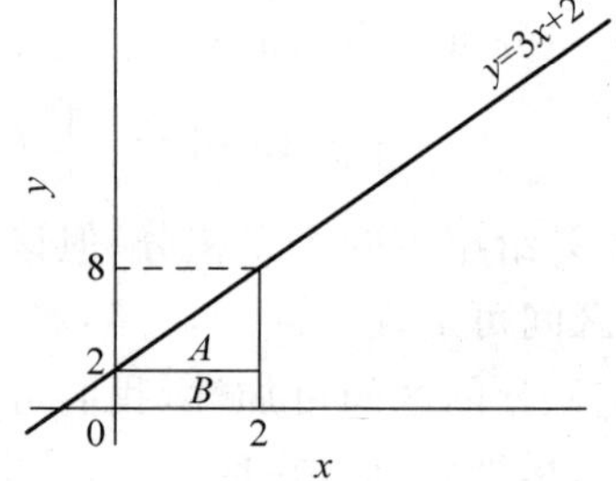

图 9.4 直线下的面积(b)

在非线性函数的定积分与它们所围成的图形之间也有同样的关系。如果 $f'(x)$ 是 x 的函数,那么从 $x=a$ 到 $x=b$,曲线 $f'(x)$ 与 x 轴所围成的封闭图形面积为

$$S=\int_{a}^{b}f'(x)\mathrm{d}x=[f(x)]_{a}^{b}=f(b)-f(a),\text{其中 } a\leqslant b \qquad (9.34)$$

例如,考虑函数

$$y=2x^{2}-12x+10 \qquad (9.35)$$

函数图像在图 9.5 中。假设我们希望找到图 9.5 中阴影部分 A 的面积,也就是从 $x=5$ 到 $x=6$ 时,夹在曲线 $y=2x^{2}-12x+10$ 和 x 轴之间的面积。运用式(9.34)有

$$\begin{aligned}S_{A}&=\int_{5}^{6}(2x^{2}-12x+10)\mathrm{d}x\\&=\left[\frac{2}{3}x^{3}-6x^{2}+10x\right]_{5}^{6}\end{aligned}$$

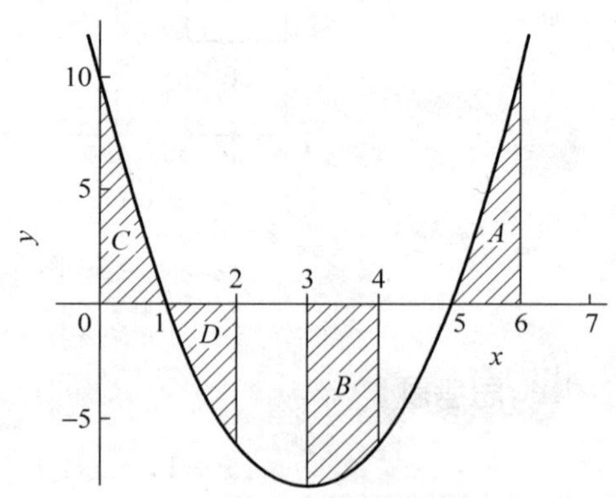

图 9.5 曲线和 x 轴之间的面积

$$= (144 - 216 + 60) - \left(\frac{250}{3} - 150 + 50\right) = \frac{14}{3}$$

因此，阴影部分 A 的面积是$\frac{14}{3}$平方单位。

9.12　利用式(9.34)计算下列平面图形的面积：

(a) 已知曲线为 $y=4-x^2$，求此曲线与 x 轴所围成的封闭图形的面积；

(b) 已知曲线为 $y=4x-3-x^2$，求此曲线与 x 轴所围成的封闭图形的面积。

现在，考虑图 9.5 中 B 的面积。它位于 $x=3$ 和 $x=4$ 之间。由式(9.34)，得

$$S_B = \int_3^4 (2x^2 - 12x + 10)\mathrm{d}x = \left[\frac{2}{3}x^3 - 6x^2 + 10x\right]_3^4$$

$$= \left(\frac{128}{3} - 96 + 40\right) - (18 - 54 + 30) = -\frac{22}{3}$$

注意，我们得到 B 的面积是负值。这是因为 B 位于 x 轴之下(即 y 是负的)。如果我们采用定积分的方法，那么位于 x 轴以下的面积总是负的。这导致一个小麻烦。假如我们需要计算面积 C 和 D 之和，也就是从 $x=0$ 到 $x=2$ 夹在曲线与 x 轴之间的面积。因为 D 的面积位于 x 轴之下，所以如果我们计算积分

$$\int_0^2 (2x^2 - 12x + 10)\mathrm{d}x$$

D 的面积被计为负值了。我们实际计算的面积就将是$(C-D)$，而不是$(C+D)$。为计算$(C+D)$，我们将不得不分别计算 C 和 D 的面积。当 $x=1$ 或 $x=2$ 时，曲线与 x 轴相交，因此

$$S_C = \int_0^1 (2x^2 - 12x + 10)\mathrm{d}x = \left[\frac{2}{3}x^3 - 6x^2 + 10x\right]_0^1 = \frac{14}{3} - 0 = \frac{14}{3}$$

$$S_D = \int_1^2 (2x^2 - 12x + 10)\mathrm{d}x = \left[\frac{2}{3}x^3 - 6x^2 + 10x\right]_1^2 = \frac{4}{3} - \frac{14}{3} = -\frac{10}{3}$$

因此$(C+D)$的总面积或绝对面积是$\frac{14}{3}$和$\frac{10}{3}$(省略掉负号)的和，也就是说$(C+D)$的总面积是 8 平方单位。

由上面的计算，可以知道，如果 $f'(x)$是 x 的函数，且从 $x=a$ 到 $x=b$ 时，$f'(x)<0$，即曲线位于 x 轴的下方。那么，从 $x=b$ 到 $x=a$，曲线 $f'(x)$与 x 轴所围成的封闭图形面积应该表述为

$$S = -\int_a^b f'(x)\mathrm{d}x = -[f(x)]_a^b = -[f(b) - f(a)] \tag{9.36}$$

它计算了从 $x=a$ 到 $x=b$，曲线 $f'(x)$与 x 轴所围成的封闭图形面积。因此，计算图 9.5 中 B 的面积，因为曲线位于横轴下方，所以应使用式(9.36)进行计算，得

$$S_B = -\int_3^4 (2x^2 - 12x + 10)\mathrm{d}x = \frac{22}{3}$$

因此，阴影部分 B 的面积是$\frac{22}{3}$平方单位。

9.13 利用式(9.36)计算下列平面图形的面积:

(a) 已知曲线 $y=3x^2-27$,求此曲线与 x 轴所围成的封闭图形的面积。

(b) 已知曲线 $y=x^2-2x-3$,求此曲线与 x 轴所围成的封闭图形的面积。

如果 $f'(x)$是 x 的函数,且从 $x=a$ 到 $x=b$ 时,$f'(x)$时正时负,即曲线有时位于 x 轴的上方,有时位于 x 轴的下方。那么,则需要利用“定积分的区间可加性”(9.22),找到 $f'(x)$ 正负的分割点 c,此时 $\int_a^c f'(x)\mathrm{d}x > 0$ 和$\int_b^c f'(x)\mathrm{d}x < 0$。此时,以 c 为分割点($a<c<b$),从 $x=b$ 到 $x=a$,曲线 $f'(x)$与 x 轴所围成的封闭图形面积应该表述为

$$S = \int_a^b f'(x)\mathrm{d}x = \int_a^c f'(x)\mathrm{d}x - \int_b^c f'(x)\mathrm{d}x \tag{9.37}$$

它计算了从 $x=a$ 到 $x=b$,曲线 $f'(x)$与 x 轴所围成的封闭图形的面积。因此,计算图 9.5 中 C 和 D 的面积之和,也就是从 $x=0$ 到 $x=2$ 夹在曲线与 x 轴之间的面积。因为 D 的面积位于 x 轴之下,因此,我们利用式(9.37),选择分割点 $c=1$,有

$$S_{C+D} = \int_0^1 (2x^2-12x+10)\mathrm{d}x - \int_1^2 (2x^2-12x+10)\mathrm{d}x = \frac{14}{3}+\frac{10}{3} = 8$$

9.14 利用式(9.37),计算曲线 $y=x^2-7x+10$ 与 x 轴之间的面积。其中 x 取从 1～4 的值。(提示:画出曲线)

如果我们能利用定积分计算曲线和 x 轴所围成的封闭图形的面积,那么我们也同样可以利用定积分计算两条曲线所围成的封闭图形的面积。为了计算两条曲线所围成的面积,只要以 x 轴为参照物,用位于上方的曲线与 x 轴之间的面积减去位于下方的曲线与 x 轴之间的面积,两者之差就是两条曲线围成的面积。

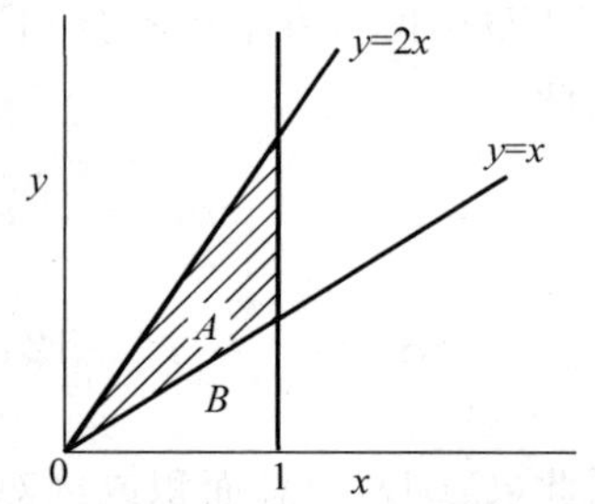

图 9.6 直线围成的面积

例如,求直线 $y=x$ 和直线 $y=2x$ 从 $x=0$ 到 $x=1$ 所围成的封闭图形的面积,图像表示在图 9.6 中。要计算直线 $y=x$ 和直线 $y=2x$ 之间的面积,只要在直线 $y=2x$ 与 x 轴所围成的大直角三角形 A 的面积

$$S_A = \int_0^1 2x\mathrm{d}x = [x^2]_0^1 = 1$$

减去直线 $y=x$ 与 x 轴所围成的小直角三角形 B 的面积

$$S_B = \int_0^1 x\mathrm{d}x = \left[\frac{1}{2}x^2\right]_0^1 = \frac{1}{2}$$

有

$$S = S_A - S_B = \frac{1}{2} \tag{9.38}$$

直线 $y=x$ 和直线 $y=2x$ 从 $x=0$ 到 $x=1$ 所围成的面积是$\frac{1}{2}$平方单位。

根据积分的加减法则，也有

$$S=S_A-S_B=\int_0^1 2x\mathrm{d}x-\int_0^1 x\mathrm{d}x=\int_0^1(2x-x)\mathrm{d}x=\frac{1}{2} \tag{9.39}$$

式(9.39)表明，为了计算两条曲线所围成的面积，可直接用位于上方的曲线函数式减去位于下方的曲线函数式，然后再求定积分。用式(9.38)和式(9.39)计算的图形面积是一样的，但式(9.39)计算起来更加快捷。

9.15　利用定积分方法计算下列平面图形的面积(提示：画出函数图像)：

(a) 曲线 $y=x^2$ 与直线 $y=2x$ 所围成的封闭图形；

(b) 曲线 $y=x^2$ 与曲线 $y=2-x^2$ 所围成的封闭图形；

(c) 曲线 $y=\sqrt{x}$ 与曲线 $y=x^2$ 所围成的封闭图形。

9.6　定积分的经济应用

消费者剩余和生产者剩余

在经济学中，积分的应用远不如微分广泛，但在计量消费者剩余和生产者剩余方面，积分学却是非常有用的。

例如，给定市场的需求曲线是

$$p=\frac{50}{(q+1)^2} \tag{9.40}$$

相应的市场供给曲线是

$$p=0.08q^2+0.16q+0.08 \tag{9.41}$$

图 9.7 中画出了这两条曲线，它们在 $p=2, q=4$ 时相交。

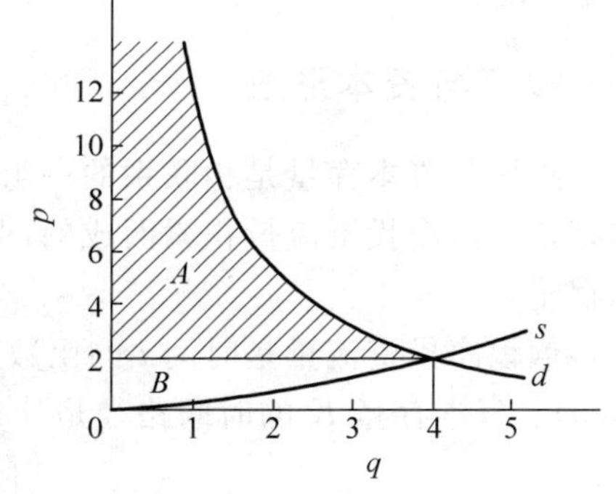

图 9.7　消费者剩余

消费者剩余(记为 CS)是从消费者福利角度分析市场效率高低的一个常用指标，是消费者在消费商品时所获得的总收益，减去在该商品上的总花费后而得到的额外的收益。因此，消费者剩余等于阴影部分 A 的面积，也就是总收益减去消费者的总花费。由此，利用需求函数(9.40)，可以得到

$$\mathrm{CS}=\int_0^4\frac{50}{(q+1)^2}\mathrm{d}q-8$$

由于

$$\int_0^4\frac{50}{(q+1)^2}\mathrm{d}q=\left[\frac{-50}{(q+1)}\right]_0^4=\left(-\frac{50}{5}\right)-(-50)=40$$

由此消费者得到 32 的消费者剩余。

消费者剩余表示消费者愿意支付价格与实际支付价格之间的差额，一般来说，这个差额越大，说明消费者额外得到的好处就越高，从消费者角度来看，福利水平就比较高，市场的效

率也就越高。

思考题

9.16 已知某商品的市场需求函数为 $q=25-p$。试求当价格 $p=5$ 时的消费者剩余 CS。

9.17 已知某商品的市场需求函数为 $q=15-3p^{\frac{1}{2}}$。试求当价格 $p=9$ 时的消费者剩余 CS。

生产者剩余(记为 PS)是从厂商福利角度分析市场效率高低的一个常用指标,表示生产者有一固定产出时,实际收入与为弥补该生产量的成本而必须获得的收入之间的差额。它由图 9.7 中的 B 部分给出。这里生产者的总收入是 8,利用供给函数(9.41),我们有

$$\begin{aligned}\text{PS} &= 8-\int_0^4 (0.08q^2+0.16q+0.08)\,\mathrm{d}q \\ &= 8-\left[\left(\frac{0.08}{3}\right)q^3+0.08q^2+0.08q\right]_0^4 \\ &\approx 8-(3.31-0)=4.69\end{aligned}$$

生产者剩余表示生产者愿意卖的价格与实际卖的价格之间的差额,一般来说,这个差额越大,说明生产者额外得到的好处就越多,从生产者角度来看,福利水平就比较高,市场的效率也就越高。

思考题

9.18 如果某种商品的市场供给函数是 $p=q^2+3$。试求当价格 $p=12$ 时的生产者剩余 PS。

9.19 已知某种商品的市场供给函数是 $q=-1+3p$。试求当价格 $p=\dfrac{3}{2}$ 时的生产者剩余 PS。

投资与资本形成

投资与资本存量是相联系的一组存量——流量概念。根据第 3 章的内容,我们知道,资本存量是由净投资流量积累而成的,此时,我们可以借助于积分方法,由净投资流量获得资本存量。

假设净投资流量是时间 t 的函数,且有 $I(t)=3t^{1/2}$。在时间 $t=0$ 时的初始资本存量是 $K(0)$。资本存量 K 的时间路径是什么样的呢?将净投资流量 $I(t)$ 对 t 积分,得到

$$K(t)=\int I(t)\,\mathrm{d}t=\int 3t^{\frac{1}{2}}\,\mathrm{d}t=2t^{\frac{3}{2}}+c$$

其次,令 $t=0$,则有 $K(0)=c$。因而,资本存量 K 的时间路径为

$$K(t)=2t^{\frac{3}{2}}+K(0)$$

为获得某一时间区间的资本形成数量,需使用定积分的概念。因为 $\int I(t)\,\mathrm{d}t=K(t)$,则表示时间区间$[a,b]$的总资本存量为

$$\int_a^b I(t)\,\mathrm{d}t=[K(t)]_a^b=K(b)-K(a)$$

为更充分地理解 $K(t)$ 与 $I(t)$ 的不同，我们再次强调，K 是一个存量，而 I 是一个流量。因而，$K(t)$ 表示在每一时点存在的资本数量，而 $I(t)$ 则给出每个时间单位的净投资量，该投资量的时间单位必须是一致的。当我们将恒等式 $\frac{\mathrm{d}K}{\mathrm{d}t} \equiv I(t)$ 重写为 $\mathrm{d}K \equiv I(t)\mathrm{d}t$ 时，也可以看出，K 的增量 $\mathrm{d}K$ 不仅以流量 $I(t)$ 为基础，而且以时间 $\mathrm{d}t$ 为基础。

若净投资是一个不变流量 $I(t)=1\,000$ 元/年，那么，在一年内，即由 $t=0$ 至 $t=1$ 的总净投资(资本形成)显然是 1 000 元。此结果可以由下式得出

$$\int_0^1 I(t)\mathrm{d}t = \int_0^1 1\,000\mathrm{d}t = [1\,000t]_0^1 = 1\,000$$

若 $I(t)=3t^{\frac{1}{2}}$，即净投资是一个可变流量。那么，时间区间 $[1,4]$，即第二～第四年间的资本形成在于定积分

$$\int_1^4 3t^{\frac{1}{2}}\mathrm{d}t = [2t^{\frac{3}{2}}]_1^4 = 16 - 2 = 14$$

在上例的基础上，我们可以用定积分

$$\int_0^t I(x)\mathrm{d}x = [K(x)]_0^t = K(t) - K(0) \qquad (9.42)$$

表示对于净投资 $I(t)$，在时间区间 $[0,t]$ 的资本积累数量。图 9.8 描述了时间区间 $[0,t_0]$ 的情况。从另一个角度看，上述函数产生了 $K(t)$ 的时间路径表达式

$$K(t) = K(0) + \int_0^t I(x)\mathrm{d}x \qquad (9.43)$$

式(9.43)表明，在任意时间 t 的 K 的数量，等于原始资本加上自那时起的总资本积累。

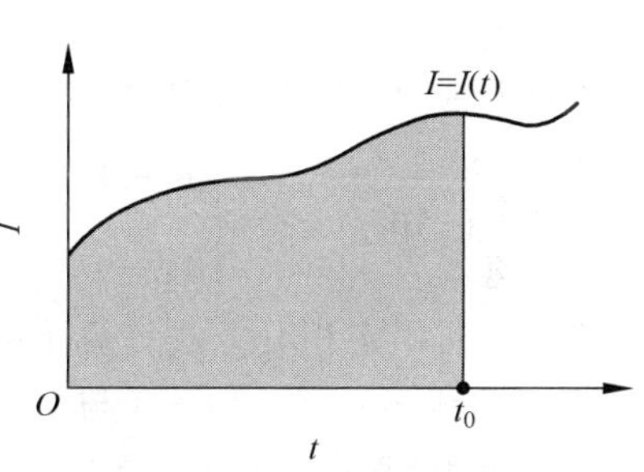

图 9.8　投资与资本积累

9.20　假设净投资流量为 $I(t)=12t^{\frac{1}{3}}$，且 $K(0)=25$。

(a) 求资本存量的时间路径 $K(t)$；

(b) 分别求时期 $[0,1]$ 和 $[1,3]$ 的资本积累量。

习　题

9.1　计算下列不定积分：

(a) $\int 12x^4\mathrm{d}x$；　(b) $\int (8x^3+3x^2)\mathrm{d}x$；　(c) $3\int (4x+5)\mathrm{d}x$；

(d) $\int \frac{3}{x^2}\mathrm{d}x$；　(e) $\int 4\sqrt{x}\mathrm{d}x$。

9.2　某厂商的边际成本函数和边际收入函数分别为

$$MC = 6q^2 + 8q + 10$$
$$MR = 50 - q$$

已知，当产出 $q=10$ 时厂商的总成本是 3 360，$q=0$ 时厂商的总收入是零。计算该厂商的总成本函数 TC 和总收入函数 TR。

9.3 计算下列不定积分：

(a) $\int 3x^3(2x^4+3)^6\mathrm{d}x$； (b) $\int 5x(3x+4)^5\mathrm{d}x$

(c) $\int \frac{4x}{(4x^2+3)^5}\mathrm{d}x$； (d) $\int \frac{4x}{(x+3)^5}\mathrm{d}x$

(e) $\int (6x^2+8)(x^3+4x)^2\mathrm{d}x$； (f) $\int \frac{2x-2}{(x^2-2x+3)^3}\mathrm{d}x$。

9.4 计算下列定积分：

(a) $\int_1^2 x^2\mathrm{d}x$； (b) $\int_1^2 \frac{1}{\sqrt{x}}\mathrm{d}x$；

(c) $\int_0^2 (2x-5)\mathrm{d}x$； (d) $\int_{-3}^3 (5x^4+3)\mathrm{d}x$；

(e) $\int_0^1 \frac{x}{(x^2+1)^2}\mathrm{d}x$； (f) $\int_0^1 x\cdot\sqrt{1-x^2}\mathrm{d}x$；

(g) $\int_1^2 2x\cdot(x^2+3)^3\mathrm{d}x$； (h) $\int_{-1}^1 x\cdot(5-4x)^2\mathrm{d}x$。

9.5 已知 $f(x)=\begin{cases}x^2+1, & x\leqslant 2\\ 3x-1, & x>2\end{cases}$,试利用定积分的基本性质计算 $\int_1^3 f(x)\mathrm{d}x$。

9.6 利用定积分方法计算下列曲边图形的面积：

(a) 曲线 $y=x^2-4x+3$ 与 x 轴所围成的封闭图形,其中 x 在 0～3 变化；

(b) 抛物线 $y=x^2$ 与 $y=4-x^2$ 围成的封闭图形；

(d) 曲线 $y=x^2$, $y=\frac{x^2}{4}$与 $y=1$ 所围成的封闭图形；

(d) 双曲线 $y=\frac{1}{x}$与直线 $y=x$, $y=2$ 所围成的封闭图形；

(e) 抛物线 $y^2=2x$ 与直线 $y=x-4$ 所围成的封闭图形。(提示：把 y 作为被积变量)

9.7 某商品的市场需求曲线为：$p=81-q^2$。求价格 $p=32$ 时的消费者剩余 CS。

9.8 已知某种商品的市场需求曲线为：$q=350-10p$,市场供给曲线为 $q=-100+5p$。求该商品市场均衡时的消费者剩余 CS 和生产者剩余 PS。

第 10 章　多元函数及其微分法

10.1　多 元 函 数

经济学中应用的许多函数关系包含的自变量都在一个以上。例如，在第 3～5 章中，我们经常提到的需求函数，需求不仅依赖于商品自身的价格，而且也依赖于替代商品的价格及消费者的收入，等等。本章我们将开始对多变量函数进行更加深入的研究。假设有

$$z = 3w^2 + 2x^2y + 4wy^2 \tag{10.1}$$

由式(10.1)可知，给定一组变量 w，x 和 y 的值，就有一个 z 的值与之相对应。比如，当 $w=1$，$x=2$ 和 $y=-1$ 时，z 的值为 -1，而且 z 的值是唯一确定的。同理，另给其他一组 w，x 和 y 的值，也将给定唯一的 z 值。例如，当 $w=0$，$x=1$ 和 $y=1$ 时，则有 $z=2$。

由于给定的 w，x 和 y 的值，总会带来唯一的 z 值，所以我们称 z 是 w，x 和 y 的一个函数，式(10.1)正表明了这样一个函数关系。但是请注意，按照上面多变量函数的定义，这种表示 z 与 w，x，y 之间关系对应却不具有函数关系的情况也是有可能存在的。例如有

$$z = \pm\sqrt{wxy} \tag{10.2}$$

若 $w=2$，$x=2$ 且 $y=1$，$wxy=4$，且 z 值不唯一，既可取 $+2$ 也可取 -2。因此，在我们的定义下，式(10.2)就不是一个函数关系。

等值线

正如我们在第 1 章中见到的，一元函数的图像是相对简单的，我们可以用横轴来度量自变量，用纵轴来度量因变量。若是两个或更多自变量的图像就会复杂一些。例如，对于

$$z = x^2y - 4y \tag{10.3}$$

这里 z 是变量 x 和 y 的函数。图示式(10.3)的一种方法是引入垂直于 $x-y$ 直角坐标系的第三轴(即 z 轴)，来将图 1.1 的二维坐标系扩展为三维坐标系。任意一组 x，y 和 z 的值都可以表示为这个三维坐标系中的一个点。例如，$x=3$，$y=1$ 且 $z=5$ 的点将被表示为在 $x=3$ 且 $y=1$ 的一点处，正上方 5 个 z 单位处的点。通过选择任意的 x 与 y 的值，并计算相应的 z 值，式(10.3)可以生成一系列这样的点，这些点将形成一个三维曲面，这就是函数(10.3)的图像。然而处理三维图像感觉很困难，而且这种方法又不能应用在多于两个自变量的情况。因此，在本书中我们将尽可能地避开使用三维图形，采用称为等值线的图像来代替它。

回到式(10.3)，任意给定一个 y 的值，假定 $y=3$，此时式(10.3)变为

$$z = 3x^2 - 12 \tag{10.4}$$

在式(10.4)中，z 仅表示为单个变量 x 的函数。因此，我们可以用通常的方法将这一关系在二维坐标系中图示出来，即图 10.1 中标有 $y=3$ 的曲线。为简化问题，我们只画出式(10.4)中 z 和 x 都取正的部分。这一曲线描述了当 y 取常数值 3 时，z 与 x 之间的关系，我们称为等 y 线。显然，也可以画出其他的等 y 线。例如，在式(10.3)中若令 $y=5$，就得到 $z=5x^2-$

20,它是图 10.1 中标有 $y=5$ 的曲线。等 y 线取决于 $y=y_0$ 的值,其中 y_0 可取任意值。一般地,我们可以通过画出

$$z = y_0 x^2 - 4y_0 \tag{10.5}$$

来得到等 y 线。

在图 10.1 中通过变动 y 的值,得到了这样一族曲线,每条曲线都描述了给定 y 值时,z 和 x 之间的关系。

如同固定 y 可以图示 z 和 x 的关系一样,也可以固定 x 而得到 z 和 y 的关系。例如,在式(10.3)中,令 $x=4$,得

$$z = 12y \tag{10.6}$$

式(10.6)就描述了当 x 固定取 4 时,z 与 y 之间的关系,称为等 x 线,画像在图 10.2 中且标有 $x=4$ 的记号。显然,我们也可以画出其他的等 x 线。等 x 线取决于 $x=x_0$ 的值,代入式(10.3)我们可以得到一般的等 x 线

$$z = x_0^2 y - 4y$$

或者

$$z = (x_0^2 - 4)y \tag{10.7}$$

图 10.2 画出了一族等 x 线。为简便起见,我们仅画出了 z 和 y 同为正的部分。尽管它们恰好是线性的并且都通过原点,但这并不是必然的。

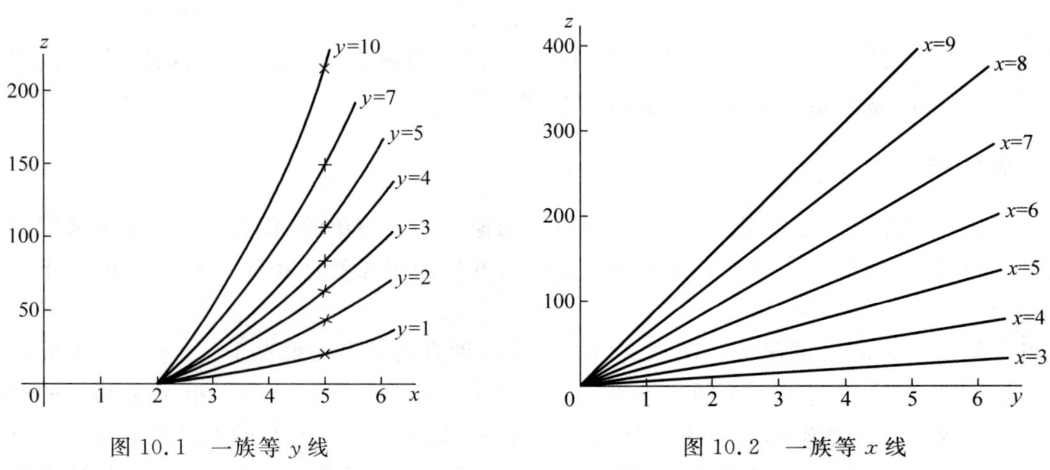

图 10.1　一族等 y 线　　图 10.2　一族等 x 线

等值线的概念在经济分析中得到了广泛应用。消费者行为分析中的无差异曲线和生产者行为分析中的等产量曲线,实质上就是一种等值线。

10.1　考虑下面这个函数关系:$z=5x^2y^2+4xy+5$。

(a) 画出 $x=2,4,6$ 时的等 x 线。

(b) 画出 $y=1,2,3$ 时的等 y 线。

10.2　对于函数 $z=3w^2+2x^2y+4wy^2$,画出等 $x-y$ 线,当:

(a) $x=1$ 且 $y=1$;　　(b) $x=2$ 且 $y=1$;　　(c) $x=1$ 且 $y=2$。

从这些等值线中,你能得到什么启示?应该如何画等值线?

10.2　偏导数及其基本法则

再一次考虑图 10.1 中的等 y 线。假如我们希望找到，譬如 $x=5$ 时，这些曲线的斜率，即在曲线上标有"×"点处的曲线斜率。

我们知道等 y 线是通过令 $y=y_0$，其中 y_0 是一个常数，然后将 $y=y_0$ 代入式(10.3)得到的，即式(10.5)

$$z = y_0x^2 - 4y_0$$

为计算其斜率，我们只需用第 7 章的方法对它求导数。如果将 y_0 视为常数，那么对式(10.5)等号右侧第一项求导与对 $6x^2$ 或者 $-20x^2$ 求导并无差异。运用乘方法则，可以求得 y_0x^2 的导数是 $2y_0x$。将 y_0 视作常数，式(10.5)等号右侧第二项 $-4y_0$ 求导当然就是零了。因此，我们得到式(10.5)的导数是

$$\frac{\mathrm{d}z}{\mathrm{d}x} = 2y_0x \tag{10.8}$$

式(10.8)是等 y 线斜率的一般表达式。例如，一族对应于 $y_0=2$，$y_0=3$，$y_0=4$，$y_0=5$ 的等 y 线，通过将其分别代入式(10.8)，就可得到各条等 y 线曲线的斜率，它们分别为

$$\frac{\mathrm{d}z}{\mathrm{d}x} = 4x,\quad \frac{\mathrm{d}z}{\mathrm{d}x} = 6x,\quad \frac{\mathrm{d}z}{\mathrm{d}x} = 8x \quad 和 \quad \frac{\mathrm{d}z}{\mathrm{d}x} = 10x$$

于是，各等 y 线在 $x=5$ 点的斜率分别为 20，30，40 和 50。正如图 10.1 所示，在 $x=5$ 处，曲线的倾斜度随着 y_0 的增加而增大。

式(10.5)中将 y 固定在 y_0，然后对 x 求导数的过程称作偏微分。式(10.8)中得到的表达式$\frac{\mathrm{d}z}{\mathrm{d}x}$称为偏导数，即，我们通过部分求导得到偏导数。为了区分式(10.8)中的偏导数与一个"正常"的导数，我们通常将偏导数写作$\frac{\partial z}{\partial x}$，读作"$z$ 关于 x 的偏导数"。

我们习惯于省略掉式(10.8)中 y_0 的下标，直接把 $2y_0x$ 写作 $2yx$，只是要记住，在求偏导数时将 y 看作常数。下面重新写出式(10.8)，即

$$\frac{\partial z}{\partial x} = 2yx \tag{10.9}$$

这样，式(10.9)就是式(10.3)的偏导数。

式(10.9)中$\frac{\partial z}{\partial x}$中的$\partial x$ 意味着，当对 z 就 x 求偏导数时，我们要将式(10.3)中的其余自变量视为常数。在当前这种情况下，所有的其余变量当然只是指 y。

图 10.1 中等 y 线的斜率由一般表达式(10.9)给出，我们运用这一表达式可以求出任意一条等 y 线上某点的斜率。例如，计算 $x=8$ 时，$y=3$ 时等 y 线的斜率，我们可以将这些值代入式(10.9)，从而得到斜率为 48。这表明在 $y=3$ 时，x 增加 1 单位，z 要增加 48 个单位。

在式(10.3)中，变量 z 是两个变量 x 和 y 的函数，对 x 求偏导数，得到的是这样一种关系，即 y 保持不变时，x 增加 1 单位时因变量 z 的变化趋势。注意，由于$\frac{\partial z}{\partial x}$依赖于 x 和 y 的值，所以 x 的 1 单位变化对 z 的影响也要依赖于 x 和 y 的实际值。当然，这只是另一种表达方式，计算图 10.1 中等 y 线的斜率时，既依赖于我们所考虑的是哪一条等 y 线，也依赖于在

该等 y 线上我们要计算斜率的点的位置。

如同式(10.3)对 x 求偏导数,式(10.3)对于 y 求偏导数也是可以的。我们仍使用第 7 章的求导数方法,只不过这次是将 x 视为常数,即对式(10.7)求导数,省略掉式(10.7)中 x_0 的下标,于是得到

$$\frac{\partial z}{\partial y} = x^2 - 4 \tag{10.10}$$

在这种情况下,注意$\frac{\partial z}{\partial y}$中的$\partial y$表明当对于 y 求偏导数时,必须将 y 以外的其他变量视为常数。这一次,我们视 x 为常数。

由式(10.10)可知,当 x 被视作常数时,y 的 1 单位变动对因变量 z 的影响。也就是说,正如式(10.9)给出了关于图 10.1 中等 y 线斜率的信息,方程(10.10)则给出了关于图 10.2 中等 x 线斜率的信息。例如,当 $x=4$ 时,$\frac{\partial z}{\partial y}=12=$常数。这意味着图 10.2 中 $x=4$ 的曲线的斜率是常数,其值为 12。图 10.2 中所有的曲线都恰好是直线,该结果和我们预料的一致。

再看一个例子,假设

$$z = 8xy^2 - 6x^2 + 3y \tag{10.11}$$

我们希望得到

(1) 等 x 线中 $x=1$ 的曲线,在 $y=2$ 点的斜率。

(2) 等 y 线中 $y=2$ 的曲线,在 $x=1$ 点的斜率。

我们无须真的画出等值线,只通过使用偏导数的方法就可以回答(1)和(2)。首先,等 x 线要视 x 为常数,于是我们只对 y 求导数,得到

$$\frac{\partial z}{\partial y} = 16xy + 3 \tag{10.12}$$

在式(10.12)中,我们只对 y 求导数,将 y 以外的所有变量视作常数。式(10.12)给出了等 x 线斜率的一般表达式。为求得 $x=1$ 的等 x 线斜率,我们只需将 $x=1$ 代入式(10.12),当 $x=1$ 时,有

$$\frac{\partial z}{\partial y} = 16y + 3 \tag{10.13}$$

最后,为得到 $x=1$ 的等 x 线在 $y=2$ 点的斜率,只需将 $y=2$ 代入式(10.13),从而得到$\frac{\partial z}{\partial y}=35$。关于这一值为 35 的解释是很直观的。如果 x 取常数值 1,那么当 y 取值为 2 时,y 每增加 1 单位,z 就以 35 个单位的速度增长。

为解答问题(2),要将 y 视为常数——也就是说,要对式(10.11)求关于 x 的偏导数,所以有

$$\frac{\partial z}{\partial x} = 8y^2 - 12x \tag{10.14}$$

注意,式(10.14)中∂x暗示着我们是对 x 求导数,因此需要将 x 以外的所有变量视为常数,式(10.14)给出了等 y 线斜率的一般表达式。

若要求 $y=2$ 等 y 线在 $x=1$ 处的斜率,只需将 $x=1$ 和 $y=2$ 代入式(10.14),求得斜率的值为 20。这一数值意味着,如果 y 取常数 2,则当 x 取值为 1 时,x 每增加 1 单位,z 就以

20 个单位的速度增加。

比较(1)和(2)的结果，给了我们一个启示，求等值线的斜率，一定要先确定对哪个变量求偏导数，因为，即使是同样的点 $x=1, y=2$，但在不同的等值线上，其斜率是完全不同的。

思考题

10.3　对于函数关系 $z=5x^2y^2+4xy+5$，通过偏微分法求：

(a) 当 $y=3$ 时，求 $x=6$ 的等 x 线的斜率；

(b) 当 $x=6$ 时，求 $y=3$ 的等 y 线的斜率。

求偏导数时，导数的基本法则仍然适用。只有一点区别，就是把其他变量看作是常数。例如，要求函数

$$z = 2x^3y^4 \tag{10.15}$$

关于 x 和 y 的偏导数。首先，求式(10.15)关于 x 的偏导数时，需将 y 看作是常数，此时 z 是关于 x 的幂函数，对照乘方法则(7.27)，其常数 $a=2y^4$，$n=3$，因此，z 关于 x 的偏导数为

$$\frac{\partial z}{\partial x} = (2y^4)(3)x^{3-1} = 6y^4x^2$$

同理，求式(10.15)关于 y 的偏导数时，需将 x 看作是常数，此时 z 是关于 y 的幂函数，对照乘方法则(7.27)，其常数 $a=2x^3$，$n=4$，因此，z 关于 y 的偏导数为

$$\frac{\partial z}{\partial y} = (2x^3)(4)y^{4-1} = 8x^3y^3$$

与乘方法则一样，其他求导法则也同样适用。例如，求函数

$$z = (2x+3y)^4 \tag{10.16}$$

关于 x 和 y 的偏导数。首先，求式(10.16)关于 x 的偏导数时，需将 y 看作是常数，此时 z 是关于 x 的复合函数，适用于链式法则(7.57)，令 $u=2x+3y$，且 $z=u^4$，并有

$$\frac{\mathrm{d}z}{\mathrm{d}u} = 4u^3, \quad \frac{\partial u}{\partial x} = 2$$

代入链式法则(7.57)，则 z 关于 x 的偏导数为

$$\frac{\partial z}{\partial x} = 4u^3 \times 2 = 8u^3 = 8(2x+3y)^3$$

同理，求式(10.16)关于 y 的偏导数时，需将 x 看作是常数，此时 z 是关于 y 的复合函数，适用于链式法则(7.57)，令 $u=2x+3y$，且 $z=u^4$，并有

$$\frac{\mathrm{d}z}{\mathrm{d}u} = 4u^3, \quad \frac{\partial u}{\partial y} = 3$$

代入链式法则(7.57)，则 z 关于 y 的偏导数为

$$\frac{\partial z}{\partial y} = 4u^3 \times 3 = 12u^3 = 12 \times (2x+3y)^3$$

同样地，我们也可以使用乘法法则和除法法则。例如，若 $z=(3x+4y)(2x^2y+4xy^3)$，运用乘法法则，则有

$$\begin{aligned}\frac{\partial z}{\partial x} &= \frac{\partial(3x+4y)}{\partial x}(2x^2y+4xy^3) + \frac{\partial(2x^2y+4xy^3)}{\partial x}(3x+4y) \\ &= 18x^2y+16xy^2+24xy^3+16y^4\end{aligned}$$

和

$$\frac{\partial z}{\partial y}=\frac{\partial(3x+4y)}{\partial y}(2x^2y+4xy^3)+\frac{\partial(2x^2y+4xy^3)}{\partial y}(3x+4y)$$
$$=16x^2y+36x^2y^2+64xy^3+6x^3$$

10.4 对于下列各式，分别求关于 x 和 y 的偏导数：

(a) $z=12x^{-4}y^{-2}$；

(b) $z=8x^5y^2+5x^2y^2+6x^2+3xy+7$；

(c) $z=(3x+y)(x^2+2y^2x)$；(使用乘法法则)

(d) $z=\dfrac{4x^2+5}{x^2+y^2+3xy}$；(使用除法法则)

(e) $z=(3x^2y^2+5x)^7$。(使用链式法则)

偏导数的概念可以毫无困难地扩展到多于两个变量的函数中去。例如，若有

$$z=v^2+2wx+3y^2+4vw^2x^2 \tag{10.17}$$

那么，z 可以分别对 v,w,x 和 y 求偏导数。比如，要求关于 w 的偏导数，就可以视 v,x 和 y 都为常数，来对 z 求导数。因此

$$\frac{\partial z}{\partial w}=2x+8vwx^2$$

注意$\frac{\partial z}{\partial w}$中的$\partial w$ 提示我们，在对 w 求导数时，要将除 w 以外的所有自变量都视为常数。这里也就是说，将 v,x 和 y 视作常数。当我们分别将 v,x 和 y 的常数代入式(10.17)时，$\frac{\partial z}{\partial w}$就给出了关于等 $v-x-y$ 线斜率的信息。

同理，关于 v 对式(10.15)求偏导数，我们要将除 v 以外的所有变量视为常数。即，我们将 w,x 和 y 视为常数，从而得到

$$\frac{\partial z}{\partial v}=2v+4w^2x^2$$

$\frac{\partial z}{\partial v}$描述了在 w,x 和 y 取常数时，z 关于 v 的变化率。当然，关于 x 和 y 来求偏导数也会有类似的结果。

10.5 如果 $k=3abcd+2ba^2+4c^2d+3a^3c^3$，求$\frac{\partial k}{\partial a}$，$\frac{\partial k}{\partial b}$，$\frac{\partial k}{\partial c}$以及$\frac{\partial k}{\partial d}$。

10.3 偏导数与其他条件保持不变假设

我们已经了解了偏导数的含义，即当其他所有变量保持不变时，一个自变量变化对因变量的影响。将所有其他变量视为常数的观点与经济学家们常用到的一种方法极其相似，该方法我们在第 3～5 章中曾大量使用，称为其他条件保持不变假设。例如，在图 4.1 中我们介绍了这样一个市场，其中商品的需求和供给都既依赖于商品自身的价格 p_1，又依赖于替

代品的价格 p_2。已经证明，只有在其他条件保持不变的假设条件下，即替代品价格固定在某个值时，比如 $p_2=4$ 或 $p_2=11$ 时，才可能在图 4.1 中画出通常的需求曲线和供给曲线。实际上，图 4.1 所画出的曲线就是某种程度上的等值线。实线（分别对应供给和需求）是当 $p_2=4$ 时的等 p_2 线，而虚线则是当 $p_2=11$ 时的等 p_2 线。

重新考虑需求弹性

在 7.5 节，我们将需求的价格弹性定义为

$$E_{\mathrm{p}}^{\mathrm{d}}=-\frac{\mathrm{d}q}{\mathrm{d}p}\cdot\frac{p}{q}$$

也就是说，需求量 q 的百分比变化与价格 p 的百分比变化之比。在这个定义当中暗含了其他条件保持不变假说，即当价格变化时，其他影响需求的因素保持不变。这里其他因素可能是替代品和互补品的价格，也可能是消费者的收入。

现在采用偏导数的含义，我们可以给商品需求的价格弹性一个更明晰的表达式

$$E_{\mathrm{p}}^{\mathrm{d}}=-\frac{\partial q}{\partial p}\cdot\frac{p}{q} \tag{10.18}$$

其中$\frac{\partial q}{\partial p}$是需求对商品自身价格的偏导数。例如，我们有某种商品的需求函数，它依赖于自身价格 p_1、替代品价格 p_2 及消费者收入 Y。我们不将需求量写作 d_1，而是将它写作 q_1，

$$q_1=-2\,600-200p_1+300p_2+7Y \tag{10.19}$$

视 p_2 和 Y 为常数，对商品的自身价格求偏导数，得

$$\frac{\partial q_1}{\partial p_1}=-200$$

注意到$\frac{\partial q_1}{\partial p_1}$是等 p_2-Y 线的斜率。这样的曲线与初级经济学介绍的需求曲线是相似的。因此，传统的需求曲线是在其他条件保持不变假设下画出的，即假定除商品自身价格 p_1 以外，其他所有影响需求的因素都保持不变。例如，若 p_2 取常数值 6，Y 取 500，那么式(10.19)就变成

$$q_1=2\,700-200p_1$$

这是典型的线性需求函数，画在图 10.3 中。

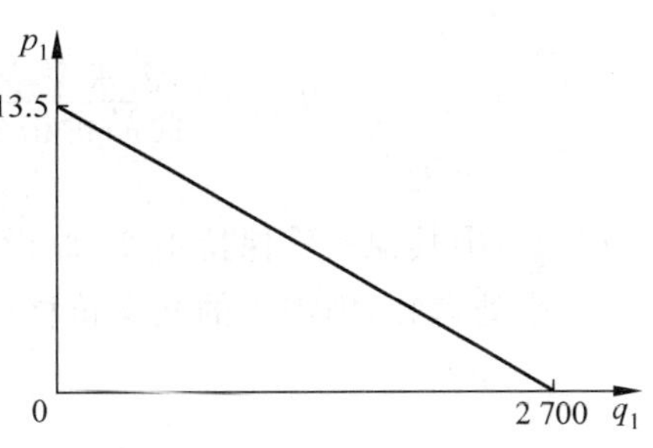

图 10.3　线性的需求函数

给定$\frac{\partial q_1}{\partial p_1}=-200$，式(10.19)给出了商品的需求价格弹性是

$$E_{\mathrm{p}_1}^{\mathrm{d}}=-\frac{\partial q_1}{\partial p_1}\cdot\frac{p_1}{q_1}=200\left(\frac{p_1}{q_1}\right) \tag{10.20}$$

注意式(10.20)计算的价格弹性不是常数，而是依赖于 p_1，p_2 和 Y 的水平。例如，当 $p_1=5$，$p_2=6$ 且 $Y=500$ 时，$q_1=1\,700$，因此需求的价格弹性为$\frac{10}{17}\approx 0.59$。换言之，在这样的价格和收入水平时，$p_1$ 增长 1%，将使需求量大约下降 0.59%。又如，当 $p_1=4$，$p_2=5$ 且 $y=400$，则 $q_1=900$ 时，价格弹性的值就是$\frac{8}{9}\approx 0.89$——相当大了。

在 7.5 节,我们已经提到过,某商品需求的价格弹性通常会随着商品价格的不同而变化。图 7.7 中我们介绍了在一条需求曲线上的不同点处,价格弹性是如何变化的。现在我们发现价格弹性也会随着替代品(或互补品)的价格和消费者收入水平的变化而变化。这是因为这些变量的变化会移动需求曲线,这一点在图 7.7 中已有说明。

需求的收入弹性和交叉价格弹性

商品的需求会受到消费者收入变动的影响。同理,可将商品需求的收入弹性通常定义为

$$E_{\mathrm{Y}}^{\mathrm{d}}=\frac{\text{需求量变动的百分比}}{\text{收入变动的百分比}}=\frac{\dfrac{\Delta q_1}{q_1}}{\dfrac{\Delta Y}{Y}}=\frac{\Delta q_1}{\Delta Y}\cdot\frac{Y}{q_1}\tag{10.21}$$

现在的其他条件保持不变假定意味着,当收入变化时,价格和其他可能影响需求的因素保持不变。类似于前面提到的,标准的收入弹性应定义为

$$E_{\mathrm{Y}}^{\mathrm{d}}=\frac{\partial q_1}{\partial Y}\cdot\frac{Y}{q_1}\tag{10.22}$$

其中$\frac{\partial q_1}{\partial Y}$是需求关于收入的偏导数。例如,给定需求函数(10.19),需求的收入弹性为

$$E_{\mathrm{Y}}^{\mathrm{d}}=7\left(\frac{Y}{q_1}\right)$$

注意:与价格弹性一样,收入弹性也不是常数,而是依赖于 p_1,p_2 和 Y 的水平。例如,当 $p_1=5$,$p_2=11$ 且当 $Y=500$ 时,$q_1=3\ 200$,于是收入弹性是$\frac{35}{32}\approx 1.09$。就是说,在这样的价格和收入水平下,收入增加 1%将引起需求量增加 1.09%。

需求的交叉价格弹性测度的是商品的需求量对于某种其他商品(替代品或互补品)价格变化的反应程度。商品 1 的交叉价格弹性是商品 1 的需求量对商品 2 的价格变动的反应程度,定义为

$$E_{\mathrm{p_2}}^{\mathrm{d}}=\frac{\text{需求量变动的百分比}}{\text{商品价格变动的百分比}}=\frac{\dfrac{\Delta q_1}{q_1}}{\dfrac{\Delta p_2}{p_2}}=\frac{\Delta q_1}{\Delta p_2}\cdot\frac{p_2}{q_1}\tag{10.23}$$

式(10.23)中其他条件保持不变,假设指的是商品自身价格和收入保持不变。我们再次用偏微分法来处理它,则需求的交叉价格弹性为

$$E_{\mathrm{p_2}}^{\mathrm{d}}=\frac{\partial q_1}{\partial p_2}\cdot\frac{p_2}{q_1}\tag{10.24}$$

如果这两种商品是相互替代的,则式(10.24)的交叉价格弹性为正;相反,如果它们是互补商品,则交叉价格弹性为负。例如,考虑需求函数(10.19)

$$E_{\mathrm{p_2}}^{\mathrm{d}}=300\cdot\frac{p_2}{q_1}>0\quad(p_2>0\text{ 且 }p_1>0)\tag{10.25}$$

所以,这里的两种商品是替代品。

10.6　已知某商品的需求函数是

$$q_1 = 300 - 200p_1p_2 + 3p_2Y$$

其中，p_1 为商品本身的价格，p_2 为另一商品的价格，Y 是消费者收入。如果 $p_1=10$，$p_2=5$ 且 $Y=500$。

(a) 求需求的价格、收入及交叉价格弹性。

(b) 这两种商品是替代的，还是互补的？

10.4　生产函数和效用函数

一个企业的生产函数就是将产出 q 表示为要素投入的函数，代表性的情况把产出看作资本投入 k，劳动投入 l 的函数，即

$$q = q(k,l) \tag{10.26}$$

式(10.26)表示在给定投入的情况下，能达到的最大产出。如何获得这一最大产出是个纯技术问题，这里我们不予考虑。

产出 q 显然是个流量。投入变量 k 和 l 通常也是每一时间单位上的流量。式(10.26)中所有的变量通常被假定为连续的和无限可分的，于是将微分方法应用于生产函数成为可能。

假设生产函数(10.26)的具体形式为

$$q = 12\,000k^2l^2 - 2k^3l^3 \tag{10.27}$$

一条劳动的总产出曲线描述了当资本投入固定在某一水平时，劳动投入和产出之间的关系。如果 $k=5$，那么式(10.27)就变成

$$q = 300\,000l^2 - 250l^3 \tag{10.28}$$

式(10.28)劳动的总产出曲线画在图 10.4 中且标有 $k=5$。用前面提到的术语，劳动的总产出曲线也可以称作等 k 线。实际上，图 10.4 中画出了一族这样的曲线。

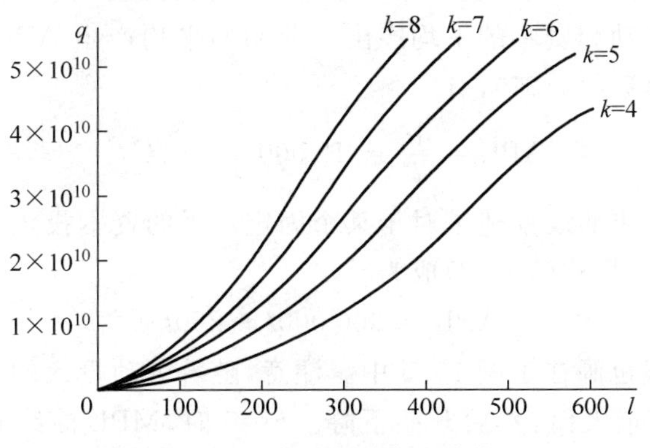

图 10.4　劳动的总产出曲线

显然，构造资本的总产出曲线或等 l 线也是可能的。

劳动的边际产出 MPL 为，当资本投入保持不变时，劳动投入增加 1 单位时产出的变化

量。利用本章的知识,为得到劳动的边际产出,需要对生产函数(10.26)求关于劳动 l 的偏导数。对于形为式(10.27)的生产函数有

$$\mathrm{MPL}=\frac{\partial q}{\partial l}=24\,000k^2l-6k^3l^2 \tag{10.29}$$

劳动的边际产出曲线描述了对于某一固定的资本投入水平,MPL 与劳动投入 l 之间的关系。如果 $k=5$,那么式(10.29)变成

$$\mathrm{MPL}=600\,000l-750l^2 \tag{10.30}$$

这一劳动的边际产出曲线画在图 10.5 中,显然这也是一条等 k 线。注意,另一种得到式(10.30)的方法是对式(10.28)求关于 l 的偏导数。

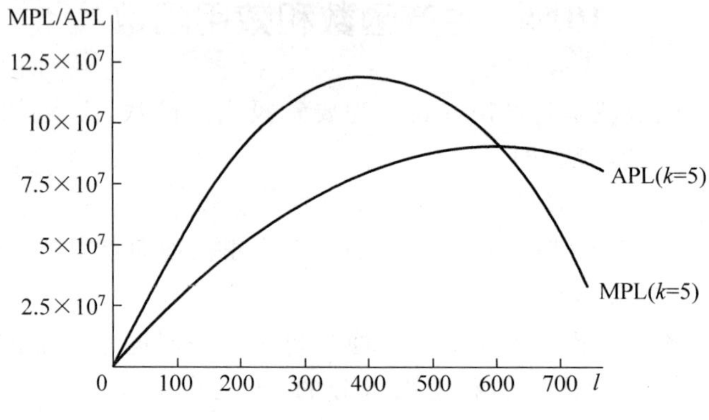

图 10.5 劳动的平均和边际产出曲线

资本的边际产出 MPK 为,当劳动投入保持不变时,每增加一单位的资本投入所带来的产出变化量。显然,为得到 MPK,需要对生产函数求关于资本 k 的偏导数。对于生产函数(10.27),有

$$\mathrm{MPK}=\frac{\partial q}{\partial k}=24\,000kl^2-6k^2l^3 \tag{10.31}$$

资本的边际产出描述了对于某一固定的劳动投入水平,MPK 和资本投入之间的关系。它们是等 l 线,可以通过将 l 的固定值代入式(10.31)而得到。

我们也可以定义劳动和资本的平均产出。劳动的平均产出 APL 为总产出与总劳动投入的比值。对于生产函数(10.27),有

$$\mathrm{APL}=\frac{q}{l}=12\,000k^2l-2k^3l^2 \tag{10.32}$$

一条劳动的平均产出曲线描述了对于某个固定水平的资本投入,APL 和劳动投入之间的关系。例如,当 $k=5$ 时,式(10.32)成为

$$\mathrm{APL}=300\,000l-250l^2 \tag{10.33}$$

式(10.33)的 APL 曲线也画在了图 10.5 中。注意,随着劳动投入的增加,APL 曲线先是增加,当 $l=600$ 时达到其最大值,然后开始下降。$k=5$ 时,MPL 曲线和 APL 曲线会在 APL 曲线的最大值点处相交。

资本的平均产出 APK 为总产出与总资本投入的比值。对于生产函数(10.27),有

$$\mathrm{APK}=\frac{q}{k}=12\,000kl^2-2k^2l^3 \tag{10.34}$$

一条资本的平均产出曲线描述了当劳动投入保持不变时，APK 与资本投入之间的关系。

10.7　对于由式(10.27)决定的生产函数：

(a) 画出劳动投入分别是 $l=400$，500 和 600 时，资本的总产出曲线；

(b) 画出 $l=400$ 时的资本平均产出曲线和边际产出曲线。

10.8　已知某厂商的生产函数为 $q=10k^{0.3}l^{0.7}$：

(a) 写出劳动的平均产出函数和边际产出函数；

(b) 写出资本的平均产出函数和边际产出函数。

效用函数

效用函数描述了消费者通过消费的商品而获得的总效用或满意程度。假定消费者消费 n 种商品，每种商品的消费量分别为 $q_1,q_2,\cdots,q_n$，我们就可以写出效用函数

$$u = u(q_1,q_2,\cdots,q_n) \tag{10.35}$$

其中，u 代表效用。效用和商品的消费量都是流量，它们都用单位时间来计量。假定消费量为连续的和无限可分的，于是我们可以针对式(10.35)来进行数学计算。

边际效用 MU 是指当其他商品的消费量保持不变时，消费者增加某商品一单位消费量所获得的额外效用。为得到商品的边际效用，我们只需对效用函数(10.35)求相关商品的偏导数。例如，在两种商品的世界里，如果效用函数形如

$$u = 10q_1^2q_2^3 \tag{10.36}$$

那么，商品 1 带来的边际效用将是

$$\mathrm{MU}_1 = \frac{\partial u}{\partial q_1} = 20q_1q_2^3 \tag{10.37}$$

同理，商品 2 带来的边际效用将是

$$\mathrm{MU}_2 = \frac{\partial u}{\partial q_2} = 30q_1^2q_2^2 \tag{10.38}$$

10.9　如果某消费者的效用函数是 $u=2q_1^2q_2^3q_3-4q_1q_2^2$。求额外消费 1 单位商品 2 在 $q_1=2$，$q_2=4$ 和 $q_3=3$ 时，所带来的边际效用值。

10.5　高阶偏导数

在第 8 章中，我们知道，通过对单变量函数多次求导，可以得到二阶和三阶导数等。同理，对于多变量函数求高阶导数也是可行的。例如，考虑函数关系式(10.3)

$$z = x^2y - 4y$$

我们看到，对于式(10.3)求关于 x 的偏导数为

$$\frac{\partial z}{\partial x} = 2xy \tag{10.39}$$

这一偏导数给出了图 10.1 中等 y 线斜率的一般表达式。显然,我们可以对式(10.39)再求一次关于 x 的偏导数,从而得到关于 x 的二阶偏导数。该结果可写作下述形式

$$\frac{\partial^2 z}{\partial x^2}=2y \tag{10.40}$$

二阶偏导数(10.40)给出了图 10.1 中当 x 增加时等 y 线斜率的变化率。例如,当 $y=3$ 时,$\frac{\partial^2 z}{\partial x^2}=6$ 是个正值。这表明当 x 增加时,$y=3$ 等 y 线的斜率也增加。注意,y 值越大,$\frac{\partial^2 z}{\partial x^2}$ 的值也越大。因此,y 值高的等 y 线,其斜率增长的速度会更快。

我们也能够求式(10.3)关于 y 的二阶偏导数。对式(10.3)先求一次关于 y 的偏导数,有

$$\frac{\partial z}{\partial y}=x^2-4 \tag{10.41}$$

偏导数(10.41)给出了图 10.2 中等 x 线斜率的一般表达式。再一次求关于 y 的偏导数,有

$$\frac{\partial^2 z}{\partial y^2}=0 \tag{10.42}$$

这个二阶偏导数值为零,表明图 10.2 中的等 x 线是线性的,即随着 y 的增长,等 x 线的斜率是一常数。

还有另一种可能。例如,对两变量函数形如(10.3)求偏导数,先对 x 求导数得到 $\frac{\partial z}{\partial x}$,然后再对 $\frac{\partial z}{\partial x}$ 求关于 y 的偏导数。一旦这样做了,我们就会得到交叉偏导数,写作 $\frac{\partial^2 z}{\partial x\partial y}$。即有

$$\frac{\partial\left(\frac{\partial z}{\partial x}\right)}{\partial y}=\frac{\partial^2 z}{\partial x\partial y}=2x \tag{10.43}$$

同样,对于形如式(10.3)的函数,先对 y 求偏导数得到 $\frac{\partial z}{\partial y}$,再对 $\frac{\partial z}{\partial y}$ 求关于 x 的偏导数也是可行的。这样我们得到另一种交叉偏导数,写作 $\frac{\partial^2 z}{\partial y\partial x}$。即有

$$\frac{\partial\left(\frac{\partial z}{\partial y}\right)}{\partial x}=\frac{\partial^2 z}{\partial y\partial x}=2x \tag{10.44}$$

注意,对于函数(10.3),我们得到

$$\frac{\partial^2 z}{\partial x\partial y}=\frac{\partial^2 z}{\partial y\partial x} \tag{10.45}$$

其实,式(10.45)的结果并非偶然。在计算偏导数时,求偏导的次序与最终结果是无关的(例如,先对 x 再对 y 求偏导或是相反),这称为杨氏定理。本书中,对于我们将要处理的所有函数都是如此。下面再给出一例,假设

$$z=3wxy-2x^2wy^2 \tag{10.46}$$

在式(10.46)中,z 是关于 w,x 和 y 三个变量的多元函数,所以我们可以得到三个一阶偏导数

$$\frac{\partial z}{\partial w}=3xy-2x^2y^2$$

$$\frac{\partial z}{\partial x} = 3wy - 4xwy^2$$

$$\frac{\partial z}{\partial y} = 3wx - 4x^2wy$$

可以求关于 w,x 和 y 的二阶偏导数,分别是

$$\frac{\partial^2 z}{\partial w^2} = 0$$

$$\frac{\partial^2 z}{\partial x^2} = -4wy^2$$

$$\frac{\partial^2 z}{\partial y^2} = -4x^2w$$

同时会有以下 6 个交叉偏导数

$$\frac{\partial^2 z}{\partial w\partial x} = 3y - 4xy^2$$

$$\frac{\partial^2 z}{\partial x\partial w} = 3y - 4xy^2$$

$$\frac{\partial^2 z}{\partial w\partial y} = 3x - 4x^2y$$

$$\frac{\partial^2 z}{\partial y\partial w} = 3x - 4xy^2$$

$$\frac{\partial^2 z}{\partial x\partial y} = 3w - 8xwy$$

$$\frac{\partial^2 z}{\partial y\partial x} = 3w - 8xwy$$

再一次请读者注意,求交叉偏导数的次序是没有影响的。也就是说

$$\frac{\partial^2 z}{\partial w\partial x} = \frac{\partial^2 z}{\partial x\partial w}$$

$$\frac{\partial^2 z}{\partial w\partial y} = \frac{\partial^2 z}{\partial y\partial w}$$

$$\frac{\partial^2 z}{\partial x\partial y} = \frac{\partial^2 z}{\partial y\partial x}$$

在接下来的章节中,我们会看到交叉偏导数的作用。

10.10　如果 $k=3abcd+2ba^2+4c^2d+3a^3c^3$。试求以下交叉偏导数:

(a) $\frac{\partial^2 k}{\partial a\partial b}$;　(b) $\frac{\partial^2 k}{\partial c\partial a}$;　(c) $\frac{\partial^2 k}{\partial d\partial b}$;　(d) $\frac{\partial^2 k}{\partial b\partial c}$。

符号变化

再次考虑式(10.46),其中 z 是 w,x 和 y 的函数。也就是说

$$z = f(w,x,y)$$

对于一阶偏导数的一种简单记号是把它们写作

$$\frac{\partial z}{\partial w}=f_w,\quad \frac{\partial z}{\partial x}=f_x \quad 和 \quad \frac{\partial z}{\partial y}=f_y$$

f_w 就是函数 f 对 w 求偏导数,以此类推。二阶偏导数及交叉偏导数可以用同样的方式写出。例如:

$$\frac{\partial^2 z}{\partial x^2}=f_{xx},\quad \frac{\partial^2 z}{\partial w\partial x}=f_{wx} \quad 和 \quad \frac{\partial^2 z}{\partial y\partial w}=f_{yw}$$

等等。f_{xx} 是函数 f 关于 x 的二阶偏导数。同理,f_{yw} 就是函数 f 先对 y 再对 w 求偏导而得到的交叉偏导数。

在本书中,我们很少采用这种符号,但由于它们的用途很广,因而需要熟识它们。

10.11 对于函数 $f(u,v,w)=u^2v^2+u^2w^2-2vw+w^2$,求 f_u,f_v,f_w,f_{wu} 及 f_{vw}。

习 题

10.1 对下面每一函数,分别求 $y=3$ 时等 $x(x=6)$ 线的斜率和 $x=6$ 时等 $y(y=3)$ 线的斜率:

(a) $z=3x^2y+4xy^2+2x$; (b) $z=6x^2y^2-2y^2x$。

10.2 对于下面各式分别求关于 x 和 y 的偏导数:

(a) $z=4x^2y-3xy+4$; (b) $z=4x^4y^3$;

(c) $z=3x+8y$; (d) $z=2x^2+4y^2+2xy+4$;

(e) $z=7y^2$; (f) $z=\dfrac{4y}{x^2}$。

10.3 求偏导数$\dfrac{\partial z}{\partial x}$和$\dfrac{\partial z}{\partial y}$:

(a) $z=(3x^2+2y)^5$(使用链式法则);

(b) $z=(2x+4)(5x+3y)$(使用乘法法则);

(c) $z=\dfrac{x^3+2x}{3y+1}$(使用除法法则)。

10.4 已知商品 1 的市场需求函数为:$q_1=200+20Y-3Yp_1+2Yp_2-40p_1p_2$,其中 p_1、p_2、Y 分别为商品 1 的价格、商品 2 的价格和收入。如果消费者的收入 $Y=30$,自身价格 $p_1=2$ 且另一种商品的价格 $p_2=3$。

(a) 求需求的价格弹性、收入弹性及交叉价格弹性。

(b) 在给定的价格和收入下,这两种商品是替代的还是互补的?

10.5 已知商品 1 的市场需求函数为:$q_1=50-4p_1+3p_2+0.001Y$,其中 p_1、p_2、Y 分别为商品 1 的价格、商品 2 的价格和收入。

(a) 试求:$p_1=5,p_2=7,Y=11\,000$ 时的需求价格弹性、收入弹性和交叉价格弹性。

(b) 商品 1 和商品 2 是替代品还是互补品?

(c) 商品 1 是正常品吗?

10.6　已知某企业的生产函数是 $q=800k^{0.4}l^{0.6}$。则

(a) 求劳动的边际产出函数和资本的边际产出函数。

(b) 当 $k=4$ 且 $l=10$ 时，分别求出劳动和资本的边际产出值。

10.7　求下列函数的二阶偏导数：

(a) $z=x^2+2xy-3y^2$；

(b) $z=x^4-4x^2y+y^3$；

(c) $z=xy^2+yw^2+wx^2$。

10.8　求出函数 $z=4abc^2+d^2c^3+5cb^2+2c^3a^4$ 的所有一阶偏导数和二阶偏导数。证明：$\frac{\partial^2 z}{\partial a\partial b}=\frac{\partial^2 z}{\partial b\partial a}$及$\frac{\partial^2 z}{\partial b\partial d}=\frac{\partial^2 z}{\partial d\partial b}$。

第11章 全微分和全导数

11.1 全 微 分

在7.7节我们通过一元函数了解了微分的含义及其与导数之间的联系。微分的概念同样适用于多元函数。现在假设我们有一个变量 z 且它是变量 x 和 y 的函数，即 $z=z(x,y)$。另设 y 为常数且存在一个 x 的无穷小变化 Δx，通过与7.7节完全相同的讨论，z 的变化结果一定是

$$\Delta z=\frac{\partial z}{\partial x}\Delta x \tag{11.1}$$

此处$\frac{\partial z}{\partial x}$表示 z 对 x 的偏导数。注意我们此处用偏导数表示，因为 y 是常数。

下面考虑当 x 是常数时，y 的无穷小变化的结果。此时 z 的变化结果一定是

$$\Delta z=\frac{\partial z}{\partial y}\Delta y \tag{11.2}$$

此处$\frac{\partial z}{\partial y}$表示 z 对 y 的偏导数。

最后，假设同时存在 x 的无穷小变化 Δx 和 y 的无穷小变化 Δy。在满足足够小的条件下，我们从式(11.1)和式(11.2)可知 z 的变化结果一定为

$$\Delta z=\frac{\partial z}{\partial x}\Delta x+\frac{\partial z}{\partial y}\Delta y \tag{11.3}$$

在式(11.3)中，无穷小变化 Δx 和 Δy 又称作 x 和 y 的微分，z 的变化结果 Δz 称作函数 $z=z(x,y)$的全微分，以区别于式(11.1)和式(11.2)中的 Δz 的结果，式(11.1)和式(11.2)中的 Δz 的结果可以称为偏微分。

为了方便，如 Δx，Δy 和 Δz 这样的微分经常被写作 $\mathrm{d}x$，$\mathrm{d}y$ 和 $\mathrm{d}z$，等等。因此式(11.3)又可写为

$$\mathrm{d}z=\frac{\partial z}{\partial x}\mathrm{d}x+\frac{\partial z}{\partial y}\mathrm{d}y \tag{11.4}$$

式(11.4)也适用于多元函数。例如，如果 $z=z(x_1,x_2,x_3,\cdots)$，那么

$$\mathrm{d}z=\frac{\partial z}{\partial x_1}\mathrm{d}x_1+\frac{\partial z}{\partial x_2}\mathrm{d}x_2+\frac{\partial z}{\partial x_3}\mathrm{d}x_3+\cdots \tag{11.5}$$

例如，如果

$$z=3x^2y+2xyw^2 \tag{11.6}$$

令 $\mathrm{d}x$，$\mathrm{d}y$ 和 $\mathrm{d}w$ 分别是 x，y 和 w 的微分，那么 z 的全微分是

$$\begin{aligned}\mathrm{d}z&=\frac{\partial z}{\partial x}\mathrm{d}x+\frac{\partial z}{\partial y}\mathrm{d}y+\frac{\partial z}{\partial w}\mathrm{d}w\\&=(6xy+2yw^2)\mathrm{d}x+(3x^2+2xw^2)\mathrm{d}y+(4xyw)\mathrm{d}w\end{aligned}$$

注意： $\mathrm{d}z$ 不仅依赖于 $\mathrm{d}x$，$\mathrm{d}y$ 和 $\mathrm{d}w$，而且依赖于 x，y 和 w 的实际值。

11.1　求下列多元函数的全微分：

(a) $z=5x^2yw^3$；　　(b) $z=5x^3y+4xy^3$；

(c) $z=3x^2y+2xy$；　　(d) $z=(u+4)^2(v+3)^3$。

全微分方法也可用于进行近似计算。以二元函数为例，如 $z=f(x,y)$，式(7.71)变为

$$f(x+\mathrm{d}x,y+\mathrm{d}y)\approx f(x,y)+f_x(x,y)\mathrm{d}x+f_y(x,y)\mathrm{d}y \tag{11.7}$$

同时，z 的近似变化量为

$$\Delta z=f(x+\mathrm{d}x,y+\mathrm{d}x)-f(x,y)\approx f_x(x,y)\mathrm{d}x+f_y(x,y)\mathrm{d}y \tag{11.8}$$

11.2　用全微分法(11.8)求解 z 的近似变化：$z=6x^2y^2$。其中 x 由 100 变为 101，y 由 300 变为 302。

11.3　用全微分法(11.7)求下列式子的近似值：

(a) $\sqrt{1.02^3+1.97^3}$；　　(b) $\dfrac{1}{0.99^2+1.02^2}$。

11.2　非线性方程组的简化式

在第 4 章中我们阐述了简化式的好处和应用。然而，当一个方程组中某些或全部方程是非线性时，求出简化式可能很难，甚至是不可能的。例如，单一商品流量市场模型为

$$d_1=500-2p_1+3p_2 \tag{11.9}$$

$$s_1=300+5p_1^2p_2-3p_2^2 \tag{11.10}$$

$$d_1=s_1 \tag{11.11}$$

这是一个包含三个方程式的方程组，并且方程组中包含 3 个内生变量需求 d_1，供给 s_1，价格 p_1 和一个外生变量——替代品价格 p_2。显然方程(11.10)现在是一个非线性函数。将替代品价格 p_2 看作外生变量，试着用第 4 章的方法求解这个方程组的简化式。将 d_1 和 s_1 代入式(11.11)，得到

$$500-2p_1+3p_2=300+5p_1^2p_2-2p_2^2 \tag{11.12}$$

在式(11.12)中唯一的内生变量是 p_1，所以如果我们将方程表示为 p_1 关于外生变量 p_2 的函数，那么将得到 p_1 的简化式方程。不幸的是，式(11.12)是一个带有两个根的 p_1 的二次方程。我们能够解此方程，但得将 p_1 的简化式代入式(11.9)和式(11.10)中求解 d_1 和 s_1 的简化式时将遇到难题。

在这种情况下，11.1 节的全微分对于导出简化式有相当大的帮助。考虑，如由式(4.19)～式(4.21)组成的联立方程组。这是一个包含三个方程式的方程组，方程组中包含 3 个内生变量 d_1，s_1，p_1 和一个外生变量 p_2。例如，式(4.28)给出的内生变量 p_1 的简化式为

$$p_1=\frac{82}{7}+\frac{4}{7}p_2\approx 11.71+0.57p_2$$

我们注意到上式中 p_2 的系数表明了这外生变量的单位变化对内生变量 p_1 的最终影响。例如,替代品价格 p_2 上涨 1 单位最终导致商品 1 的价格上涨 0.57 单位。实际上,数值 0.57 是内生变量 p_1 对外生变量 p_2 的导数,即$\frac{\mathrm{d}p_1}{\mathrm{d}p_2}$。这样的导数通常称作乘数。

从第 4 章简化式的讨论中,我们清楚地知道像$\frac{\mathrm{d}p_1}{\mathrm{d}p_2}$这样的乘数是相当有用的。然而,当一个方程组中包括非线性方程时,求解它们是困难的。我们将采用另一种处理方式。

应用式(11.4)对式(11.10)求全微分,且有 $s_1=s_1(p_1,p_2)$形式,则有

$$\mathrm{d}s_1=\frac{\partial s_1}{\partial p_1}\mathrm{d}p_1+\frac{\partial s_1}{\partial p_2}\mathrm{d}p_2$$

或

$$\mathrm{d}s_1=10p_1p_2\mathrm{d}p_1+(5p_1^2-6p_2)\mathrm{d}p_2 \tag{11.13}$$

式(11.13)中的$\frac{\partial s_1}{\partial p_1}$和$\frac{\partial s_1}{\partial p_2}$是通过对式(11.10)求偏导数得到的。同样地,应用式(11.4)对式(11.9)求全微分,有形式 $d_1=d_1(p_1,p_2)$,则有

$$\mathrm{d}d_1=\frac{\partial d_1}{\partial p_1}\mathrm{d}p_1+\frac{\partial d_1}{\partial p_2}\mathrm{d}p_2$$

或

$$\mathrm{d}d_1=-2\mathrm{d}p_1+3\mathrm{d}p_2 \tag{11.14}$$

最后,如果 d_1 总是等于 s_1,那么 d_1 的微分一定等于 s_1 的微分。即

$$\mathrm{d}d_1=\mathrm{d}s_1 \tag{11.15}$$

我们可以把式(11.13)~式(11.15)看作一个包含三个方程的方程组,它的变量为 $\mathrm{d}d_1$,$\mathrm{d}s_1$,$\mathrm{d}p_1$ 和 $\mathrm{d}p_2$,而且它是这些变量的一个线性方程组。也就是说,方程组中不包含如$(\mathrm{d}p_1)^2$ 或$(\mathrm{d}p_1)(\mathrm{d}p_2)$这样的项。由于它是线性方程组,那么内生变量的变化 $\mathrm{d}d_1$,$\mathrm{d}s_1$,$\mathrm{d}p_1$ 可以用外生变量的变化 $\mathrm{d}p_2$ 表示。在解这一方程组时,我们像往常一样把除 $\mathrm{d}d_1$,$\mathrm{d}s_1$ 和 $\mathrm{d}p_1$ 之外的变量看作常数。将式(11.13)和式(11.14)代入式(11.15),得

$$-2\mathrm{d}p_1+3\mathrm{d}p_2=10p_1p_2\mathrm{d}p_1+(5p_1^2-6p_2)\mathrm{d}p_2$$

或

$$(2+10p_1p_2)\mathrm{d}p_1=(3-5p_1^2+6p_2)\mathrm{d}p_2$$

因此

$$\mathrm{d}p_1=\left(\frac{3-5p_1^2+6p_2}{2+10p_1p_2}\right)\mathrm{d}p_2 \tag{11.16}$$

式(11.16)给出了外生变量 p_2 的变化引起内生变量 p_1 的变化。通过替换式(11.14)和式(11.15)中的 $\mathrm{d}p_1$,合并同类项后,我们得到内生变量 d_1 和 s_1 的变化的类似结果

$$\mathrm{d}d_1=\mathrm{d}s_1=\left(\frac{5p_1-6p_2+15p_1p_2}{1+5p_1p_2}\right)\mathrm{d}p_2 \tag{11.17}$$

式(11.16)和式(11.17)是纯粹的简化式,因为它们完全地以外生变量的变化表示内生变量的变化。此外我们知道这个方程组的简化式包含以下形式的方程

$$p_1=p_1(p_2) \tag{11.18}$$

$$d_1=d_1(p_2) \tag{11.19}$$

$$s_1 = s_1(p_2) \tag{11.20}$$

应用式(11.4)对式(11.8)～式(11.20)求全微分,得

$$\mathrm{d}p_1 = \frac{\partial p_1}{\partial p_2}\mathrm{d}p_2 \tag{11.21}$$

$$\mathrm{d}d_1 = \frac{\partial d_1}{\partial p_2}\mathrm{d}p_2 \tag{11.22}$$

$$\mathrm{d}s_1 = \frac{\partial s_1}{\partial p_2}\mathrm{d}p_2 \tag{11.23}$$

将式(11.21)中 $\mathrm{d}p_2$ 的系数与式(11.16)中 $\mathrm{d}p_2$ 的系数相对应,可得

$$\frac{\partial p_1}{\partial p_2} = \frac{3 - 5p_1^2 + 6p_2}{2 + 10p_1p_2} \tag{11.24}$$

因此我们得到内生变量 p_1 关于外生变量 p_2 的偏导数。事实上,表达式(11.24)是类似于式(4.28)中的数值 0.57。也就是说,它们就是所需的乘数。

同样地,将式(11.22)和式(11.23)与式(11.17)比较,得

$$\frac{\partial d_1}{\partial p_2} = \frac{\partial s_1}{\partial p_2} = \frac{5p_1 - 6p_2 + 15p_1p_2}{1 + 5p_1p_2} \tag{11.25}$$

总之,从简化式方程中获得的最有用的信息是内生变量关于外生变量的偏导数,即所谓的乘数。非线性方程组对于求解内生变量简化式通常是困难的,因此我们不能用以往的方法。但是,利用全微分的概念来得到这一所需的乘数是可能的。

在一个线性函数中,偏导数,如式(11.14)中的$\frac{\partial p_1}{\partial p_2}$,是常数。然而,在非线性方程组中这样的偏导数或乘数不一定是常数——它们的值随着模型中内生变量和外生变量的值而变化。这意味着模型中外生变量变化对内生变量的影响不总是相同的。例如,在式(11.24)中$\frac{\partial p_1}{\partial p_2}$依赖于 p_1 和 p_2。如果这些变量的值使 $3+6p_2>5p_1^2$,那么$\partial p_1/\partial p_2$ 将为正,即 p_2 上升将引起内生变量 p_1 上升。但是,如果 p_1 和 p_2 的值使 $3+6p_2<5p_1^2$,那么 p_2 的上升将导致 p_1 的下降。

11.4　已知市场模型为

$$d_1 = 500 + 2p_2^2 - p_1$$
$$s_1 = 300 + 5p_1^2p_2 - 3p_2^2$$
$$d_1 = s_1$$

其中需求 d_1、供给 s_1 和价格 p_1 为内生变量,其他商品价格 p_2 为外生变量。利用全微分方法求出乘数$\frac{\partial p_1}{\partial p_2}$。

有时在不知道方程组中方程的准确形式时,得到关于外生变量的影响也是可能的。

一个宏观经济的例子

在 4.3 节中我们得到简单的线性凯恩斯方程组的简化式,简单的线性凯恩斯方程组由

式(4.30)~式(4.32)给定。从式(4.33),内生变量 Y 的简化式,我们推断出政府支出增加 1 单位导致均衡国民收入水平增加 5 单位。事实上,在简化式(4.33)中 G 的系数是著名的凯恩斯乘数。我们还可证明,在 4.3 节的线性模型中,凯恩斯乘数等于边际储蓄倾向 MPS 的倒数。现在我们将运用全微分方法证明无论式(4.30)和式(4.31)是何种形式且无论它们是线性的或非线性的,这个凯恩斯乘数都将等于边际储蓄倾向的倒数。

用一般形式替代式(4.30),得

$$C = f(Y,R) \tag{11.26}$$

此式可以是非线性的。同样地,式(4.31)变成

$$I = g(R) \tag{11.27}$$

式(4.32)是一个均衡条件。不管方程组中的其他方程的形式如何,它都保持不变

$$Y = C + G + I \tag{11.28}$$

对式(11.26)和式(11.27)应用式(11.4),得到全微分

$$\mathrm{d}C = \frac{\partial C}{\partial Y}\mathrm{d}Y + \frac{\partial C}{\partial R}\mathrm{d}R \tag{11.29}$$

$$\mathrm{d}I = \frac{\partial I}{\partial R}\mathrm{d}R \tag{11.30}$$

根据这些条件,均衡条件(11.28)为

$$\mathrm{d}Y = \mathrm{d}C + \mathrm{d}G + \mathrm{d}I \tag{11.31}$$

我们可以把式(11.29)~式(11.31)看作一个关于内生变量 $\mathrm{d}Y$,$\mathrm{d}C$ 和 $\mathrm{d}I$ 的线性方程组,这个方程组包含三个方程式。因而我们能解方程组得到以外生变量 $\mathrm{d}G$ 和 $\mathrm{d}R$ 表示的内生变量 $\mathrm{d}Y$,$\mathrm{d}C$ 和 $\mathrm{d}I$ 的简化式,将式(11.29)和式(11.30)代入式(11.31),得

$$\mathrm{d}Y = \frac{\partial C}{\partial Y}\mathrm{d}Y + \frac{\partial C}{\partial R}\mathrm{d}R + \mathrm{d}G + \frac{\partial I}{\partial R}\mathrm{d}R$$

或

$$\mathrm{d}Y\left(1 - \frac{\partial C}{\partial Y}\right) = \mathrm{d}R\left(\frac{\partial C}{\partial R} + \frac{\partial I}{\partial R}\right) + \mathrm{d}G$$

因此

$$\mathrm{d}Y = \frac{\dfrac{\partial C}{\partial R} + \dfrac{\partial I}{\partial R}}{1 - \dfrac{\partial C}{\partial Y}} \cdot \mathrm{d}R + \frac{1}{1 - \dfrac{\partial C}{\partial Y}} \cdot \mathrm{d}G \tag{11.32}$$

式(11.32)把内生变量——国民收入的变化量 $\mathrm{d}Y$ 用外生变量——利率的变化量 $\mathrm{d}R$ 和政府支出的变化量 $\mathrm{d}G$ 来表示。我们也能够得到 $\mathrm{d}C$ 和 $\mathrm{d}I$ 类似的方程。$\mathrm{d}C$ 代表内生变量消费的变化量,$\mathrm{d}I$ 代表内生变量投资的变化量。但是最重要的是,既然 Y 的简化式方程是 $Y = Y(R,G)$,那么对这个简化式方程求全微分,会有

$$\mathrm{d}Y = \frac{\partial Y}{\partial R}\mathrm{d}R + \frac{\partial Y}{\partial G}\mathrm{d}G \tag{11.33}$$

比较式(11.32)和式(11.33)中 $\mathrm{d}G$ 的系数,得

$$\frac{\partial Y}{\partial G} = \frac{1}{1 - \dfrac{\partial C}{\partial Y}} \tag{11.34}$$

式(11.34)中的$\partial C/\partial Y$是边际消费倾向,因此$\left(1-\dfrac{\partial C}{\partial Y}\right)$是边际储蓄倾向。所以式(11.34)告诉我们,每单位政府支出的变化引起的收入变化(凯恩斯乘数)等于边际储蓄倾向的倒数。这是我们得到的一般结论。

11.5　考虑简单的凯恩斯模型:

$$C = C(Y^{\mathrm{d}})$$
$$Y^{\mathrm{d}} = Y - T$$
$$Y = C + I + G$$

式中:C为消费,Y为国民收入,Y^{d}为可支配收入,I为投资,G为政府支出,T为总直接税。I,G和T是外生变量。

(a) 利用全微分方法求$\dfrac{\partial Y}{\partial G}$和$\dfrac{\partial Y}{\partial T}$。

(b) 如果政府支出G总是恰好等于总直接税T,会对国民收入Y有怎样的影响?

11.6　考虑模型:

$$z = z(u,v),\quad u = u(x,y),\quad v = v(x,y)$$

此处u和v是外生变量。运用全微分证明多元函数的链式法则公式:

(a) $\dfrac{\partial z}{\partial x}=\dfrac{\partial z}{\partial u}\cdot\dfrac{\partial u}{\partial x}+\dfrac{\partial z}{\partial v}\cdot\dfrac{\partial v}{\partial x}$;　　(b) $\dfrac{\partial z}{\partial y}=\dfrac{\partial z}{\partial u}\cdot\dfrac{\partial u}{\partial y}+\dfrac{\partial z}{\partial v}\cdot\dfrac{\partial v}{\partial y}$。

11.3　全导数和隐微分

假定$z=z(x,y)$且y本身也是x的函数,$y=y(x)$。现在变量x既直接地影响z,也经由它对y的影响而间接地影响z。图11.1中阐明了这一关系。取z的全微分,得

$$\Delta z = \frac{\partial z}{\partial x}\Delta x + \frac{\partial z}{\partial y}\Delta y$$

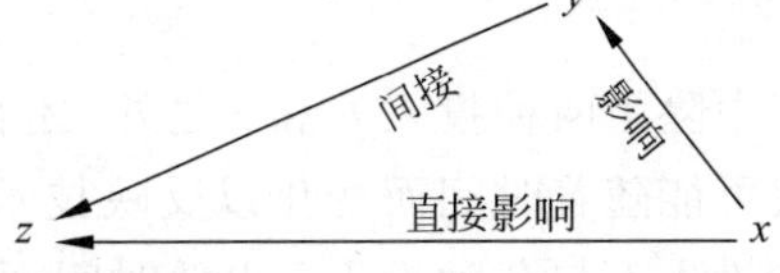

图 11.1　x对z的直接和间接影响

此处我们把微分写作式(11.3)的形式,目的是提醒自己,实际上它们是微小的变化。两侧同时除以Δx,那么有

$$\frac{\Delta z}{\Delta x} = \frac{\partial z}{\partial x} + \frac{\partial z}{\partial y}\cdot\frac{\Delta y}{\Delta x} \tag{11.35}$$

如果我们在式(11.35)的任何一侧让$\Delta x\to 0$,然后根据7.3节导数的初始定义,可以将式(11.35)写成

$$\frac{\mathrm{d}z}{\mathrm{d}x} = \frac{\partial z}{\partial x} + \frac{\partial z}{\partial y}\cdot\frac{\mathrm{d}y}{\mathrm{d}x} \tag{11.36}$$

式(11.36)中$\dfrac{\mathrm{d}z}{\mathrm{d}x}$称作$z$对$x$的全导数,且它明显区别于偏导数$\dfrac{\partial z}{\partial x}$。偏导数$\dfrac{\partial z}{\partial x}$度量了$x$的变化对$z$的直接影响。但是,全导数$\dfrac{\mathrm{d}z}{\mathrm{d}x}$度量$x$的变化对$z$所产生的全部影响,既包括直接的

影响,也包括间接的影响。例如,如果 $z=3x^2y^2$ 和 $y=x^3$,那么

$$\frac{\partial z}{\partial x}=6xy^2=6x^7,\quad \frac{\mathrm{d}z}{\mathrm{d}x}=6xy^2+6x^2y\times 3x^2=6x^7+18x^7=24x^7$$

因而 x 的变化对 z 的直接影响为 $6x^7$,但是 x 的变化对 z 的全部影响为 $24x^7$。注意 x 变化产生的直接影响和全部影响都依赖于 x 自身的实际值。当然,我们还可以用另一种方法求全导数,即首先替换 $z=3x^2y^2$ 中的 y,然后用以往的方法对 x 求导数。式(11.36)的优点是,它将 x 的变化所产生的全部影响分解成直接影响和间接影响两部分。

已知函数

$$y=f(x,w)=3x-w^2,\quad 其中\ x=g(w)=2w^2+w+4$$

求全导数$\frac{\mathrm{d}y}{\mathrm{d}x}$。由式(11.36),全导数应为

$$\frac{\mathrm{d}y}{\mathrm{d}w}=(-2w)+3\times(4w+1)=10w+3$$

作为检验,我们可将函数 g 代入函数 f,得到

$$y=3\times(2w^2+w+4)-w^2=5w^2+3w+12$$

此式仅为 w 的函数。很容易求得,其导数$\frac{\mathrm{d}y}{\mathrm{d}x}$为$(10w+3)$,两种计算方法结果是一致的。

全导数的思想在经济分析中得到了广泛体现。若我们有效用函数 $u=u(c,s)$,其中 c 为咖啡的消费量,s 为糖的消费量,另一个函数 $s=g(c)$表示咖啡和糖之间存在互补关系,则效用函数可以写成

$$u=u[c,g(c)] \tag{11.37}$$

对此,我们有

$$\frac{\mathrm{d}u}{\mathrm{d}c}=\frac{\partial u}{\partial c}+\frac{\partial u}{\partial g(c)}g'(c) \tag{11.38}$$

再以生产函数为例。令生产函数为

$$q=q(k,l,t) \tag{11.39}$$

其中除了两种投入 k 和 l 之外,还有第三个自变量 t,表示时间。t 变量的存在表明,生产函数可能随着时间而变化以反映技术变革的影响。因此,这是一个动态的生产函数。因为资本投入 k 与劳动投入 l 也随时间而变化,所以,我们可以写成

$$k=k(t)\quad 和\quad l=l(t) \tag{11.40}$$

则按照全导数公式,产出关于时间的变化率可以表示成

$$\frac{\mathrm{d}q}{\mathrm{d}t}=\frac{\partial q}{\partial k}\cdot\frac{\mathrm{d}k}{\mathrm{d}t}+\frac{\partial q}{\partial l}\cdot\frac{\mathrm{d}l}{\mathrm{d}t}+\frac{\partial q}{\partial t} \tag{11.41}$$

或者用另一种符号表示为

$$\frac{\mathrm{d}q}{\mathrm{d}t}=q_kk'(t)+q_ll'(t)+q_t \tag{11.42}$$

11.7 求偏导数$\frac{\partial z}{\partial y}$和全导数$\frac{\mathrm{d}z}{\mathrm{d}y}$:

(a) $z=3x^2y^5$ 和 $x=4y+6$;

(b) $z=4x+3y$ 和 $x=4y^4$。

11.8 如果 $u=5w^2$ 但 v 不依赖于 w，求 x 对 w 的全导数：

(a) $x=6u^2w$；　　(b) $x=5uvw$；

(c) $x=4u^3w+7vw^2$；　　(d) $x=w^2+u^2v^2$。

隐微分

假定 $z=z(x,y)$，而且 z 的值被任意地设定为某一常数，即 $z=z_0$。因此

$$z(x,y)=z_0 \tag{11.43}$$

式(11.43)把 y 隐含地定义为 x 的函数，称为隐函数。例如，如果 $z=x^2y-4y$ 和 $z=10$，那么这意味着

$$y=\frac{10}{x^2-4} \tag{11.44}$$

我们能用前面小节中的全微分方法，求得隐函数(11.43)的导数$\frac{\mathrm{d}y}{\mathrm{d}x}$。如果 z 是一个常数，那么显然 z 的任何变化 $\mathrm{d}z$ 一定为零。因此

$$\mathrm{d}z=\frac{\partial z}{\partial x}\mathrm{d}x+\frac{\partial z}{\partial y}\mathrm{d}y=0 \tag{11.45}$$

式(11.45)两边同除以 $\mathrm{d}x$，有

$$\frac{\partial z}{\partial x}+\frac{\partial z}{\partial y}\cdot\frac{\mathrm{d}y}{\mathrm{d}x}=0\rightarrow\frac{\mathrm{d}y}{\mathrm{d}x}=-\frac{\partial z/\partial x}{\partial z/\partial y} \tag{11.46}$$

式(11.46)称为隐微分公式，给定隐函数(11.43)，就可用式(11.46)求导数$\frac{\mathrm{d}y}{\mathrm{d}x}$。例如，给定 $z=x^2y-4y$，利用隐微分公式(11.46)，求得

$$\frac{\mathrm{d}y}{\mathrm{d}x}=\frac{2xy}{4-x^2} \tag{11.47}$$

注意式(11.47)的结果也可以通过直接对式(11.44)求导数得到。但是，一般结论(11.46)有某些有益的经济应用。为此我们注意到，在第10章的术语中，如同式(11.44)这样的方程定义了一个等 z 线。在图11.2中列出了一族这样的曲线，且它们满足函数 $z=x^2y-4y$。同式(11.44)相对应的曲线标记为 $z=10$，其中 x 和 y 代表一对值，且赋予 z 同样的常数值10。例如，点 $x=3$ 和 $y=2$ 是位于等值线 $z=10$ 上的一点，因为这两个值满足式(11.44)，也满足赋予 z 值为10的 $z=x^2y-4y$。同样地，在图11.2中，$z=6$ 的曲线是通过将方程(11.44)中的10换为6得到的。一般来说，对应 $z=z_0$（z_0 为任意数）的等 z 线，可以经由图示关系

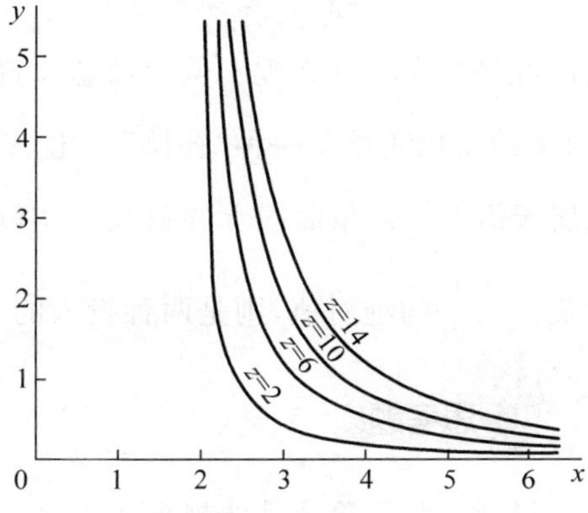

图11.2　一族等 z 线

$$y=\frac{z_0}{x^2-4} \tag{11.48}$$

画出来。显然，式(11.46)中的$\frac{\mathrm{d}y}{\mathrm{d}x}$，可以理解为等 z 线的斜率。

把上面的内容进一步扩展,可以定义一个新的求导法则——隐函数法则。例如,我们想要知道由方程 $x^2+y^2=9$ 所定义的曲线斜率,这看起来很像一个 $z_0=9$ 的等 z 线,可以先定义一个函数 $F(x,y)=x^2+y^2-9$,因而有 $F_x=2x, F_y=2y$,由式(11.46),所求曲线斜率为

$$\frac{\mathrm{d}y}{\mathrm{d}x}=-\frac{2x}{2y}=-\frac{x}{y} \quad (y\neq 0) \tag{11.49}$$

这种求导数的方法称为隐函数法则。

前面曾指出,由隐函数法则可求出由给定方程确定的隐函数的导数。求由方程 $F(y,x,w)=y^3x^2+w^3+yxw-3=0$ 定义的任意隐函数的偏导数$\frac{\partial y}{\partial x}$。此方程很难解出 y,但因 F_y, F_x, F_w 明显连续,且 $F_y=3y^2x^2+xw$ 在满足给定方程的点,如(1,1,1)确定为非零,所以隐函数 $y=f(x,w)$ 至少在该点确实存在,因而讨论偏导数$\frac{\partial y}{\partial x}$有意义。进而使用隐函数法则,可立即得出

$$\frac{\partial y}{\partial x}=-\frac{F_x}{F_y}=-\frac{2y^3x+yw}{3y^2x^2+xw}$$

在点(1,1,1),该导数之值为$-\frac{3}{4}$。

假设方程 $F(q,k,l)=0$ 隐含地定义了一个生产函数 $q=f(k,l)$,下面求出与函数 F 相关的边际产出 MPK 和 MPL 的方法。因为边际产出仅为偏导数$\frac{\partial q}{\partial k}$和$\frac{\partial q}{\partial l}$,我们可应用隐函数法则并写出

$$\text{MPK}=\frac{\partial q}{\partial k}=-\frac{F_k}{F_q} \quad \text{和} \quad \text{MPL}=\frac{\partial q}{\partial l}=-\frac{F_l}{F_q} \tag{11.50}$$

此外,我们还可从方程 $F(q,k,l)=0$ 得到另一偏导数

$$\frac{\partial k}{\partial l}=-\frac{F_l}{F_k} \tag{11.51}$$

$\frac{\partial k}{\partial l}$的经济含义是什么呢?偏导数意味着另一变量 q 保持不变,由此可知此偏导数所描述的 k 和 l 的变化实质是一种“补偿”变化,从而使产出 q 维持在某一特定水平不变,因而这种变化属于沿着等产量曲线上的移动。实际上,偏导数$\frac{\partial k}{\partial l}$是等产量线的斜率,它在正常情况下为负。而$\frac{\partial k}{\partial l}$的绝对值,则是两种投入的边际技术替代率。

11.9 利用隐函数法则求导数$\frac{\mathrm{d}y}{\mathrm{d}x}$:

(a) $3x^2+y^2=8$; (b) $x^3y^2=4$; (c) $y^2=6x$。

11.4 齐次函数和欧拉定理

考虑函数

$$z=f(x,y)=3x^2y+2y^3 \tag{11.52}$$

这个函数有十分特殊的性质，即它的每一个变量同时乘以某一非零常数λ，则函数值变成自身与λ^3的乘积。也就是说，在式(11.52)中用λx和λy代替x和y，可以得到

$$f(\lambda x,\lambda y)=3(\lambda x)^2\lambda y+2(\lambda y)^3=\lambda^3(3x^2y+2y^3)=\lambda^3 f(x,y)=\lambda^3 z$$

函数(11.52)称为3次齐次的。

简单的数例有助于进一步理解齐次性的含义。例如，3次齐次意味着x和y同时增加一倍(即，如果它们同时乘以倍数$\lambda=2$)，那么z将以$\lambda^3=2^3$的倍数增长。也就是说，z增加了7倍。同样地，如果x和y均增加20%(即，x和y同时乘以倍数$\lambda=1.2$)，那么z将以$\lambda^3=1.2^3=1.728$的倍数增长。也就是说，z增加了72.8%。

同样地，函数$w=f(x,y,z)=5x^{0.2}y^{0.5}z^{0.3}$是1次齐次的。因为如果这个函数中的每一个变量均乘以非零常数λ，我们得到

$$f(\lambda x,\lambda y,\lambda z)=5(\lambda x)^{0.2}(\lambda y)^{0.5}(\lambda z)^{0.3}=\lambda(5x^{0.2}y^{0.5}z^{0.3})=\lambda w$$

也就是说，函数值变为自身与λ的乘积。注意，如果函数是1次齐次的，那么就意味着函数自变量的等比例变化将导致函数值自身的同一比例变化。也就是说，如果x,y和z均增加10%(即，$\lambda=1.1$)，那么w也将增加10%(即$\lambda^1=1.1^1$)。同样地，如果x,y和z均增加一倍($\lambda=2$)，那么w也增加一倍($\lambda^2=2$)。

通常，函数$f(x,y,z)$称为n次齐次的，当且仅当

$$f(\lambda x,\lambda y,\lambda z)=\lambda^n f(x,y,z),\quad \lambda\neq 0 \tag{11.53}$$

也就是说，如果函数的每一个自变量都乘以非零常数λ，那么函数值将乘以λ^n。这一定义可以扩展到含有任意个自变量的函数。

齐次性的次数n也可以位于0～1。例如，函数$f(x,y)=x^{0.4}y^{0.3}$是0.7次齐次的，因为

$$f(\lambda x,\lambda y)=(\lambda x)^{0.4}(\lambda y)^{0.3}=\lambda^{0.7}x^{0.4}y^{0.3}=\lambda^{0.7}f(x,y)$$

这意味着，如果x和y均增加40%(即$\lambda=1.4$)，那么z将以$1.4^{0.7}=1.266$的倍数增长。也就是说，z将增加26.6%——少于x和y的增加量。

考虑下面的例子。假定

$$w=f(x,y,z)=\frac{x^2+y^2}{z^2} \tag{11.54}$$

此函数是0次齐次的，因为

$$f(\lambda x,\lambda y,\lambda z)=\frac{(\lambda x)^2+(\lambda y)^2}{\lambda^2z^2}=\frac{\lambda^2(x^2+y^2)}{\lambda^2z^2}=\lambda^0 f(x,y,z)=w$$

所以，对于这个函数，在定义(11.53)中$n=0$。注意，如果函数是0次齐次的，那么它的自变量的等比例变化不会使函数值发生变化。

0次齐次意味着函数能表示为它的自变量的比率。例如，我们能将式(11.54)写成

$$w=\frac{x^2+y^2}{z^2}=\left(\frac{x}{z}\right)^2+\left(\frac{y}{z}\right)^2$$

也就是说，函数能写成自变量比率$\frac{x}{z}$和$\frac{y}{z}$的函数。因为x,y和z的等比例变化不会使比率$\frac{x}{z}$和$\frac{y}{z}$发生变化。

11.10　下列函数中哪些是齐次的？是几次齐次的？

(a) $z=3x^2y$； (b) $z=\sqrt{x/3y}$； (c) $z=7x^2+4y$；

(d) $z=8xy^2+5x^2y+3$； (e) $z=(x^2y+y^3)/x^3$。

11.11 假定 $z=3x^2+4y^2+3xy$。求自变量等比例变化对 z 的影响：

(a) x 和 y 均增加一倍； (b) x 和 y 均增加 6%；

(c) x 和 y 均减少一半； (d) x 和 y 均下降 30%。

11.12 证明函数 $w=\dfrac{3xyz+4xy^2}{2z^2y+3x^2y}$ 是 0 次齐次的，并以自变量的比率形式来表示这个函数。

有许多关于齐次性的经济应用。例如，在第 10 章中我们介绍了生产函数的概念。如果一个生产函数是齐次的，那么齐次的次数 n 决定了这一生产函数的规模报酬情况。假定生产函数(10.26)是 n 次齐次的，那么根据齐次性定义得到

$$q(\lambda k,\lambda l)=\lambda^n q \tag{11.55}$$

如果在式(11.55)中 $n=1$，这意味着劳动投入和资本投入的等比例增加会导致产出相同比例的增长，因而生产函数表现为规模报酬不变。但是，如果 $n>1$，那么投入的等比例增长导致产出增长大于这一比例，生产函数表现为规模报酬递增；反之，如果 $n<1$，则生产函数表现为规模报酬递减。

11.13 下列生产函数中，哪些是规模报酬递增的，哪些是规模报酬递减的？

(a) $q=3k^{0.4}l^{0.6}$； (b) $q=k^2+2l^2$； (c) $q=4k^3+l^2k$；

(d) $q=\sqrt{kl}$； (e) $q=\dfrac{\sqrt{2l}}{k}$； (f) $q=5k^2-12l^2+20kl$。

欧拉定理

对于如式(11.53)所代表的 n 次齐次函数，欧拉定理描述了这样一种关系

$$x\frac{\partial f}{\partial x}+y\frac{\partial f}{\partial y}+z\frac{\partial f}{\partial z}=nf(x,y,z) \tag{11.56}$$

该定理可以扩展到多自变量的函数。

应用于生产函数时，欧拉定理有一个最令人感兴趣的解释。如果生产函数 $q=q(k,l)$ 是 n 次齐次的，那么应用式(11.56)，得

$$k\frac{\partial q}{\partial k}+l\frac{\partial q}{\partial l}=nq \tag{11.57}$$

假定 p 是产出的价格，m 和 w 分别是资本投入和劳动投入的价格。当然，$\dfrac{\partial q}{\partial k}$ 和 $\dfrac{\partial q}{\partial l}$ 分别是资本和劳动的边际产出。如果按要素的边际产出价值支付要素价格(在完全竞争时就是这样)，即

$$m=p\frac{\partial q}{\partial k} \quad 和 \quad w=p\frac{\partial q}{\partial l} \tag{11.58}$$

代入式(11.57)，有

$$k\frac{m}{p}+l\frac{w}{p}=nq$$

重新整理为

$$km + lw = npq \tag{11.59}$$

式(11.59)中的 pq 是厂商的总收入。km 和 lw 是厂商取得资本要素和劳动要素的全部费用。因此，如果 $n=1$——规模报酬不变时，那么对要素的支付恰好等于总收入，利润一定为零。如果 $n<1$，那么对要素的支付小于总收入，厂商利润为正；但是如果 $n>1$，支付大于收入，厂商亏损。

11.14　生产函数 $q=3k^{0.4}l^{0.6}$ 满足欧拉定理吗？为什么？

习　　题

11.1　如果 $z=0.001x^3+0.05y^2+0.03xy$。

(a) 求 z 的全微分。

(b) 并利用全微分结果，求出当 x 从 400 增至 401 和 y 从 200 增至 201 时，z 的近似变化量。

11.2　求全微分：

(a) $z=3x^2+4xy+5y^2$；　(b) $z=2w^{0.3}x^{0.2}y^{0.5}$；　(c) $z=(x+y)^2$。

11.3　考虑下列非线性市场模型：

$$d_1 = 300 - 3p_1 - p_2$$
$$s_1 = 200 + 2p_1 - p_2 + 2p_2p_1$$
$$d_1 = s_1$$

变量同第 4 章定义的一样，其中 p_2 是外生变量。运用全微分方法求价格乘数$\frac{\partial p_1}{\partial p_2}$。

11.4　考虑下列简单的宏观模型：

$$C = C(Y,W),\quad I(Y,R) = I,\quad C + I = Y,\quad L = L(Y,R),\quad L = M$$

其中，国民收入 Y、消费 C、投资 I、利率 R 和货币需求 L 是内生变量；货币供给 M 和财富 W 是外生变量。运用全微分方法计算：

(a) 货币乘数$\frac{\partial Y}{\partial M}$；　(b) 财富乘数$\frac{\partial Y}{\partial W}$。

11.5　考虑如下 IS-LM 模型：

$$C = C(Y,R),\quad I = I(R),\quad E = C + I,\quad Y = E + G,\quad L = L(Y,R),\quad L = M$$

式中：C 为消费；I 为投资；E 为总的私人支出；G 为政府支出；Y 为国民收入；R 为利率；L 为货币需求量；M 为货币供给量。M 和 G 是外生变量。证明：

(a) $\dfrac{\partial Y}{\partial G}=\dfrac{\dfrac{\partial L}{\partial R}}{\dfrac{\partial L}{\partial R}\left(1-\dfrac{\partial C}{\partial Y}\right)+\dfrac{\partial L}{\partial Y}\cdot\dfrac{\partial E}{\partial R}}$；　(b) $\dfrac{\partial Y}{\partial M}=\dfrac{\dfrac{\partial E}{\partial R}}{\dfrac{\partial L}{\partial R}\left(1-\dfrac{\partial C}{\partial Y}\right)+\dfrac{\partial L}{\partial Y}\cdot\dfrac{\partial E}{\partial R}}$。

11.6　计算偏导数和全导数：

(a) 已知 $z=3x^2y^2$ 和 $yx^2=5$，求$\frac{\partial z}{\partial x}$和$\frac{\mathrm{d}z}{\mathrm{d}x}$；

(b) 已知 $z=wu/v$,$u=4w^2$ 和 $v=3/w^2$,求全导数$\frac{dz}{dw}$。

11.7 利用隐函数法则求导数$\frac{dy}{dx}$:

(a) $y^2=3x+2y$;　　(b) $x^2-y^2=4$;

(c) $xy^3+4x^2y-y=1$;　　(d) $x^2+xy=3$;

(e) $\sqrt{x}+\sqrt{y}=6$;　　(f) $y=1+xe^y$。

11.8 下列函数中,哪些是齐次函数?是几次齐次函数?

(a) $z=8x^3+2x^2y+4xy^2+5$;

(b) $z=3/x^2+5/y^2$;

(c) $z=\frac{x^3y^2}{w^5}+\frac{w^3y^2}{x^5}+\frac{x^3w^2}{y^5}$。

11.9 假定 $z=\frac{1}{x}+\frac{1}{y}$。求自变量等比例变化对 z 的影响:

(a) x 和 y 均增加 2 倍;　　(b) x 和 y 均增加 10%;

(c) x 和 y 均减少 50%。

附录:欧拉定理证明

假定 $w=f(x,y,z)$是 n 次齐次的。那么

$$f(\lambda x,\lambda y,\lambda z)=\lambda^n f(x,y,z)$$

令 $u=\lambda x$,$t=\lambda y$ 和 $w=\lambda z$,因此

$$f(u,t,w)=\lambda^n f(x,y,z) \tag{11A.1}$$

将式(11A.1)两边同时对 λ 求偏导数,得

$$\frac{\partial f}{\partial u}\cdot\frac{\partial u}{\partial \lambda}+\frac{\partial f}{\partial t}\cdot\frac{\partial t}{\partial \lambda}+\frac{\partial f}{\partial w}\cdot\frac{\partial w}{\partial \lambda}=n\lambda^{n-1}f(x,y,z) \tag{11A.2}$$

式(11A.2)的左边是运用复合函数公式(见思考题 11.6)求偏导数。而且,$\partial u/\partial\lambda=x$,$\partial t/\partial\lambda=y$ 和$\partial w/\partial\lambda=z$。所以式(11A.2)变为

$$x\frac{\partial f}{\partial u}+y\frac{\partial f}{\partial t}+z\frac{\partial f}{\partial w}=n\lambda^{n-1}f(x,y,z) \tag{11A.3}$$

式(11A.3)对所有的 λ 值都成立。如果我们令 $\lambda=1$,那么有 $u=x$,$t=y$ 和 $w=z$。因而式(11A.3)变为

$$x\frac{\partial f}{\partial x}+y\frac{\partial f}{\partial y}+z\frac{\partial f}{\partial z}=nf(x,y,z) \tag{11A.4}$$

式(11A.4)即是欧拉定理。

第 12 章　无约束和约束最优化

12.1　无约束最优化

在 8.2 节我们考察了稳定点以及一元函数的局部极大值和局部极小值等问题。一元函数中的极值概念可以推广到多元函数。假定，对于二元函数

$$z = f(x, y) \tag{12.1}$$

当 $x=a$ 和 $y=b$ 且 x 和 y 值发生微小变化而得不到更小的 z 值时，我们称式(12.1)中的 z 具有局部极小值。也就是说，在 $x=a$ 和 $y=b$ 处，z 的值比在任意"相邻的"一对 x 和 y 处 z 的值都小。注意我们仅提到"相邻的"x 和 y 值的组合。还可能有某个"远离"$x=a$ 和 $y=b$ 的一对 x 和 y 值使 z 的值更小。为此，我们称 z 具有局部极小值而不是全局极小值。

实际上，我们可以采用下列三种方法使 x 和 y 发生微小的变化：

(a) 保持 $x=a$ 不变，使 y 变化。

(b) 保持 $y=b$ 不变，使 x 变化。

(c) x 和 y 同时变化。

如果 z 在 $x=a$ 和 $y=b$ 这点有局部极小值，那么通过(a)～(c)中的任何一种方法都不可能使 z 变小。首先考虑(a)种情况，如果固定 x 的值，考察 y 的变化对 z 的影响，那么我们将得到一条如同第 10 章所讲的等 x 线。如果当 $x=a$ 和 $y=b$ 时，式(12.1)确实有局部极小值，那么这个 $x=a$ 的等 x 线一定看起来像图 12.1(a)中的曲线，且该曲线在 P 点有极小值。对于这样一条等 x 线，从 $y=b$ 出发改变 y 不可能获得更小的 z 值。

显然，从一元函数的讨论中我们知道，在图 12.1(a)中的 P 点处，下列条件一定成立

$$\frac{\partial z}{\partial y} = 0 \quad 和 \quad \frac{\partial^2 z}{\partial y^2} > 0 \tag{12.2}$$

此处的偏导数是在 x 值保持不变的情况下得到的。如果条件(12.2)成立，那么仅通过 y 的变化，我们不可能获得一个更小的 z 值。

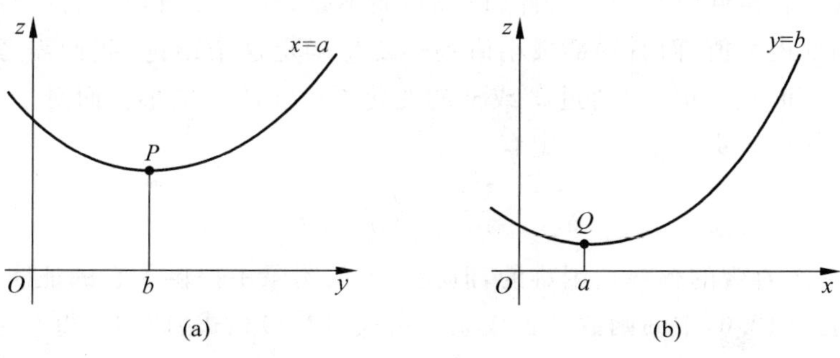

图 12.1　一个局部极小值

同样地，考虑图 12.1(b)，如果固定 $y=b$ 且使 x 变化，那么我们得到一条 $y=b$ 的等 y 线。如果在 $x=a$ 和 $y=b$ 处 z 有局部极小值，那么等 y 线一定有一个类似于图 12.1(b)中

的曲线的形状,且该图中的曲线在 Q 点有局部极小值。因此,我们看到在 y 值固定的情况下,从 $x=a$ 出发改变 x 不可能得到一个更小的 z。

在图 12.1(b)中的 Q 点,下列条件显然一定成立

$$\frac{\partial z}{\partial x}=0 \quad 和 \quad \frac{\partial^2 z}{\partial x^2}>0 \tag{12.3}$$

仍是偏导数,因为我们现在保持 y 不变。如果条件(12.3)成立,那么仅通过 x 的变化,我们不可能获得更小的 z。

显然,如果 $z=f(x,y)$有局部极小值。那么条件(12.2)和条件(12.3)一定都成立。

同样地,如果 z 在 $x=a$ 和 $y=b$ 处有局部极大值。这意味着,z 在 $x=a$ 和 $y=b$ 处比在任意“相邻的”一对 x 和 y 处取得的值都更大。现在图 12.1 中的等 x 线和等 y 线将都存在局部极大值,因此对于有局部极大值的 $z=f(x,y)$来说,必定有

$$\frac{\partial z}{\partial y}=0 \quad 和 \quad \frac{\partial^2 z}{\partial y^2}<0 \tag{12.4}$$

$$\frac{\partial z}{\partial x}=0 \quad 和 \quad \frac{\partial^2 z}{\partial x^2}<0 \tag{12.5}$$

虽然我们还没有考虑上面的(c)种情况,但是此处我们试图通过同时改变 x 和 y 使 z 下降(或上升),看通过对具体的函数运用条件(12.2)~(12.5)能得到什么结论。例如,假定

$$z=3x^2+4y^2-12x-8y+4xy \tag{12.6}$$

我们寻找式(12.6)的驻点,以及局部极小值和/或局部极大值。我们知道对于局部极大值或局部极小值来讲一定有$\frac{\partial z}{\partial x}$和$\frac{\partial z}{\partial y}$等于零。对于式(12.6)来讲,有

$$\frac{\partial z}{\partial y}=8y-8+4x=0 \tag{12.7}$$

$$\frac{\partial z}{\partial x}=6x-12+4y=0 \tag{12.8}$$

方程(12.7)和方程(12.8)构成了关于 x 和 y 的线性方程组。很容易解得 $x=2$ 和 $y=0$。接下来我们求二阶偏导数

$$\frac{\partial^2 z}{\partial y^2}=8 \quad 和 \quad \frac{\partial^2 z}{\partial x^2}=6 \tag{12.9}$$

显然二阶偏导数符合条件(12.2)和条件(12.3),而不是条件(12.4)和条件(12.5)。此时能明确地说没有局部极大值,而有局部极小值吗?要想确定这个结论,我们需考虑上面的(c)种情况。当 $x=2$ 和 $y=0$ 时,仅通过 x 或 y 的变化不可能使 z 更小。而对于通过 x 和 y 的同时变化也不可能使 z 更小来讲,一定有

$$\frac{\partial^2 z}{\partial y^2}\cdot\frac{\partial^2 z}{\partial x^2}>\left(\frac{\partial^2 z}{\partial y\partial x}\right)^2 \tag{12.10}$$

给条件(12.10)一个直观的解释是困难的,但在本章的附录中提供了它的证明。这里我们将简单地检验它对式(12.6)中的函数是否成立。由式(12.7)和式(12.8),得

$$\left(\frac{\partial^2 z}{\partial y\partial x}\right)^2=4^2=16 \text{ 而且} \frac{\partial^2 z}{\partial y^2}\cdot\frac{\partial^2 z}{\partial x^2}=8\times 6=48$$

显然条件(12.10)得到满足,因此我们能确定式(12.6)中的 z 在 $x=2$ 和 $y=0$ 处有局部极小值。

下面总结一下具有局部极小值或局部极大值必须成立的条件。

首先，一定有

$$\frac{\partial z}{\partial y}=0 \quad 和 \quad \frac{\partial z}{\partial x}=0 \tag{12.11}$$

对于局部极小值和局部极大值都有一阶条件必定成立。对于局部极小值还必须有

$$\frac{\partial^2 z}{\partial y^2}>0, \quad \frac{\partial^2 z}{\partial x^2}>0 \quad 和 \quad \frac{\partial^2 z}{\partial y^2}\cdot\frac{\partial^2 z}{\partial x^2}>\left(\frac{\partial^2 z}{\partial y \partial x}\right)^2 \tag{12.12}$$

对于局部极大值必须有

$$\frac{\partial^2 z}{\partial y^2}<0, \quad \frac{\partial^2 z}{\partial x^2}<0 \quad 和 \quad \frac{\partial^2 z}{\partial y^2}\cdot\frac{\partial^2 z}{\partial x^2}>\left(\frac{\partial^2 z}{\partial y \partial x}\right)^2 \tag{12.13}$$

关系式(12.12)和(12.13)称作极值存在的二阶条件。

注意在式(12.12)和式(12.13)中第三个条件是完全相同的。事实上，如果

$$\frac{\partial^2 z}{\partial y^2}\cdot\frac{\partial^2 z}{\partial x^2}<\left(\frac{\partial^2 z}{\partial y \partial x}\right)^2 \tag{12.14}$$

那么我们既没有局部极小值也没有局部极大值，即使所有其他条件都成立。此时我们得到一个“鞍点”，关于这一点见本章附录。

运用条件(12.11)～(12.13)，能求解任意函数的局部极大值和局部极小值。例如：

$$z=4x^2+y^2-xy-x^3 \tag{12.15}$$

式(12.15)的一阶和二阶偏导数为

$$\frac{\partial z}{\partial y}=2y-x \quad 和 \quad \frac{\partial z}{\partial x}=8x-y-3x^2$$

$$\frac{\partial^2 z}{\partial y^2}=2, \quad \frac{\partial^2 z}{\partial x^2}=8-6x \quad 和 \quad \frac{\partial^2 z}{\partial y \partial x}=-1$$

运用条件(12.11)，使得一阶偏导数同时等于零。即

$$2y-x=0 \quad 和 \quad 8x-y-3x^2=0 \tag{12.16}$$

式(12.16)这对方程有两个解。我们可以通过将 $x=2y$ 代入第二个方程求得其解，从而得到二次方程

$$15y-12y^2=0 \to 5y-4y^2=0 \to y(5-4y)=0$$

所以 $y=0$ 或 $y=\frac{5}{4}$。由 $x=2y$，得到与 y 相对应的 x 的值为 $x=0$ 和 $x=\frac{5}{2}$。因而有可能是局部极大值或局部极小值的两对值：$x=0$ 和 $y=0$；$x=\frac{5}{2}$ 和 $y=\frac{5}{4}$。

现在检验一下这两对值是否满足条件(12.12)和条件(12.13)。对于 $x=0$ 和 $y=0$，我们有

$$\frac{\partial^2 z}{\partial y^2}=2, \quad \frac{\partial^2 z}{\partial x^2}=8-6x=8 \quad 和 \quad \frac{\partial^2 z}{\partial y \partial x}=-1$$

显然满足条件(12.12)，因为 $8\times 2>(-1)^2$。所以当 $x=0$ 和 $y=0$ 时，式(12.15)有局部极小值。

对于 $x=\frac{5}{2}$ 和 $y=\frac{5}{4}$，我们有

$$\frac{\partial^2 z}{\partial y^2}=2, \quad \frac{\partial^2 z}{\partial x^2}=8-6x=-7 \quad 和 \quad \frac{\partial^2 z}{\partial y \partial x}=-1$$

在这种情况下,既不满足式(12.12)也不满足式(12.13),因为$\frac{\partial^2 z}{\partial y^2}$和$\frac{\partial^2 z}{\partial x^2}$的符号相反。式(12.14)也不成立,因为$-7\times 2<(-1)^2$。因此式(12.15)在这点既没有局部极大值也没有局部极小值。而当$x=0$和$y=0$时,函数(12.15)有局部极小值。将$x=0$和$y=0$代入式(12.15),可以求得z的局部极小值,从而得到局部极小值$z=0$。

12.1 求下列函数的局部极值:

(a) $z=2x^2+y^2$;

(b) $z=x^2-y^2$;

(c) $z=3x^2+4y^2-12x-8y$;

(d) $z=8xy+2x^2-3y^2+4x-y$。

12.2 利润最大化回顾

在8.4节我们把利润定义为总收入与总成本的差

$$\pi = \mathrm{TR}-\mathrm{TC} \tag{12.17}$$

将总收入和总成本表示成产出的函数,那么我们能够得到利润最大化的产出量。当产出量使边际收入等于边际成本时利润最大化,二阶条件为边际成本曲线从下方穿过边际收入曲线。

本章中我们用略微不同的函数表达利润最大化问题。这里介绍一个像式(10.26)

$$q=q(k,l)$$

这样的生产函数。此处产出q是资本投入k和劳动投入l的函数。假定p是产出的价格,m和w分别是资本投入和劳动投入的价格。式(12.17)中的总成本是厂商对资本和劳动支付的总和,即

$$\mathrm{TC}=mk+wl \tag{12.18}$$

因为总收入是简单的p和q的乘积,所以可以把式(12.17)写成

$$\pi = pq-mk-wl$$

将q用k和l表示,有

$$\pi = pq(k,l)-mk-wl \tag{12.19}$$

假定产出价格和投入价格给定不变。式(12.19)表示利润为资本投入和劳动投入的函数。现在我们厂商的利润最大化问题不是选择产出量而是选择资本投入量和劳动投入量。我们简单地运用条件(12.11)和条件(12.13)得到此时的利润最大化条件。

运用式(12.11),我们对式(12.19)求偏导数并让它们等于零,有

$$\frac{\partial \pi}{\partial k}=p\frac{\partial q}{\partial k}-m=0 \rightarrow \frac{\partial q}{\partial k}=\frac{m}{p} \tag{12.20}$$

$$\frac{\partial \pi}{\partial l}=p\frac{\partial q}{\partial l}-w=0 \rightarrow \frac{\partial q}{\partial l}=\frac{w}{p} \tag{12.21}$$

一阶条件(12.20)和(12.21)表明投入量一定要使每一种要素的实际价格等于它的边际产出。

利用式(12.13)得到二阶条件

$$\frac{\partial^2 \pi}{\partial k^2} = p\frac{\partial^2 q}{\partial k^2} < 0 \rightarrow \frac{\partial^2 q}{\partial k^2} < 0 \tag{12.22}$$

$$\frac{\partial^2 \pi}{\partial l^2} = p\frac{\partial^2 q}{\partial l^2} < 0 \rightarrow \frac{\partial^2 q}{\partial l^2} < 0 \tag{12.23}$$

$$p^2 \frac{\partial^2 q}{\partial k^2} \cdot \frac{\partial^2 q}{\partial l^2} > p^2 \left(\frac{\partial^2 q}{\partial k \partial l}\right)^2 \rightarrow \frac{\partial^2 q}{\partial k^2} \cdot \frac{\partial^2 q}{\partial l^2} > \left(\frac{\partial^2 q}{\partial k \partial l}\right)^2 \tag{12.24}$$

二阶偏导数$\frac{\partial^2 q}{\partial k^2}$和$\frac{\partial^2 q}{\partial l^2}$分别度量了资本的边际产出曲线和劳动的边际产出曲线的斜率。条件(12.22)和条件(12.23)意味着劳动和资本二者的边际产出递减是利润最大化的必要条件。例如,式(12.23)成立,额外一单位的劳动投入将导致产出的增加比前一单位劳动投入导致产出的增加更小。因为由式(12.21)可知,一单位劳动的边际产出等于实际工资率 w/p,而额外一单位劳动的边际产出将少于实际工资率。所以额外一单位劳动的投入将导致利润下降。

12.2　一个厂商的生产函数是 $q=k^{0.5}+l^{0.5}$。如果产出价格 $p=5$,资本投入量 k 的价格 $m=10$ 和劳动投入量 l 的价格 $w=20$ 作为确定的值,求厂商利润最大化时的 q,k 和 l 值。

市场分割与利润最大化

最优化方法在 12.1 节的发展使我们能解决比第 8 章更复杂一些的经济问题。例如假定,一个厂商在两个完全不同的市场上销售同一种产品。两个市场上厂商的需求曲线分别为

$$p_1 = 262 - 4q_1, \quad p_2 = 222 - 2q_2 \tag{12.25}$$

p_1 和 p_2 是在同一种产品在两个不同市场上的价格,q_1 和 q_2 是在两个市场上的销售量。

厂商的总成本函数为

$$\text{TC} = q^2 + 2q + 300 \tag{12.26}$$

此处总产出 $q=q_1+q_2$。

如果厂商想要最大化利润,那么应该在每个市场上定什么样的价格以及在每个市场上能销售多少产品?

厂商的利润 π 是总收入和总成本的差,即通常

$$\pi = \text{TR} - \text{TC} \tag{12.27}$$

在这个问题中主要的决定变量是产出 q_1 和 q_2,因此需要以 q_1 和 q_2 表示利润。

厂商从两个市场上获得收入,利用式(12.25),有

$$\text{TR}_1 = p_1 q_1 = 262q_1 - 4q_1^2 \tag{12.28}$$

和

$$\text{TR}_2 = p_2 q_2 = 222q_2 - 2q_2^2 \tag{12.29}$$

此处 TR_1 和 TR_2 是厂商在两个市场上各自的总收入。显然厂商的全部收入是 $\text{TR}=\text{TR}_1+\text{TR}_2$。现在 TR 是用产出 q_1 和 q_2 来表示的。

总成本由式(12.26)给定。将 $q=q_1+q_2$ 代入式(12.26),得

$$\begin{aligned}\text{TC} &= (q_1+q_2)^2 + 2(q_1+q_2) + 300 \\ &= q_1^2 + q_2^2 + 2q_1q_2 + 2q_1 + 2q_2 + 300\end{aligned} \tag{12.30}$$

式(12.30)将总成本表示为 q_1 和 q_2 的函数。

现在我们用 q_1 和 q_2 来表示利润。根据式(12.27),利用式(12.28)～式(12.30),有

$$\pi = 262q_1 - 4q_1^2 + 222q_2 - 2q_2^2 - (q_1^2 + q_2^2 + 2q_1q_2 + 2q_1 + 2q_2 + 300)$$

合并同类项,得

$$\pi = 260q_1 + 220q_2 - 2q_1q_2 - 5q_1^2 - 3q_2^2 - 300 \tag{12.31}$$

式(12.31)是以 q_1 和 q_2 表示的厂商的利润函数。现在我们利用无约束最优化方法最大化利润。首先就 π 对 q_1 和 q_2 求偏导数

$$\frac{\partial \pi}{\partial q_1} = 260 - 2q_2 - 10q_1$$

$$\frac{\partial \pi}{\partial q_2} = 220 - 2q_1 - 6q_2$$

两个偏导数同时等于零,得

$$260 - 2q_2 - 10q_1 = 0 \rightarrow 5q_1 + q_2 = 130 \tag{12.32}$$

$$220 - 2q_1 - 6q_2 = 0 \rightarrow q_1 + 3q_2 = 110 \tag{12.33}$$

式(12.32)两侧同时乘以 3 并从式(12.33)中减去,结果得到 $-14q_1 = -280$,所以 $q_1 = 20$。将 q_1 代入式(12.32)或式(12.33)得到 $q_2 = 30$。

在 $q_1 = 20$ 和 $q_2 = 30$ 处有一个潜在的驻点。为证明这个驻点是局部极大值,必须检验二阶条件。二阶偏导数是

$$\frac{\partial^2 \pi}{\partial q_1^2} = -10, \quad \frac{\partial^2 \pi}{\partial q_2^2} = -6 \quad 和 \quad \frac{\partial^2 \pi}{\partial q_1 \partial q_2} = -2$$

可知

$$\frac{\partial^2 \pi}{\partial q_1^2} < 0, \quad \frac{\partial^2 \pi}{\partial q_2^2} < 0 \quad 和 \quad \left(\frac{\partial^2 \pi}{\partial q_1^2}\right)\left(\frac{\partial^2 \pi}{\partial q_2^2}\right) > \left(\frac{\partial^2 \pi}{\partial q_1 \partial q_2}\right)^2$$

因此,满足局部极大值的二阶条件。

$q_1 = 20$ 和 $q_2 = 30$ 时厂商的利润最大。现在我们能利用两个需求函数求出两个市场上的价格。根据式(12.25),得到 $p_1 = 182$,$p_2 = 162$。同样,如果将 q_1 和 q_2 代入式(12.31),则得到厂商的最大利润值。

12.3 一个厂商在两个不同的市场上销售同一种产品。它在两个市场上的需求函数是:

$$p_1 = 315 - 6q_1, \quad p_2 = 103 - 2q_2$$

此处,p_1、p_2、q_1 和 q_2 是厂商在两个市场上各自的价格和产量。厂商的总成本函数是:

$$\mathrm{TC} = 15q + 600$$

此处,$q = q_1 + q_2$。求利润最大化时每个市场上的产量、价格以及厂商的总利润水平。

上述方法也同样也适用于建有多个分厂的厂商利润最大化问题,基本原理就是确定利润最大化函数,然后利用局部极大值条件(12.11)和(12.13)确定极大值时的变量值。注意,为保证是局部极大值,一定要检验二阶条件(12.13)。

12.4 一个厂商在两个工厂生产同一种产品。两个工厂的总成本函数分别是:

$$\mathrm{TC}_1 = 3q_1^2 + 2q_1 + 6, \quad \mathrm{TC}_2 = 2q_2^2 + 2q_2 + 4$$

此处，q_1 和 q_2 是厂商两个工厂各自的产出。厂商的需求函数是：

$$p = 74 - 6q$$

此处 $q = q_1 + q_2$，p 为产品的市场价格。为实现利润最大化，该厂商应该在每个工厂中生产多少产出？此时产品价格应该是多少？

12.3 约束最优化

虽然最优化问题在经济学中是常见的，但是最优化的实现经常受其他因素的约束。例如，一个消费者要最大化效用，但他能得到的效用量受可支配收入的约束。同样地，一个厂商想要最小化总成本，但它的这一目标受到生产某一产量的需要的约束。考虑函数关系

$$z = x^2 y - 4y \tag{12.34}$$

如果我们想要求 z 的无约束极大值，需要从所有 x 和 y 值的可能组合中，找到将其代入式(12.34)得到 z 的极大值的那个组合。可以考虑任何一对 x 和 y 的组合——我们对 x 和 y 组合的选择，在任何情况下都不受约束。事实上，不难看出可以使 z 同我们希望的一样大。例如，如果设 y 等于任意正的常数，那么 x 越大 z 就变得越大。所以无约束的 z 的极大值是无限大的。

现在假定我们想要极大化式(12.34)，受

$$5y + 12x = 46 \tag{12.35}$$

的约束。与一个无约束极大化问题不同，我们现在有一个约束极大化问题。这意味着，要从满足约束式(12.35)的所有 x 和 y 的组合中找到一对 x 和 y 的组合，将这一组合代入式(12.34)可得到 z 的极大值，对 x 和 y 组合的选择必须要满足式(12.35)。

我们通过对式(12.34)的等 z 线作图的方式来解释约束极大化问题，如图 12.2 所示。图 12.2 中的直线 AB 就是约束(12.35)。通常，为了方便，我们只绘制式(12.34)中 x 和 y 为正的那部分。

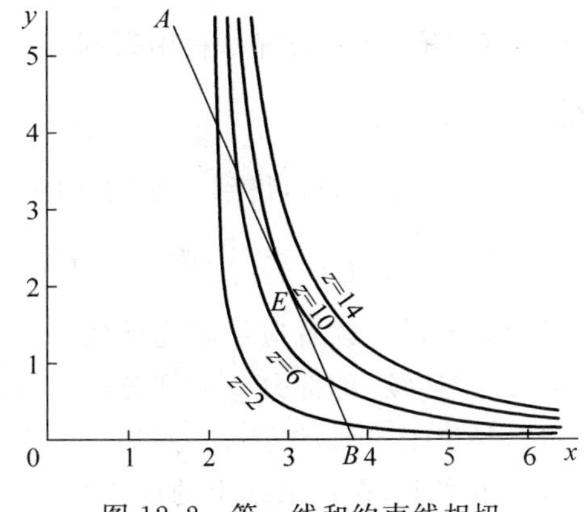

图 12.2 等 z 线和约束线相切

注意等 z 线离原点越远，与它相对应的 z 的固定值越大。在约束极大化问题中，因为我们仅考虑满足约束的 x 和 y 的组合，所以意味着仅考虑图 12.2 中直线 AB 上的点。为解决这一最大化问题要求在直线 AB 上确定可达到"最高"等 z 线。那么，我们将有受约束的最大化的 z。

显然可获得的最高等 z 线是 $z=10$，此线相切于约束线 AB。因此这个问题的解是图 12.2 中的 E 点。这点的坐标($x=3$ 和 $y=2$)代表一对 x 和 y 的值，这对 x 和 y 满足约束且可得到 z 的极大值。当然 z 的极大值是 $z=10$。

以上面的方法求得约束最大化和最小化问题的图解，常常是费力或不可能的。在我们找到与约束线相切的等 z 线之前，必须绘制大量的等 z 线！显然我们需要一个解析法，第 10 章和第 11 章中描述的微分理论为我们提供了这一方法。

图 12.2 中 E 点的极重要的性质是通过此点的等 z 线在 E 点的斜率等于约束线 AB 的恒定斜率。从式(12.35)可知约束线的斜率是 $-\frac{12}{5}$,而且利用 11.3 节的隐微分方法,我们可以得到一个等 z 线的斜率表达式。由式(11.46)得

$$\frac{\mathrm{d}y}{\mathrm{d}x}=-\frac{\frac{\partial z}{\partial x}}{\frac{\partial z}{\partial y}}=-\frac{2xy}{x^2-4} \tag{12.36}$$

使等 z 线的斜率表达式等于 $-\frac{12}{5}$,得

$$-\frac{2xy}{x^2-4}=-\frac{12}{5}\rightarrow 12(x^2-4)=10xy\rightarrow 6x^2-5xy=24 \tag{12.37}$$

方程(12.37)表示 x 和 y 之间的关系,E 点的坐标一定满足这一关系。我们将其称为最优化条件。因为只有 E 点坐标满足它,在代表约束最大化问题的解的意思上,E 才是最优的。

E 的坐标也一定满足式(12.35),即 E 位于约束线方程上。因此有两个方程(12.35)和(12.37)。这两个方程能使我们解得这些坐标。从方程(12.35)得

$$y=\frac{46}{5}-\frac{12}{5}x$$

将其代入式(12.37),有

$$6x^2-5x\left(\frac{46}{5}-\frac{12}{5}x\right)=24\rightarrow 9x^2-23x-12=0 \tag{12.38}$$

方程(12.38)是关于 x 的二次方程。二次方程可以用公式法或因式分解法求解。因式分解得

$$(x-3)(9x+4)=0\rightarrow x=3 \quad 和 \quad x=-\frac{4}{9}$$

因而我们得两个 x 的解。利用得到相应的 y 值。所以方程(12.35)和方程(12.37)的两个解是 $x=3,y=2$ 和 $x=-\frac{4}{9},y=\frac{154}{15}$。显然第一个解对应于图 12.2 中的 E 点。将 $x=3$ 和 $y=2$ 代入式(12.34),得到可能的 z 的极大值为 $z=3^2\times2-4\times2=10$。

但解 $x=-\frac{4}{9},y=\frac{154}{15}$ 呢?为了解释这个解,要知道图 12.2 中仅绘制了正的 x,y 和 z 值时的等 z 线。读者应绘制完整的等 z 线,如 $z=10$。我们将发现有两个与图 12.2 中绘制的部分不"连续"的部分。一部分位于 y 轴之下,另一部分是图 12.2 中描绘的部分的"对称图像",且位于 y 轴的左边。然后绘制负的 z 值与等 z 线相切。因而,这点代表 z 的一个极小值。事实上,在约束线上的这点位于可达到的"最低"的等 z 线上。

12.5 用解析法求函数 $z=x^2+y^2+8y$ 的局部极小值,此时自变量受 $x+y=2$ 的约束。

拉格朗日方法

在本节中,我们介绍第二种解最优化问题的方法,这一方法称为拉格朗日方法。重新考

虑前小节中的问题，即我们要想最大化的目标函数(12.34)

$$z = x^2 y - 4y$$

受式(12.35)

$$5y + 12x = 46$$

的约束。拉格朗日法的第一步是重新排列约束，即让约束方程左边等于零，然后形成一个新的函数

$$F = \text{目标函数} + \lambda(\text{新约束方程的右边}) \tag{12.39}$$

此处 λ 是一个新的变量，称作拉格朗日乘子。式(12.39)中的新函数称作拉格朗日函数。在本例中约束重排为 $0=46-5y-12x$，并构造拉格朗日函数

$$F = x^2 y - 4y + \lambda(46 - 5y - 12x) \tag{12.40}$$

现在最重要的是接受这一观点，即如果我们求得最大化或最小化形如式(12.40)拉格朗日函数的 x，y 和 λ 的值，那么同一 x 和 y 的值将是最大化或最小化受约束目标函数的一对值。虽然没有提供此观点的严密证明，但是我们能够直观地看到它为什么成立。在解上面约束最优化问题时，我们仅涉及满足约束的 x 和 y 的值——使 $0 = 46 - 5y - 12x$。而从式(12.40)可知，如果 $0=46-5y-12x$，那么 $F=z$。但是当 F 和 z 相等时，最大化或最小化 F 的 x 和 y 值一定也最大化或最小化 z。所以最大化或最小化 F 相当于最大或最小化受式(12.35)约束的 z。因为只有当式(12.35)成立时，才有 $F=z$。

拉格朗日法的第二步是像无约束最优化一样求 F 的极大值或极小值。也就是，F 依次对 x，y 和 λ 求偏导数并令这些偏导数为零。在上例中得到

$$\frac{\partial F}{\partial x} = 2xy - 12\lambda = 0 \tag{12.41}$$

$$\frac{\partial F}{\partial y} = x^2 - 4 - 5\lambda = 0 \tag{12.42}$$

$$\frac{\partial F}{\partial \lambda} = 46 - 5y - 12x = 0 \tag{12.43}$$

方程(12.41)～(12.43)构成了含有三个变量 x，y 和 λ 的方程组。注意第三个方程仅是原始约束(12.35)的另一种写法。运用方程(12.41)和(12.42)可以消去拉格朗日乘子 λ。即，根据方程(12.41)和(12.42)得

$$\lambda = \frac{xy}{6} \quad \text{和} \quad \lambda = \frac{x^2 - 4}{5} \tag{12.44}$$

所以

$$\frac{xy}{6} = \frac{x^2 - 4}{5} \rightarrow 6x^2 - 5xy = 24 \tag{12.45}$$

注意方程(12.45)恰好与前小节中的最优化条件(12.37)相同。x 和 y 的最优值一定满足这一关系。在约束最优化问题中消去拉格朗日乘子总能得到这样的最优化条件。

接下来解方程(12.43)和(12.45)得到 x 和 y 的最优化值。因为方程(12.43)是原始约束而方程(12.45)是最优化条件，所以，我们将得到与前小节相同的解——$x=3$，$y=2$ 和 $x=-\frac{4}{9}$，$y=\frac{154}{15}$。现在，剩下的问题是，当运用拉格朗日法时，我们应该如何区别局部极大值和局部极小值？

12.6 应用拉格朗日乘数法求解思考题 12.5 的最优化问题。

12.7 应用拉格朗日乘数法，求下列函数的驻点：

(a) $z=3x+5y$，约束为：$xy=15$；

(b) $z=4x+y$，约束为：$x^2+y^2=17$；

(c) $z=x^2+y^2$，约束为：$x^2+y^2-4x+2y=0$。

这些驻点是局部极大值点还是局部极小值点？

拉格朗日乘子的解释

在运用拉格朗日法时，新变量 λ 的出现常常带来一些困惑。但是，可以给拉格朗日乘子一个清晰实用的经济解释。考虑一般约束最大化问题，目标函数为

$$z=z(x,y) \tag{12.46}$$

最大化受

$$f(x,y)=c \tag{12.47}$$

的约束。式(12.47)中 c 的变化通常会导致不同的 z 的极大值。例如，在最后两小节的问题中，约束(12.35)的右边从 46 到 47 的增长将把图 12.2 中的约束线向远离原点的方向平移，并得到一个更高的等 z 线。事实上，最后一小节的拉格朗日乘子告诉我们约束常量 c 的每单位变化引起的极大值 z 的变化。也就是说，它是 z 对 c 的偏导数

$$\lambda=\frac{\partial z}{\partial c} \tag{12.48}$$

我们将其写成偏导数，因为约束函数通常包括其他的保持不变的常量，如约束方程(12.35)中含有常量 5 和 12。同样地，在约束极小化问题中拉格朗日乘子告诉我们约束常量 c 的每单位变化引起的极小值 z 的变化。

不难证明式(12.48)。首先，构造拉格朗日函数

$$F=z(x,y)+\lambda[c-f(x,y)] \tag{12.49}$$

对 x 和 y 求偏导数并令偏导数为零

$$\frac{\partial F}{\partial x}=\frac{\partial z}{\partial x}-\lambda\frac{\partial f}{\partial x}=0,\quad \frac{\partial F}{\partial y}=\frac{\partial z}{\partial y}-\lambda\frac{\partial f}{\partial y}=0 \tag{12.50}$$

整理有

$$\frac{\partial z}{\partial x}=\lambda\frac{\partial f}{\partial x},\quad \frac{\partial z}{\partial y}=\lambda\frac{\partial f}{\partial y} \tag{12.51}$$

对式(12.46)和式(12.47)分别进行全微分，有

$$\mathrm{d}z=\frac{\partial z}{\partial x}\mathrm{d}x+\frac{\partial z}{\partial y}\mathrm{d}y \tag{12.52}$$

$$\mathrm{d}c=\frac{\partial f}{\partial x}\mathrm{d}x+\frac{\partial f}{\partial y}\mathrm{d}y \tag{12.53}$$

将式(12.51)代入式(12.52)中，有

$$\mathrm{d}z=\lambda\frac{\partial f}{\partial x}\mathrm{d}x+\lambda\frac{\partial f}{\partial y}\mathrm{d}y=\lambda\left(\frac{\partial f}{\partial x}\mathrm{d}x+\frac{\partial f}{\partial y}\mathrm{d}y\right)$$

利用式(12.53)中的结果，得

$$dz = \lambda dc \tag{12.54}$$

因此有 $\lambda=\frac{dz}{dc}$，考虑到将其他变量看作是常数的假定，写为偏导数形式，即 $\lambda=\frac{\partial z}{\partial c}$。

举一个运用格拉朗日乘子的经济例子。假定厂商有生产函数

$$q = 100l^{0.6}k^{0.4} \tag{12.55}$$

劳动投入 l 的价格为 12，资本投入 k 的价格为 6，且保持不变。要想生产 20 000 单位的产出，为实现利润最大化，厂商需要最小化其成本。

厂商的总成本函数为

$$TC = 12l + 6k \tag{12.56}$$

厂商想要最小化成本，所以显然式(12.56)是厂商的目标函数。最小化成本受产出必须是 20 000 单位的约束。由于产出由生产函数(12.56)确定，约束方程写作

$$100l^{0.6}k^{0.4} = 20\,000 \tag{12.57}$$

因此这一约束最优化问题可以被表示为，受式(12.57)约束以最小化式(12.56)。我们构造拉格朗日函数，得

$$F = 12l + 6k + \lambda(20\,000 - 100l^{0.6}k^{0.4}) \tag{12.58}$$

现在我们选择 l，k 和 λ 最小化 F。分别对 l，k 和 λ 求偏导数并令所有的偏导数为零，得

$$\frac{\partial F}{\partial l} = 12 - 60\lambda l^{-0.4}k^{0.4} = 0 \tag{12.59}$$

$$\frac{\partial F}{\partial k} = 6 - 40\lambda l^{0.6}k^{-0.6} = 0 \tag{12.60}$$

$$\frac{\partial F}{\partial \lambda} = 20\,000 - 100l^{0.6}k^{0.4} = 0 \tag{12.61}$$

利用式(12.59)和式(12.60)消去 λ。由式(12.59)和式(12.60)可得

$$\lambda = 0.20l^{0.4}k^{-0.4} \quad 和 \quad \lambda = 0.15l^{-0.6}k^{0.6} \tag{12.62}$$

那么

$$0.20l^{0.4}k^{-0.4} = 0.15l^{-0.6}k^{0.6} \tag{12.63}$$

两边同乘以 $l^{0.6}k^{0.4}$，得

$$0.20l = 0.15k \rightarrow l = 0.75k \tag{12.64}$$

将 l 代入式(12.61)，得

$$100 \times (0.75k)^{0.6}k^{0.4} = 20\,000$$

那么

$$84.1k^{0.6}k^{0.4} = 20\,000 \rightarrow 84.1k = 20\,000$$

得 $k=237.81$，利用式(12.64)得 $l=178.36$。

当 l 和 k 取这些值时，我们能通过式(12.56)得到总成本极小值为

$$TC = 12 \times 178.36 + 6 \times 237.81 = 3\,567.2$$

最后，可以求得并解释拉格朗日乘子 λ。将 l 和 k 的值代入表达式(12.62)中的任何一个，都能得到 λ。代入第一个表达式得

$$\lambda = 0.20 \times 178.36^{0.4} \times 237.81^{-0.4} = 0.18 \tag{12.65}$$

由式(12.48)可知，格拉朗日乘子表示当约束常量发生微小变化时，函数极大值或极小

值的变化。而在此例中 λ 告诉我们当产出从 20 000 单位上升到 20 001 单位时对成本极小值的影响。从式(12.65)可知,产出增加 1 单位将导致总成本增加 0.18 个单位,结合第 7 章的概念,也即边际成本为 0.18。

12.8 已知某厂商的生产函数为 $q=10k^{0.5}l^{0.5}$,总成本为 $\mathrm{TC}=4k+16l$,其中,k 和 l 分别代表资本投入量和劳动投入量。

(a) 求出产出 $q=100$ 时的最小化成本。

(b) 此时的要素投入量应该是多少?

(c) 生产额外一单位产出的边际成本是多少?

12.9 已知某厂商的生产函数为 $q=10k^{0.5}l^{0.5}$,总成本为 $\mathrm{TC}=4k+16l$,其中,k 和 l 分别代表资本投入量和劳动投入量。

(a) 试求总成本为 160 时的最大化产出。

(b) 此时的要素投入量应该是多少?

(c) 比较思考题 12.8 中的结果,能得到什么启示?

12.4 约束极大值和约束极小值的辨别

因为此类条件是复杂的并超出我们的范围,所以当解决约束最优化问题时,我们没有介绍用来辨别局部极大值和局部极小值的二阶条件。但是,事实上少量“试错”将给出我们所需要的信息。

举一个例子,让我们回到本章中解决的第一个约束最优化问题,假定用拉格朗日法最大化或者最小化

$$z = x^2y - 4y$$

约束方程为

$$5y + 12x = 46$$

而在前面我们看到,可能的最优点之一是 $x=3$ 和 $y=2$,进而得到 $z=10$。

证明 $z=10$ 是否是局部极大值或局部极小值的一个显而易见的方法是使 $x=3$ 和 $y=2$ 的值轻微变化,然后观察 z 值的变化情况。但是记住,如果我们获得一个 x 的改变,那么相应的 y 的改变一定要满足约束方程 $5y+12x=46$。

假定我们使 x 从 3 增加到 3.1。所需要的 y 值可通过将 $x=3.1$ 代入约束方程得到,即 y 一定变为 $y=1.76$,小于原值 $y=2$。将 $x=3.1$ 和 $y=1.76$ 代入目标函数得到 $z=9.87$。这个值小于在 $x=3$ 和 $y=2$ 点的 z 值。

另外,如果我们使 x 从 3 减少到 2.9,约束方程暗示我们必须把 y 从 2 变为 2.24。z 的值是 9.88。我们又得到一个小于 10 的 z 值。在 $x=3$ 和 $y=2$ 点给出的 z 值比在任何邻近的 x,y 值给出的 z 值都大,因此我们说 z 在 $x=3$ 和 $y=2$ 点有局部极大值。

虽然“试错”法对解决最优化问题非常有帮助,但一个更一般的处理是必要的。注意,在经济学中,我们经常仅涉及正的 x 和 y 的解——也就是说,那些位于原点的“右上”方向的第一象限的解。

在经济学的约束最大化问题中，经常有这样的情况，即约束方程是线性的，同时目标函数是严格拟凹的，且具有正的一阶偏导数。我们不需要对严格拟凹下准确定义，但对于二元函数的例子来讲给严格拟凹一个直观的解释是可能的。如果 $z=z(x,y)$ 是严格凹的，那么如果目标函数绘制于三维坐标系中，从下方观察它的曲面呈现圆顶状。图 12.3 显示了这样一个曲面。然而，如果 $z=z(x,y)$ 是严格拟凹的，它的曲面不一定是圆顶形的，还可以是钟形的，如图 12.4 所示。

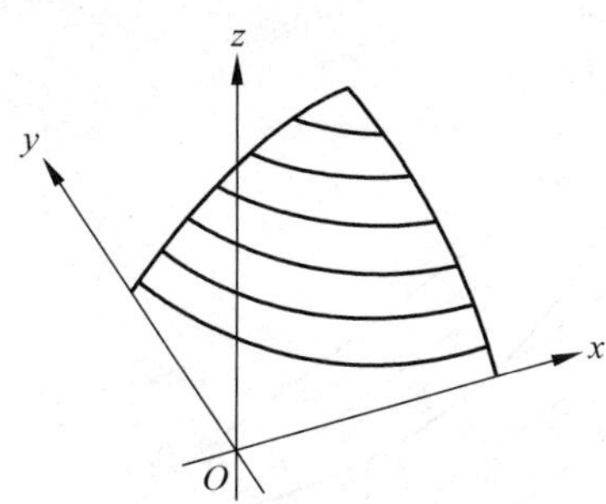

图 12.3　一个严格凹的曲面

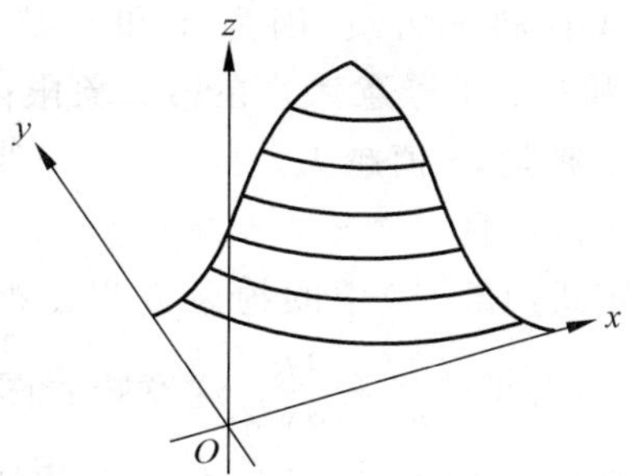

图 12.4　一个严格拟凹的曲面

假定 $z=z(x,y)$ 总有正的一阶偏导数，即 $\frac{\partial z}{\partial x}>0$ 和 $\frac{\partial z}{\partial y}>0$，那么不论严格凹的还是严格拟凹的，都确保在 $x-y$ 平面内的所有等 z 线凸向原点。也就是说，它们都有图 12.5 所示的形状。而且，在正象限内等 z 线离原点越远，z 值将越大。也就是说，在图 12.5 中 $z_3>z_2>z_1>z_0$。无论严格凹的还是严格拟凹的，都包含像图 12.5 中的那些凸的等 z 线，但由于严格拟凹性是比严格凹性更弱的假定，因此大多数经济学家在约束最大化问题中假定目标函数是严格拟凹的。

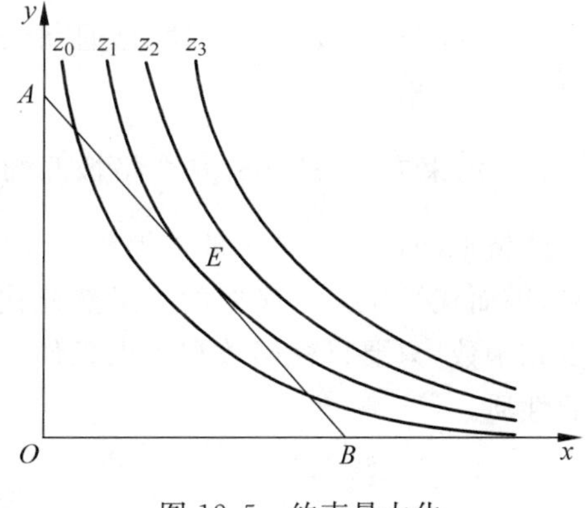

图 12.5　约束最大化

现在假定约束方程

$$ax+by=c,\quad a>0,\quad b>0,\quad c>0 \tag{12.66}$$

因为 a，b 和 c 是正的，所以约束线有一个 $-\frac{a}{b}$ 的负斜率且约束线和图 12.5 中的 y 轴交于原点之上 $y=\frac{c}{b}$ 那点，实际上，它看起来像绘于图 12.5 中的约束线 AB。给定这样的等 z 线和这样的一个约束方程，显然在第一象限中像图 12.5 中 E 这样的切点，一定代表一个 z 的约束极大值，E 点不是极小值点，因为在约束线上能达到与 $z_0<z_1$ 相对应的等 z 线。

综上所述，我们看到由拉格朗日法得到的任何正的解将是局部极大值，当：

(a) 目标函数是严格拟凹的且具有正的一阶偏导数。

(b) 约束方程是线性的且形式由方程(12.67)给出。

而且任一这样的局部极大值也将是全局极大值。

在经济学中关于约束最小化问题还经常可能有类似的假定。例如，经济学中的一个典

型的最小化问题是,最小化

$$z = ax + by, \quad a > 0, \quad b > 0 \tag{12.67}$$

受

$$f(x,y) = c \tag{12.68}$$

的约束。

目标函数(12.68)显然是线性的。等 z 线是直线且斜率为负,因为 a 和 b 都为正。而且,a 和 b 的正号意味着在第一象限内等 z 线离原点越远,z 值越大。此时,等 z 线如同图 12.6 所示,且 $z_4 > z_3 > z_2 > z_1 > z_0$。

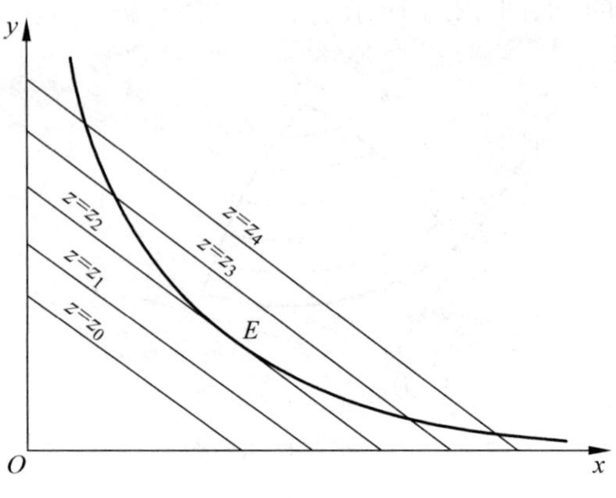

图 12.6 约束最小化

假定式(12.68)中的约束方程是严格拟凹的,且只有正的$\frac{\partial f}{\partial x}$和$\frac{\partial f}{\partial y}$。这意味着图 12.6 中约束曲线凸向原点。图 12.6 中的切点 E 显然是局部极小值而不是局部极大值,而且它也是全局极小值,当:

(a) 目标函数是线性的且形式由式(12.67)给出。

(b) 约束方程(12.68)是严格拟凹的,且具有正的$\frac{\partial f}{\partial x}$和$\frac{\partial f}{\partial y}$。

严格拟凹性的设想能被扩展到多元函数中。但不可能将这一性质用几何图形的方式来解释,因而代数定义是必要的。虽然此代数定义超出本书的范围,但是我们注意到,即便对于多元函数,只要目标函数和约束条件具有特定的性质,就可以使用拉格朗日法推论出正的解的性质。

习 题

12.1 求下列函数的局部极值:

(a) $z=5x^2+4y^2-2xy-22x+12y+7$;

(b) $z=48x-4x^3-5y^2$;

(c) $z=x^2+5y^2-6x+10y+6$;

(d) $z=3xy+3x^2+6y^2$;

(e) $z=4x^2-xy+y^2-x^3$。

12.2 一个厂商的生产函数是产出 $q=2k^{0.5}l$。如果产出价格 $p=3$,资本投入 k 的价格 $m=2$ 和劳动投入 l 的价格 $w=18$ 作为确定的值,求厂商利润最大化时的 q,k 和 l 值。

12.3 一个厂商在两个独立的市场上销售同一种产品。这两个市场上的需求函数分别为:

$$p_1 = 154 - 3q_1, \quad p_2 = 108 - 2q_2$$

此处,p_1、p_2、q_1 和 q_2 是各自市场的价格和销售量。厂商的总成本为:TC$=4q+500$,此处

$q=q_1+q_2$。求利润最大化时每个市场的价格和产出。生产这一产量的总成本是多少？

12.4 一个厂商在两个工厂生产同一种产品，两个工厂的总成本函数分别是：

$$TC_1 = 3q_1^2 - 4q_1 + 9, \quad TC_2 = 5q_2^2 - 4q_2 + 13$$

此处 q_1 和 q_2 是该厂商在各自工厂的产出。

厂商面临的市场需求函数为：$p=166-\frac{q}{4}$，此处，p 是商品价格，$q=q_1+q_2$。为实现最大化利润，那么该厂商应该在每个工厂中生产的产出是多少？所获得的最大利润是多少？

12.5 使用拉格朗日乘数法求驻点：

(a) 目标函数为 $z=x+2y$，约束方程为 $8xy=30$；

(b) 目标函数为 $z=2y+3x-x^2-y^2$，约束方程为 $3x+y=5$；

(c) 目标函数为 $z=x+y$，约束方程为 $x^{1/2}+y=1$；

(d) 目标函数为 $z=x^2+y^2$，约束方程为 $x+y=1$。

这些驻点是局部极大值点还是局部极小值点？

12.6 已知某厂商的生产函数为 $q=4k^{0.5}+8l^{0.5}$，其中 k 为资本投入量，l 为劳动投入量。资本和劳动的价格分别为 6 和 4。

(a) 如果厂商的产出是 84，求能生产这一产出时的成本极小值。

(b) 此时，平均成本和边际成本分别是多少？

12.7 设生产某种产品需要投入两种要素，且生产函数为 $q=2k^{0.4}l^{0.6}$，其中 k 为资本投入量，l 为劳动投入量，q 为产出量。假设两种要素的价格分别为 4 和 6，试问：当产量为 1 200 时，两种要素各投入多少可以使投入总费用(即成本)最小。

12.8 已知某厂商的生产函数为 $q=4k^{0.5}+8l^{0.5}$，其中 k 为资本投入量，l 为劳动投入量。资本和劳动的价格分别为 6 和 4。如果总成本费用不能超过 378，该厂商能生产的产量极大值是多少？

12.9 已知某厂商使用两种可变的生产要素，它的生产函数为 $q=20k^{0.6}l^{0.4}$，其中 k、l 为要素投入，两种要素的价格分别为 5 和 6。试求：

(a) 总成本为 500 时的要素投入各是多少？

(b) 求出拉格朗日乘子并解释其含义。

12.10 一个消费者有效用函数 $u=5q_1^4q_2^2$，此处，q_1 和 q_2 是两种商品的消费量。两种商品的价格分别是 6 和 9 且保持不变。

(a) 使用拉格朗日法求当总支出为 54 时，消费者效用最大化时的消费量；

(b) 求拉格朗日乘子的值并解释它的含义；

(c) 假设总支出增加到 540，为实现效用最大化，两种商品的消费量应该是多少？

12.11 假设消费者的效用函数为 $u=q_1^{0.5}+q_2^{0.5}$，此处，q_1 和 q_2 是两种商品的消费量。两种商品的价格分别为 3 和 6 且保持不变。

(a) 当总支出为 450 时，为实现效用最大化，每种商品的消费量应该是多少？

(b) 求出拉格朗日乘子，并解释其含义。

12.12 某公司可通过电视台和报纸两种方式做销售某商品的广告，根据统计资料，销售收入 TR(万元)与电视台广告费用 x_1(万元)和报纸广告费用 x_2(万元)之间的关系有如下的经验公式：$TR=15+14x_1+32x_2-8x_1x_2-2x_1^2-10x_2^2$。那么：

(a) 在广告费用不限的情况下,求最优广告策略。

(b) 若提供的广告费用为 1.5 万元,求相应的最优广告策略。

附录:二元函数无约束最优化的二阶条件

回想一下,如果 $y=f(x)$ 且 $\frac{\mathrm{d}y}{\mathrm{d}x}=0$,$\frac{\mathrm{d}^2y}{\mathrm{d}x^2}\neq 0$,那么我们确信有一个局部极大值或局部极小值。如果 z 是一个二元函数

$$z=f(x,y) \tag{12A.1}$$

那么确保有局部极大值或局部极小值的条件是 $\mathrm{d}z=0$ 和 $\mathrm{d}^2z\neq 0$,此处 d^2z 是 $\mathrm{d}z$ 的变化。因为

$$\mathrm{d}z=\frac{\partial z}{\partial x}\mathrm{d}x+\frac{\partial z}{\partial y}\mathrm{d}y \tag{12A.2}$$

如果对于任何可能的 $\mathrm{d}x$ 和 $\mathrm{d}y$ 的组合,我们想有 $\mathrm{d}z=0$,显然我们要求 $\frac{\partial z}{\partial x}=0$ 和 $\frac{\partial z}{\partial y}=0$,这些是一阶条件。

又因为 $\frac{\partial z}{\partial x}$ 和 $\frac{\partial z}{\partial y}$ 都是关于 x 和 y 的函数,所以如果我们令 $\mathrm{d}z=h$,那么

$$\mathrm{d}z=h=h(x,y) \tag{12A.3}$$

对 h 进行全微分

$$\mathrm{d}^2z=\mathrm{d}h=\frac{\partial h}{\partial x}\mathrm{d}x+\frac{\partial h}{\partial y}\mathrm{d}y \tag{12A.4}$$

从式(12A.2)得

$$\frac{\partial h}{\partial x}=\frac{\partial^2 z}{\partial x^2}\mathrm{d}x+\frac{\partial^2 z}{\partial y\partial x}\mathrm{d}y \quad 和 \quad \frac{\partial h}{\partial y}=\frac{\partial^2 z}{\partial x\partial y}\mathrm{d}x+\frac{\partial^2 z}{\partial y^2}\mathrm{d}y \tag{12A.5}$$

考虑到 $\frac{\partial^2 z}{\partial y\partial x}=\frac{\partial^2 z}{\partial x\partial y}$,并将式(12A.5)代入式(12A.4),我们有

$$\mathrm{d}^2z=\frac{\partial^2 z}{\partial x^2}(\mathrm{d}x)^2+2\frac{\partial^2 z}{\partial y\partial x}(\mathrm{d}y)(\mathrm{d}x)+\frac{\partial^2 z}{\partial y^2}(\mathrm{d}y)^2 \tag{12A.6}$$

可以将式(12A.6)写作

$$\mathrm{d}^2z=(\mathrm{d}y)^2\left[\frac{\partial^2 z}{\partial x^2}\left(\frac{\mathrm{d}x}{\mathrm{d}y}\right)^2+2\frac{\partial^2 z}{\partial y\partial x}\left(\frac{\mathrm{d}x}{\mathrm{d}y}\right)+\frac{\partial^2 z}{\partial y^2}\right] \tag{12A.7}$$

对于局部极大值或极小值而言,我们要求 $\mathrm{d}^2z\neq 0$。所以在方程(12A.7)中要求方括号中的项是非零的。而且,这等价于关于 $\frac{\mathrm{d}x}{\mathrm{d}y}$ 的二次方程

$$\frac{\partial^2 z}{\partial x^2}\left(\frac{\mathrm{d}x}{\mathrm{d}y}\right)^2+2\frac{\partial^2 z}{\partial y\partial x}\left(\frac{\mathrm{d}x}{\mathrm{d}y}\right)+\frac{\partial^2 z}{\partial y^2}=0 \tag{12A.8}$$

没有实数解。因为当 $b^2<4ac$ 时 $ax^2+bx+c=0$ 没有实数解,所以 d^2z 非零的条件是

$$\frac{\partial^2 z}{\partial x^2}\cdot\frac{\partial^2 z}{\partial y^2}>\left(\frac{\partial^2 z}{\partial y\partial x}\right)^2 \tag{12A.9}$$

方程(12A.9)确保我们有局部极大值或局部极小值。我们已经知道,如果 $\frac{\partial^2 z}{\partial x^2}$ 和 $\frac{\partial^2 z}{\partial y^2}$ 都为正,

那么有局部极小值；如果它们都为负，则有局部极大值。

如果将式(12A.1)用三维坐标系表示，那么局部极小值和局部极大值分别如图 12A.1 和 12A.2 所示。

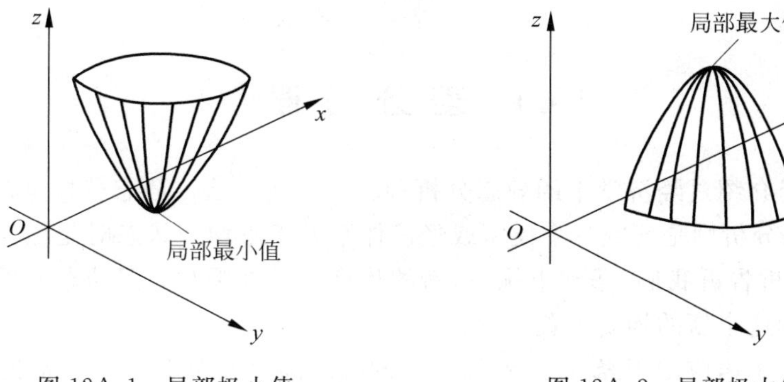

图 12A.1　局部极小值　　　　图 12A.2　局部极大值

对于式(12A.1)，如果一阶条件$\frac{\partial z}{\partial x}=0$和$\frac{\partial z}{\partial y}=0$成立，但

$$\frac{\partial^2 z}{\partial x^2}\cdot\frac{\partial^2 z}{\partial y^2}<\left(\frac{\partial^2 z}{\partial y\partial x}\right)^2 \tag{12A.10}$$

那么我们有所谓的鞍点。这是因为式(12A.1)的三维图像在这点的附近呈现“鞍”状。图 12A.3 显示了一个鞍点。

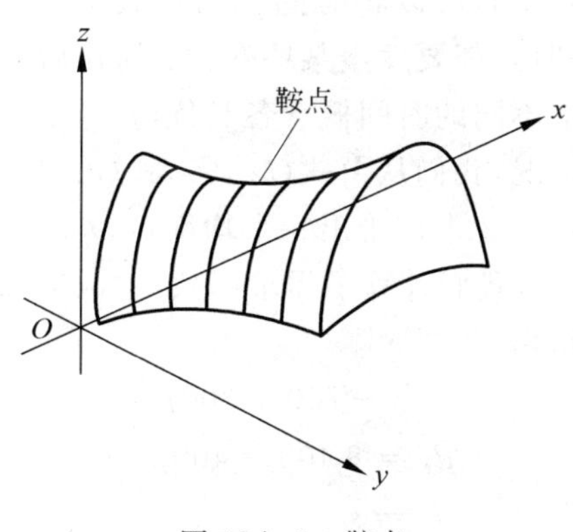

图 12A.3　鞍点

第13章　动态分析

13.1　差分方程

在第3章曾经介绍过经济学中的静态分析和动态分析方法。静态分析重在确定变量的均衡数值；而动态分析则是研究一个模型或经济体系处于不均衡状态时是如何变动的。特别地，比较静态分析告诉我们，遇到干扰时，新的均衡位置在哪里；而动态分析则能使我们确定是否能够到达这个新的均衡位置。

把动态学这一术语应用于经济分析时，在不同的时间以及对不同的经济学家，都有不同的含义。然而在今天的标准用法中，它是指这样一种分析类型：其目的是探寻和研究变量的具体时间路径，或者是确定在给定的充分长的时间内，这些变量是否会收敛于某一均衡值。这方面的研究是非常重要的，因为它可以弥补静态分析的严重不足。在比较静态分析中，我们总是武断地假设：经济调节过程必然导致均衡。而在动态分析中，我们直接面对均衡的"可实现性"问题，而不是假设它必然能够实现。

动态分析的一个显著特征是确定变量的时间，这就把时间因素明确纳入了分析范围。有两种方法可以做到这一点：我们可以将时间视为连续变量，也可以将其视为离散变量。在前一种情况下，变量在每一时点都要发生某些变化；而在后一种情况下，变量仅在某一时段内才发生某些变化。这两个不同的时间概念各具优势。

本书只讨论离散时间的情况，我们从由式(3.10)，式(3.12)和式(3.13)给出的流量模型开始介绍动态分析方法。在图3.3中描绘出一个均衡点，$p=11$，并且流量需求 d 和流量供给 s 都等于2 600。在3.4节中，我们计算了需求函数从式(3.12)转变到式(3.16)之后的结果。这一市场模型可以重新给出

$$s_t = -700 + 300p_t \tag{13.1}$$

$$d_t = 8\,400 - 400p_t \tag{13.2}$$

$$d_t = s_t \tag{13.3}$$

请注意，式(13.1)～式(13.3)中变量的下角标：d_t，s_t 和 p_t 现在指的是时期 t 的流量需求、流量供给和价格。如果我们把需求发生变动的时期看作 $t=0$，并且需求和供给没有进一步的变动，那么以上的方程可以当作是在以后所有的时期都成立——也就是说，时期 $t=1$，$t=2$，$t=3$，$t=4$，…，等等。这个市场有一个均衡点，在图3.4中描绘出来，$p=13$ 并且 $d=s=3\,200$。现在我们仔细地考虑一下：需求变动之后，是否会达到新的均衡点？如果到达了，那么到达的时间路径是什么？

要考虑非均衡状态的市场行为，那么必须排除方程(13.3)，因为它是保证均衡的条件。我们将式(13.3)重新写成

$$p_t - p_{t-1} = \beta(d_{t-1} - s_{t-1}), \quad \beta > 0 \tag{13.4}$$

这里 β 是一个参数，它的大小和性质以后再讨论。p_{t-1}，d_{t-1} 和 s_{t-1} 分别是$(t-1)$期的价格、流量需求和流量供给；也就是说，"市场的前一期"。式(13.4)实际只是式(3.17)和

式(3.18)这两个动态假定的数学表达式。它表明，如果 $d_{t-1}-s_{t-1}>0$，也就是，如果$(t-1)$期的流量需求超过流量供给，那么 $p_t-p_{t-1}>0$，即 t 期的价格将会上升，高于$(t-1)$期的价格。同样地，如果 $d_{t-1}-s_{t-1}<0$，也就是，流量需求小于流量供给，那么 $p_t-p_{t-1}<0$，价格下降。需要注意的是，式(13.4)也暗含了均衡这种特殊的情况，因为它表明如果 $d_{t-1}=s_{t-1}$ 那么 $p_t=p_{t-1}$，价格保持不变。

式(13.1)、式(13.2)和式(13.4)构成了一个包含变量 $s_t, d_t, p_t, s_{t-1}, d_{t-1}$ 和 p_{t-1} 的方程组。看上去，如果要解这个方程组，好像有太多的内生变量，但是回忆 p_{t-1} 代表的是$(t-1)$期的价格，或者说是前一期的市场价格。如果我们把这个模型看作决定当前期价格、需求和供给的模型，那么可以把 p_{t-1}，s_{t-1} 和 d_{t-1} 看作外生变量，这样我们就得到了一个包含三个内生变量 s_t，d_t 和 p_t 的方程组。

用式(13.1)和式(13.2)替换方程(13.4)中的 d_{t-1} 和 s_{t-1}，得到

$$\begin{aligned} p_t - p_{t-1} &= \beta(8\,400 - 400p_{t-1} + 700 - 300p_{t-1}) \\ &= \beta(9\,100 - 700p_{t-1}) \end{aligned}$$

或者

$$p_t = 9\,100\beta + (1 - 700\beta)p_{t-1} \tag{13.5}$$

因为 β 是一个常数，所以式(13.5)只用“外生变量”p_{t-1} 表示出 p_t，因此这是 p_t 的简化式。s_t 和 d_t 的简化式可以通过替换式(13.1)和式(13.2)中的 p_t 得到。

式(13.5)非常有用。一方面，它可以用来寻找均衡价格水平；另一方面，若 β 已知，它可以用来确定当市场处于不均衡状态时价格水平的时间路径。首先，考虑在均衡位置时，有 $p_t=p_{t-1}=p^*$，p^* 是价格的某个常数量。替换式(13.5)中的 p_t 和 p_{t-1}，得到

$$p^* = 9\,100\beta + (1 - 700\beta)p^*$$

因此

$$p^* - (1 - 700\beta)p^* = 9\,100\beta \rightarrow 700\beta p^* = 9\,100\beta \rightarrow p^* = 13$$

因此，当需求变动时，式(13.5)产生了一个新的均衡价格——13，和我们在 3.4 节中得到的结果相同。现在我们讨论从初始的均衡价格 11 是否能够最终到达新的均衡价格 13。回忆时期 $t=0$ 是保持原来均衡价格水平的最后一个时期。也就是说，时期 $t=0$ 是需求曲线“变动”的时期。因此，我们找到了初始条件 $p_0=11$，对于给定的 β 和给定的初始条件，可以根据式(13.5)计算以后时期的价格水平。也就是，时期 $t=1, t=2, t=3, \cdots$，等等。例如，假设 $\beta=0.001$，式(13.5)变为

$$p_t = 9.1 + 0.3p_{t-1} \tag{13.6}$$

在式(13.6)中令 $t=1$，得

$$p_1 = 9.1 + 0.3p_0 = 9.1 + 0.3 \times 11 = 12.4$$

同样地，在式(13.6)中令 $t=2$，得

$$p_2 = 9.1 + 0.3p_1 = 12.82$$

令 $t=3$，有

$$p_3 = 9.1 + 0.3p_2 = 12.946$$

在式(13.6)中代入 $t=4,5,6,\cdots$，我们就得出了价格变量的时间路径。当然在这个过程中，我们假设需求曲线或供给曲线没有进一步的变动。

这个时间路径描绘在图 13.1(a)中，可以很明显地看出价格水平渐进地向均衡价格水

平 $p^*=13$ 收敛。在这种情况下,模型是稳定的而且最终会到达新的均衡点。

那么,是不是新的均衡通常都是以这种渐进的方式到达的呢?用 $\beta=0.002$ 代替 $\beta=0.001$,式(13.6)变为

$$p_t = 18.2 - 0.4 p_{t-1} \tag{13.7}$$

我们可以用式(13.7)来描绘价格变量的时间路径,从 $p_0=11$ 开始,就像我们在式(13.6)中进行的那样。得到 $p_1=13.8$,$p_2=12.68$,$p_3=13.128$,…,图 13.1(b)中描绘了这个时间路径。我们发现,尽管会达到新的均衡价格水平 $p^*=13$,但是这次价格在向新的均衡价格收敛时"超过"了它。

让我们再次验证这种情况。假设在式(13.5)中 $\beta=0.004$,则有

$$p_t = 36.4 - 1.8 p_{t-1} \tag{13.8}$$

从 $p_0=11$ 开始,我们得到 $p_1=16.6$,$p_2=6.52$,$p_3=24.664$,…,图 13.1(c)中描绘了这个时间路径。这次价格不仅超过了它的均衡值,而且发生了振动,使价格越来越远离新的均衡点。从这种意义上说,市场是不稳定的,不会达到新的均衡点。很明显,式(13.1)、式(13.2)和式(13.4)所描述的模型是否会趋于均衡状态依赖于式(13.4)中的参数 β 值。β 用来衡量价格对需求和供给不均衡的敏感度。β 越大,由超额需求引起的价格上升的越多,由超额供给引起的价格下跌的越多。如果 β 相对比较小,那么市场模型是稳定的而且受到干扰后最终会到达新的均衡。但是当 β 比较大时,受到干扰后,需求和供给的不均衡会导致价格非常大的反应,以至于不仅新的均衡点被超过而且会发生像图 13.1(c)中那样强烈的振动。

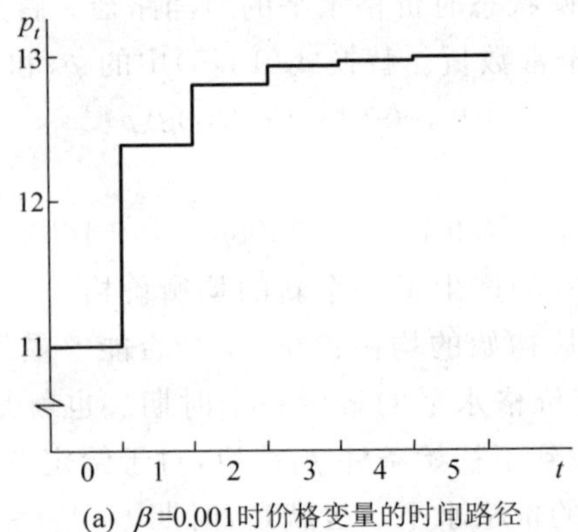

(a) β=0.001时价格变量的时间路径

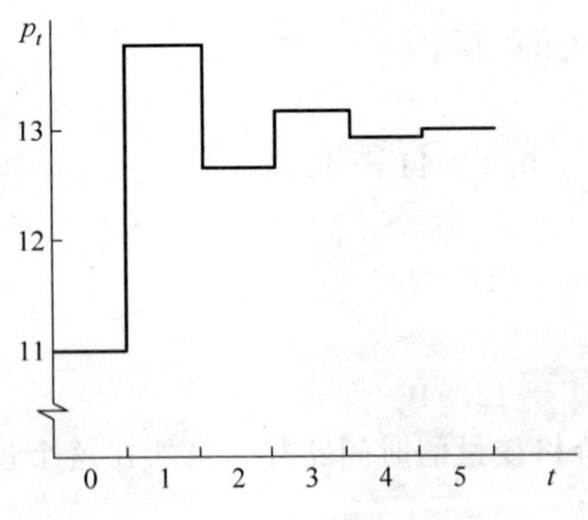

(b) β=0.002时价格变量的时间路径

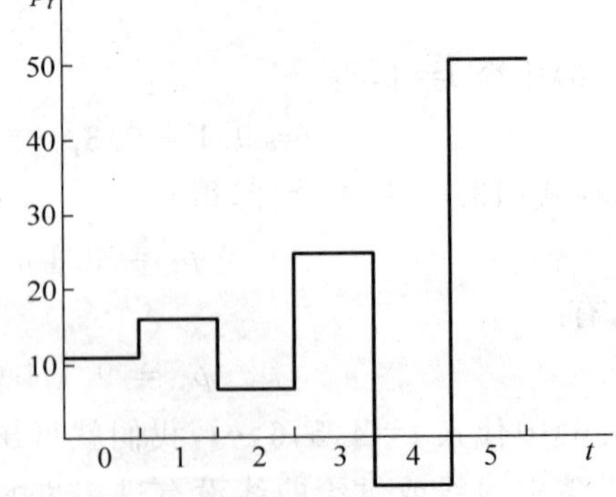

(c) β=0.004时价格变量的时间路径

图 13.1　不同参数 β 下的时间路径

我们通常不希望遇到β非常大以至于均衡价格发生强烈振动的市场。但是，从数学的角度来讲，如果我们要确保式(13.1)、式(13.2)和式(13.4)代表一个稳定的市场模型，那么需要对动态假定(3.17)和(3.18)进行修改，即需要给β确定一个适当的值。

还应指出的是，尽管我们一致地使用带下标的p_t符号，但使用符号$p(t)$，$p(t+1)$及$p(t-1)$等，也是可以的。但后者更多地在连续时间问题中出现，因而此处的分析，我们将继续使用带下角标的符号。

思考题

13.1　考虑动态流量市场模型：

$$d_t = 5\,100 - 300p_t$$
$$s_t = -400 + 200p_t$$
$$p_t - p_{t-1} = \beta(d_{t-1} - s_{t-1})$$

已知$p_0=10$。

(a) 如果$\beta=0.001$，求出p_t的时间路径p_1，p_2，p_3。

(b) 如果$\beta=0.005$，求出p_t的时间路径p_1，p_2，p_3。

一个宏观经济的例子

式(13.6)～式(13.8)称为一阶差分方程，因为它们包含的变量是p_t和p_{t-1}，而不是p_{t-2}，p_{t-3}，…。差分方程在经济问题中经常出现，特别是当我们把时间均分成很多独立的时期时，在这部分内容中我们分析一个引入了二阶差分方程的宏观经济模型。

考虑由方程(2.32)～(2.35)给出的简单的凯恩斯模型。首先，详细地说明式(2.32)中的消费函数。我们用线性形式表示它，而且更合理地假设消费支出与预期收入Y^e有关，而非实际收入Y。例如，假设消费函数为

$$C_t = 10 + 0.8Y_t^e \tag{13.9}$$

下角标t表示时期t。式(13.9)表明，边际消费倾向MPC为0.8，并且与收入无关的自发性消费等于10。

一个消费者的预期收入在很大程度上由这个消费者过去已经得到的收入决定。这里我们应该假设一个非常简单的预期产生机制，为

$$Y_t^e = 0.5Y_{t-1} + 0.5Y_{t-2} \tag{13.10}$$

预期收入Y_t^e是前期$(t-1)$和$(t-2)$的收入的平均数。在式(13.9)中替换预期收入，消费函数变成

$$C_t = 10 + 0.4Y_{t-1} + 0.4Y_{t-2} \tag{13.11}$$

像2.4节中那样假设私人投资和政府支出水平是外生变量，即常数$\bar{I}$和$\bar{G}$。加上下角标t，均衡条件(2.35)变为

$$Y_t = C_t + \bar{I} + \bar{G} \tag{13.12}$$

$\bar{I}$和$\bar{G}$没有下角标因为它们在所有时期t内都是常数。用式(13.11)替换式(13.12)中的C_t，有

$$Y_t = 10 + 0.4Y_{t-1} + 0.4Y_{t-2} + \bar{I} + \bar{G} \tag{13.13}$$

式(13.13)是关于收入的一个二阶差分方程，因为它包含变量Y_t，Y_{t-1}，Y_{t-2}而不是Y_{t-3}，

Y_{t-4},…。正如前一部分的市场模型那样,我们可以用这个差分方程求出给定外生变量 $\bar{I}$ 和 $\bar{G}$ 后的均衡收入水平,而且,可以求出两个均衡之间的时间路径。

例如,若 $\bar{I}=120$,$\bar{G}=80$,式(13.13)变为

$$Y_t = 210 + 0.4Y_{t-1} + 0.4Y_{t-2} \tag{13.14}$$

均衡时收入水平是一个常数,作如下替换

$$Y_t = Y_{t-1} = Y_{t-2} = Y^*$$

代入式(13.14)中,得到

$$Y^* = 210 + 0.4Y^* + 0.4Y^* \to 0.2Y^* = 210 \to Y^* = 1\,050$$

当 $\bar{I}=120$,$\bar{G}=80$ 时,均衡收入水平 Y^* 为 1 050。现在假设政府开支 $\bar{G}$ 上升到 90,$\bar{I}$ 保持不变,式(13.13)现在为

$$Y_t = 220 + 0.4Y_{t-1} + 0.4Y_{t-2} \tag{13.15}$$

令 $Y_t=Y_{t-1}=Y_{t-2}=Y^*$,我们得到收入的新的均衡水平 1 100。但是,实际收入会向这个新的均衡移动吗?如果会,路径是什么?我们也可以用式(13.15)来回答这些问题。假设原来的均衡收入水平 1 050 已经持续了一段时期,可以认为

$$Y_0 = Y_1 = 1\,050$$

是初始条件,时期 $t=2$ 是政府支出采用新的水平的第一个时期。给定 Y_0 和 Y_1,我们可以试用式(13.15)得到 Y_2, Y_3, Y_4 的值,等等。

令 $t=2$,由式(13.15)有

$$\begin{aligned} Y_2 &= 220 + 0.4Y_1 + 0.4Y_0 \\ &= 220 + 0.4 \times 1\,050 + 0.4 \times 1\,050 = 1\,060 \end{aligned}$$

同样地

$$\begin{aligned} Y_3 &= 220 + 0.4Y_2 + 0.4Y_1 \\ &= 220 + 0.4 \times 1\,060 + 0.4 \times 1\,050 = 1\,064 \end{aligned}$$

而且

$$Y_4 = 220 + 0.4 \times 1\,064 + 0.4 \times 1\,060 = 1\,069.6$$

$$Y_5 = 220 + 0.4 \times 1\,069.6 + 0.4 \times 1\,064 = 1\,073.44$$

进一步计算为 $Y_6=1\,077.136$,$Y_7=1\,080.230\,4$,$Y_8=1\,082.940\,56$,…收入的时间路径可以用这种方式计算出来。这个时间路径描绘在图 13.2 中,我们发现收入确实是渐进地向它的新均衡水平 $Y=1\,100$ 移动的。

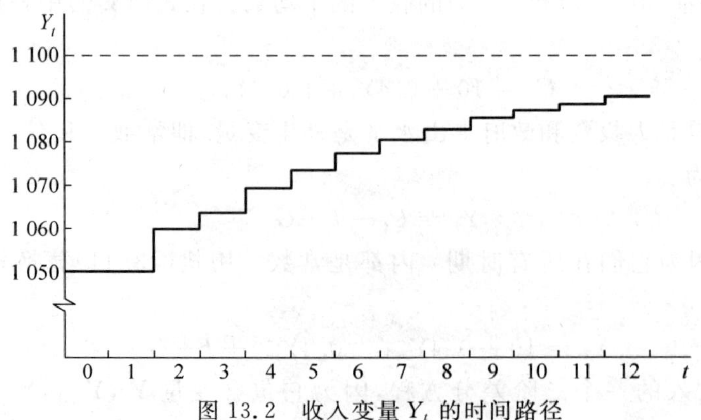

图 13.2　收入变量 Y_t 的时间路径

13.2　考虑简单的凯恩斯模型：

$$C_t = 20 + 0.6Y_t$$
$$I_t = 0.2(Y_{t-1} - Y_{t-2})$$
$$Y_t = C_t + I_t + G_t$$

如果 $G_t=80$ 且保持不变。列出收入 Y_t 的二阶差分方程，求出 Y_t 的均衡值。给定初始条件 $Y_0=200$，$Y_1=220$，求出 Y_t 的时间路径，并且确定新的均衡点是否稳定。

13.2　求解差分方程

虽然从像式(13.15)这样的方程中求解收入的均衡水平相对来说比较简单，但是当我们想要确定是否能够达到均衡点时，用上面那种方法计算一系列的 Y 值是一件非常冗长乏味的事情。我们需要的是差分方程的一个解

$$Y_t = f(t)$$

其中，$f(t)$是 t 的函数，这样我们可以通过求当 $t\to\infty$时 $f(t)$的极限来确定经过一段时间后 Y_t 发生了什么变化。在本节中，我们介绍求这样的解的方法。

一阶线性差分方程的解

考虑方程

$$X_t = 3X_{t-1} - 10 \tag{13.16}$$

这是一阶线性差分方程的例子。

式(13.16)的通解，是补解与特解的和。首先介绍特解，它指的就是我们在 13.1 节中介绍的均衡解。我们令 $X_t=X_{t-1}=X^*$，在式(13.16)中

$$X^* = 3X^* - 10$$

得到 $X^*=5$，这就是特解。

补解是式(13.16)去掉常数项－10 之后得到的方程解。也就是，方程

$$X_t = 3X_{t-1} \tag{13.17}$$

的解。要得到 $X_t=f(t)$这种类型的解，需要使用“试错法”。令 $X_t=Am^t$，A 和 m 都是常数，代入式(13.17)，有

$$Am^t = 3Am^{t-1}$$

两边同时除以 Am^{t-1}，得到 $m=3$。因此这种类型的任意解

$$X_t = A(3)^t \tag{13.18}$$

A 为任意的常数，都将满足式(13.17)。式(13.18)就是前面提到的补解。

差分方程(13.16)的通解可以通过特解 $X^*=5$ 和补解(13.18)的简单相加得到。即

$$X_t = A(3)^t + 5 \tag{13.19}$$

可以很容易地证明式(13.19)满足差分方程(13.16)，很明显

$$\begin{aligned}\text{右边} &= 3[A3^{t-1} + 5] - 10 \\ &= 3A3^{t-1} + 15 - 10 = A3^t + 5 \\ &= \text{左边}\end{aligned}$$

需要注意的是,解(13.19)仍然包含任意常数 A。如果我们有一个初始条件,就可以求出 A。也就是说,X 的某个“开始值”。例如,假设 $X_0=7$,令式(13.19)中 $t=0$,可以得到

$$X_0 = A + 5 = 7$$

因此,如果差分方程满足 $X_0=7$,那么 A 一定等于 2。这种情况下,方程(13.16)的完整解是

$$X_t = 2 \times 3^t + 5 \tag{13.20}$$

需要注意的是,式(13.20)就是我们需要的形式 $X_t=f(t)$,因此可以通过求 $t\to\infty$ 时 $2\times3^t+5$ 的极限来确定经过一段时间后 X_t 发生了什么变化,因为当 $t\to\infty$ 时,$3^t\to\infty$,很明显

$$\text{当 } t \to \infty \text{ 时,}\quad X_t \to \infty$$

因此,经过一段时间后,X_t 会不受限制地增加并且不会趋向均衡水平 $X^*=5$。均衡位置是不稳定的。

13.3 对于思考题 13.1 中的动态流量模型,列出 $\beta=0.001$ 时的一阶差分方程。求出 $p_0=10$ 时差分方程的通解。

13.4 求解下列一阶差分方程:

(a) $X_t=1.5X_{t-1}-10$ 且 $X_0=5$; (b) $X_t+0.6X_{t-1}=8$ 且 $X_0=12$;

(c) $X_t=0.9X_{t-1}$ 且 $X_0=3$; (d) $X_t=1.2X_{t-1}-2$ 且 $X_0=4$。

下面考虑一般形式的一阶线性差分方程

$$X_t = bX_{t-1} + k \tag{13.21}$$

给定初始条件 X_0,我们想要求出在什么条件下,X 的时间路径呈现出周期性的循环,然后向某个均衡值收敛。为了解差分方程(13.21)。我们首先求特解。令 $X_t=X_{t-1}=X^*$,代入式(13.21),可以得到

$$X^* = bX^* + k \to X^* = \frac{k}{1-b} \tag{13.22}$$

式(13.22)中的 X^* 就是方程(13.21)的特解。现在我们来求补解。也就是 $X_t=bX_{t-1}$ 的解。令 $X_t=Am^t$,有

$$Am^t = bAm^{t-1} \to m = b \to X_t = Ab^t \tag{13.23}$$

其中 A 是任意常数。这样式(13.23)就是方程(13.21)的补解。

通解是把特解(13.22)和补解(13.23)相加得到的,即

$$X_t = Ab^t + \frac{k}{1-b} \tag{13.24}$$

最后,我们选择满足初始条件 X_0 的常数 A。令式(13.24)中 $t=0$,有

$$X_0 = A + \frac{k}{1-b} \to A = X_0 - \frac{k}{1-b} \tag{13.25}$$

把式(13.25)代入式(13.24),得

$$X_t = \left(X_0 - \frac{k}{1-b}\right)b^t + \frac{k}{1-b} \tag{13.26}$$

显然,式(13.26)满足一阶线性差分方程(13.21)。

观察式(13.26)，会发现 b 的值对一段时间内变量 X 的行为起决定性作用。特别地，b 的值决定了 X 最终是否向它的均衡值(13.22)移动。实际上，如果 $-1<b<1$，那么当 t 趋向无穷大时，式(13.26)中的 b^t 一定趋向于0，而 X 一定趋向于 $\frac{k}{1-b}$，即均衡值。对于 b 的这些值来说，X 的路径是稳定的。也就是说，我们得到一个13.1节中式(13.6)这类的差分方程，时间路径类似于图13.1(a)所示。

但是，如果 b 不在上述区间内，即如果 $b>1$ 或 $b<-1$，那么 X 将不会向均衡值移动，X 的时间路径将不会是稳定的，它会迅速地远离初始位置。例如，式(13.26)中 $b=2$，那么 t 当趋向无穷大时，b^t 也会趋向于无穷大，X 的值也一样。

除了 X 的稳定性之外，时间路径是否呈现出周期性振动也依赖于 b 值。如果 b 是负值，那么 X 将呈现出振动的路径，随着时期的交替在数值上出现上升和下降。例如，差分方程(13.7)和(13.8)中 b 均小于0，其时间路径振动，如图13.1(b)和图13.1(c)所示。但是，如果 $b>0$，则时间路径不会振动。

表13.1将 b 的可能的值分成了7个区域，按照递减顺序，列在表13.1的前两列中。这些区域也标在图13.3中纵轴 b 的刻度上，并以 $+1$，0和 -1 作为分界点。事实上，这三个点本身构成了区域Ⅱ、Ⅳ和Ⅵ。而区域Ⅲ和Ⅴ分别对应所有正分数和所有负分数的集合。余下的两个区域Ⅰ和Ⅶ，则是 b 的绝对值超过1的区域。在每个不同的区域，指数 b^t 产生不同的时间路径。

表13.1　b 值对未来值的影响

区域	b	$\|b\|$	b^t	不同时期的 b^t 值				
				$t=0$	$t=1$	$t=2$	$t=3$	$t=4$
Ⅰ	$b>1$	$\|b\|>1$	2^t	1	2	4	8	16
Ⅱ	$b=1$	$\|b\|=1$	1^t	1	1	1	1	1
Ⅲ	$0<b<1$	$\|b\|<1$	$\left(\frac{1}{2}\right)^t$	1	$\frac{1}{2}$	$\frac{1}{4}$	$\frac{1}{8}$	$\frac{1}{16}$
Ⅳ	$b=0$	$\|b\|=0$	0^t	0	0	0	0	0
Ⅴ	$-1<b<0$	$\|b\|<1$	$\left(-\frac{1}{2}\right)^t$	1	$-\frac{1}{2}$	$\frac{1}{4}$	$-\frac{1}{8}$	$\frac{1}{16}$
Ⅵ	$b=-1$	$\|b\|=1$	$(-1)^t$	1	-1	1	-1	1
Ⅶ	$b<-1$	$\|b\|>1$	$(-2)^t$	1	-2	4	-8	16

$X_t=2\left(-\frac{4}{5}\right)^t+9$ 表示哪类时间路径？因为 $b=-\frac{4}{5}<0$，所以时间路径是振荡的。但是因为 $|b|=\frac{4}{5}<1$，所以振荡是衰减的，且时间路径收敛于均衡水平9。注意区别 $2\left(-\frac{4}{5}\right)^t$ 和 $-2\left(\frac{4}{5}\right)^t$，它们表示完全不同的时间路径图形。

如何描述时间路径 $X_t=3\times 2^t+4$ 的特征？因为 $b=2>0$，所以不会产生振荡。但因 $|b|=2>1$，所以时间路径将发散于均衡水平4。

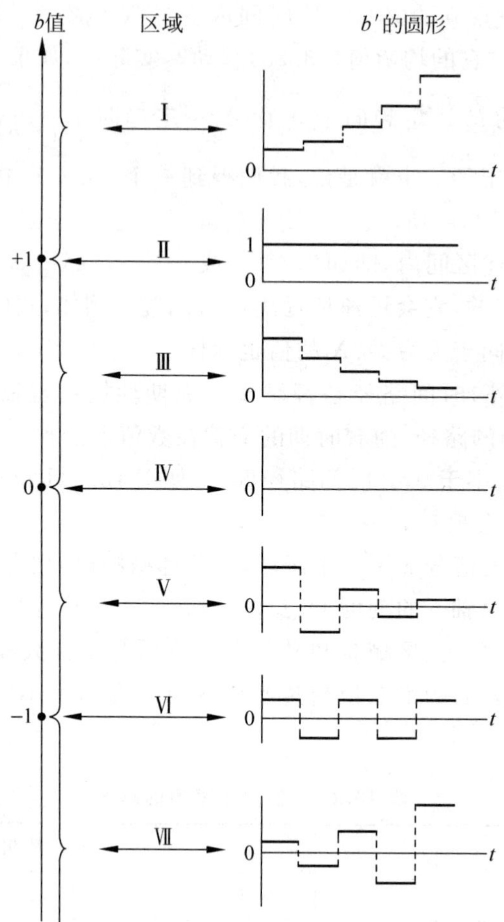

图 13.3　b 值对未来值的影响

13.5　讨论下列时间路径的性质：

(a) $X_t=3^t+1$；　　(b) $X_t=2\left(\frac{1}{3}\right)^t$；

(c) $X_t=5\left(-\frac{1}{10}\right)^t+3$；　　(d) $X_t=-3\left(\frac{1}{4}\right)^t+2$。

13.6　求下列一阶差分方程的解，并确定时间路径是否是振荡且收敛的：

(a) $X_t-\frac{1}{3}X_{t-1}=6$ 且 $X_0=1$；　　(b) $X_t+2X_{t-1}=9$ 且 $X_0=4$；

(c) $X_t+\frac{1}{4}X_{t-1}=5$ 且 $X_0=2$；　　(d) $X_t-X_{t-1}=3$ 且 $X_0=5$。

二阶线性差分方程的解

考虑二阶线性差分方程

$$6X_t = X_{t-1} + X_{t-2} + 11 \tag{13.27}$$

求解的方法与一阶线性差分方程没有区别。我们首先求出特解。令 $X_t = X_{t-1} = X_{t-2} = X^*$，代入式(13.27)中，有

$$6X^* = X^* + X^* + 11$$

即 $X^* = \frac{11}{4}$。为了确定是否能够到达均衡点，如果我们从一个非均衡点开始，那么需要通过去掉式(13.27)中的常数 11 来求出补解。即

$$6X_t = X_{t-1} + X_{t-2} \tag{13.28}$$

我们再次寻找形如 $X_t = Am^t$ 这样的解，把它代入式(13.28)中，得

$$6Am^t = Am^{t-1} + Am^{t-2}$$

等式两侧同时除以 Am^{t-2}，整理得

$$6m^2 - m - 1 = 0 \tag{13.29}$$

式(13.29)称为特征方程。这里，特征方程是二次的并且可以通过因数分解法求出 m 的两个解

$$(2m-1)(3m+1) = 0 \rightarrow m = \frac{1}{2} \quad 或 \quad m = -\frac{1}{3}$$

因此，我们得到了方程(13.28)的两个解，$X_t = A\left(\frac{1}{2}\right)^t$ 和 $X_t = A\left(-\frac{1}{3}\right)^t$。因为这两个解都满足方程(13.28)，所以这两个解的加权平均也一定满足，即

$$X_t = w_1 A\left(\frac{1}{2}\right)^t + w_2 A\left(-\frac{1}{3}\right), \quad w_1 + w_2 = 1$$

也即

$$X_t = A_1\left(\frac{1}{2}\right)^t + A_2\left(-\frac{1}{3}\right)^t \tag{13.30}$$

这里，$A_1 = w_1 A$ 且 $A_2 = w_2 A$。式(13.30)是方程(13.27)的补解。需要注意的是它包含两个任意常数 A_1 和 A_2，因为我们是任意选择的 w_1 和 w_2。

方程(13.27)的通解等于特解和补解的和，有

$$X_t = A_1\left(\frac{1}{2}\right)^t + A_2\left(-\frac{1}{3}\right)^t + \frac{11}{4} \tag{13.31}$$

因为式(13.31)包含两个任意常数，所以我们需要知道两个初始条件才能求出它们。例如，假设 $X_0 = 5$ 和 $X_1 = 7$。在(13.31)中代入 $t=0$ 和 $t=1$，有

$$X_0 = A_1 + A_2 + \frac{11}{4} = 5$$

$$X_1 = \frac{1}{2}A_1 - \frac{1}{3}A_2 + \frac{11}{4} = 7$$

我们得到了包含两个变量 A_1 和 A_2 的线性方程组，可以很容易地解出 $A_1 = 6$ 和 $A_2 = -\frac{15}{4}$。因此二阶线性差分方程(13.27)的完整解为

$$X_t = 6\left(\frac{1}{2}\right)^t - \frac{15}{4}\left(-\frac{1}{3}\right)^t + \frac{11}{4} \tag{13.32}$$

接下来我们可以通过令式(13.32)中的 $t \rightarrow \infty$ 来确定 X_t 经过一段时间后的行为。因为当 $t \rightarrow \infty$ 时，$\left(\frac{1}{2}\right)^t$ 和 $\left(-\frac{1}{3}\right)^t$ 都趋向于 0，所以有

$$\text{当 } t\to\infty \text{ 时，}\quad X_t\to\frac{11}{4} \tag{13.33}$$

因此，X_t 渐进地向它的均衡值趋近。需要注意的是，不论初始条件是什么，这种情况都会发生，因为改变 X_0 和 X_1 只会影响常数 A_1 和 A_2。因此均衡点 $X^*=\frac{11}{4}$是稳定的。

13.7 求解下列二阶差分方程：

(a) $X_t-3X_{t-1}-10X_{t-2}=24$，且 $X_0=0$ 和 $X_1=1$；

(b) $X_t-0.1X_{t-1}-0.2X_{t-2}=7$，且 $X_0=16$ 和 $X_1=10$；

(c) $X_t=7X_{t-1}-12X_{t-2}+5$，且 $X_0=X_1=4$。

现在考虑一般形式的二阶差分方程

$$aX_t+bX_{t-1}+cX_{t-2}=k \tag{13.34}$$

给定初始条件 X_0 和 X_1。令 $X_t=X_{t-1}=X_{t-2}=X^*$，代入式(13.34)，有

$$X^*=\frac{k}{a+b+c} \tag{13.35}$$

式(13.35)是方程(13.34)的特解，它告诉了我们均衡的位置。

我们寻找 $X_t=Am^t$ 这样的补解。从式(13.34)中去掉 k，代入 $X_t=Am^t$，然后等式两侧同时除以 Am^{t-2}，就可以得到特征方程

$$am^2+bm+c=0 \tag{13.36}$$

这是一个关于 m 的二次方程。我们在 1.3 节中看到像(13.36)这样的二次方程，当且仅当 $b^2>4ac$ 时，有两个实数解。假设条件满足，式(13.36)有两个解 $m=m_1$ 和 $m=m_2$。稍后考虑 $b^2<4ac$ 的情况。

这样给定两个实数根 m_1 和 m_2 后，可以得到方程(13.34)的补解

$$X_t=A_1(m_1)^t+A_2(m_2)^t \tag{13.37}$$

其中 A_1 和 A_2 是任意常数。

为了求出差分方程(13.34)的通解，我们把式(13.35)的特解和式(13.37)的补解加到一起

$$X_t=A_1(m_1)^t+A_2(m_2)^t+\frac{k}{a+b+c} \tag{13.38}$$

最后，求出满足初始条件的常数 A_1 和 A_2。这样式(13.38)同时满足二阶线性差分方程(13.34)和初始条件。

研究式(13.38)会发现 m_1 和 m_2 的值决定了一段时间以后 X 的行为。如果 m_1 和 m_2 都位于-1 和$+1$ 之间，那么当 t 变得非常大时 m_1^t 和 m_2^t 都趋向于 0，X_t 将会收敛于它的均衡值$\frac{k}{a+b+c}$。也就是说，不论初始条件如何，均衡是稳定的。记住，初始条件只影响常数 A_1 和 A_2 的值，而不会出现在均衡解中。

如果 m_1 或 m_2 或二者均在范围$(-1,+1)$之外，那么 X 的时间路径是不稳定的，会迅速远离它的初始位置且永远不会到达均衡位置。例如，很容易看出来，当 $t\to\infty$ 时，$(3)^t$ 和 $(-2)^t$都迅速地远离 0。

13.8 求出下列二阶线性差分方程的通解：

(a) $2X_t=X_{t-1}+X_{t-2}+5$，且 $X_0=12.5$ 和 $X_1=20.5$；

(b) $X_t-3X_{t-1}+2X_{t-2}+4=0$，且 $X_0=8$ 和 $X_1=10$。

在每一个题中，描绘出 X_t 的时间路径，$t=0,1,2,3,4,5,6$。

一些复杂的情况

考虑二阶线性差分方程

$$4X_t-X_{t-1}-3X_{t-2}=14 \quad 且 \quad X_0=2,\quad X_1=0.5 \tag{13.39}$$

初始条件为 $X_0=2, X_1=0.5$。

我们想要用以前的方法求出特解。为此，令 $X_t=X_{t-1}=X_{t-2}=X^*$，有

$$4X^*-X^*-3X^*=14$$

不幸的是，这次得到了不正确的表达 0=14。实际上没有 $X^*=$常数这样的均衡值。当发生这种情况时，我们必须寻找 $X_t=X^*t$ 这样的特解，也就是一个“移动”的均衡，即每个时期 X 都以固定的比例 X^* 发生变化。例如，当时期 $t=10,11,12,\cdots$ 达到均衡时，X 的值为 $10X^*, 11X^*, 12X^*, \cdots$ 如果我们把 $X_t=X^*t$ 代入式(13.39)，有

$$4X^*t-X^*(t-1)-3X^*(t-2)=14$$

即

$$X^*t(4-1-3)+X^*+6X^*=14$$

因为 X^*t 项没有了，所以 $X^*=2$。因此特解为 $X_t=2t$。这暗示了一个移动的均衡，X_t 在每个时期增长固定的比例 2。

此后，我们可以按照常用的方法求出补解。特征方程为

$$4m^2-m-3=0 \tag{13.40}$$

因数分解 $(4m+3)(m-1)=0$ 得到两个根 $m_1=-0.75$ 和 $m_2=1$。因此，方程(13.39)的补解为

$$X_t=A_1(-0.75)^t+A_2(1)^t=A_1(-0.75)^t+A_2 \tag{13.41}$$

方程(13.39)的通解是补解与特解之和，得到

$$X_t=A_1(-0.75)^t+A_2+2t \tag{13.42}$$

式(13.42)中的常数 A_1 和 A_2 可以通过初始条件 $X_0=2, X_1=0.5$ 来确定。令式(13.42)中 $t=0$ 和 $t=1$，有

$$X_0=A_1+A_2=2$$
$$X_1=A_1(-0.75)+A_2+2=0.5$$

解得 $A_1=2$ 和 $A_2=0$。因此式(13.42)变成

$$X_t=2(-0.75)^t+2t \tag{13.43}$$

式(13.43)同时满足差分方程(13.39)和初始条件。

研究式(13.43)会发现，当 t 变得非常大时，X 渐进地向它的移动均衡 $X_t=2t$ 逼近。这是因为根 $m_1=-0.75$ 位于 -1 和 1 之间。

13.9 已知 $X_t+2X_{t-1}-3X_{t-2}=12$，且 $X_0=8$ 和 $X_1=12$。求 X_t 的时间路径。

重复根

考虑二阶差分方程

$$4X_t = 4X_{t-1} - X_{t-2} + 8 \tag{13.44}$$

初始条件为 $X_0=12, X_1=15$。在这里，特解为 $X^*=8$，而且特征方程为

$$4m^2 - 4m + 1 = 0 \tag{13.45}$$

特征方程(13.45)只有一个解，$m=\dfrac{1}{2}$，成为重复根。1.3 节中讲得非常清楚，当 $b^2=4ac$ 时，一般形式的二次方程有重复根，和方程(13.45)中的情况一样。当我们得到重复根时，这说明补解为

$$X_t = A_1(m)^t + A_2t(m)^t \tag{13.46}$$

其中 m 为重复根。这里，$m=\dfrac{1}{2}$，通解由特解和补解相加得到

$$X_t = A_1(0.5)^t + A_2t(0.5)^t + 8 \tag{13.47}$$

给定初始条件 $X_0=12, X_1=15$，可以通过把 $t=0$ 和 $t=1$ 代入式(13.47)求出 A_1 和 A_2。因此

$$X_0 = A_1 + 8 = 12$$

$$X_1 = 0.5A_1 + 0.5A_2 + 8 = 15$$

求出 $A_1=4$ 和 $A_2=10$。因此，方程(13.44)的通解为

$$X_t = 4(0.5)^t + 10t(0.5)^t + 8 \tag{13.48}$$

因为当 t 变得非常大时 $(0.5)^t$ 和 $t(0.5)^t$ 都趋向于 0，所以 X_t 收敛于它的均衡值 8。均衡是稳定的，并且独立于任何初始条件。

13.10 求出下列差分方程的通解：

(a) $2X_t=8X_{t-1}-8X_{t-2}+21$，且 $X_0=12.5$ 和 $X_1=20.5$；

(b) $2X_t=2X_{t-1}-0.5X_{t-2}+8$，且 $X_0=24$ 和 $X_1=26$。

在每一个题中，描绘出 X_t 的时间路径，$t=0,1,2,3,4,5,6$。

虚数根，循环和稳定性

考虑二阶线性差分方程

$$X_t + X_{t-1} + 0.8X_{t-2} = 560 \tag{13.49}$$

其中，特解是 $X^*=200$。特征方程为

$$m^2 + m + 0.8 = 0 \tag{13.50}$$

方程(13.50)是一个 $b^2<4ac$ 的二次方程(1.3 节)，这意味着方程(13.50)没有解，或者严格地说，没有实数解。但是，这样的二次方程具有代数上称为虚数的根，即 −1 的平方根。在

本书中我们还没有考虑过虚数根的问题，所以我们无法表示差分方程(13.49)的解。但是我们可以根据给定的初始条件推导出 X_t 的时间路径，这描绘在图 13.4 中，初始条件为 $X_0 = X_1 = 100$。我们看到，X_t 的时间路径在均衡水平 200 出现循环。循环应该与图 13.1(c)中的简单振动区分开，因为在图 13.1(c)中我们得到的数值是交替地高于和低于均衡水平；而在图 13.4 中 X_t 在均衡水平出现的循环，是在连续时期内的值低于 200，或者高于 200。

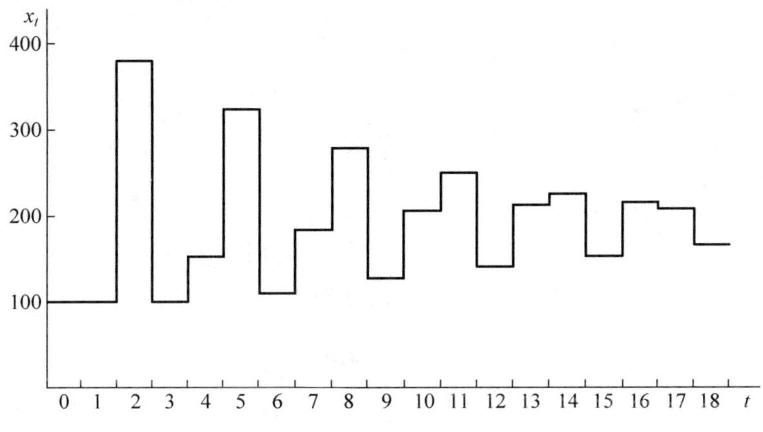

图 13.4　循环的时间路径

事实上，有虚数根的差分方程暗示了一个循环的时间路径并不是巧合，一个二阶差分方程包含循环路径的充要条件是它的特征方程有虚数根。

差分方程的时间路径，可以分为包含稳定时间路径和包含不稳定时间路径两种情况。一阶差分方程的稳定性和不稳定性在图 13.1 中描绘出来。二阶差分方程也可以包含稳定和不稳定的时间路径。虽然我们在这里不予以证明，但是像式(13.34)的二阶差分方程表明了一个稳定的时间路径，X_t 向它的均衡值收敛，当且仅当

$$-1 < \frac{c}{a} < 1 \quad 且 \quad -\left(1 + \frac{c}{a}\right) < -\frac{b}{a} < 1 + \frac{c}{a} \tag{13.51}$$

以方程(13.49)为例，在这个方程中$\frac{c}{a} = 0.8$，满足式(13.51)中的第一个条件，第二个条件为$-1.8 < -\frac{b}{a} < 1.8$，因为$-\frac{b}{a} = 1$，所以也满足第二个条件，因此时间路径是稳定的。图 13.4 证实了这一点，时间路径很明显的向均衡水平 200 收敛。

13.11　试判断：下列差分方程是否包含了 X 的稳定均衡？

(a) $4X_t = 6X_{t-1} - 3X_{t-2} + 12$；(b) $X_t + 0.6X_{t-1} + 0.5X_{t-2} = 3$。

13.3　再论动态流量市场模型

现在讨论 13.1 节中的流量市场模型。我们先推导出这个模型中差分方程的通解。一般地，假设流量供给和流量需求为

$$s_t = a_0 + a_1 p_t \tag{13.52}$$

$$d_t = b_0 + b_1 p_t \tag{13.53}$$

代入非均衡方程(13.4)中,有

$$\begin{aligned} p_t - p_{t-1} &= \beta(b_0 + b_1 p_{t-1} - a_0 - a_1 p_{t-1}) \\ &= \beta(b_0 - a_0) + \beta(b_1 - a_1) p_{t-1} \end{aligned}$$

因此我们得到一阶差分方程

$$p_t - [1 + \beta(b_1 - a_1)] p_{t-1} = \beta(b_0 - a_0) \tag{13.54}$$

方程(13.54)的特解为

$$p^* = \frac{b_0 - a_0}{a_1 - b_1} \tag{13.55}$$

再由特征方程得出 $m = 1 + \beta(b_1 - a_1)$,因此,补解为

$$p_t = A[1 + \beta(b_1 - a_1)]^t$$

式中:A 为任意常数。因此差分方程(13.54)的通解为

$$p_t = A[1 + \beta(b_1 - a_1)]^t + \frac{b_0 - a_0}{a_1 - b_1} \tag{13.56}$$

很明显,式(13.55)给出了一个均衡价格水平,但是这个均衡稳定吗?价格会从一个非均衡位置向均衡位置收敛吗?要想得到答案,需要当 t 趋向无穷大时,$[1+\beta(b_1-a_1)]^t$ 趋向于 0。显然当 $1+\beta(b_1-a_1)$ 位于 -1 和 $+1$ 之间时,才会出现这种情况。即

$$-1 < 1 + \beta(b_1 - a_1) < 1$$

即当

$$\beta(b_1 - a_1) < 0 \quad 且 \quad \beta(b_1 - a_1) > -2 \tag{13.57}$$

又因为 $\beta > 0$,所以我们可以重写稳定性的条件为

$$a_1 > b_1 \quad 且 \quad \beta < \frac{2}{a_1 - b_1} \tag{13.58}$$

式(13.58)的第一个条件说明为了保证稳定性,流量需求曲线的斜率必须小于流量供给曲线的斜率,就像图 3.5 中那样。如果这个条件不能保证,那么我们将得到像图 3.6 那样的情况,由方程(13.55)给出的均衡点就是不稳定的。在这一章开始的模型中,我们从方程(13.1)和方程(13.2)中看到 $a_1 = 300$ 和 $b_1 = 400$,所以条件 $a_1 < b_1$ 被满足。

在 13.1 节中我们还指出如果 β 非常大(β 用来衡量需求和供给不均衡时价格的敏感度),那么不稳定性也会发生。式(13.58)中的第二个条件准确地告诉我们非常大是什么意思。对 13.1 节中的模型来说,β 不能超过

$$\frac{2}{a_1 - b_1} = \frac{2}{300 + 400} = \frac{1}{350}$$

即 $\beta < \frac{1}{350}$。

13.12 一个简单的流量市场模型中,时期 t 的流量需求为

$$d_t = 28 - 2p_t$$

同期的流量供给为

$$s_t = 4 + 6p_{t-1}$$

式中：p_t, p_{t-1} 为当前期和过去时期的价格。如果市场出清，$d_t = s_t$，并且时期 0 的价格水平为 $p_0 = 12$。求出 p_t 只用 t 表示的表达式。评价市场均衡的稳定性。

13.4 再论简单的凯恩斯模型

现在我们回到 13.1 节中的简单宏观经济模型，并且推导差分方程(13.13)一般形式的通解。假设式(13.9)的消费函数有一般形式

$$C_t = \alpha + \beta Y_t^e, \quad \alpha > 0, \quad 0 < \beta < 1 \tag{13.59}$$

预期收入产生机制(13.10)的形式为

$$Y_t^e = \gamma Y_{t-1} + (1-\gamma) Y_{t-2}, \quad 0 < \gamma < 1 \tag{13.60}$$

即预期收入是过去收入的加权平均。因此

$$C_t = \alpha + \beta\gamma Y_{t-1} + \beta(1-\gamma) Y_{t-2} \tag{13.61}$$

像 13.1 节一样，我们假设私人投资和政府支出是固定的，分别为 $\bar{I}$ 和 $\bar{G}$。代入式(13.12)中，有

$$Y_t = \beta\gamma Y_{t-1} + \beta(1-\gamma) Y_{t-2} + E \tag{13.62}$$

其中，$E = a + \bar{I} + \bar{G}$ 称为自发性支出。

方程(13.62)是一个二阶差分方程。令式(13.62)中的 $Y_t = Y_{t-1} = Y_{t-2} = Y^*$，有

$$Y^* = Y^*(\beta\gamma + \beta - \beta\gamma) + E \rightarrow Y^* = \frac{E}{1-\beta} \tag{13.63}$$

式(13.63)是方程(13.62)的特解。需要注意的是，因为 β 为 MPC，所以 $\frac{1}{1-\beta}$ 是著名的凯恩斯支出乘数。对于给定的 E 值，式(13.63)告诉我们收入 Y 的均衡水平。

方程(13.62)的特征方程为

$$m^2 - \beta\gamma m - \beta(1-\gamma) = 0 \tag{13.64}$$

式中，β 和 γ 都在 0～1，有 $b^2 = \beta^2\gamma^2$ 一定是正的，而且 $4ac = -4\beta(1-\gamma)$ 一定是负的，所以 $b^2 > 4ac$，可以排除重复根和虚数根的情况。补解的形式一定是

$$Y_t = A_1(m_1)^t + A_2(m_2)^t \tag{13.65}$$

其中 A_1 和 A_2 为任意常数，并且 m_1 和 m_2 为特征方程(13.64)的两个实数根。因此差分方程(13.62)的通解为

$$Y_t = A_1(m_1)^t + A_2(m_2)^t + \frac{E}{1-\beta} \tag{13.66}$$

与以前一样，A_1 和 A_2 的值依赖于初始条件。

因为二次方程(13.64)有实数根，所以我们可以确定 Y 的时间路径不会出现循环。但是 Y 会向式(13.63)中给出的均衡位置收敛吗？也就是说，均衡是稳定的吗？我们可以用条件(13.51)来检验稳定性。在特征方程(13.64)中，因为 $a=1$，$b=-\beta\gamma$ 且 $c=-\beta(1-\gamma)$，所以稳定性的条件变为

$$-1 < -\beta(1-\gamma) < 1 \tag{13.67}$$

并且

$$-[1-\beta(1-\gamma)] < -\beta\gamma < [1-\beta(1-\gamma)] \tag{13.68}$$

我们现在证实 13.1 节中的宏观经济模型是稳定的。从式(13.9)中我们得到了 $\beta=0.8$,从式(13.10)中我们得到 $\gamma=0.5$。因此 $-\beta(1-\gamma)=-0.4$ 且 $-\beta\gamma=-0.4$。代入式(13.67)和式(13.68),我们看到满足(13.67),因为 $-1<-0.4<1$,而且也满足条件(13.68),因为 $-0.6<-0.4<0.6$。

现在我们证明了模型有一个稳定的均衡收入水平,而且不论初始条件如何,收入 Y 都会向这个均衡位置收敛,不会出现循环路径。实际上,在图 13.2 中描绘了这种情况。

思考题

13.13 一个封闭的动态宏观经济模型为

$$C_t = 200 + 0.65Y_{t-1}$$
$$I_t = 0.3(Y_{t-1} - Y_{t-2})$$
$$G_t = 0.15Y_{t-1}$$

其中,C_t,I_t 和 C_t 分别代表时间 t 的消费、投资和政府支出;另外,Y_{t-1} 和 Y_{t-2} 代表前期的收入。

假设支出计划总能实现,给定时期 0 的收入为 $Y_0=500$,时期 1 的收入为 $Y_1=550$,求出 Y_t 只由变量 t 表示的表达式。从你的结果中,确定在 $t=0,1,2,3,4,5$ 时收入的时间路径。评论该经济模型的稳定性。

高阶差分方程

从原则上讲,高于二阶的线性差分方程可以用与一阶和二阶差分方程相同的方法求解。但是,稳定性条件和循环路径的必要条件就更复杂了。这样的问题也会出现在解特征方程的时候。现在计算机的软件包可以用来帮助求解高阶差分方程并且找出隐含的时间路径。

习　题

13.1 单一商品流量市场的流量需求和流量供给分别为

$$d_t = 30 - 6p_t + 10y_t$$
$$s_t = 10 + 4p_t$$

其中,p_t 是商品价格,y_t 是消费者收入。如果当 $d_t=s_t$ 时实现流量均衡,那么求出 p_t 的简化式。并且证明当 $y_t=8$ 时,均衡价格水平 $p_t=10$。

假设市场在以上数值时处于均衡状态,但是收入突然升高到 $y_t=16$。现在市场处于非均衡状态。假设非均衡状态也可以用动态方程描述出来:

$$p_t - p_{t-1} = 0.2(d_{t-1} - s_{t-1})$$

用一个差分方程来描述收入变化后价格 p_t 的时间路径。给定初始条件 $p_0=10$,求出差分方程的通解。由此求出 p_t 的新均衡值,并且确定是否达到新的均衡。

13.2 求出下列差分方程的通解:

(a) $X_t=X_{t-1}+6$,且 $X_0=2$;

(b) $3X_t+7X_{t-1}-20X_{t-2}=5$,且 $X_0=15$ 和 $X_1=20$;

(c) $X_t=4X_{t-1}-4X_{t-2}+10$,且 $X_0=X_1=5$;

(d) $5X_t=3X_{t-1}+3X_{t-2}+15$，且 $X_0=X_1=3$。

13.3　试判断：下列哪些差分方程包含了 X 的稳定均衡。X 的时间路径会出现循环吗？

(a) $2X_t+3X_{t-1}+2X_{t-2}=15$；(b) $X_t=3X_{t-1}+4X_{t-2}+10$；

(c) $12X_t-13X_{t-1}+3X_{t-2}=8$。

13.4　考虑下列简单的宏观经济模型：

$$C_t = 0.2Y_t + 0.5Y_{t-1} + 0.1Y_{t-2}$$
$$I_t = 0.2(Y_t - Y_{t-1})$$
$$G_t = 20 + 0.1Y_{t-1}$$
$$Y_t = C_t + I_t + G_t$$

其中，C 为消费；I 为私人投资；Y 为收入；G 为政府支出。写出收入 Y 的差分方程。给定初始条件 $Y_0=30$，$Y_1=40$，求出这一差分方程的通解，只用 t 来表示 Y_t。求出收入 Y 的均衡值，这个解稳定吗？

13.5　求解三阶差分方程：

$$6X_t = 17X_{t-1} - 11X_{t-2} + 2X_{t-3} - 30$$

初始条件为 $X_0=11$，$X_1=6$，$X_2=\frac{13}{3}$。X 的均衡值是什么？均衡是稳定的吗？

［提示：$6m^3-17m^2+11m-2=(m-2)(6m^2-5m+1)$］

第 14 章　矩阵代数

14.1　向量和矩阵

向量乘法

学习经济理论必须对向量和矩阵有所了解。因此，本章对矩阵代数的内容进行简要介绍。矩阵代数是一种简便的记法，尽管看起来有些陌生，但这种记法却非常简便、有效。

例如，我们讨论过的厂商问题。假设某个厂商只生产一种商品，那么我们可以写出这个厂商的总收入即 $\mathrm{TR}=pq$。但是，对于一个生产六种商品的厂商来说，当六种商品的价格分别为 p_1,p_2,p_3,p_4,p_5,p_6，相应的产出分别为 q_1,q_2,q_3,q_4,q_5,q_6 时，这个厂商的总收入是

$$\mathrm{TR}=p_1q_1+p_2q_2+p_3q_3+p_4q_4+p_5q_5+p_6q_6 \tag{14.1}$$

以式(14.1)表述的总收入非常烦琐。很明显，需要找出某种简记的方式。

我们把厂商的六种价格表示成价格向量 $\boldsymbol{p}'$，即

$$\boldsymbol{p}'=\begin{bmatrix}p_1 & p_2 & p_3 & p_4 & p_5 & p_6\end{bmatrix} \tag{14.2}$$

需要注意的是在式(14.2)中价格是按照特定的方法排列的，第一种商品的价格写在第一位，第二种商品的价格写在第二位，……以此类推。因此，如果我们写出

$$\boldsymbol{p}'=\begin{bmatrix}6 & 8 & 12 & 3 & 7 & 4\end{bmatrix}$$

我们实际上要表达的是 $p_1=6,p_2=8,p_3=12,p_4=3,p_5=7$ 和 $p_6=4$。

式(14.2)称为行向量。也可以把厂商的价格垂直地排列起来，同时保持相同的顺序不变。这就是说，我们组成了一个列向量

$$\boldsymbol{p}=\begin{bmatrix}p_1\\p_2\\p_3\\p_4\\p_5\\p_6\end{bmatrix} \tag{14.3}$$

需要注意的是，写行向量的时候，加一个“撇号”是一种习惯的表达方法。因此，列向量(14.3)记作 $\boldsymbol{p}$，行向量(14.2)记作 $\boldsymbol{p}'$。

以列向量的形式写出厂商价格之后，可以用同样的方式写出它的六种产出。我们可以把这些产出写成行向量 $\boldsymbol{q}'$ 或者列向量 $\boldsymbol{q}$。也就是

$$\boldsymbol{q}'=\begin{bmatrix}q_1 & q_2 & q_3 & q_4 & q_5 & q_6\end{bmatrix} \quad \text{或者} \quad \boldsymbol{q}=\begin{bmatrix}q_1\\q_2\\q_3\\q_4\\q_5\\q_6\end{bmatrix}$$

因为总收入是价格与产出的乘积，所以下面定义向量乘法，以便我们能够把价格向量与产出向量乘到一起得到关于总收入的正确表达式。通过式(14.1)我们可以看到，如果向量乘法想要"有效"的话，我们必须这样来定义：把一个向量的每一个元素与另一个向量中与它相对应的元素相乘，然后把每一个乘积加起来。例如，我们有下面两个向量

$$\begin{bmatrix} 6 & 2 & 1 & 3 & 7 & 2 \end{bmatrix} \quad 和 \quad \begin{bmatrix} 1 \\ 2 \\ 7 \\ 3 \\ 6 \\ 4 \end{bmatrix}$$

那么利用向量乘法会得到

$$6 \times 1 + 2 \times 2 + 1 \times 7 + 3 \times 3 + 7 \times 6 + 2 \times 4 = 76$$

有了向量乘法，我们就可以用非常简便的记法代替烦琐的式(14.1)，即

$$\text{TR} = \boldsymbol{p}'\boldsymbol{q} \tag{14.4}$$

需要注意的是，式(14.5)中的向量乘积写作 $\boldsymbol{p}'\boldsymbol{q}$。也就是说，先写行向量，后写列向量，即行向量与列向量相乘。

14.1 求出下列向量的乘积：

(a) $\begin{bmatrix} -3 & 2 & 0 & 7 \end{bmatrix}$和$\begin{bmatrix} 5 \\ -3 \\ 4 \\ 0 \end{bmatrix}$；　(b) $\begin{bmatrix} 1 & 2 & 3 \end{bmatrix}$和$\begin{bmatrix} 0 \\ 1 \\ -3 \end{bmatrix}$；

(c) $\begin{bmatrix} -5 & 0 & 4 \end{bmatrix}$和$\begin{bmatrix} 2 \\ 10 \\ -1 \end{bmatrix}$；　(d) $\begin{bmatrix} -3 & 4 \end{bmatrix}$和$\begin{bmatrix} 6 \\ 5 \end{bmatrix}$。

矩阵—向量乘法

对于第 2 章中的线性方程组，上述简单形式的记法是非常有用的。例如，有下面包含四个变量 x_1, x_2, x_3 和 x_4 的线性方程组

$$\begin{cases} a_{11}x_1 + a_{12}x_2 + a_{13}x_3 + a_{14}x_4 = b_1 \\ a_{21}x_1 + a_{22}x_2 + a_{23}x_3 + a_{24}x_4 = b_2 \\ a_{31}x_1 + a_{32}x_2 + a_{33}x_3 + a_{34}x_4 = b_3 \\ a_{41}x_1 + a_{42}x_2 + a_{43}x_3 + a_{44}x_4 = b_4 \end{cases} \tag{14.5}$$

在方程组(14.5)中，所有的 a 和 b 都是常数。如果我们想要把方程组(14.5)写成一种简便的形式，很明显第一步要做的是把等号右侧的常数写成一个列向量

$$\boldsymbol{b} = \begin{bmatrix} b_1 \\ b_2 \\ b_3 \\ b_4 \end{bmatrix} \tag{14.6}$$

现在将方程组(14.5)左侧所有的常数写成一种数组的形式,即

$$\mathbf{A}=\begin{bmatrix} a_{11} & a_{12} & a_{13} & a_{14} \\ a_{21} & a_{22} & a_{23} & a_{24} \\ a_{31} & a_{32} & a_{33} & a_{34} \\ a_{41} & a_{42} & a_{43} & a_{44} \end{bmatrix} \tag{14.7}$$

数组 $\mathbf{A}$ 称作 4×4 矩阵,因为其中有 4 行和 4 列。需要注意的是,$\mathbf{A}$ 中第一行的每一个元素都来自方程组(14.6)的第一个方程。同样地,第二行的每一个元素都来自第二个方程,……以此类推。进一步地,$\mathbf{A}$ 中第一列的每一个元素都是方程组(14.6)中变量 x_1 的系数。同样地,第二列的每一个元素都是变量 x_2 的系数,……以此类推。这样,矩阵中 A 的每一个元素都属于一个特定的行和一个特定的列。所有矩阵都包括这样一种二向分类。当然,向量只不过是特殊的矩阵。一个包含 n 个元素的行向量是一个 $1\times n$ 矩阵;一个包含 n 个元素的列向量不过是一个 $n\times 1$ 矩阵。

给定式(14.6)和式(14.7),方程组(14.5)中只剩下变量。我们把变量排列成列向量的形式

$$\boldsymbol{x}=\begin{bmatrix} x_1 \\ x_2 \\ x_3 \\ x_4 \end{bmatrix} \tag{14.8}$$

下面一个问题自然就是如果我们能够把方程组(14.5)写成下面这种简洁的形式

$$\mathbf{A}\boldsymbol{x}=\boldsymbol{b} \tag{14.5a}$$

那么,应该如何定义矩阵一向量乘法?

很显然,矩阵 $\mathbf{A}$ 与向量 $\boldsymbol{x}$ 的乘法将会产生另一个列向量,它包含方程组(14.6)左侧所有的元素。也就是

$$\begin{bmatrix} a_{11}x_1+a_{12}x_2+a_{13}x_3+a_{14}x_4 \\ a_{21}x_1+a_{22}x_2+a_{23}x_3+a_{24}x_4 \\ a_{31}x_1+a_{32}x_2+a_{33}x_3+a_{34}x_4 \\ a_{41}x_1+a_{42}x_2+a_{43}x_3+a_{44}x_4 \end{bmatrix} \tag{14.9}$$

如果 $\mathbf{A}\boldsymbol{x}$ 中每一个元素都等于向量 $\boldsymbol{b}$ 中相应的元素,我们实际上得到了方程组(14.5)。

如果矩阵 $\mathbf{A}$ 与向量 $\boldsymbol{x}$ 的乘积想要得到矩阵(14.9),那么我们必须如下定义:矩阵 $\mathbf{A}$ 必须看成四个行向量一个接着一个垂直地排列起来。也就是

$$\mathbf{A}=\begin{bmatrix} a_1' \\ a_2' \\ a_3' \\ a_4' \end{bmatrix}=\begin{bmatrix} a_{11} & a_{12} & a_{13} & a_{14} \\ a_{21} & a_{22} & a_{23} & a_{24} \\ a_{31} & a_{32} & a_{33} & a_{34} \\ a_{41} & a_{42} & a_{43} & a_{44} \end{bmatrix} \tag{14.10}$$

向量 $\mathbf{A}\boldsymbol{x}$ 中第一个元素是行向量 $\boldsymbol{a}_1'$ 与列向量 $\boldsymbol{x}$ 按照前面定义的向量乘法得到的结果。同样,$\mathbf{A}\boldsymbol{x}$ 中第二个、第三个和第四个元素依次为行向量 $\boldsymbol{a}_2'$,$\boldsymbol{a}_3'$,$\boldsymbol{a}_4'$ 与列向量 x 相乘的结果。这样有

$$\boldsymbol{Ax} = \begin{bmatrix} a_{11} & a_{12} & a_{13} & a_{14} \\ a_{21} & a_{22} & a_{23} & a_{24} \\ a_{31} & a_{32} & a_{33} & a_{34} \\ a_{41} & a_{42} & a_{43} & a_{44} \end{bmatrix} \begin{bmatrix} x_1 \\ x_2 \\ x_3 \\ x_4 \end{bmatrix} = \begin{bmatrix} a_{11}x_1 + a_{12}x_2 + a_{13}x_3 + a_{14}x_4 \\ a_{21}x_1 + a_{22}x_2 + a_{23}x_3 + a_{24}x_4 \\ a_{31}x_1 + a_{32}x_2 + a_{33}x_3 + a_{34}x_4 \\ a_{41}x_1 + a_{42}x_2 + a_{43}x_3 + a_{44}x_4 \end{bmatrix} \tag{14.11}$$

只有用这种方式定义矩阵一向量乘法，$\boldsymbol{Ax}$ 中每一个元素与向量 $\boldsymbol{b}$ 中相应的元素构成的方程才与方程组(14.5)中的方法吻合，式(14.5a)才是方程组(14.5)的简便记法。

例如，考虑第2章中由式(2.1)和式(2.2)构成的线性方程组

$$\begin{cases} 3x + 4y = 6 \\ 2x + 6y = 14 \end{cases}$$

如果这个方程组可以记为式(14.5a)这种简便形式，那么必有

$$\boldsymbol{A} = \begin{bmatrix} 3 & 4 \\ 2 & 6 \end{bmatrix}, \quad \boldsymbol{x} = \begin{bmatrix} x \\ y \end{bmatrix} \quad 和 \quad \boldsymbol{b} = \begin{bmatrix} 6 \\ 14 \end{bmatrix} \tag{14.12}$$

14.2　*考虑下列方程组：*

(a) $\begin{cases} 2x_1 + 3x_2 + x_3 = 5 \\ x_1 - 7x_2 + 3x_3 = 2 \\ -3x_1 + 4x_2 - x_3 = -4 \end{cases}$；　(b) $\begin{cases} 3u + v - 2w = -6 \\ 4u + 2w = 6 \\ 4v - 5w = 4 \end{cases}$；　(c) $\begin{cases} x + y = 4 \\ z - 3x = 3 \\ y - 2z = 2 \end{cases}$。

如果这些方程组可以写成矩阵一向量乘法形式 $\boldsymbol{Ax} = \boldsymbol{b}$，*那么每一个方程组中* $\boldsymbol{A}$，$\boldsymbol{b}$ *和* $\boldsymbol{x}$ *应该是多少？*

当把(14.5)这样的线性方程组记为(14.5a)这种形式时，会出现一个有趣的问题：是否可以找到某个矩阵，记为 $\boldsymbol{A}^{-1}$，我们可以把它乘到式(14.5a)的两侧得到

$$\boldsymbol{x} = \boldsymbol{A}^{-1}\boldsymbol{b} \tag{14.13}$$

如果这是可能发生的，那么刚才定义的矩阵一向量乘法可以用来求向量 $\boldsymbol{A}^{-1}\boldsymbol{b}$，式(14.13)表明它与 $\boldsymbol{x}$ 向量相等。一旦知道了 $\boldsymbol{x}$ 中的元素，我们也就求得了方程组的解。正如将会在14.3节中看到的那样，线性方程组，无论多么庞大，都可以用这种方法求解。

14.2　矩阵的基本运算

不同的矩阵往往有不同的行数和列数，所以，有的时候我们会将矩阵包含的行列个数表现出来。一般地，一个具有 m 行和 n 列的矩阵被称为 $m \times n$ 矩阵。例如，我们会将(14.7)中的矩阵 $\boldsymbol{A}$ 称为 4×4 矩阵，记为

$$\boldsymbol{A} = (a_{ij})_{4\times4} \tag{14.14}$$

式(14.14)中，前面的数字4代表矩阵 $\boldsymbol{A}$ 有4行，后面的数字4代表矩阵 $\boldsymbol{A}$ 有4列。再如，对于下面的矩阵

$$\boldsymbol{P} = \begin{bmatrix} 4 & -1 & 3 & 7 \\ -2 & 5 & 6 & 1 \\ 0 & 2 & -3 & 0 \end{bmatrix}$$

$$Q=\begin{bmatrix} 2 & 1 & -3 & 2 & 2 \\ -1 & 3 & 0 & 0 & 0 \\ 0 & 3 & 2 & 0 & 0 \\ 1 & -4 & 0 & 1 & 1 \end{bmatrix} \tag{14.15}$$

式(14.15)中的 $\boldsymbol{P}$ 是一个 3×4 矩阵,$\boldsymbol{Q}$ 是一个 4×5 矩阵。

式(14.14)中的 a_{ij} 代表一个矩阵第 i 行第 j 列的元素。例如,式(14.12)的矩阵 $\boldsymbol{A}$ 中,$a_{11}=3,a_{21}=2$。再如,式(14.15)的矩阵 $\boldsymbol{Q}$ 中,$a_{11}=2,a_{21}=-1$。

以矩阵表达式(14.15)为基础,我们可以界定一些常用的矩阵计算方法。

矩阵相等

如果两个矩阵 $\boldsymbol{A}$ 和 $\boldsymbol{B}$ 有相同的行数与相同的列数,并且对应位置上的元素均相等,则矩阵 $\boldsymbol{A}$ 和矩阵 $\boldsymbol{B}$ 是相等的,记为 $\boldsymbol{A}=\boldsymbol{B}$。即

$$\text{如果}\boldsymbol{A}=(a_{ij})_{m\times n},\quad \boldsymbol{B}=(b_{ij})_{m\times n},\quad \text{且}\ a_{ij}=b_{ij},\quad \text{则}\ \boldsymbol{A}=\boldsymbol{B} \tag{14.16}$$

需要注意的是,矩阵相等必须具有相同的行数和相同的列数。例如,对于下面两个矩阵

$$\boldsymbol{A}=\begin{bmatrix} 5 & 6 \\ 9 & 3 \end{bmatrix} \quad \text{和} \quad \boldsymbol{B}=\begin{bmatrix} 5 & 6 & 0 \\ 9 & 3 & 0 \end{bmatrix}$$

虽然,对应位置元素相等,但 $\boldsymbol{A}$ 是 2×2 矩阵,$\boldsymbol{B}$ 是 2×3 矩阵,两个矩阵行数和列数不同,所以 $\boldsymbol{A}\neq\boldsymbol{B}$。

矩阵加法和减法

矩阵加法很简单,对于初学者来说也更符合逻辑一些。两个矩阵相加就是把两个矩阵中相应的元素加起来。因此,如果 $\boldsymbol{C}=\boldsymbol{A}+\boldsymbol{B}$,那么 $\boldsymbol{C}$ 中第 i 行第 j 列的元素是

$$c_{ij}=a_{ij}+b_{ij} \tag{14.17}$$

例如

$$\begin{bmatrix} 1 & 0 \\ 3 & 5 \end{bmatrix}+\begin{bmatrix} 0 & 2 \\ 1 & 1 \end{bmatrix}=\begin{bmatrix} 1+0 & 0+2 \\ 3+1 & 5+1 \end{bmatrix}=\begin{bmatrix} 1 & 2 \\ 4 & 6 \end{bmatrix}$$

矩阵减法也遵循同样的方法。如果矩阵 $\boldsymbol{D}=\boldsymbol{A}-\boldsymbol{B}$,那么

$$d_{ij}=a_{ij}-b_{ij} \tag{14.18}$$

例如

$$\begin{bmatrix} 5 & 6 \\ 9 & 3 \end{bmatrix}-\begin{bmatrix} 0 & 2 \\ 3 & 1 \end{bmatrix}=\begin{bmatrix} 5-0 & 6-2 \\ 9-3 & 3-1 \end{bmatrix}=\begin{bmatrix} 5 & 4 \\ 6 & 2 \end{bmatrix}$$

需要注意的是,只有具有相同维数的矩阵才能相加或相减。很明显,矩阵相加时的先后次序并不重要。即

$$\boldsymbol{A}+\boldsymbol{B}+\boldsymbol{C}=\boldsymbol{C}+\boldsymbol{B}+\boldsymbol{A}=\boldsymbol{B}+\boldsymbol{A}+\boldsymbol{C} \tag{14.19}$$

有时需要把矩阵中的每一个元素都乘上一个常数。已知 $\boldsymbol{A}=(a_{ij})_{m\times n}$,$\boldsymbol{B}=(b_{ij})_{m\times n}$,对于一个任意常数 λ,如果矩阵 $\boldsymbol{B}=\lambda\boldsymbol{A}$,则有

$$b_{ij}=\lambda a_{ij} \tag{14.20}$$

也就是说,矩阵 $\boldsymbol{B}$ 中的每一个元素等于矩阵 $\boldsymbol{A}$ 中相应的元素乘以常数 λ。例如:

$$1.5\begin{bmatrix}120 & 175\\80 & 130\\135 & 190\end{bmatrix}=\begin{bmatrix}1.5(120) & 1.5(175)\\1.5(80) & 1.5(130)\\1.5(135) & 1.5(190)\end{bmatrix}=\begin{bmatrix}180 & 262.5\\120 & 195\\202.5 & 285\end{bmatrix}$$

14.3　根据矩阵定义进行计算：

(a) $\begin{bmatrix}4 & 2\\9 & 1\end{bmatrix}+\begin{bmatrix}2 & 0\\0 & 7\end{bmatrix}$；　(b) $\begin{bmatrix}3 & 1\\0 & 2\end{bmatrix}+2\begin{bmatrix}6 & 2\\3 & 4\end{bmatrix}$；　(c) $\begin{bmatrix}19 & 3\\2 & 0\end{bmatrix}-\begin{bmatrix}6 & 8\\1 & 3\end{bmatrix}$。

矩阵乘法

矩阵乘法只是 14.1 节中定义的矩阵—向量乘法的扩展。假设有两个矩阵

$$\boldsymbol{A}=\begin{bmatrix}a_{11} & a_{12} & a_{13} & a_{14}\\a_{21} & a_{22} & a_{23} & a_{24}\\a_{31} & a_{32} & a_{33} & a_{34}\\a_{41} & a_{42} & a_{43} & a_{44}\end{bmatrix}\quad 和\quad \boldsymbol{B}=\begin{bmatrix}b_{11} & b_{12} & b_{13} & b_{14}\\b_{21} & b_{22} & b_{23} & b_{24}\\b_{31} & b_{32} & b_{33} & b_{34}\\b_{41} & b_{42} & b_{43} & b_{44}\end{bmatrix}\tag{14.21}$$

式(14.21)中的矩阵 $\boldsymbol{A}$ 和 $\boldsymbol{B}$，都是 4×4 矩阵，这种行数和列数相同的矩阵，也称为方阵。如式(14.10)所示，矩阵 $\boldsymbol{A}$ 可以重写为一系列垂直排列的行向量，即

$$\boldsymbol{A}=\begin{bmatrix}\boldsymbol{a}'_1\\\boldsymbol{a}'_2\\\boldsymbol{a}'_3\\\boldsymbol{a}'_4\end{bmatrix}$$

需要注意的是，如果一个矩阵可以被重写成一系列垂直排列的行向量，那么它也可以被重写成一系列并排的列向量。我们按照这样的方法写出矩阵 $\boldsymbol{B}$，有

$$\boldsymbol{B}=[b_1\quad b_2\quad b_3\quad b_4]$$

矩阵乘积 $\boldsymbol{AB}$ 可以定义为，$\boldsymbol{AB}$ 中的每一个元素都是按照向量乘法法则“行乘以列”得到的。例如，$\boldsymbol{A}$ 中行向量 $\boldsymbol{a}'_3$ 与 $\boldsymbol{B}$ 中列向量 $\boldsymbol{b}_2$ 相乘得到 $\boldsymbol{a}'_3\boldsymbol{b}_2$，即为矩阵 $\boldsymbol{AB}$ 中第三行第二列的元素。同样地，行向量 $\boldsymbol{a}'_1$ 与向量 $\boldsymbol{b}_3$ 相乘得到矩阵 $\boldsymbol{AB}$ 中第一行第三列的元素 $\boldsymbol{a}'_1\boldsymbol{b}_3$，以此类推。矩阵 $\boldsymbol{AB}$ 为

$$\boldsymbol{AB}=\begin{bmatrix}\boldsymbol{a}'_1\\\boldsymbol{a}'_2\\\boldsymbol{a}'_3\\\boldsymbol{a}'_4\end{bmatrix}[\boldsymbol{b}_1\quad \boldsymbol{b}_2\quad \boldsymbol{b}_3\quad \boldsymbol{b}_4]=\begin{bmatrix}\boldsymbol{a}'_1\boldsymbol{b}_1 & \boldsymbol{a}'_1\boldsymbol{b}_2 & \boldsymbol{a}'_1\boldsymbol{b}_3 & \boldsymbol{a}'_1\boldsymbol{b}_4\\\boldsymbol{a}'_2\boldsymbol{b}_1 & \boldsymbol{a}'_1\boldsymbol{b}_2 & \boldsymbol{a}'_2\boldsymbol{b}_3 & \boldsymbol{a}'_2\boldsymbol{b}_4\\\boldsymbol{a}'_3\boldsymbol{b}_1 & \boldsymbol{a}'_3\boldsymbol{b}_2 & \boldsymbol{a}'_3\boldsymbol{b}_3 & \boldsymbol{a}'_3\boldsymbol{b}_4\\\boldsymbol{a}'_4\boldsymbol{b}_1 & \boldsymbol{a}'_4\boldsymbol{b}_2 & \boldsymbol{a}'_4\boldsymbol{b}_3 & \boldsymbol{a}'_4\boldsymbol{b}_4\end{bmatrix}\tag{14.22}$$

需要注意的是，得到 $\boldsymbol{AB}$ 时，是把第一个矩阵 $\boldsymbol{A}$ 中的行向量与第二个矩阵 $\boldsymbol{B}$ 中的列向量相乘。假设我们把 $\boldsymbol{B}$ 的行向量与 $\boldsymbol{A}$ 的列向量相乘，会得到与式(14.22)截然不同的形式，数学家把这样得到的矩阵乘积称为 $\boldsymbol{BA}$，以区别于 $\boldsymbol{AB}$。通常

$$\boldsymbol{AB}\neq\boldsymbol{BA}\tag{14.23}$$

因此，式(14.24)表明，尽管普通代数中 $ab=ba$，但是这样的性质在矩阵中不成立。为了区别可以由 $\boldsymbol{A}$ 和 $\boldsymbol{B}$ 得到的两个矩阵乘积，当我们写 $\boldsymbol{AB}$ 时，我们指的是 $\boldsymbol{B}$ 被 $\boldsymbol{A}$ 前乘。相反，当

写 **BA** 时,指的是 **B** 被 **A** 后乘。因为性质(14.22),两者必须清楚地区分开。记住,是前一个矩阵中的行向量乘以后一个矩阵中的列向量。

14.4 已知矩阵 $\boldsymbol{A}=\begin{bmatrix}3 & 5\\4 & 6\end{bmatrix}$,矩阵 $\boldsymbol{B}=\begin{bmatrix}-1 & 0\\4 & 7\end{bmatrix}$,试用矩阵乘法原理计算:(a)**AB**;(b)**BA**。通过上述结果,你有什么发现?

尽管(14.22)中矩阵 **A** 和 **B** 都是方阵,它们都含有相同的行和列,但是,矩阵相乘不必一定是方阵。一般地,只要前一个矩阵的列数与后两个矩阵的行数相等,利用"行乘以列"法则,非方阵矩阵相乘也可以得到结果。因此,给定式(14.15)中的矩阵 **P** 和 **Q**,可以利用行向量与列向量相乘得到乘积 **PQ**,因为矩阵 **P** 的每一行与矩阵 **Q** 的每一列包含的元素个数相同。可得

$$\boldsymbol{PQ}=\begin{bmatrix}4 & -1 & 3 & 7\\-2 & 5 & 6 & 1\\0 & 2 & -3 & 0\end{bmatrix}\begin{bmatrix}2 & 1 & -3 & 2 & 2\\-1 & 3 & 0 & 0 & 0\\0 & 3 & 2 & 0 & 0\\1 & -4 & 0 & 1 & 1\end{bmatrix}=\begin{bmatrix}16 & -18 & -6 & 15 & 15\\-8 & 27 & 18 & -3 & -3\\-2 & -3 & -6 & 0 & 0\end{bmatrix}\tag{14.24}$$

但是,对于式(14.15)中的矩阵 **P** 和 **Q**,不可能得到矩阵乘积 **QP**,因为 **Q** 中有 5 列而 P 中只有 3 行。

如果可以得到矩阵乘积,那么这样的矩阵称为可乘的;否则,将它们称为不可乘的。检验可乘性的最简单的方法就是在矩阵的下面写出维数。例如,式(14.15)中的矩阵 **P** 和 **Q**

$$\underset{(3\times4)(4\times5)}{\boldsymbol{P}\cdot\boldsymbol{Q}} = \underset{(3\times5)}{\boldsymbol{S}} \qquad \underset{(4\times5)(3\times4)}{\boldsymbol{Q}\cdot\boldsymbol{P}} = \underset{(-)}{?}\tag{14.25}$$

对于两个可乘的矩阵来说,"中间的数"必须是相同的。因此,**Q** 可以被 **P** 前乘得到 **S**,但不能被 **P** 后乘。当两个矩阵相乘时,需要注意的是矩阵乘积的维数,可以直接由"划掉"中间数得到。余下的数字形成了新矩阵的维数。因此,如果一个 $n\times k$ 矩阵被一个 $k\times m$ 矩阵后乘,结果应该是一个 $n\times m$ 矩阵。

我们现在知道为什么不能把式(14.5)中厂商的总收入写成 $\boldsymbol{pq}'$。因为 **p** 是一个 6×1 矩阵而 $\boldsymbol{q}'$ 是 1×6 矩阵,乘积 $\boldsymbol{pq}'$ 一定是一个 6×6 矩阵。应用通常的矩阵乘法,我们实际上得到

$$\boldsymbol{pq}'=\begin{bmatrix}p_1\\p_2\\p_3\\p_4\\p_5\\p_6\end{bmatrix}(q_1\quad q_2\quad q_3\quad q_4\quad q_5\quad q_6)=\begin{bmatrix}p_1q_1 & p_1q_2 & p_1q_3 & p_1q_4 & p_1q_5 & p_1q_6\\p_2q_1 & p_2q_2 & p_2q_3 & p_2q_4 & p_2q_5 & p_2q_6\\p_3q_1 & p_3q_2 & p_3q_3 & p_3q_4 & p_3q_5 & p_3q_6\\p_4q_1 & p_4q_2 & p_4q_3 & p_4q_4 & p_4q_5 & p_4q_6\\p_5q_1 & p_5q_2 & p_5q_3 & p_5q_4 & p_5q_5 & p_5q_6\\p_6q_1 & p_6q_2 & p_6q_3 & p_6q_4 & p_6q_5 & p_6q_6\end{bmatrix}$$

14.5　给定下列矩阵或向量：$\boldsymbol{A}=\begin{bmatrix}6 & 3 & 7\\4 & 5 & -3\\6 & -2 & 1\end{bmatrix}$，$\boldsymbol{B}=\begin{bmatrix}8 & 4 & 2\\3 & 1 & 0\\2 & 5 & 3\end{bmatrix}$，$\boldsymbol{C}=\begin{bmatrix}4 & -2\\5 & 6\\3 & 5\end{bmatrix}$，$\boldsymbol{D}=\begin{bmatrix}10 & 3 & 1\end{bmatrix}$，$\boldsymbol{E}=\begin{bmatrix}5 & 3 & -1 & 6\\4 & -2 & 6 & 5\\2 & 0 & 3 & 7\end{bmatrix}$。有没有可能得到以下矩阵乘积？

(a) $\boldsymbol{AB}$；　(b) $\boldsymbol{BA}$；　(c) $\boldsymbol{CA}$；　(d) $\boldsymbol{DA}$；
(e) $\boldsymbol{CD}$；　(f) $\boldsymbol{BC}$；　(g) $\boldsymbol{AE}$；　(h) $\boldsymbol{EA}$。

14.6　假如：$\boldsymbol{A}=\begin{bmatrix}3 & 1 & 0\\-4 & 2 & -3\\5 & 0 & -1\end{bmatrix}$，$\boldsymbol{B}=\begin{bmatrix}-4 & 0 & 0\\3 & 1 & -2\\0 & 5 & 2\end{bmatrix}$，$\boldsymbol{C}=\begin{bmatrix}1\\2\\1\end{bmatrix}$。计算矩阵乘积：(a)$\boldsymbol{AC}$；(b)$\boldsymbol{BC}$；(c)$(\boldsymbol{A}+\boldsymbol{B})\boldsymbol{C}$。通过上述答案，你有什么发现？

单位矩阵

单位矩阵是方阵，同时“主对角线”上所有的元素都是 1，并且其他的元素都是 0。通常用符号 $\boldsymbol{I}$ 表示。例如，一个 5×5 单位矩阵是

$$\boldsymbol{I}=\begin{bmatrix}1 & 0 & 0 & 0 & 0\\0 & 1 & 0 & 0 & 0\\0 & 0 & 1 & 0 & 0\\0 & 0 & 0 & 1 & 0\\0 & 0 & 0 & 0 & 1\end{bmatrix}$$

单位矩阵在矩阵代数中的作用相当于普通代数中数字 1 的作用。在普通代数中 $1\times a=a\times 1=a$。同样地，在矩阵代数中，如果矩阵是可乘的，同样有

$$\boldsymbol{IA}=\boldsymbol{A}\quad 或\quad \boldsymbol{AI}=\boldsymbol{A} \tag{14.26}$$

例如，如果 $\boldsymbol{I}$ 是一个 3×3 单位矩阵，矩阵 $\boldsymbol{A}$ 形式如下

$$\boldsymbol{A}=\begin{bmatrix}3 & 1 & 0 & -2\\1 & -3 & 6 & 0\\4 & 7 & -1 & 3\end{bmatrix} \tag{14.27}$$

那么

$$\boldsymbol{IA}=\begin{bmatrix}1 & 0 & 0\\0 & 1 & 0\\0 & 0 & 1\end{bmatrix}\begin{bmatrix}3 & 1 & 0 & -2\\1 & -3 & 6 & 0\\4 & 7 & -1 & 3\end{bmatrix}=\begin{bmatrix}3 & 1 & 0 & -2\\1 & -3 & 6 & 0\\4 & 7 & -1 & 3\end{bmatrix}=\boldsymbol{A} \tag{14.28}$$

14.7　给定 $\boldsymbol{I}$ 是 3×3 单位矩阵。对于思考题 14.5 中的矩阵，证明：$\boldsymbol{IA}=\boldsymbol{A}$，$\boldsymbol{IC}=\boldsymbol{C}$，$\boldsymbol{AI}=\boldsymbol{A}$ 和 $\boldsymbol{DI}=\boldsymbol{D}$。

14.3 逆 矩 阵

矩阵没有除法,但有矩阵的逆,这相当于是除法。对于方阵 $\boldsymbol{A}$,如果存在方阵 $\boldsymbol{B}$,使得

$$\boldsymbol{AB} = \boldsymbol{BA} = \boldsymbol{I} \tag{14.29}$$

那么矩阵 $\boldsymbol{A}$ 称为可逆矩阵,而 $\boldsymbol{B}$ 称为 $\boldsymbol{A}$ 的逆矩阵,矩阵 $\boldsymbol{A}$ 的逆矩阵可记为 $\boldsymbol{A}^{-1}$。很容易发现,如果矩阵 $\boldsymbol{A}$ 有一个逆矩阵,那么逆矩阵是唯一的。假设有一个矩阵 $\boldsymbol{B}$,$\boldsymbol{BA}=\boldsymbol{I}$。那么,利用单位矩阵 $\boldsymbol{I}$ 的性质,有

$$\boldsymbol{A}^{-1} = \boldsymbol{A}^{-1}\boldsymbol{I} = \boldsymbol{A}^{-1}\boldsymbol{AB} = \boldsymbol{B} \tag{14.30}$$

逆矩阵是唯一的,满足 $\boldsymbol{AA}^{-1}=\boldsymbol{A}^{-1}\boldsymbol{A}=\boldsymbol{I}$。

逆矩阵实际上相当于普通代数中的倒数。x 的倒数记为 $1/x$ 或者 x^{-1},并且 $xx^{-1}=1$。需要注意的是我们不能把逆矩阵 $\boldsymbol{A}^{-1}$ 写成 $1/\boldsymbol{A}$ 的形式。

注意,只有方阵才有逆矩阵,并且逆矩阵也是方阵。式(14.29)对于非方阵矩阵是不成立的。

找出矩阵 $\boldsymbol{A}$ 的逆矩阵,最简单的方法就是确定在矩阵 $\boldsymbol{A}$ 上进行什么样的行变换能够把它变成单位矩阵 $\boldsymbol{I}$。如果把相同的行变换再运用到单位矩阵上,就得到了逆矩阵 $\boldsymbol{A}^{-1}$。

所谓行变换,指的是以下三种计算:

(a) 交换矩阵的两行。

(b) 矩阵一行中所有的元素都乘以某个常数。

(c) 矩阵某一行加上另一行的倍数。 (14.31)

式(14.31)中的这些变换也叫矩阵的初等变换。既然在 $\boldsymbol{A}$ 和 $\boldsymbol{I}$ 上进行的变换是相同的,我们可以对它们同时进行变换。

具体的方法是,要求方阵 $\boldsymbol{A}$ 的逆矩阵,首先,构造一个新的矩阵$(\boldsymbol{A}|\boldsymbol{I})$,其中 $\boldsymbol{I}$ 是与 $\boldsymbol{A}$ 行列数相同的单位矩阵。然后,对这个新的矩阵$(\boldsymbol{A}|\boldsymbol{I})$进行初等行变换,直到获得新的矩阵$(\boldsymbol{I}|\boldsymbol{A}^{-1})$,这个矩阵中右半部分即为所求的逆矩阵 $\boldsymbol{A}^{-1}$。

举个例子说明一下,在图 14.1 中左边第一个格里是一个要被求逆的 3×3 方阵 $\boldsymbol{A}$,右边是单位矩阵。

$$(A\,|\,I)=\left[\begin{array}{ccc|ccc}6&3&6&1&0&0\\1&2&0&0&1&0\\4&5&1&0&0&1\end{array}\right]\rightarrow\left[\begin{array}{ccc|ccc}1&\frac{1}{2}&1&\frac{1}{6}&0&0\\1&2&0&0&1&0\\4&5&1&0&0&1\end{array}\right]\rightarrow\left[\begin{array}{ccc|ccc}1&\frac{1}{2}&1&\frac{1}{6}&0&0\\0&\frac{3}{2}&-1&-\frac{1}{6}&1&0\\0&3&-3&-\frac{2}{3}&0&1\end{array}\right]$$

图 14.1 求逆矩阵 I

在图 14.1 的计算中,我们希望把 $\boldsymbol{A}$ 变成 $\boldsymbol{I}$,因此第一步先把第一行乘以$\frac{1}{6}$,这样这个矩阵左边最上面得到一个 1。同时我们也把右边单位矩阵 $\boldsymbol{I}$ 中的第一行乘以$\frac{1}{6}$。下一步是把左边矩阵第一列中余下的所有元素都变成 0。矩阵第二行加上第一行的 -1 倍,并且第三行加上第一行的 -4 倍。在右边的矩阵中进行相同的变换,就得到了图 14.1 中的第三格。

图 14.2 中第一格与图 14.1 中第三格相同。继续进行行变换。首先把第二列第二行的元素变成 1,然后把第二列中剩余的元素变成 0。在右边的矩阵中进行相同的变换。

$$\left[\begin{array}{ccc|ccc} 1 & \frac{1}{2} & 1 & \frac{1}{6} & 0 & 0 \\ 0 & \frac{3}{2} & -1 & -\frac{1}{6} & 1 & 0 \\ 0 & 3 & -3 & -\frac{2}{3} & 0 & 1 \end{array}\right] \to \left[\begin{array}{ccc|ccc} 1 & \frac{1}{2} & 1 & \frac{1}{6} & 0 & 0 \\ 0 & 1 & -\frac{2}{3} & -\frac{1}{6} & \frac{2}{3} & 0 \\ 0 & 3 & -3 & -\frac{2}{3} & 0 & 1 \end{array}\right] \to \left[\begin{array}{ccc|ccc} 1 & 0 & \frac{4}{3} & \frac{2}{9} & -\frac{1}{3} & 0 \\ 0 & 1 & -\frac{2}{3} & -\frac{1}{9} & -\frac{2}{3} & 0 \\ 0 & 0 & -1 & -\frac{1}{3} & -2 & 1 \end{array}\right]$$

图 14.2 求逆矩阵Ⅱ

最后,在 14.3 图中我们把注意力集中到左边矩阵的第三列。首先,把第三列第三行的元素变成 1;然后通过行变换,把第三列其余的元素变成 0。在右边的矩阵中进行相同的变换。

$$\left[\begin{array}{ccc|ccc} 1 & 0 & \frac{4}{3} & \frac{2}{9} & -\frac{1}{3} & 0 \\ 0 & 1 & \frac{2}{3} & -\frac{1}{9} & \frac{2}{3} & 0 \\ 0 & 0 & -1 & -\frac{1}{3} & -2 & 1 \end{array}\right] \to \left[\begin{array}{ccc|ccc} 1 & 0 & \frac{4}{3} & \frac{2}{9} & -\frac{1}{3} & 0 \\ 0 & 1 & -\frac{2}{3} & -\frac{1}{9} & \frac{2}{3} & 0 \\ 0 & 0 & 1 & -\frac{1}{3} & 2 & -1 \end{array}\right] \to \left[\begin{array}{ccc|ccc} 1 & 0 & 0 & -\frac{2}{9} & -3 & \frac{4}{3} \\ 0 & 1 & 0 & \frac{1}{9} & 2 & -\frac{2}{3} \\ 0 & 0 & 1 & \frac{1}{3} & 2 & -1 \end{array}\right]$$

图 14.3 求逆矩阵Ⅲ

经过图 14.1～图 14.3 中的行变换,我们已经把图 14.1 中原始矩阵左半部分变换成了单位矩阵。此时,图 14.3 中最终矩阵右半部分,也就是逆矩阵 $\boldsymbol{A}^{-1}$。即

$$\text{如果 } \boldsymbol{A} = \begin{bmatrix} 6 & 3 & 6 \\ 1 & 2 & 0 \\ 4 & 5 & 1 \end{bmatrix}, \quad \text{那么 } \boldsymbol{A}^{-1} = \begin{bmatrix} -\dfrac{2}{9} & -3 & \dfrac{4}{3} \\ \dfrac{1}{9} & 2 & -\dfrac{2}{3} \\ \dfrac{1}{3} & 2 & -1 \end{bmatrix} \tag{14.32}$$

可以证明,对于式(14.32),有 $\boldsymbol{AA}^{-1}=\boldsymbol{I}$ 且 $\boldsymbol{A}^{-1}\boldsymbol{A}=\boldsymbol{I}$。

以上求逆矩阵的步骤是完全机械化的,多做练习就会变得熟练起来。做题的技巧就是每次都盯住原始矩阵的一列,先把其中某个元素变成 1,然后把其余的元素变成 0。

14.8 利用初等变换方法求下列矩阵的逆矩阵:

(a) $\boldsymbol{A}=\begin{bmatrix} 2 & 1 \\ 3 & 4 \end{bmatrix}$; (b) $\boldsymbol{A}=\begin{bmatrix} 1 & 0 & 1 \\ 2 & 1 & 0 \\ -3 & 2 & -5 \end{bmatrix}$。

奇异矩阵与非奇异矩阵

虽然只有方阵有逆矩阵,但是并不是所有的方阵都有逆矩阵。例如,考虑下面这个矩阵

$$\boldsymbol{B} = \begin{bmatrix} 2 & 1 \\ 4 & 2 \end{bmatrix} \tag{14.33}$$

在图 14.4 中我们试图使用行变换(14.31)求出逆矩阵。问题是在第三格中我们得到了一行 0,也就是说,不可能使左边矩阵的最后一个元素变成 1。我们的方法失效了。实际上,对于

式(14.33),不存在矩阵 $\boldsymbol{B}^{-1}$,使 $\boldsymbol{B}\boldsymbol{B}^{-1}=\boldsymbol{I}$ 且 $\boldsymbol{B}^{-1}\boldsymbol{B}=\boldsymbol{I}$。式(14.33)中矩阵 $\boldsymbol{B}$ 没有逆矩阵。

$$\left[\begin{array}{cc|cc}2&1&1&0\\4&2&0&1\end{array}\right]\rightarrow\left[\begin{array}{cc|cc}1&\frac{1}{2}&\frac{1}{2}&0\\4&2&0&1\end{array}\right]\rightarrow\left[\begin{array}{cc|cc}1&\frac{1}{2}&\frac{1}{2}&0\\0&0&-2&1\end{array}\right]$$

图 14.4　求逆矩阵失效

对式(14.33)求逆矩阵失效的原因是矩阵 $\boldsymbol{B}$ 的行与行之间存在线性关系,即第二行中每一个元素都是第一行中相应元素的两倍,就是这种关系导致图 14.4 第三格中出现一行 0。实际上,当一个矩阵的行与行之间存在线性关系时,求逆矩阵就失效了。例如,考虑下面的矩阵

$$\boldsymbol{C}=\begin{bmatrix}3&-2&1\\1&2&-2\\5&2&-3\end{bmatrix}\tag{14.34}$$

在这个矩阵中,第三行等于第一行加上第二行的两倍。这样的线性关系说明逆矩阵求法失效,$\boldsymbol{C}^{-1}$不存在。可以证明,对矩阵(14.34),使用行变换法求逆矩阵时,将得到包括 3 个 0 的行。像式(14.33)中 $\boldsymbol{B}$ 和式(14.34)中 $\boldsymbol{C}$ 这样没有逆矩阵的矩阵,称为奇异矩阵。相对应的,有逆矩阵的矩阵,如式(14.32)所示,称为非奇异的。

14.9　给定四个矩阵:

$$\boldsymbol{A}=\begin{bmatrix}6&4\\3&2\end{bmatrix},\quad \boldsymbol{B}=\begin{bmatrix}-3&2\\4&1\end{bmatrix},\quad \boldsymbol{C}=\begin{bmatrix}1&2&3\\1&3&5\\1&5&12\end{bmatrix}\quad 和\quad \boldsymbol{D}=\begin{bmatrix}3&4&1\\2&1&6\\5&5&7\end{bmatrix}$$

(a) 试判断:上述矩阵中,哪些矩阵是奇异矩阵?

(b) 求出非奇异矩阵的逆矩阵。

14.4　行　列　式

现在我们将介绍求逆矩阵的另外一种方法。

首先定义行列式。所有的方阵都有一个与它们有联系的数值,称为矩阵的行列式。方阵 $\boldsymbol{A}$ 的行列式是与方阵 $\boldsymbol{A}$ 相对应的,来自不同行、不同列元素乘积的代数和,通常写作 det($\boldsymbol{A}$)或者$|\boldsymbol{A}|$。我们先从 2×2 矩阵开始。为了计算$|\boldsymbol{A}|$,"交叉相乘",因此,一个 2×2 矩阵的行列式为

$$|\boldsymbol{A}|=\begin{vmatrix}a_{11}&a_{12}\\a_{21}&a_{22}\end{vmatrix}=a_{11}a_{22}-a_{12}a_{21}\tag{14.35}$$

例如

$$如果\ \boldsymbol{A}=\begin{bmatrix}2&4\\-5&1\end{bmatrix},\quad 那么\ |\boldsymbol{A}|=\begin{vmatrix}2&4\\-5&1\end{vmatrix}=2\times1-4\times(-5)=22\tag{14.36}$$

一开始可能大家会认为以上的定义没有逻辑性。但是,随着以后的学习,将会发现用这种方法计算方阵的行列式是非常有用的。

14.10 计算下列行列式的值：

(a) $\begin{vmatrix} 5 & -1 \\ 3 & 2 \end{vmatrix}$；　(b) $\begin{vmatrix} 0 & 0 \\ 1 & 4 \end{vmatrix}$；　(c) $\begin{vmatrix} 3 & 7 \\ -1 & 2 \end{vmatrix}$。

子矩阵和代数余子式

为了定义比 2×2 维数更高方阵的行列式，需要介绍一下"子行列式"和"余子式"的概念。如果从方阵中去掉任意一个元素 a_{ij}，然后删掉其所在的第 i 行和第 j 列，得到的矩阵称为子矩阵。这个子矩阵也是一个方阵，它的行列式称为余子式，表示为 M_{ij}。例如，如果删去下面这个 3×3 矩阵的第二行和第一列

$$\boldsymbol{A} = \begin{bmatrix} a_{11} & a_{12} & a_{13} \\ a_{21} & a_{22} & a_{23} \\ a_{31} & a_{32} & a_{33} \end{bmatrix} \tag{14.37}$$

得到子矩阵

$$\begin{bmatrix} a_{12} & a_{13} \\ a_{32} & a_{33} \end{bmatrix}$$

元素 a_{21}（方阵 $\boldsymbol{A}$ 中第二行第一列的元素）的余子式 $\boldsymbol{M}_{21}$ 是上面这个子矩阵的行列式。即

$$\boldsymbol{M}_{21} = \begin{vmatrix} a_{12} & a_{13} \\ a_{32} & a_{33} \end{vmatrix} = a_{12}a_{33} - a_{13}a_{32}$$

举一个数字的例子，考虑下列方阵

$$\boldsymbol{A} = \begin{bmatrix} 2 & -3 & 0 \\ -1 & 4 & -1 \\ 2 & 1 & 2 \end{bmatrix} \tag{14.38}$$

如果我们去掉 $\boldsymbol{A}$ 中第二行和第二列，得到元素 a_{22} 余子式 $\boldsymbol{M}_{22}$，有

$$\boldsymbol{M}_{22} = \begin{vmatrix} 2 & 0 \\ 2 & 2 \end{vmatrix} = 4$$

同样地，去掉第三行第二列，得到元素 a_{32} 的余子式 $\boldsymbol{M}_{32}$，即

$$\boldsymbol{M}_{32} = \begin{vmatrix} 2 & 0 \\ -1 & -1 \end{vmatrix} = -2$$

方阵中所有的元素都有余子式。

矩阵的每一个余子式 $\boldsymbol{M}_{ij}$ 都有一个与它紧密联系的代数余子式 $\boldsymbol{C}_{ij}$，代数余子式为

$$\boldsymbol{C}_{ij} = (-1)^{i+j}\boldsymbol{M}_{ij} \tag{14.39}$$

根据式(14.39)中的关系，代数余子式只是在余子式前面加上了专属的符号。因此，如果$(i+j)$是一个偶数，那么余子式前面的符号是正的，即 $\boldsymbol{C}_{ij}=\boldsymbol{M}_{ij}$。但是，如果$(i+j)$是奇数，那么余子式前面的符号是负的，即 $\boldsymbol{C}_{ij}=-\boldsymbol{M}_{ij}$。

以式(14.38)中的矩阵为例，余子式 $\boldsymbol{M}_{22}=4$，因为 $i+j=2+2=4$，是偶数，所以代数余子式 $\boldsymbol{C}_{22}=+4=\boldsymbol{M}_{22}$；余子式 $\boldsymbol{M}_{32}=-2$ 且 $i+j=3+2=5$，是奇数，因此代数余子式 $\boldsymbol{C}_{32}=$

$-(-2)=+2=-\boldsymbol{M}_{32}$。

14.11 求下列行列式的余子式 $\boldsymbol{M}_{32}$ 和代数余子式 $\boldsymbol{C}_{13}$：

(a) $\begin{vmatrix} 8 & -3 & 1 \\ 2 & 1 & -2 \\ 6 & -4 & 3 \end{vmatrix}$； (b) $\begin{vmatrix} 2 & 10 & -6 \\ 5 & 3 & 0 \\ -2 & 1 & 4 \end{vmatrix}$； (c) $\begin{vmatrix} -3 & 0 & 4 \\ 5 & 0 & 3 \\ 2 & -2 & 1 \end{vmatrix}$。

3×3 行列式的计算

对于一个 3×3 矩阵，挑选矩阵中任意行或任意列的元素，乘以这个元素相应的代数余子式，并且把乘积相加，得到的和就是这个矩阵的行列式，称为“按行或列展开”。例如，为了求出矩阵(14.37)的行列式，可以“按第一列展开”，得到

$$|\boldsymbol{A}| = a_{11}\boldsymbol{C}_{11} + a_{21}\boldsymbol{C}_{21} + a_{31}\boldsymbol{C}_{31} = a_{11}\boldsymbol{M}_{11} - a_{21}\boldsymbol{M}_{21} + a_{31}\boldsymbol{M}_{31} \tag{14.40}$$

以矩阵(14.38)为例，其第一列元素所对应的余子式为

$$\boldsymbol{M}_{11} = \begin{vmatrix} 4 & -1 \\ 1 & 2 \end{vmatrix} = 9; \quad \boldsymbol{M}_{21} = \begin{vmatrix} -3 & 0 \\ 1 & 2 \end{vmatrix} = -6; \quad \boldsymbol{M}_{31} = \begin{vmatrix} -3 & 0 \\ 4 & -1 \end{vmatrix} = 3$$

因此，利用式(14.40)得

$$|\boldsymbol{A}| = 2\times 9 - (-1)\times(-6) + 2\times 3 = 18$$

如果我们愿意，也可以按照第二行展开，这与按照第一列展开是等价的。因此，方阵(14.37)的行列式为

$$|\boldsymbol{A}| = a_{21}\boldsymbol{C}_{21} + a_{22}\boldsymbol{C}_{22} + a_{23}\boldsymbol{C}_{23} = -a_{21}\boldsymbol{M}_{21} + a_{22}\boldsymbol{M}_{22} - a_{23}\boldsymbol{M}_{23} \tag{14.41}$$

我们还是以矩阵(14.38)为例，第二行元素所对应的余子式为

$$\boldsymbol{M}_{21} = \begin{vmatrix} -3 & 0 \\ 1 & 2 \end{vmatrix} = -6; \quad \boldsymbol{M}_{22} = \begin{vmatrix} 2 & 0 \\ 2 & 2 \end{vmatrix} = 4; \quad \boldsymbol{M}_{23} = \begin{vmatrix} 2 & -3 \\ 2 & 1 \end{vmatrix} = 8$$

因此，我们得到

$$|\boldsymbol{A}| = -(-1)\times(-6) + 4\times 4 - (-1)\times 8 = 18$$

可以证明，无论选择哪一行哪一列展开行列式，都将得到相同的结果 18。

注意余子式前面符号的正确性。当比较代数余子式和余子式时，应该记住下面这个等式

$$\begin{bmatrix} \boldsymbol{C}_{11} & \boldsymbol{C}_{12} & \boldsymbol{C}_{13} \\ \boldsymbol{C}_{21} & \boldsymbol{C}_{22} & \boldsymbol{C}_{23} \\ \boldsymbol{C}_{31} & \boldsymbol{C}_{32} & \boldsymbol{C}_{33} \end{bmatrix} = \begin{bmatrix} \boldsymbol{M}_{11} & -\boldsymbol{M}_{12} & \boldsymbol{M}_{13} \\ -\boldsymbol{M}_{21} & \boldsymbol{M}_{22} & -\boldsymbol{M}_{23} \\ \boldsymbol{M}_{31} & -\boldsymbol{M}_{32} & \boldsymbol{M}_{33} \end{bmatrix} \tag{14.42}$$

14.12 计算下列行列式，先按照第二行展开，然后按照第三列展开，并验证每一种情况下结果是否相同。

(a) $\begin{vmatrix} 2 & -3 & 1 \\ 0 & 4 & -2 \\ -5 & 0 & 3 \end{vmatrix}$； (b) $\begin{vmatrix} -1 & 0 & 5 \\ 10 & -2 & -1 \\ 0 & 5 & 2 \end{vmatrix}$。

14.13　按第二行展开计算下列行列式：

(a) $\begin{vmatrix} 4 & 25 & -10 \\ 0 & 0 & 0 \\ -45 & 9 & 24 \end{vmatrix}$；　　(b) $\begin{vmatrix} 11 & 3 & -26 \\ 0 & 1 & 0 \\ 1 & -6 & 1 \end{vmatrix}$。

你在解(a)和(b)时得到了什么启示？请利用相应原理计算下列行列式：

(c) $\begin{vmatrix} 1 & 0 & 0 \\ -5 & 10 & -6 \\ 7 & 9 & 1 \end{vmatrix}$；　　(d) $\begin{vmatrix} 0 & -3 & 5 \\ 0 & 7 & -8 \\ 1 & -3 & 7 \end{vmatrix}$；　　(e) $\begin{vmatrix} 7 & -6 & -6 \\ 1 & 3 & -4 \\ 0 & 8 & 0 \end{vmatrix}$。

高阶行列式

4×4 行列式及以上高阶行列式可以按照类似于 3×3 行列式的方法来定义。它们的计算包含余子式和代数余子式的计算以及类似于模式(14.40)的运用。但是，当行列式的规模不断扩大时，高阶行列式的计算结果是呈指数增长的。我们不必关注高于 3×3 阶的行列式，因为用人工计算它们是不切合实际的，非常幸运的是适用于这项工作的计算机软件早已出现了。

利用行列式求逆矩阵

逆矩阵也可以利用行列式求出来。这种方法的第一步是求出伴随矩阵。给定 3×3 矩阵 $\boldsymbol{A}$，$\boldsymbol{A}$ 的伴随矩阵就是用 a_{ij} 的代数余子式 $\boldsymbol{C}_{ij}$ 通过一定变换后得到的矩阵。因此，对于式(14.37)，我们有

$$adj(\boldsymbol{A}) = \begin{bmatrix} \boldsymbol{C}_{11} & \boldsymbol{C}_{21} & \boldsymbol{C}_{31} \\ \boldsymbol{C}_{12} & \boldsymbol{C}_{22} & \boldsymbol{C}_{32} \\ \boldsymbol{C}_{13} & \boldsymbol{C}_{23} & \boldsymbol{C}_{33} \end{bmatrix} \tag{14.43}$$

式(14.43)中的 $adj(\boldsymbol{A})$代表伴随矩阵，也可记为 $\boldsymbol{A}^*$。伴随矩阵(14.43)满足

$$\boldsymbol{A} \cdot \boldsymbol{A}^* = \boldsymbol{A}^* \cdot \boldsymbol{A} = \begin{bmatrix} |\boldsymbol{A}| & 0 & 0 \\ 0 & |\boldsymbol{A}| & 0 \\ 0 & 0 & |\boldsymbol{A}| \end{bmatrix} = |\boldsymbol{A}| \cdot \boldsymbol{I} \tag{14.44}$$

$\boldsymbol{I}$ 是一个 3×3 单位矩阵。假设 $|\boldsymbol{A}| \neq 0$，将式(14.44)两侧同时乘以 $\frac{1}{|\boldsymbol{A}|}$，得

$$\frac{1}{|\boldsymbol{A}|} \cdot \boldsymbol{A} \cdot \boldsymbol{A}^* = \frac{1}{|\boldsymbol{A}|} \cdot \boldsymbol{A}^* \cdot \boldsymbol{A} = \boldsymbol{I} \tag{14.45}$$

从式(14.45)可以看出，由于逆矩阵满足 $\boldsymbol{A}^{-1}\boldsymbol{A} = \boldsymbol{A}\boldsymbol{A}^{-1} = \boldsymbol{I}$，因此 $\boldsymbol{A}$ 的逆矩阵一定是

$$\boldsymbol{A}^{-1} = \frac{1}{|\boldsymbol{A}|} \cdot \boldsymbol{A}^* = \frac{1}{|\boldsymbol{A}|} \cdot \begin{bmatrix} \boldsymbol{C}_{11} & \boldsymbol{C}_{21} & \boldsymbol{C}_{31} \\ \boldsymbol{C}_{12} & \boldsymbol{C}_{22} & \boldsymbol{C}_{32} \\ \boldsymbol{C}_{13} & \boldsymbol{C}_{23} & \boldsymbol{C}_{33} \end{bmatrix} \tag{14.46}$$

式(14.46)告诉我们，矩阵 $\boldsymbol{A}$ 的逆矩阵，可以通过先求伴随矩阵 $\boldsymbol{A}^*$，然后将伴随矩阵中所有元素都乘以 $\boldsymbol{A}$ 的行列式的倒数而得到。

我们已经在 14.3 节中讲过，并不是所有的矩阵都是逆矩阵。在 14.3 节中当矩阵中任意两行间存在完全线性相关时，逆矩阵的求法失效了。实际上，在这种情况下，矩阵的行列

式为 0。任何一个行与行之间存在线性相关的行列式的值都为 0。因此,计算方法在此处失效因为它要求伴随矩阵 $\boldsymbol{A}^*$ 除以 $|\boldsymbol{A}|=0$。很明显,除以 0 是不可能的。没有逆矩阵的矩阵称为奇异矩阵,或者说,满足 $|\boldsymbol{A}|=0$ 的矩阵是奇异的。相应地,$|\boldsymbol{A}|\neq 0$ 的矩阵有逆矩阵,称为非奇异矩阵。

例如,我们想求矩阵

$$\boldsymbol{A}=\begin{bmatrix}6 & 3 & 6\\ 1 & 2 & 0\\ 4 & 5 & 1\end{bmatrix}$$

的逆矩阵。现在我们使用式(14.46)求矩阵 $\boldsymbol{A}$ 的逆矩阵。首先求 $\boldsymbol{A}$ 的行列式,按照第一列展开,有

$$|\boldsymbol{A}|=6\begin{vmatrix}2 & 0\\ 5 & 1\end{vmatrix}-1\begin{vmatrix}3 & 6\\ 5 & 1\end{vmatrix}+4\begin{vmatrix}3 & 6\\ 2 & 0\end{vmatrix}=-9$$

$\boldsymbol{A}$ 的伴随矩阵是

$$\boldsymbol{A}^*=\begin{bmatrix}\begin{vmatrix}2 & 0\\ 5 & 1\end{vmatrix} & -\begin{vmatrix}3 & 6\\ 5 & 1\end{vmatrix} & \begin{vmatrix}3 & 6\\ 2 & 0\end{vmatrix}\\ -\begin{vmatrix}1 & 0\\ 4 & 1\end{vmatrix} & \begin{vmatrix}6 & 6\\ 4 & 1\end{vmatrix} & -\begin{vmatrix}6 & 6\\ 1 & 0\end{vmatrix}\\ \begin{vmatrix}1 & 2\\ 4 & 5\end{vmatrix} & -\begin{vmatrix}6 & 3\\ 4 & 5\end{vmatrix} & \begin{vmatrix}6 & 3\\ 1 & 2\end{vmatrix}\end{bmatrix}=\begin{bmatrix}2 & 27 & -12\\ -1 & -18 & 6\\ -3 & -18 & 9\end{bmatrix}$$

伴随矩阵除以 $|\boldsymbol{A}|=-9$ 得到逆矩阵

$$\boldsymbol{A}^{-1}=\begin{bmatrix}-2/9 & -3 & 4/3\\ 1/9 & 2 & -2/3\\ 1/3 & 2 & -1\end{bmatrix}$$

得到了与 14.3 节图 4.1～图 4.3 中相同的逆矩阵。

14.14 利用式(14.46)求下列矩阵的逆矩阵:

(a) $\boldsymbol{A}=\begin{bmatrix}1 & 2 & -1\\ 3 & 1 & 0\\ -1 & 0 & -2\end{bmatrix}$; (b) $\boldsymbol{A}=\begin{bmatrix}1 & 2 & 0\\ 0 & 1 & 0\\ 2 & -3 & 1\end{bmatrix}$; (c) $\boldsymbol{A}=\begin{bmatrix}2 & 2 & 3\\ 1 & -1 & 0\\ -1 & 2 & 1\end{bmatrix}$。

14.5 利用逆矩阵求解方程组

在 14.1 节中我们看到,像(14.6)这样的线性方程组可以由矩阵方程来替代

$$\boldsymbol{A}x=b \tag{14.47}$$

因此,我们设想如果能够找到逆矩阵 $\boldsymbol{A}^{-1}$,那么就可以利用式(14.13)找到方程组的解。现在我们知道这样的求解过程是可以实现的。如果逆矩阵 $\boldsymbol{A}^{-1}$ 存在,那么我们可以将方程(14.47)两侧同时前乘 $\boldsymbol{A}^{-1}$,得

$$A^{-1}Ax = A^{-1}b \rightarrow Ix = A^{-1}b \rightarrow x = A^{-1}b \tag{14.48}$$

在式(14.48)中我们首先利用了式(14.30)中关于逆矩阵的定义，然后利用了式(14.26)中单位矩阵的性质。式(14.48)实际上是求解线性方程组的一种有效方法。

为了说明这种求解的方法，考虑下面这个方程组

$$\begin{cases} 6x_1 + 3x_2 + 6x_3 = 9 \\ x_1 + 2x_2 = 6 \\ 4x_1 + 5x_2 + x_3 = 18 \end{cases} \tag{14.49}$$

如下定义矩阵和向量

$$A = \begin{bmatrix} 6 & 3 & 6 \\ 1 & 2 & 0 \\ 4 & 5 & 1 \end{bmatrix}, \quad x = \begin{bmatrix} x_1 \\ x_2 \\ x_3 \end{bmatrix} \quad \text{和} \quad b = \begin{bmatrix} 9 \\ 6 \\ 18 \end{bmatrix}$$

那么方程组(14.49)可以改写成式(14.47)的形式，也就是

$$\begin{bmatrix} 6 & 3 & 6 \\ 1 & 2 & 0 \\ 4 & 5 & 1 \end{bmatrix} \begin{bmatrix} x_1 \\ x_2 \\ x_3 \end{bmatrix} = \begin{bmatrix} 9 \\ 6 \\ 18 \end{bmatrix} \tag{14.50}$$

利用式(14.48)求方程组的解，要求出 **A** 的逆矩阵 A^{-1}。我们实际上已经求出 A^{-1} 了。**A** 就是图 14.1～图 14.3 中求逆的矩阵，即

$$A^{-1} = \begin{bmatrix} -2/9 & -3 & 4/3 \\ 1/9 & 2 & -2/3 \\ 1/3 & 2 & -1 \end{bmatrix}$$

将这一结果代入式(14.50)。因此，方程组(14.49)的解就是

$$\begin{bmatrix} x_1 \\ x_2 \\ x_3 \end{bmatrix} = \begin{bmatrix} 6 & 3 & 6 \\ 1 & 2 & 0 \\ 4 & 5 & 1 \end{bmatrix}^{-1} \cdot \begin{bmatrix} 9 \\ 6 \\ 18 \end{bmatrix} = \begin{bmatrix} -\frac{2}{9} & -3 & \frac{4}{3} \\ \frac{1}{9} & 2 & -\frac{2}{3} \\ \frac{1}{3} & 2 & -1 \end{bmatrix} \cdot \begin{bmatrix} 9 \\ 6 \\ 18 \end{bmatrix} = \begin{bmatrix} 4 \\ 1 \\ -3 \end{bmatrix}$$

即 $x_1=4$，$x_2=1$ 和 $x_3=-3$ 是方程组(14.49)的解。

思考题

14.15　利用逆矩阵求解下列方程组：

(a) $\begin{cases} 2x_1+x_2=24 \\ 3x_1-2x_2=8 \end{cases}$；　(b) $\begin{cases} x_1+2x_2+3x_3=6 \\ x_1+3x_2+5x_3=9 \\ x_1+5x_2+12x_3=18 \end{cases}$；　(c) $\begin{cases} -x_1+x_2+x_3=2 \\ x_1-x_2+x_3=4 \\ x_1+x_2-x_3=6 \end{cases}$。

我们在前一节中已经知道方阵不一定有逆矩阵，因为它有可能是奇异的。很明显，如果方程组(14.47)中的矩阵 **A** 是奇异的，那么利用式(14.48)的求解过程就会失效。如果方程组有唯一的解，那么矩阵 **A** 一定是非奇异的。如果线性方程组中的矩阵 **A** 是奇异的，那么方程组或者有无限多个解(即“不确定的”)或者根本没有解(即“不相容的”)。

克莱姆法则

利用行列式也可以求解具有唯一解的方程组。考虑方程组

$$\boldsymbol{A}x = b$$

其中

$$\boldsymbol{A} = \begin{bmatrix} a_{11} & a_{12} & a_{13} \\ a_{21} & a_{22} & a_{23} \\ a_{31} & a_{32} & a_{33} \end{bmatrix}, \quad \boldsymbol{x} = \begin{bmatrix} x_1 \\ x_2 \\ x_3 \end{bmatrix} \quad 和 \quad \boldsymbol{b} = \begin{bmatrix} b_1 \\ b_2 \\ b_3 \end{bmatrix}$$

矩阵 $\boldsymbol{A}$ 的行列式为 $|\boldsymbol{A}|$。我们进一步定义行列式。首先，$|\boldsymbol{A}_1|$ 是用列向量 $\boldsymbol{b}$ 替代行列式 $|\boldsymbol{A}|$ 中第一列后得到的行列式。其次，$|\boldsymbol{A}_2|$ 是用列行量 $\boldsymbol{b}$ 替代 $|\boldsymbol{A}|$ 中第二列后得到的行列式。最后，用列向量 $\boldsymbol{b}$ 替代 $|\boldsymbol{A}|$ 中第三列得到 $|\boldsymbol{A}_3|$。因此

$$|\boldsymbol{A}_1| = \begin{vmatrix} b_1 & a_{12} & a_{13} \\ b_2 & a_{22} & a_{23} \\ b_3 & a_{32} & a_{33} \end{vmatrix}, \quad |\boldsymbol{A}_2| = \begin{vmatrix} a_{11} & b_1 & a_{13} \\ a_{21} & b_2 & a_{23} \\ a_{31} & b_3 & a_{33} \end{vmatrix}, \quad |\boldsymbol{A}_3| = \begin{vmatrix} a_{11} & a_{12} & b_1 \\ a_{21} & a_{22} & b_2 \\ a_{31} & a_{32} & b_3 \end{vmatrix}$$

给定 $\boldsymbol{A}$ 是非奇异的，方程组 $\boldsymbol{A}x=b$ 的解是

$$x_1 = \frac{|\boldsymbol{A}_1|}{|\boldsymbol{A}|}, \quad x_2 = \frac{|\boldsymbol{A}_2|}{|\boldsymbol{A}|}, \quad x_3 = \frac{|\boldsymbol{A}_3|}{|\boldsymbol{A}|} \tag{14.51}$$

式(14.51)称为克莱姆法则。我们通过方程组(14.49)来说明这个法则。对于方程组(14.49)，有

$$|\boldsymbol{A}| = \begin{vmatrix} 6 & 3 & 6 \\ 1 & 2 & 0 \\ 4 & 5 & 1 \end{vmatrix} = -9$$

且

$$|\boldsymbol{A}_1| = \begin{vmatrix} 9 & 3 & 6 \\ 6 & 2 & 0 \\ 18 & 5 & 1 \end{vmatrix} = -36, \quad |\boldsymbol{A}_2| = \begin{vmatrix} 6 & 9 & 6 \\ 1 & 6 & 0 \\ 4 & 18 & 1 \end{vmatrix} = -9, \quad |\boldsymbol{A}_3| = \begin{vmatrix} 6 & 3 & 9 \\ 1 & 2 & 6 \\ 4 & 5 & 18 \end{vmatrix} = 27$$

然后应用式(14.51)中的克莱姆法则，有

$$x_1 = \frac{-36}{-9} = 4, \quad x_2 = \frac{-9}{-9} = 1, \quad x_3 = \frac{27}{-9} = -3 \tag{14.52}$$

这个解与利用逆矩阵求得的解是一致的。

14.16 利用克莱姆法则(14.51)求解方程组：

(a) $\begin{bmatrix} 1 & 2 & 4 \\ 5 & 1 & 2 \\ 3 & -1 & 1 \end{bmatrix} \begin{bmatrix} x_1 \\ x_2 \\ x_3 \end{bmatrix} = \begin{bmatrix} 31 \\ 29 \\ 10 \end{bmatrix}$； (b) $\begin{bmatrix} 1 & 1 & -1 \\ -2 & 1 & 1 \\ 1 & 1 & 1 \end{bmatrix} \begin{bmatrix} x_1 \\ x_2 \\ x_3 \end{bmatrix} = \begin{bmatrix} 2 \\ 3 \\ 6 \end{bmatrix}$。

14.6　再论结构式和简化式

正如书本中已经多次提到的一样，如果可以将部分变量看成外生变量，那么变量个数多于方程个数的方程组也是有解的。如果内生变量的个数等于独立方程的个数，那么原则上讲可以求出简化式。但是，求简化式的过程通常非常烦琐，因此需要寻找一种新的方法。逆矩阵法就是一种比较简便的方法。

例如，假设我们有一个包含三个内生变量 y_1、y_2 和 y_3，两个外生变量 x_1、x_2 的线性方程组。这个方程组的结构式写作

$$\begin{cases} a_{11}y_1 + a_{12}y_2 + a_{13}y_3 + b_{11}x_1 + b_{12}x_2 + c_1 = 0 \\ a_{21}y_1 + a_{22}y_2 + a_{23}y_3 + b_{21}x_1 + b_{22}x_2 + c_2 = 0 \\ a_{31}y_1 + a_{32}y_2 + a_{33}y_3 + b_{31}x_1 + b_{32}x_2 + c_3 = 0 \end{cases} \tag{14.53}$$

式中，a，b，c 都是常数，其中有许多可能是 0 或 1。方程组可以重新写成

$$\boldsymbol{A}y = -\boldsymbol{B}x \tag{14.54}$$

其中

$$\boldsymbol{A} = \begin{bmatrix} a_{11} & a_{12} & a_{13} \\ a_{21} & a_{22} & a_{23} \\ a_{31} & a_{32} & a_{33} \end{bmatrix}, \quad \boldsymbol{y} = \begin{bmatrix} y_1 \\ y_2 \\ y_3 \end{bmatrix}, \quad \boldsymbol{B} = \begin{bmatrix} b_{11} & b_{12} & c_1 \\ b_{21} & b_{22} & c_2 \\ b_{31} & b_{32} & c_3 \end{bmatrix}, \quad \boldsymbol{x} = \begin{bmatrix} x_1 \\ x_2 \\ 1 \end{bmatrix}$$

为了求出方程组(14.53)的简化式，我们需要用外生变量向量 $\boldsymbol{x}$ 来表示内生变量向量 $\boldsymbol{y}$。为此，必须将方程组(14.54)的两侧同时前乘 $\boldsymbol{A}^{-1}$，有

$$\boldsymbol{A}^{-1}\boldsymbol{A}\boldsymbol{y} = -\boldsymbol{A}^{-1}\boldsymbol{B}\boldsymbol{x}$$

因此

$$\boldsymbol{y} = -\boldsymbol{A}^{-1}\boldsymbol{B}\boldsymbol{x} \tag{14.55}$$

式(14.55)即为结构式方程组(14.53)的简化式。

考虑第 4 章中简单的凯恩斯宏观经济模型(4.30)～(4.32)

$$\begin{aligned} C &= 80 + 0.8Y - 0.5R \\ I &= 2\,000 - 2R \\ Y &= C + I + G \end{aligned} \tag{14.56}$$

模型中的内生变量是收入 Y、消费 C 和投资 I，政府支出 G 和利率 R 是外生变量。重写出三个结构式，有

$$\begin{aligned} -0.8(Y) + 0(I) + 1(C) + 0.5(R) + 0(G) - 80(1) &= 0 \\ 0(Y) + 1(I) + 0(C) + 2(R) + 0(G) - 2\,000(1) &= 0 \\ 1(Y) - 1(I) - 1(C) + 0(R) - 1(G) + 0(1) &= 0 \end{aligned}$$

需要注意的是，第一个结构式方程中 I 和 G 的系数都为 0，第二个方程中 Y、C 和 G 的系数都为 0，在第三个方程中 R 和常数项的系数都为 0。把内生变量和外生变量分别放在等号两侧，进一步整理为

$$\begin{aligned} -0.8(Y) + 0(I) + 1(C) &= -0.5(R) + 0(G) + 80(1) \\ 0(Y) + 1(I) + 0(C) &= -2(R) + 0(G) + 2\,000(1) \end{aligned}$$

$$1(Y)-1(I)-1(C)=0(R)+1(G)+0(1) \tag{14.57}$$

在方程组(14.57)中,矩阵 $\boldsymbol{A}$ 和 $\boldsymbol{B}$ 分别为

$$\boldsymbol{A}=\begin{bmatrix}-0.8 & 0 & 1\\ 0 & 1 & 0\\ 1 & -1 & -1\end{bmatrix},\quad \boldsymbol{B}=\begin{bmatrix}-0.5 & 0 & 80\\ -2 & 0 & 2\,000\\ 0 & 1 & 0\end{bmatrix}$$

变量向量 $\boldsymbol{y}$ 和 $\boldsymbol{x}$ 为

$$\boldsymbol{y}=\begin{bmatrix}Y\\ I\\ C\end{bmatrix},\quad \boldsymbol{x}=\begin{bmatrix}R\\ G\\ 1\end{bmatrix}$$

方程组(14.57)可以用上述矩阵和向量重新表示为

$$\begin{bmatrix}-0.8 & 0 & 1\\ 0 & 1 & 0\\ 1 & -1 & -1\end{bmatrix}\begin{bmatrix}Y\\ I\\ C\end{bmatrix}=\begin{bmatrix}-0.5 & 0 & 80\\ -2 & 0 & 2\,000\\ 0 & 1 & 0\end{bmatrix}\begin{bmatrix}R\\ G\\ 1\end{bmatrix}$$

要求简化式,需要求逆矩阵 $\boldsymbol{A}^{-1}$。很容易求得

$$\boldsymbol{A}^{-1}=\begin{bmatrix}5 & 5 & 5\\ 0 & 1 & 0\\ 5 & 4 & 4\end{bmatrix}$$

因此,简化式为

$$\begin{aligned}\begin{bmatrix}Y\\ I\\ C\end{bmatrix}&=\begin{bmatrix}5 & 5 & 5\\ 0 & 1 & 0\\ 5 & 4 & 4\end{bmatrix}\begin{bmatrix}-0.5 & 0 & 80\\ -2 & 0 & 2\,000\\ 0 & 1 & 0\end{bmatrix}\begin{bmatrix}R\\ G\\ 1\end{bmatrix}\\ &=\begin{bmatrix}-12.5 & 5 & 10\,400\\ -2 & 0 & 2\,000\\ -10.5 & 4 & 8\,400\end{bmatrix}\begin{bmatrix}R\\ G\\ 1\end{bmatrix}\\ &=\begin{bmatrix}10\,400-12.5R+5G\\ 2\,000-2R\\ 8\,400-10.5R+4G\end{bmatrix}\end{aligned}$$

这样我们就得到了与式(4.31)、式(4.33)和式(4.34)相同的简化式。

当所要考虑的线性方程组相对来说规模比较小时,利用矩阵求逆的方法求简化式看起来好像不那么复杂。但是,对于大规模的线性方程组来说,矩阵法提供了一种求解简化式的系统的方法。

14.17 考虑简单宏观经济模型:

$$C=0.6Y+0.4W-0.1R$$
$$I=0.3Y-0.4R$$
$$Y=C+I+G$$

式中:Y 为收入;C 为消费;W 为消费者财富;R 为利率;I 为投资;G 为政府支出。如果 R,W,G 是外生变量,用矩阵表示这个方程组并求出它的简化式。

习　题

14.1　根据矩阵的基本定义进行计算：

(a) $\begin{bmatrix} 0 & 6 & 4 \\ -4 & 2 & 8 \end{bmatrix} + \begin{bmatrix} 1 & 0 & 2 \\ 2 & 1 & 0 \end{bmatrix} - \begin{bmatrix} -2 & 1 & 4 \\ 2 & -3 & 7 \end{bmatrix}$；

(b) $3 \times \begin{bmatrix} -1 & 2 & 3 & 1 \\ 0 & 3 & -2 & 1 \\ 4 & 0 & 3 & 2 \end{bmatrix} - 2 \times \begin{bmatrix} 4 & 3 & 2 & -1 \\ 5 & -3 & 0 & 1 \\ 1 & 2 & -5 & 0 \end{bmatrix}$。

14.2　计算下列矩阵的乘积：

(a) $\begin{bmatrix} 1 & 3 \\ 2 & 8 \\ 4 & 0 \end{bmatrix} \begin{bmatrix} 5 \\ 9 \end{bmatrix}$；　(b) $\begin{bmatrix} 1 & 2 & 3 \end{bmatrix} \begin{bmatrix} 1 \\ 2 \\ 3 \end{bmatrix}$；　(c) $\begin{bmatrix} 1 & -1 & 1 \\ 2 & 0 & 1 \\ 3 & 1 & -2 \end{bmatrix} \begin{bmatrix} 1 & 1 \\ 0 & 1 \\ 1 & 0 \end{bmatrix}$；

(d) $\begin{bmatrix} 1 \\ 2 \\ 3 \end{bmatrix} \begin{bmatrix} 1 & 2 & 3 \end{bmatrix}$；　(e) $\begin{bmatrix} 1 & 2 & 3 \\ -2 & 1 & 2 \end{bmatrix} \begin{bmatrix} 1 & 2 & 0 \\ 0 & 1 & 1 \\ 3 & 0 & -1 \end{bmatrix}$。

14.3　利用初等变换方法求下列矩阵的逆矩阵：

(a) $\boldsymbol{A} = \begin{bmatrix} 1 & 0 & 0 \\ 1 & 2 & 0 \\ 1 & 2 & 3 \end{bmatrix}$；　(b) $\boldsymbol{A} = \begin{bmatrix} 1 & 2 & 3 & 4 \\ 0 & 1 & 2 & 3 \\ 0 & 0 & 1 & 2 \\ 0 & 0 & 0 & 1 \end{bmatrix}$。

14.4　求下列行列式的值：

(a) $\begin{vmatrix} 1 & 2 & 3 \\ 3 & 1 & 2 \\ 2 & 3 & 1 \end{vmatrix}$；　(b) $\begin{vmatrix} 1 & 2 & 3 \\ 4 & 0 & 5 \\ -1 & 0 & 6 \end{vmatrix}$；　(c) $\begin{vmatrix} 4 & 21 & 8 \\ 0 & 0 & 0 \\ -4 & -3 & 6 \end{vmatrix}$。

14.5　利用按行展开的方法求下列行列式：

(a) $\begin{vmatrix} 0 & 0 & 0 & 1 \\ 0 & 0 & 2 & 0 \\ 0 & 3 & 0 & 0 \\ 4 & 0 & 0 & 0 \end{vmatrix}$；　(b) $\boldsymbol{A} = \begin{vmatrix} 6 & 0 & 8 & 0 \\ 5 & -1 & 3 & -2 \\ 0 & 2 & 0 & 0 \\ 1 & 0 & 4 & -3 \end{vmatrix}$。

14.6　利用行列式方法求下列矩阵的逆矩阵 $\boldsymbol{A}^{-1}$：

(a) $\boldsymbol{A} = \begin{bmatrix} 5 & 7 \\ 8 & 11 \end{bmatrix}$；　(b) $\boldsymbol{A} = \begin{bmatrix} 1 & -2 & -1 \\ -3 & 4 & 5 \\ 2 & 0 & 3 \end{bmatrix}$；

(c) $\boldsymbol{A} = \begin{bmatrix} 1 & 0 & 1 \\ 2 & 1 & 0 \\ -3 & 2 & -5 \end{bmatrix}$。

14.7 利用克莱姆法则求下列线性方程组的解。

(a) $\begin{bmatrix} 1 & 2 \\ 3 & -1 \end{bmatrix}\begin{bmatrix} x_1 \\ x_2 \end{bmatrix}=\begin{bmatrix} 1 \\ -2 \end{bmatrix}$; (b) $\begin{bmatrix} 1 & 2 & 1 \\ -2 & 1 & -1 \\ 1 & -4 & 2 \end{bmatrix}\begin{bmatrix} x_1 \\ x_2 \\ x_3 \end{bmatrix}=\begin{bmatrix} 3 \\ -3 \\ -5 \end{bmatrix}$;

(c) $\begin{bmatrix} 2 & 5 \\ 3 & 7 \end{bmatrix}\begin{bmatrix} x_1 \\ x_2 \end{bmatrix}=\begin{bmatrix} 1 \\ 2 \end{bmatrix}$; (d) $\begin{bmatrix} 5 & 3 & 1 \\ -5 & -4 & 1 \\ -10 & -9 & 5 \end{bmatrix}\begin{bmatrix} x_1 \\ x_2 \\ x_3 \end{bmatrix}=\begin{bmatrix} 7 \\ 10 \\ -24 \end{bmatrix}$;

(e) $\begin{bmatrix} 2 & 4 & 0 \\ 4 & 6 & 3 \\ -6 & -10 & 0 \end{bmatrix}\begin{bmatrix} x_1 \\ x_2 \\ x_3 \end{bmatrix}=\begin{bmatrix} 2 \\ 8 \\ -4 \end{bmatrix}$。

第15章 概率论基本理论

许多同学一听到概率就感到害怕，因为这个词太高深莫测了，听起来很“数学”，而大多数人在数学方面又太不自信。其实，概率与机会是相同的概念，不能因为给它起了个拗口的名字，就把这个有用的概念丢弃。这一部分我们初步了解一下与这一概念有关的基本内容。

15.1 随机事件

在现实世界中，存在着两类性质不同的现象。一类是确定性现象，即在一定条件下，必然会出现某一结果。例如，纯水在一个气压下加热到100℃必然沸腾。另一类是随机现象，即在一定条件下，出现的结果可能不止一个，而且预先无法确定会出现哪个结果。例如，抛掷一枚硬币，观察硬币落地之后的情况，结果可能出现正面向上，也可能反面向上，抛之前不能确定哪面向上。这种事先无法预知确定结果的现象，一般称为随机现象。概率论就是研究随机现象的理论。

随机试验

要研究随机现象，就要对它进行观察或试验，这个过程称为随机试验，一般用 E 来表示。例如，抛一枚硬币并观察哪面向上的过程，抽查产品看其是否合格的过程，都是随机试验。考虑到代表性，随机试验 E 必须满足下列三个条件：

(a) 重复性，试验可以在相同条件下重复进行。

(b) 明确性，试验的所有可能结果是已知的，并且不止一个。

(c) 随机性，每次试验中出现这些可能结果中的一个，但试验之前不能确定是哪个结果。但若进行大量重复试验的话，其可能后果又具有一定的规律性。

样本空间

随机试验的每个结果称为一个基本事件或样本点，基本事件是相对于观察目的不可再分解的结果。全体基本事件的集合称为样本空间，记作 Ω。

例如，在抛硬币的试验中，如果用 ω_1 表示“正面向上”这一结果，用 ω_2 表示“反面向上”这一结果，则这个抛硬币随机试验的样本空间为

$$\Omega = \{\omega_1, \omega_2\} = \{\text{正面向上}, \text{反面向上}\} \tag{15.1}$$

又如，一个袋中有10个外形相同的球，球体上分别标有号码1，2，…，10，从袋中任取出一球，观察球上的号码，用 ω_i 表示“球体上的号码是 i”($i=1,2,\cdots,10$)，则这个试验的样本空间为

$$\Omega = \{\omega_1, \omega_2, \cdots, \omega_{10}\} = \{1, 2, \cdots, 10\} \tag{15.2}$$

再如抽取某种灯泡作寿命试验，用 t 表示“灯泡的寿命为 t 小时”，则这一试验的样本空间为

$$\Omega = \{t \mid t \geqslant 0\} \tag{15.3}$$

事件发生

在随机试验中，通常除关心基本事件的出现情况外，还关心一些更复杂事件的出现情况，这就是随机事件。随机事件是样本空间 Ω 的某个子集，简称事件，通常用大写英文字母 A,B,C 等表示随机事件。

随机事件也是基本事件的集合，对于随机事件 A，当且仅当 A 包含的某个基本事件出现时，称 A 出现或发生。

例如，在上面式(15.2)的例子中，除关心取得哪号球外，我们可能还关心“球体上的号码为奇数”这一事件是否出现或发生。如果我们用 A 来表示这一事件，那么，当且仅当取得的球体上的号码为 1,3,5,7,9 之一时，A 出现。即当且仅当基本事件 $\omega_1,\omega_3,\omega_5,\omega_7,\omega_9$ 之一出现时，A 出现。于是，我们可以将随机事件 A 表示为

$$A = \{\omega_1,\omega_3,\omega_5,\omega_7,\omega_9\} = \{1,3,5,7,9\} \tag{15.4}$$

并且当且仅当 A 包含的某个基本事件出现时，事件 A 出现或发生。我们可能还关心“球体上的号码大于 7”这一事件是否出现或发生。如果我们用 B 来表示这一事件，那么，我们可以将事件 B 表示为

$$B = \{\omega_8,\omega_9,\omega_{10}\} = \{8,9,10\} \tag{15.5}$$

当然，我们还可以通过式(15.4)和式(15.5)的方法来表示其他事件。

15.1 布袋中装有两只白球和 1 只黑球，假设球是编号的，白球编为 1,2 号，黑球编为 3 号。现从袋中一次任意地摸出两只球，用一对数(i,j)表示第一次摸到 i 号球，第二次摸到 j 号球。写出下列事件：

(a) 样本空间；　　(b) 第一次摸到黑球；

(c) 第一次摸到白球；　　(d) 两次都摸到白球；

(e) 第一次摸到白球，第二次摸到黑球；　　(f) 没有摸到黑球。

事件间的关系与运算

由于事件是样本空间的子集，因此，事件间的关系与运算实际上就是集合间的关系与运算，关于集合读者应该已经学习过了，但我们必须学会用概率论的语言来描述它们。

当事件 A 发生时，事件 B 也一定发生，则称 B 包含 A 或 A 包含于 B，记作 $A \subset B$，亦称事件 A 是事件 B 的子事件。在这种情况下，我们说两个事件存在着包含关系(图 15.1)。从图 15.1 可以看出，在事件 B 包含事件 A 时，事件 B 中的样本点个数不少于事件 A 中包含的样本点个数。

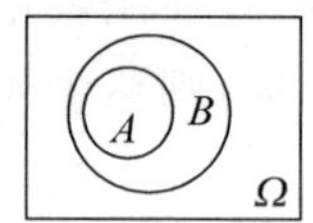

图 15.1　事件 A 和事件 B 的包含关系

例如，对于式(15.2)中的例子，事件 C“球体上的号码小于 3”是事件 D“球体上的号码小于 5”的子事件。因为，事件 C 表示为

$$C = \{1,2\} \tag{15.6}$$

事件 D 表示为

$$D = \{1,2,3,4\} \tag{15.7}$$

比较式(15.6)和式(15.7)，很明显，事件C中的样本点全部包含在事件D中。所以两者的关系为$C \subset D$。

表示事件A或事件B发生的事件，称为A与B的和，记作

$$A \cup B \quad 或 \quad A + B \tag{15.8}$$

式(15.8)称为事件A与事件B的和事件，代表A和B至少有一个发生(图15.2)。从图15.2中可以看出，所谓事件A与事件B的和事件，指的是样本点之和，即事件$(A+B)$的样本点是事件A与事件B的样本点之和。和事件在随机试验中带有“或”字往往需要用和事件表示。

例如，对于如式(15.4)和式(15.5)所示事件A与事件B，A与B的和事件为

$$A + B = \{1,3,5,7,8,9,10\} \tag{15.9}$$

注意，在和事件(15.9)中，样本点9是事件A与事件B中都包含的样本点，不需要写两遍。通过式(15.9)，可以看出来，和事件扩大了事件中包含的样本点个数，这暗示和事件$(A+B)$发生的可能性更大。

把和事件概念扩展到多个事件，对于事件组$A_1, A_2, \cdots, A_n$，在每次试验中至少发生一个，即

$$A_1 + A_2 + \cdots + A_n = \Omega \tag{15.10}$$

则称事件$A_1, A_2, \cdots, A_n$构成了一个完备事件组。完备事件组的主要作用是将一个复杂的事件分成若干个简单事件。

表示事件A和事件B同时发生的事件，称为A与B的积，记作

$$A \cap B \quad 或 \quad AB \tag{15.11}$$

式(15.11)称为事件A与事件B的积事件，表示A和B同时发生(图15.3)。从图15.3可以看出，积事件AB中的样本点是事件A和事件B中共同存在的样本点，即交叉重叠部分。在随机试验中带有“且”字往往需要用积事件表示。

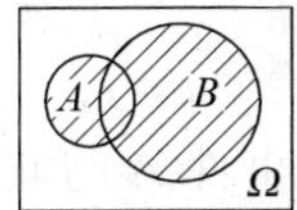

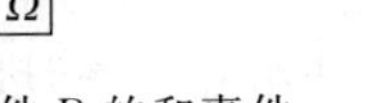

图15.2　事件A与事件B的和事件

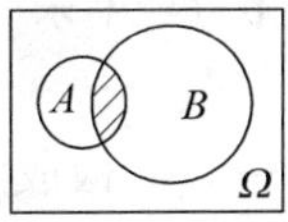

图15.3　事件A与事件B的积事件

例如，对于如式(15.4)和式(15.5)表示事件A与事件B，A与B的积事件为

$$AB = \{9\}$$

通过这个结果可以看出来，积事件缩小了事件中包含的样本点个数，这暗示积事件出现和发生的可能性比较小。

表示事件A发生而事件B不发生的事件，称为A与B的差，记作

$$A - B \tag{15.12}$$

式(15.12)称为事件A与事件B的差事件(图15.4)。图15.4表明，差事件$(A-B)$是在事件A中样本点删除事件B中的样本点。

例如，对于如式(15.4)和式(15.5)所示事件A与事件B，A与B的差事件为

$$A - B = \{1,3,5,7\} \tag{15.13}$$

B 与 A 的差事件为

$$B-A=\{8,10\} \tag{15.14}$$

比较式(15.13)和式(15.14),可以看出,$(A-B)$和$(B-A)$包含的样本点不一样。这是因为,A 与 B 的差事件$(A-B)$是从事件 A 中删掉事件 B 中包含的样本点。而 B 与 A 的差事件$(B-A)$则是从事件 B 中删掉事件 A 中包含的样本点。

我们一直在表示事件发生,那如何表示事件不发生呢?对于随机事件 A,事件 A 不发生,称为事件 A 的对立事件,记为 $\overline{A}$(图 15.5)。

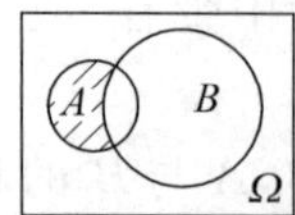

图 15.4 事件 A 与事件 B 的差事件

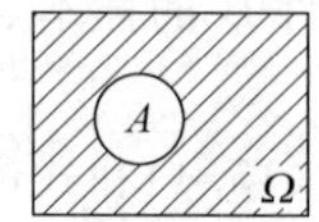

图 15.5 事件 A 的对立事件 $\overline{A}$

例如,对于式(15.4)表示的事件 A,其对立事件为

$$\overline{A}=\{2,4,6,8,10\} \tag{15.15}$$

即事件 A 中不包含的全部其他样本点。比较式(15.4)和式(15.15),发现,表示事件"球体上的号码为奇数"不发生的事件是"球体上的号码为偶数"。

又如,对于式(15.5)表示的事件 B,其对立事件为

$$\overline{B}=\{1,2,3,4,5,6,7\} \tag{15.16}$$

即事件 B 中不包含的全部其他样本点。比较式(15.5)和式(15.16),发现,表示事件"球体上的号码大于 7"不发生的事件是"球体上的号码小于等于 7"。

由图 15.5 也可以看出,事件 A 与其对立事件 $\overline{A}$ 的和事件恰好是样本空间 Ω,即 $A+\overline{A}=\Omega$,即事件 A 与其对立事件 $\overline{A}$ 是完备事件组;而且样本点或者在事件 A 中,或者在其对立事件 $\overline{A}$ 中,却不能同时存在事件 A 与其对立事件 $\overline{A}$ 中,这种关系称为互斥,也称为互不相容关系,即 $A\overline{A}=\phi$,其中 ϕ 称为不可能事件,表示在一次随机试验中,一定不会发生的事件。这种特性也可以扩展开来,对于事件 $A_1,A_2,\cdots,A_n$,若其是一个完备事件组,满足式(15.10),即 $A_1+A_2+\cdots+A_n=\Omega$;并且两两互斥,即 $A_iA_j=\phi(i\neq j;\ i,j=1,2,\cdots,n)$,则称若事件 $A_1,A_2,\cdots,A_n$ 构成了一个两两互斥的完备事件组。事件 A 与其对立事件 $\overline{A}$ 就是一个两两互斥的完备事件组。两两互斥的完备事件组在概率计算中有很大用处,我们在全概率公式部分再具体说明。

15.2 掷一颗骰子的试验,观察出现的点数,记为 i。如果事件 A 表示"奇数点";事件 B 表示"点数小于 5";事件 C 表示"小于 5 的偶数点"。用列举法表示下列事件:$\Omega,A,B,C,A+B,A-B,B-A,AB,AC,\overline{A}+B$。

15.3 从一批产品中连续三次取出一个产品进行检验(每次取出的产品不放回),事件 A_i 表示第 i 次取到合格品$(i=1,2,3)$。使用事件的运算符号表示下列事件:

(a) 三次都取到了合格品; (b) 三次中至少有一次取到合格品;

(c) 三次中恰有两次取到合格品; (d) 三次中最多有一次取到合格品。

15.4 一名射手连续向某个目标射击三次,事件 A_i 表示该射手第 i 次射击时击中目标

($i=1,2,3$)。试用文字叙述下列事件：$A_1, A_2, A_3, \overline{A}_2, A_1+A_2, A_1+A_2+A_3, A_1A_2A_3, A_3-A_2, A_3\overline{A}_2, \overline{A_1+A_2}, \overline{A}_1\,\overline{A}_2, \overline{A}_2+\overline{A}_3, \overline{A_2A_3}, A_1A_2+A_1A_3+A_2A_3$。

15.2 概率及其计算

日常生活中，经常会听到概率类的陈述。例如，我院男子篮球队有 90% 的可能赢得今天下午的比赛；今天下午下雨的机会有 40%；我有一半的机会通过本学期的考试。这些都是一个概率陈述，不是事实而是推测。

概率的含义

概率是建立在频率基础上的数学语言。我们先了解频率。同一个试验 E 重复地进行 n 次，如果事件 A 在这 n 次试验中发生了 m 次，那么称事件 A 在 n 次试验 E 中发生的频率为 $\frac{m}{n}$，记作

$$f_n(A)=\frac{m}{n}$$

比如，连续掷一枚硬币 5 次，其中 3 次"正面向上"，则事件"正面向上"在 5 次试验中发生的频率

$$f_5(\text{正面向上})=\frac{3}{5}=60\% \tag{15.17}$$

式(15.17)中的频率是很难让人信服的。对于类似的掷硬币问题，谁都知道它出现"正面向上"的可能性应该是 50%。也有人做了实际的试验来证实这一点。其试验结果如表 15.1 所示。

表 15.1 掷硬币试验

实验者	掷硬币次数	出现正面次数	频 率
蒲丰	4 040	2 048	0.508 0
皮尔逊	12 000	6 019	0.501 6
皮尔逊	24 000	12 020	0.500 5

由表 15.1 可见，随着试验次数的加大而频率趋向于 50%。这与式(15.17)中 60% 的频率不一致。问题的原因，在于式(15.17)中，试验次数太少了。需要增加试验的次数，才会出现稳定的结果。随着对同一试验 E 重复进行的次数越来越多时，若事件 A 的频率始终在某一个常数 p 附近作稳定的微小振动，且随着试验 E 数目的增大而趋近一个确定的值 p，我们便把这个确定的值 p 称为事件 A 发生的概率，并用

$$P(A)=p \tag{15.18}$$

来表示。

概率描述了当试验次数重复足够多次时，事件 A 发生的可能性的大小。随机事件在一次试验中是否发生，固然是无法事先确定的随机现象，但当进行多次重复试验时，就可以发现其发生的可能性具有统计规律性。这一统计规律性表明事件发生可能性大小是事件本身所固有的，是不以人们的主观意志而改变的一种客观属性。

概率的性质

概率不过是 0 与 1 之间一个普通的分数结构，也是用来测量事物发生可能性的工具，即

$$0 \leqslant P(A) \leqslant 1 \tag{15.19}$$

式(15.19)表示了概率的非负性质。概率为 0 表示绝对不会发生，这样的事件称为“不可能事件”，一般用 ϕ 表示，即

$$P(\text{不可能事件}) = P(\phi) = 0$$

概率为 1 表示一定会发生，这样的事件称为“必然事件”，一般用 Ω 表示，也就是样本空间，即

$$P(\text{必然事件}) = P(\Omega) = 1 \tag{15.20}$$

式(15.20)表现了概率的规范性。至于其他数值则表示介于两个极端之间的情形。

古典概型

若试验 E 的样本空间是有限的，即 $\Omega=\{\omega_1,\omega_2,\cdots,\omega_n\}$，且基本事件的发生具有等可能性，即 $P(\omega_1)=P(\omega_2)=\cdots=P(\omega_n)=\dfrac{1}{n}$，这样的试验 E 称为古典型试验。在古典型试验中，若事件 A 中包含 m 个样本点，则事件 A 发生的概率为

$$P(A) = \frac{A\text{ 包含的样本点个数}}{\Omega\text{ 中的样本点个数}} = \frac{m}{n} \tag{15.21}$$

其中，n 表示样本空间中包含的样本点个数。式(15.21)也称为概率的古典定义式。

例如，袋内装有 5 个白球，3 个黑球。从中任取两个球，计算事件“取出的两个球都是白球”和事件“取出的两个球都是黑球”发生的概率。

首先，确定样本空间情况。这一试验中，总体来说是从 5＋3＝8 个球中任意取出两个球，这是一个组合问题，因此样本空间中包含的基本事件总数为 $n=C_{5+3}^2=C_8^2$。根据组合计算公式

$$C_n^m = \frac{n!}{m!(n-m)!} = \frac{n\times(n-1)\times\cdots\times(n-m+1)}{m!} \tag{15.22}$$

有

$$n = C_8^2 = \frac{8\times 7}{2!} = 28$$

也就是说，样本空间中的有 28 个样本点。

其次，用字母 A 表示“取出的两个球都是白球”这一事件，事件 A 表示从 5 个白球中任意取出两个球，这也是一个组合问题，因此事件 A 中包含的样本点个数为 $m=C_5^2$。根据组合计算公式(15.22)，有

$$m = C_5^2 = \frac{5\times 4}{2!} = 10$$

即事件 A 中包含有 10 个样本点。把上面两个结果代入古典概率公式(15.21)，有

$$P(A) = \frac{m}{n} = \frac{C_5^2}{C_8^2} = \frac{10}{28} \approx 0.357 \tag{15.23}$$

即事件“取出的两个球都是白球”发生的可能性为 0.357 或 35.7%。

类似地，用字母 B 表示"取出的两个球都是黑球"这一事件，事件 B 是从 3 个黑球中任意取出两个球，因此，事件 B 中包含的样本点个数为 C_3^2，代入式(15.21)，有

$$P(B)=\frac{C_3^2}{C_8^2}=\frac{3}{28}\approx 0.107 \tag{15.24}$$

即事件"取出的两个球都是黑球"发生的可能性为 0.107 或 10.7%。

15.5　已知 50 个产品中有 46 个合格品与 4 个废品。现从中一次抽取 3 个，求 3 个都是合格品的概率。

15.6　设有同类产品 6 件，其中 4 件合格品，两件不合格品。现从中任意抽取两件，求抽得合格品和不合格品各一件的概率。

在计算概率时，要灵活运用 15.1 节中介绍的事件关系与运算。例如，袋内装有 5 个白球，3 个黑球。从中任取两个球，该如何求事件"取出的两个球有黑球"概率呢？

根据 15.1 节的介绍，事件"取出的两个球中有黑球"包括两种情况，一是"取出的两个球恰好有一个黑球"，二是"取出的两个球都是黑球"。把事件"取出的两个球中有黑球"记为 C，"取出的两个球恰好有一个黑球"记为 C_1，"取出的两个球都是黑球"记为 C_2，则事件 C 是 C_1 与 C_2 的和事件，有 $C=C_1+C_2$，"取出的两个球恰好有一个黑球"的样本点个数是 $m_1=C_3^1\cdot C_5^1=15$，"取出的两个球都是黑球"的样本点个数是 $m_2=C_3^2=3$，事件"取出的两个球中有黑球"的样本点个数是 $m=m_1+m_2=15+3=18$，由此，事件"取出的两个球中有黑球"的概率是

$$P(C)=P(C_1+C_2)=\frac{C_3^1\cdot C_5^1+C_3^2}{C_8^2}=\frac{15+3}{28}\approx 0.643$$

上述问题也可以如下考虑，事件"取出的两个球中有黑球"是事件"取出的两个球都是白球"的对立事件，在式(15.23)中，我们把事件"取出的两个球都是白球"记为 A，那么，其对立事件"取出的两个球中有黑球"可以记为 $\overline{A}$。事件 A 中包含的样本点个数 $m=C_5^2=10$，对立事件 $\overline{A}$ 包含的样本点个数是从样本空间中删掉事件 A 中包含的样本点个数，即 $\overline{m}=n-m=C_8^2-C_5^2=18$，代入式(15.21)，有

$$P(\overline{A})=P(\Omega-A)=\frac{C_8^2-C_5^2}{C_8^2}=\frac{28-10}{28}\approx 0.643 \tag{15.25}$$

事件"取出的两个球有黑球"概率发生的概率为 64.3%。由式(15.23)和式(15.25)，会发现

$$P(\overline{A})=\frac{C_8^2-C_5^2}{C_8^2}=\frac{C_8^2}{C_8^2}-\frac{C_5^2}{C_8^2}=1-\frac{C_5^2}{C_8^2}=1-P(A) \tag{15.26}$$

式(15.26)的结果不是特例，事件 A 与其对立事件 $\overline{A}$ 之间总存在着如式(15.26)所示的关系。我们可以在计算时直接使用。

例如，要求事件"取出的两个球中至少有一个白球"的概率，事件"取出的两个球中至少有一个白球"是事件"取出的两个球都是黑球"的对立事件，记为 $\overline{B}$，应用式(15.26)和式(15.24)，有

$$P(\overline{B})=1-P(B)\approx 1-0.107=0.893$$

事件"取出的两个球中至少有一个白球"发生的概率为 89.3%。

15.7 一批产品由8件正品和两件次品组成。从中任取3件，试求下列事件发生的概率：(a)这3件产品全是正品；(b)这3件产品中恰有一件次品；(c)这3件产品中至少有1件次品。

当然，概率也不是完全随机的，在计算概率时，还是有规则可循的，内容并不多，我们会在下面的两节中对这些规则进行初步介绍，这些规则很明确，主要是避免掉入自相矛盾的泥沼。

15.3 条件概率与乘法公式

我们已经在15.1节介绍过，事件的关系与运算在概率中有很多的应用，那么，如何求事件同时发生，也就是说，求积事件发生的概率呢？这就需要用到概率的乘法公式。在了解乘法公式之前，首先要了解条件概率。

条件概率

对于两个随机事件A和B，在事件B发生的条件下，事件A发生的概率，称为条件概率，记作$P(A|B)$。

条件概率$P(A|B)$的重点是，事件B已经发生，也就是说，事件B中包含的基本事件出现了，这减少了基本事件的数量，样本点要限制在事件B的范围之内了。这一改变影响了概率计算公式(15.21)中的分母。

例如，已知100件产品中有95件合格品和5件不合格品。现从中任取两次，每次取一件(取后不放回)，那么，如何计算事件“第一次抽到合格品后，第二次抽到不合格品”的概率呢？

首先，我们把这个事件分为两个部分，用字母B表示事件“第一次抽到合格品”，用字母A表示事件“第二次抽到不合格品”，那么事件“第一次抽到合格品后，第二次抽到不合格品”发生的概率可以记为$P(A|B)$。

现在，考虑如何计算$P(A|B)$。事件B“第一次抽到合格品”已经发生了，所以第二次抽取时，面临的不再是“100件产品中有95件合格品和5件不合格品”的情况，而是“100－1＝99件产品中有95－1＝94件合格品和5件不合格品”的情况。事件A实质上是从“99件产品中有94件合格品和5件不合格品”中“抽到不合格品”，因此

$$P(A \mid B)=\frac{C_5^1}{C_{99}^1}=\frac{5}{99}\approx 0.051 \tag{15.27}$$

即事件“第一次抽到合格品后，第二次抽到不合格品”发生的概率大约为5.1%。

如式(15.27)一样计算条件概率的方法称为“直接法”，一般适用于样本空间中样本点个数比较少的情况。从直接法可以发现，条件概率的实质是样本空间发生了变化。

15.8 一盒子中有5只产品，其中有3只一等品，两只二等品。从中取产品两次，每次

任取一只，取后不放回。设 A 为事件“第一次取到的是一等品”，B 为事件“第二次取到的是一等品”。试求条件概率 $P(B|A)$。

15.9　某公司有不同工厂生产的同种产品 100 件：甲工厂生产的 70 件，其中 5 件次品；乙工厂生产的有 30 件，其中 3 件次品。现从 100 件中随机抽取 1 件，检验得知是次品，求该产品是甲工厂生产的概率。

利用 15.1 节中的事件关系处理“直接法”，我们就得到了计算条件概率的公式。具体地有

$$\text{当 } P(B) > 0 \text{ 时，} \quad P(A \mid B) = \frac{P(AB)}{P(B)} \tag{15.28}$$

式(15.28)表示，条件概率 $P(A|B)$ 是事件 AB 包含的基本事件个数除以事件 B 包含的基本事件个数。式(15.28)明确表示出了事件 B 对样本空间的影响。特别地，当 $P(B)=0$ 时，规定 $P(A|B)=0$。条件概率公式(15.28)适用于不能通过列举法找到基本事件的情况。

15.10　某人从一副扑克牌(52 张)中任取 13 张，设 $A=$“至少有一张红桃”，$B=$“恰有两张红桃”，$C=$“恰有 5 张方块”。试计算条件概率：$P(B|A)$和 $P(B|C)$。

乘法公式

由条件概率公式(15.28)两侧同时乘以 $P(B)$，可以得出积事件 AB 发生的概率，称为乘法公式，即

$$P(AB) = P(B)P(A \mid B) \tag{15.29}$$

注意，对于不同的条件概率，式(15.29)也可写为

$$P(AB) = P(A)P(B \mid A) \tag{15.30}$$

例如，在 100 个产品中有 3 个不合格品，现任意抽取两个，那么抽中的产品都是合格品的概率是多少呢？用 A 表示“由 100 个产品中抽中一个合格品”，则有 $P(A)=\frac{97}{100}$。用 $P(B|A)$表示“已取出一个合格品后再抽中一个合格品”的概率，则有 $P(B|A)=\frac{96}{99}$。那么“任意抽取两个，抽中的产品都是合格品”表示为 AB，有

$$P(AB) = P(A)P(B \mid A) = \frac{97}{100} \times \frac{96}{99} \approx 0.941$$

即“任意抽取两个，抽中的产品都是合格品”发生的概率为 94.1%。

15.11　甲乙两工厂共同生产产品 1 000 件，其中 300 件是乙工厂生产的，而在这 300 件产品中有 297 件是一等品。先从 1 000 件产品中任取一件，用 A 表示“取到一等品”，B 表示“取到乙厂产品”。分别计算：$P(B)$，$P(A|B)$和 $P(AB)$。

15.12　共有 10 个考签，其中有 4 个难签，3 人参加抽签(不放回)，甲先、乙次、丙最后。试求：

(a) 甲抽到难签的概率；

(b) 甲、乙都抽到难签的概率;

(c) 甲没抽到难签而乙抽到难签的概率;

(d) 甲、乙、丙都抽到难签的概率。由这个概率,能得出什么结论?

独立事件

经验表明,在大雾天气中发生车祸的可能性要大一些,而晴朗的天气与某人买彩票中奖则毫无联系。上述经验显示,有些事件的发生对另一些事件的发生有影响,而有些事件之间则是互不影响的,这就是概率中的事件独立性问题。

如果事件 A 与事件 B 相互独立,则乘法公式(15.29)和式(15.30)变为

$$P(AB) = P(A)P(B) \tag{15.31}$$

为了区别乘法公式,式(15.31)称为独立性公式。

例如,某产品由两个零件 A 和 B 组成,显然,A 和 B 两个零件的合格率是互为独立的。如果已知 A 零件的合格率为 $P(A)=98\%$,B 零件的合格率为 $P(B)=97\%$,那么组装后产品的合格率是多少呢?由于产品由两个零件 A 和 B 组成,所以产品合格,要求两个零件必须都是合格品,事件"产品合格"等价于事件"零件 A 和 B 同时合格",即,事件"产品合格"等价于 A 和 B 的积事件,AB。利用独立性公式(15.31),有

$$P(AB) = P(A)P(B) = 98\% \times 97\% = 95.06\% \tag{15.32}$$

也就是说,组装后产品的合格率为 95.06%。

15.13 甲、乙两批种子的发芽率分别为 0.9 和 0.8。从这两批种子中分别任取一粒做发芽试验,求:两粒种子都发芽的概率?

独立性是对称性概念。也就是说,若事件 A 与事件 B 相互独立,满足式(15.31),那么 A 和 $\bar{B}$,$\bar{A}$ 和 B,$\bar{A}$ 和 $\bar{B}$ 也相互独立,有

$$\begin{aligned} P(A\bar{B}) &= P(A)P(\bar{B}) \\ P(\bar{A}B) &= P(\bar{A})P(B) \\ P(\overline{AB}) &= P(\bar{A})P(\bar{B}) \end{aligned} \tag{15.33}$$

15.14 某工人同时照看甲、乙两台独立运作的机床。假设在 1 小时内,甲、乙机床不需要人照看的概率分别为 0.9 和 0.85。求 1 小时内有机床需要照看的概率。

独立性公式(15.31)可以扩展到多个独立性事件的情况。一般地,如果事件 $A_1, A_2, \cdots, A_n$ 是相互独立的,那么有

$$P(A_1A_2\cdots A_n) = P(A_1)P(A_2)\cdots P(A_n) \tag{15.34}$$

例如,扩展一下式(15.32)中的问题,如果产品由 10 个零件组成,每个零件的废品率都是 1%,或者说,合格率都是 99%。那么该产品的合格率为

$$P = \underbrace{99\% \times 99\% \times \cdots \times 99\%}_{10} = (99\%)^{10}$$

再看一个例子。甲、乙、丙三部机床独立工作,由一个工人照管,某段时间内它们需要工

人照管的概率分别为 0.9,0.8 及 0.85。用事件 A,B,C 分别表示在这段时间内机床甲、乙、丙需要工人照管,则有

$$P(A)=0.9,\quad P(B)=0.8,\quad P(C)=0.85$$

显然,A,B,C 是相互独立的。那么,应用公式(15.34),某段时间内三部机床同时需要工人照管的概率为

$$P(ABC)=P(A)P(B)P(C)=0.9\times 0.8\times 0.85=0.612$$

即,某段时间内甲、乙、丙三部机床同时需要工人照管的概率为 61.2%。

15.15 一辆运货车,6 个车轮都是旧的,前面两个轮胎损坏的概率为 0.1,后面 4 个轮胎损坏的概率都是 0.2。试求:此运货车在途中因轮胎损坏而发生故障的概率。

15.16 用高射炮射击敌机,每门炮的命中率为 0.6。问:至少需要多少门高射炮同时各发射一发炮弹,才能保证以 0.99 的概率击中敌机?

15.4 总和概率

事件关系运算时,除了积事件外,更经常出现的是和事件,即至少有一个事件发生的情况,这时就要用到总和概率,下面我们从简单到复杂的顺序介绍几种常用的总和概率。

加法公式

对于至少有一个事件发生的情况,即和事件,其重点是对于重复出现情况的处理,即删掉重复的样本点。具体地,对于任意的事件 A 与事件 B,有

$$P(A+B)=P(A)+P(B)-P(AB) \tag{15.35}$$

式(15.35)称为加法公式,表明事件 A 与事件 B 至少有一个发生的概率等于事件 A 发生的概率加上事件 B 发生的概率,再减去事件 A 与事件 B 同时发生的概率。

15.17 有 100 辆自行车,牌号从 001~100。试求:事件"偶然遇到一辆自行车,其牌照号有数字 6"的概率。

加法公式(15.35)经常与乘法公式混合使用。例如,某车间急需一把新刀具,由工人甲加工合格的概率为 0.8,由工人乙加工合格的概率为 0.6。现由两人各自同时加工一把新刀具,那么合格的概率是多少?

用 A 表示"工人甲加工刀具合格",用 B 表示"工人乙加工刀具合格",则 A 与 B 互为独立事件,且 $P(A)=0.8$,$P(B)=0.6$。由独立性公式(15.31),有

$$P(AB)=P(A)P(B)=0.8\times 0.6=0.48 \tag{15.36}$$

"刀具合格"是和事件$(A+B)$,由式(15.35)和式(15.36),有

$$P(A+B)=P(A)+P(B)-P(AB)=0.8+0.6-0.48=0.92$$

"加工刀具合格"的概率为 92%。

15.18 甲、乙两人同时独立地向某一目标射击,击中目标的概率分别为 0.8 和 0.7。试求:(a)两人都击中目标的概率;(b)至少有一人击中目标的概率。

在某些情况下,加法公式会变得比较简单。例如,100 个产品中有 60 个一等品,30 个二等品和 10 个废品。若一、二等品都为合格品,考虑这批产品的合格率与一、二等品率之间的关系。

用 A、B 分别表示产品为一、二等品。显然事件 A 与事件 B 不会同时发生,并且和事件 $(A+B)$ 表示产品为合格品。按概率的古典定义式(15.21),有

$$P(A)=\frac{60}{100},\quad P(B)=\frac{30}{100},\quad P(A+B)=\frac{60+30}{100}=\frac{90}{100}$$

此时,加法公式(15.35)就转化为

$$P(A+B)=P(A)+P(B) \tag{15.37}$$

注意:式(15.37)成立的前提条件是事件 A 与事件 B 不会同时发生,即事件 A 与事件 B 存在互斥或互不相容关系,因此,也可称式(15.37)为互斥事件的加法公式。

思考题

15.19 甲、乙两批种子的发芽率分别为 0.9 和 0.8。从这两批种子中分别任取一粒做发芽试验,求:(a)至少有一粒种子发芽的概率;(b)恰有一粒种子发芽的概率。

式(15.37)的结论也可以扩展到多个事件的情况。例如,在有奖储蓄中设置了三个奖项:一等奖、二等奖和三等奖,已知每 10 000 张有奖储蓄中有 1 个一等奖,5 个二等奖,10 个三等奖。也就是说,用 A_i 表示"得 i 等奖",$i=1,2,3$。则得一等奖的概率 $P(A_1)=\frac{1}{10\,000}$,得二等奖的概率 $P(A_2)=\frac{5}{10\,000}$,得三等奖的概率为 $P(A_3)=\frac{10}{10\,000}$。

那么,同一张储蓄券,中一等奖或二等奖的概率是多少?因为一张储蓄券不可能同时中一等奖和二等奖,即 $P(A_1A_2)=0$,因此

$$P(A_1+A_2)=P(A_1)+P(A_2)=\frac{1}{10\,000}+\frac{5}{10\,000}=\frac{6}{10\,000}$$

同理,一张储蓄券中奖的概率为

$$P(A_1+A_2+A_3)=P(A_1)+P(A_2)+P(A_3)=\frac{1}{10\,000}+\frac{5}{10\,000}+\frac{10}{10\,000}=\frac{16}{10\,000}$$

15.20 一个布袋内装有大小相同的 7 个球,其中 4 个是白球,3 个为黑球。从中一次抽取 4 个球,计算至少有两个是白球的概率。

全概率公式

我们常常遇到一个较为复杂的事件伴随着一些简单事件的发生而发生的情形,此时,需要将复杂事件分解成简单事件的组合,这就是全概率公式。

如果两两互斥的完备事件组 $A_1, A_2, \cdots, A_n$，即 $A_1+A_2+\cdots+A_n=\Omega$，$A_iA_j=\phi(i\neq j)$ 且 $P(A_i)>0(i=1,2,\cdots,n)$，则对于任意一事件 B，有

$$\begin{aligned}P(B) &= P(A_1)\cdot P(B\mid A_1)+P(A_2)*P(B\mid A_2)+\cdots+P(A_n)\cdot P(B\mid A_n)\\ &= \sum_{i=1}^{n}P(A_i)\cdot P(B\mid A_i)\end{aligned} \tag{15.38}$$

式(15.38)称为全概率公式。其中，事件组 $A_1, A_2, \cdots, A_n$ 是导致 B 发生的各种原因，其基本用途是把复杂事件分割成若干个简单事件。$P(A_i)$是各种原因发生的概率，习惯上称之为先验概率，一般是由实际经验给出的。全概率公式的基本含义是，B 发生当且仅当 $A_1, A_2, \cdots, A_n$ 之一发生。

例如，有三个形状相同的箱子，在第一个箱子中有两个正品，1 个次品；在第二个箱子中有 3 个正品，1 个次品；在第三个箱子中有两个正品，两个次品。现从任何一个箱子中，任取一个产品。问：此产品为正品的概率是多少？

显然，抽到正品的概率与抽到的箱子有关系，也就是说，“抽到的箱子”是“抽到正品”的原因。用 B 表示“抽到的产品为正品”，用 A_i 表示“抽到第 i 个箱子”$(i=1,2,3)$。由于三个箱子形状相同，因此，抽到 3 个箱子的概率相同，即

$$P(A_i)=\frac{1}{3}(i=1,2,3)$$

但是，每个箱子中正品和次品的数量不同，所以，会得到三个不同的条件概率

$$P(B\mid A_1)=\frac{2}{3},\quad P(B\mid A_2)=\frac{3}{4},\quad P(B\mid A_3)=\frac{2}{4}$$

根据全概率公式(15.38)，则事件 B 的概率为

$$\begin{aligned}P(B) &= P(A_1)\cdot P(B\mid A_1)+P(A_2)\cdot P(B\mid A_2)+P(A_3)\cdot P(B\mid A_3)\\ &= \frac{1}{3}\times\frac{2}{3}+\frac{1}{3}\times\frac{3}{4}+\frac{1}{3}\times\frac{2}{4}=\frac{23}{36}\end{aligned} \tag{15.39}$$

也就是说，事件“现从任何一个箱子中，任取一个产品，此产品为正品”发生的概率为 23/36。注意，式(15.39)的计算中，是把事件 B 建立在把事件 $A_i(i=1,2,3)$发生的基础之上的。一般可以理解为，事件 $A_i(i=1,2,3)$“先”发生，事件 B“后”发生。当然，这种“先后”顺序既可能源于时间，也可能源于逻辑。能够明确判断出事件发生的“先后”顺序，对于正确运用全概率公式(15.38)很重要。

15.21 某厂有 4 个车间生产同一种产品，第一、第二、第三、第四车间的产量分别占总产量的 15%，20%，30%，35%，4 个车间的次品率分别为 5%，4%，3%，2%。现从该厂生产的产品中任取一件，求恰好取到次品的概率。

15.22 甲、乙、丙三射手独立地向一飞机射击，设三人击中飞机的概率分别是 0.4，0.5 和 0.7。一人击中，飞机被击落的概率为 0.2；两人击中，飞机被击落的概率为 0.6；三人同时射中，则飞机被击落。求飞机被击落的概率。

贝叶斯公式

我们经常会遇到这种情况，事情发生之后，探究事情发生的原因，这就要用贝叶斯公式。

在全概率公式(15.38)的基础之上,我们不加证明地给出

$$P(A_k \mid B)=\frac{P(A_k \cdot B)}{P(B)}=\frac{P(A_k)\cdot P(B \mid A_k)}{\sum_{i=1}^{n} P(A_i)\cdot P(B \mid A_i)} \quad (k=1,2,\cdots,n) \tag{15.40}$$

式(15.40)称为贝叶斯公式。与先验概率相对应,贝叶斯公式称为后验概率。根据贝叶斯公式,可以通过后验概率对先验概率进行修正。

例如,某公司下属有三个生产车间,用数字 1,2,3 表示,三个车间生产同一种产品。每个车间的产量分别占总公司产量的 25%,35%,40%。如果每个车间生产的次品数量分别占该车间产量的 3%,1%,2%。现从公司的总产品中随机抽取到一个次品,它恰好出自车间 1 的概率是多少?它恰好出自车间 2 的概率是多少?它恰好出自车间 3 的概率又是多少?

先整理一下事件之间的关系。由全概率公式部分的知识可知,这个例子中,事件发生的"先后"顺序是

"生产次品"→"抽取到次品" (15.41)

也就是说,"生产次品"在"先","抽取到次品"在"后"。用 B 表示"抽到的产品是次品"的事件,用 A_i 表示"抽到车间 i 生产的产品"($i=1,2,3$)。由所给出的已知条件得

$$P(A_1)=\frac{25}{100}, \quad P(A_2)=\frac{35}{100}, \quad P(A_3)=\frac{40}{100}$$

$$P(B \mid A_1)=\frac{3}{100}, \quad P(B \mid A_2)=\frac{1}{100}, \quad P(B \mid A_3)=\frac{2}{100}$$

那么事件 A_i($i=1,2,3$)发生在"先",事件 B 发生在"后"。这样,按照全概率公式(15.38),我们能求出事件 B 的概率为

$$\begin{aligned} P(B) &= \sum_{i=1}^{3} P(A_i)\cdot P(B \mid A_i) \\ &= \frac{25}{100}\times\frac{3}{100}+\frac{35}{100}\times\frac{1}{100}+\frac{40}{100}\times\frac{2}{100}=\frac{190}{10\,000} \end{aligned} \tag{15.42}$$

即产品的次品率为 1.9%。可是我们的目的并不是确定次品率,而是了解一下,这个次品是谁生产的,说得严重一点,我们在追责——谁应该为出现次品这件事负责任。或者可以说,发生的"先后"顺序

"抽取到次品"→"谁负责任" (15.43)

式(15.43)中,"谁负责任"当然是"生产次品"的人。因此,式(15.43)等价于

"抽取到次品"→"生产次品" (15.44)

从式(15.44)看,事件发生的顺序"变化"了。假设这件次品是车间 1 生产的,表现为概率形式,则"抽到一个产品是次品的条件下,它属于车间 1"的概率为 $P(A_1|B)$,且

$$P(A_1 \mid B)=\frac{P(A_1)\cdot P(B \mid A_1)}{\sum_{i=1}^{3} P(A_i)\cdot P(B \mid A_i)}=\frac{\frac{25}{100}\times\frac{3}{100}}{\frac{190}{10\,000}}=\frac{75}{190}\approx 39.5\% \tag{15.45}$$

也就是说,车间 1 有 39.5%可能需要为这件次品负责。同理,车间 2 为这件次品负责的概率 $P(A_2|B)$为

$$P(A_2 \mid B)=\frac{P(A_2)\cdot P(B\mid A_2)}{\sum_{i=1}^{3}P(A_i)\cdot P(B\mid A_i)}=\frac{\frac{35}{100}\times\frac{3}{100}}{\frac{190}{10\,000}}=\frac{35}{190}\approx 18.4\% \tag{15.46}$$

车间 3 为这件次品负责的概率 $P(A_3|B)$为

$$P(A_3 \mid B)=\frac{P(A_3)\cdot P(B\mid A_3)}{\sum_{i=1}^{3}P(A_i)\cdot P(B\mid A_i)}=\frac{\frac{40}{100}\times\frac{2}{100}}{\frac{190}{10\,000}}=\frac{80}{190}\approx 42.1\% \tag{15.47}$$

比较式(15.45)～式(15.47)发现，这件次品是车间 3 生产的可能性最大，达到了 42.1%。式(15.45)～式(15.47)的计算中都包含了式(15.42)，这是因为，全概率公式是贝叶斯公式运用的基础，全概率公式和贝叶斯公式经常结合在一起使用。

15.23　假定某工厂甲、乙、丙 3 个车间生产同一种螺钉，产量依次占全厂的 45%，35%，20%。如果各车间的次品率依次为 4%，2%，5%，现在从待出厂产品中抽查 1 件，发现是次品，试判断：这件次品是由甲车间生产的概率。

习　题

15.1　在某人群中随机地调查一人，观察其性别、身高、体重和学历等特征。事件“被调查者为男性”用 A 表示，事件“被调查者身高大于 1.65 米”用 B 表示，事件“被调查者体重大于 60 千克”用 C 表示，事件“被调查者具有大专以上学历”用 D 表示。使用事件的运算符号表示下列事件：

(a) 被调查者或是男性或是身高大于 1.65 米；

(b) 被调查者身高大于 1.65 米且体重大于 60 千克；

(c) 被调查者身高小于或等于 1.65 米；

(d) 被调查者为男性但体重小于或等于 60 公斤；

(e) 被调查者是男性或身高大于 1.65 米两者中至少满足一条，且具有大专以上学历；

(f) 被调查者身高小于等于 1.65 米，或体重小于等于 60 千克；

(g) 被调查者是男性但不具有大专以上学历；

(h) 被调查者是男性，或身高大于 1.65 米或体重大于 60 千克且具有大专以上学历。

15.2　设 A,B,C 表示三个随机事件，试将下列事件用 A,B,C 表示出来：

(a) A 出现，B,C 都不出现；　(b) A,B 都出现，C 不出现；

(c) 三个事件都出现；　(d) 三个事件中至少有一个出现；

(e) 三个事件都不出现；　(f) 不多于一个事件出现；

(g) 不多于两个事件出现；　(h) 三个事件至少有两个出现；

(i) A,B 至少有一个出现，C 不出现；　(j) A,B,C 中恰好有两个出现。

15.3　一个工人生产了 4 个零件，A_i 表示他生产的“第 i 个零件是正品”($i=1,2,3,4$)，试用 A_i 表示下列事件：

(a) 没有次品； (b) 至少有 1 个是次品；

(c) 恰有 1 个是次品； (d) 至少有 3 个不是次品；

(e) 恰好有 3 个是次品； (f) 至多有 1 个是次品。

15.4 已知外观相同的产品 15 件，其中有 12 件来自甲工厂，3 件来自乙工厂。现从中任取两件，求这两件产品均来自甲工厂的概率。

15.5 两封信随机地向标号为 1,2,3,4 的 4 个邮筒投寄。求第 2 号邮筒恰好被投入 1 封信的概率。

15.6 从一副扑克牌(52 张)中任取 13 张，试求下列事件的概率：

(a) A＝恰有两张红桃； (b) B＝3 张方块；

(c) C＝缺红桃； (d) D＝缺红桃但不缺方块。

15.7 全年级 100 名学生中，有男生(以事件 A 表示)80 人，女生 20 人；来自北京的(以事件 B 表示)有 20 人，其中男生 12 人，女生 8 人；免修英语的(用事件 C 表示)40 人，其中有 32 名男生，8 名女生。试计算以下概率：$P(A)$，$P(B)$，$P(B|A)$，$P(A|B)$，$P(AB)$，$P(C)$，$P(C|A)$，$P(\bar{A}|\bar{B})$，$P(AC)$。

15.8 已知甲地下雨的概率是 0.5，在甲地下雨的条件下乙地下雨的概率是 0.3，在两地都下雨的条件下丙地下雨的概率为 0.7。试求：

(a) 三地同时下雨的概率； (b) 甲乙两地下雨而丙地不下雨的概率。

15.9 已知 50 个产品中有 46 个合格品和 4 个废品。从中有放回地抽取 3 次，每次抽取一件。求 3 次抽取有废品的概率。

15.10 设加工某种零件必须经过三道工序，第一、第二、第三道工序的次品率分别是 2%，3%，5%，且各道工序互不影响。求加工出来的零件的次品率。

15.11 据统计面值 100 元纸币的使用率为 0.38，面值 50 元纸币的使用率为 0.45，这两种面值的纸币同时使用的概率为 0.22。试求：在该市场上这两种纸币至少使用一种的概率。

15.12 某石油勘探公司打算在两个地理上无联系的地区 A 和 B 各打一口勘探井，若在 A 和 B 找到大量石油的概率分别估计为 1/8 和 1/10。问：至少有一口井成功的概率是多少？

15.13 若三部机床性能相同，独立工作，由一名工人照管，某段时间内它们不需要工人照管分别记为事件 A，B 和 C，设 $P(A)=P(B)=P(C)=0.8$。求这段时间内恰有一部机床需要工人照管的概率。

15.14 某商店仓库中的小家电来自甲、乙、丙三家工厂，这三家工厂生产的产品数分别为 500 件，300 件和 200 件，且它们的产品合格率分别为 95%，92% 和 90%。现从仓库中随机抽取一件小家电，求恰抽到合格品的概率。

15.15 已知在 10 个电子元件中有两个次品，从中任取两次，每次取一个且不放回。求下列事件的概率：

(a) 两个都是正品； (b) 两个都是次品；

(c) 一个正品一个次品； (d) 第二次取出的是次品。

15.16 现有 10 个考签，其中有 4 个难签，3 个人参加抽签(不放回)，甲先、乙次、丙最后。求甲、乙、丙各自抽到难签的概率。在不放回的条件下，抽签顺序影响抽签结果吗？

15.17 设一袋中原有乒乓球 8 只，其中 3 只为新球，5 只为旧球。第一次比赛时，从中任意取出两只用于比赛，用后放回袋中。第二次比赛时，再从中任取 3 球。试求第二次所取 3 球中恰有两只球是新球的概率为多少。

15.18 假设某大学男、女生的比例为 51∶49。已知男生中 10％是学经济的，女生中 5％是学经济的，试求下列事件的概率：

(a) 随机选择的一个学生是经济专业的学生；

(b) 随机选择的一个经济专业的学生是男生。

15.19 根据以往的临床记录，某种诊断是否患有癌症的检查有如下效果：A＝试验反应为阳性，C＝被检查者确实患有癌症，则有 $P(A|C)=0.95$，$P(\overline{A}|\overline{C})=0.95$。现对一大批人进行普查，已知被普查的人确实患有癌症的概率是 $P(C)=0.005$。试求：检查结果为阳性时，被检查者确实患病的概率。

15.20 无线电通信中，发报台分别以概率 0.6 和 0.4 发出信号“·”和“—”。由于干扰，发出信号“·”时，收报台以概率 0.98 收到“·”信号，发出“—”信号时，收报台以概率 0.99 收到“—”。求：在收报台收到“—”信号的条件下，发报台发出“·”信号的概率是多少？

15.21 购买的二手车，也许好，也许不好。如果买的车好，70％的会耗油量较低，20％的会有中等的耗油量。如果车买的不好，50％的会耗油量较高，30％的会有中等耗油量。对一辆二手车的实验表明该车耗油量较低。如果成交的二手车中 60％是好车，那么，这辆车属于是好车的概率为多少？

第16章 随机变量及其分布

我们在第15章介绍了用随机事件表示随机现象的方法，这种方法比较直观，但也存在着明显的缺点，就是不能与我们学过的其他数学知识有效统一起来。为此，我们还需要改进随机现象的表达方式，这就是随机变量方法。

16.1 随机变量

随机变量是随机现象的另一种表达方式。具体来说，随机变量是随机现象的数量化，通过赋值的方式来表示随机现象，经常用希腊字母 $\xi,\eta,\cdots$ 或英文字母 $X,Y,\cdots$ 表示随机变量。

例如，射手向一目标连续射击10次，其击中目标的次数一定是随机的，我们以 ξ 表示击中目标的次数，则有

$$\xi = 0,1,2,3,4,5,6,7,8,9,10$$

注意，随机变量的数值并不一定是连续的正整数，但对随机变量赋值也不是任意而为的，往往是由随机试验的结果决定的。例如，盒子中有3个球，上边分别标有数字1,3和7，现随机抽取两球，观察两球上数字之和，这个和一定是随机的，我们以 ξ 表示两球上数字之和，则有

$$\xi = 4,8,10$$

上面两个例子中的随机变量数值都是有限个，但这不是随机变量取值的唯一方式。例如，从企业生产的汽车中随机抽取一辆，观察汽车的最大行驶里程数，这个数字一定是随机的，我们以 ξ 表示汽车的行驶千米数，则有

$$\xi \geqslant 0$$

这个随机变量的取值就只能用区间表示了，而无法一一列出。

16.1 对于下列随机试验，随机变量应如何取值？

(a) 掷一枚骰子，观察出现的点数；

(b) 已知10件产品中有5件次品，从中任取3件，观察出现的次品数；

(c) 观测一部电梯，一年内出故障的次数；

(d) 一杯水，观测其温度。

作为随机现象的两种表达方式，随机变量和随机事件中存在某种对应关系。例如，工厂有5件产品，其中3件正品，两件次品，现分别用1、2、3、4、5来编号，其中1、2、3代表正品，4、5代表次品。先从5件产品中任取两件，若用符号 (i,j) 表示"取得的两件是 i、j 号产品"这一事件，则有 $i=1,2,3,4$ 和 $j=2,3,4,5$ 且 $i\neq j$。那么这一随机试验共有 $C_5^2=10$ 个基本事件，其样本空间为

$$\Omega = \{(1,2),(1,3),(1,4),(1,5),(2,3),(2,4),(2,5),(3,4),(3,5),(4,5)\}$$

令随机变量 ξ 表示“两件产品中的正品件数”，则有

$$\xi = 0,1,2 \tag{16.1}$$

对于式(16.1)，当 $\xi=0$，相当于随机事件 A“两件产品都是次品”，满足

$$A = \{(4,5)\}$$

也就是说，随机事件 A 和随机变量 $\xi=0$ 包含了相同的 1 个基本事件。同样，当 $\xi=1$，相当于随机事件 B“两件产品中恰有一件正品”，满足

$$B = \{(1,4),(1,5),(2,4),(2,5),(3,4),(3,5)\}$$

也就是说，随机事件 B 和随机变量 $\xi=1$ 包含了相同的 6 个基本事件。同理，当 $\xi=2$，相当于随机事件 C“两件产品都是正品”，满足

$$C = \{(1,2),(1,3),(2,3)\}$$

也就是说，随机事件 C 和随机变量 $\xi=2$ 包含了相同的 3 个基本事件。

16.2　一个盒子中有 4 张纸条，上面分别写有数字 1,2,3,4。随机从盒子中不放回地抽取出两张纸条，观察抽出纸条上的数字。确定下列每个随机变量可能的取值：

(a) X=两个数之和；　　(b) Y=第一个数和第二个数的差；

(d) Z=偶数纸条的张数；　　(d) W=写着 4 的纸条张数。

对于随机变量 X，其不同取值分别对应着哪些基本事件？

随机变量的概率

既然随机变量和随机事件之间存在着对应关系，那么，当然，随机变量也有对应的概率。此时，由于随机变量和随机事件存在着对应关系，那么直接用随机事件的概率来表示随机变量的概率就可以了。

例如，在样本空间如式(16.1)所示的例子中，我们可以求 $\xi=0$ 时的概率，即“两件产品都是次品”的概率，有

$$P(\xi = 0) = P(A) = \frac{1}{10} \tag{16.2}$$

也就是说，“两件产品都是次品”概率是 10%。同理，可以写出 $\xi=1$ 和 $\xi=2$ 时的概率，即

$$P(\xi = 1) = P(B) = \frac{6}{10} = \frac{3}{5},\quad P(\xi = 2) = P(C) = \frac{3}{10} \tag{16.3}$$

16.3　已知某厂生产同一型号的电子管的次品率为 2%。现从该厂产品中任意逐个抽 10 只检验，利用随机变量，求恰有两件次品的概率。

随机变量有两种类型：一种是离散型随机变量，另一种是连续型随机变量。如果随机变量 ξ 只能取到有限个或可列无穷多个数值 $\xi_1,\xi_2,\cdots,\xi_n,\cdots$，那么随机变量 ξ 就是离散型的。例如，本教材的页数就是离散的；又如，教室中的桌椅数也是离散的。

如果随机变量 ξ 中的取值有无穷多个，且这些值充满一个区间，不能排成一列，那么随机变量 ξ 就为连续型的。例如，今天的温度就是连续的；又如，我们每天走路的里程数也是

连续的。

16.4 判断下面的随机变量是离散的，还是连续的？

(a) 小客车上有缺陷的轮胎数；
(b) 医院中病人的体温；
(c) 哈尔滨的年降水量；
(d) 在1节课上学生提问的次数；
(e) 一个家庭在6月的用水总量；
(f) 一本书的字数。

概率分布函数

既然我们可以把随机现象用随机变量表现出来，且可以求随机变量不同取值时的概率。那么，我们就会很好奇，概率与随机变量之间是否存在着我们在第1章中所说的函数关系，即是否存在概率分布函数？答案是肯定的，概率和随机变量之间存在着函数关系。考虑到不同类型的随机变量，这种函数关系统一定义为：给定随机变量 ξ，它的取值不超过实数 x 的概率 $P(\xi\leqslant x)$ 是 x 的函数，称为随机变量 ξ 的概率分布函数，简称分布函数，记作 $F(x)$，即

$$F(x)=P(\xi\leqslant x),\quad -\infty<x<\infty \tag{16.4}$$

既然 $F(x)$ 从本质上来说是概率，那么，它也必然满足式(15.19)，即有

$$0\leqslant F(x)\leqslant 1 \tag{16.5}$$

式(16.5)有两点理解。首先，分布函数 $F(x)$ 的值域为[0,1]。另外，分布函数 $F(x)$ 是有界的函数

$$\operatorname*{Lim}_{x\to-\infty}F(x)=0,\quad \operatorname*{Lim}_{x\to+\infty}F(x)=1 \tag{16.6}$$

实际上，分布函数 $F(x)$ 不但是有界的，而且是单调非减的，即

$$\text{若 } x_1<x_2,\quad \text{则 } F(x_1)\leqslant F(x_2) \tag{16.7}$$

式(16.5)～式(16.7)是一些有用的分布函数性质，在随机变量的概率计算中常会用到。

16.5 已知随机变量 ξ 的分布函数为 $F(x)=\begin{cases}a+b\mathrm{e}^{-x}, & x>0\\ 0, & x\leqslant 0\end{cases}$，其中 a 和 b 为未知常数。试根据分布函数的性质确定未知常数 a 和 b 的值。

16.2 离散型随机变量的分布函数

离散型随机变量的理解较为容易，且与随机变量的对应关系比较清晰。我们从这里开始，一步步熟悉随机变量及其函数。

概率分布列

对于离散型随机变量，其随机变量的取值是有限个或可列无穷多个，这决定了其概率必然有多个，随着随机变量的取值不同而变化，此时就需要有一个统一的表达方式来表示概

率，就是概率分布列。

具体地，对于离散型随机变量 ξ，若记 $P(\xi=\xi_k)=P_k$，其中 $k=1,2,\cdots$，则 ξ 不同取值下的概率 P_k 会构成一个数列，称为随机变量的概率分布列，简称分布列。

例如，式(16.2)和式(16.3)中的概率构成了随机变量(16.1)的分布列，即

$$P(\xi=0)=\frac{1}{10},\quad P(\xi=1)=\frac{3}{5},\quad P(\xi=2)=\frac{3}{10} \tag{16.8}$$

为了直观，式(16.8)中的分布列也可用列表的方式表示，如表 16.1 所示。

表 16.1　离散型随机变量的概率分布列Ⅰ

ξ	0	1	2
P_k	$\frac{1}{10}$	$\frac{3}{5}$	$\frac{3}{10}$

作为概率问题，分布列中的每个数(即概率)，一定满足概率的非负性，即

$$P_k \geqslant 0 \tag{16.9}$$

而且，这个分布列中的元素必然满足规范性，即

$$\sum_k P_k = 1 \tag{16.10}$$

式(16.9)和式(16.10)是分布列的两个基本性质。

例如，对于式(16.8)或表 16.1 中的分布列，既满足式(16.9)，也满足式(16.10)。

$$\sum_k P_k = \frac{1}{10}+\frac{3}{5}+\frac{3}{10}=1$$

再考虑一个例子，抛掷一枚匀称的骰子，令出现的点数为随机变量 ξ，则 ξ 的取值为

$$\xi = 1,2,3,4,5,6 \tag{16.11}$$

在 ξ 不同的取值下，均可计算概率，如

$$P(\xi=1)=\frac{1}{6},\quad P(\xi=3)=\frac{1}{6}\quad 或\quad P(\xi=4)=\frac{1}{6}$$

将计算的概率排列起来，我们就得到了随机变量 ξ 的分布列，如表 16.2 所示。

表 16.2　离散型随机变量的概率分布列Ⅱ

ξ	1	2	3	4	5	6
P_k	$\frac{1}{6}$	$\frac{1}{6}$	$\frac{1}{6}$	$\frac{1}{6}$	$\frac{1}{6}$	$\frac{1}{6}$

注意，由于随机变量和随机事件之间的等价性，我们可以以表 16.2 为基础，计算各种随机事件发生的概率。例如，求随机事件“出现的点数不小于 3”的概率，这等价于随机变量 $\xi\geqslant 3$，从表 16.2 可以看出，$\xi\geqslant 3$ 包括 $\xi=3,4,5,6$ 四种情况，是这四种情况的和事件，且任意两个取值是互斥的，根据互斥事件的加法公式(15.37)，有

$$\begin{aligned}P(\xi\geqslant 3) &= P(\xi=3)+P(\xi=4)+P(\xi=5)+P(\xi=6)\\&=\frac{1}{6}+\frac{1}{6}+\frac{1}{6}+\frac{1}{6}=\frac{2}{3}\approx 0.667\end{aligned} \tag{16.12}$$

即，“出现的点数不小于 3”发生的概率大约为 66.7%。同理，我们也可以求随机事件“出现的点数不小于 2 又不超过 4”的概率，这等价于随机变量 $2\leqslant\xi\leqslant 4$，表 16.2 显示，$2\leqslant\xi\leqslant 4$ 包

括 $\xi=2,3,4$ 三种情况，因此，有

$$P(2 \leqslant \xi \leqslant 4) = P(\xi = 2) + P(\xi = 3) + P(\xi = 4)$$
$$= \frac{1}{6} + \frac{1}{6} + \frac{1}{6} = \frac{1}{2} \tag{16.13}$$

即"出现的点数不小于 2 又不超过 4"发生的概率为 50%。由这个例子可见，若知道了离散型随机变量的分布列，就可以求出它在各个范围内取值的概率。因此，分布列全面地描述了离散型随机变量的统计规律。

16.6 有 5 把钥匙，其中两把能打开门，逐个试开，至门打开为止。写出试开次数 ξ 的分布列，并计算：

(a)"不超过两次就能打开门"的概率；

(b)"至少三次才能打开门"的概率。

16.7 一个盒子里放有 5 张纸条，上面分别写有数字 1,1,1,10,26。若随机从盒子里取出两张纸条，其上数字之和记为 ξ，求 ξ 的分布列。

式(16.12)和式(16.13)给了我们启示，如果知道了离散型随机变量 ξ 的分布列 $\{P_k\}$，那么分布函数公式(16.4)就可以写为

$$F(x) = \sum_{\xi_k \leqslant x} P_k \tag{16.14}$$

注意，分布函数是在 ξ_k 处有跳跃 P_k 的分段函数，这个特征表现为离散型随机变量变量函数的右连续特征。

例如，如果随机变量 ξ 的分布列如表 16.3 所示。

表 16.3 离散型随机变量的概率分布列Ⅲ

ξ	0	1	2
P_k	0.3	0.5	0.2

当 $x<0$ 时，$F(x)=P(\xi\leqslant x)=0$；

当 $0\leqslant x<1$ 时，$F(x)=P(\xi\leqslant x)=P(\xi=0)=0.3$；

当 $1\leqslant x<2$ 时，$F(x)=P(\xi\leqslant x)=P(\xi=0)+P(\xi=1)=0.3+0.5=0.8$；

当 $x\geqslant 2$ 时，$F(x)=P(\xi\leqslant x)=P(\xi=0)+P(\xi=1)+P(\xi=2)=0.3+0.5+0.2=1$。

因此，表 16.3 中随机变量 ξ 的分布函数为

$$F(x) = \begin{cases} 0, & x < 0 \\ 0.3, & 0 \leqslant x < 1 \\ 0.8, & 1 \leqslant x < 2 \\ 1, & x \geqslant 1 \end{cases} \tag{16.15}$$

分布函数(16.5)的图像如图 16.1 所示。

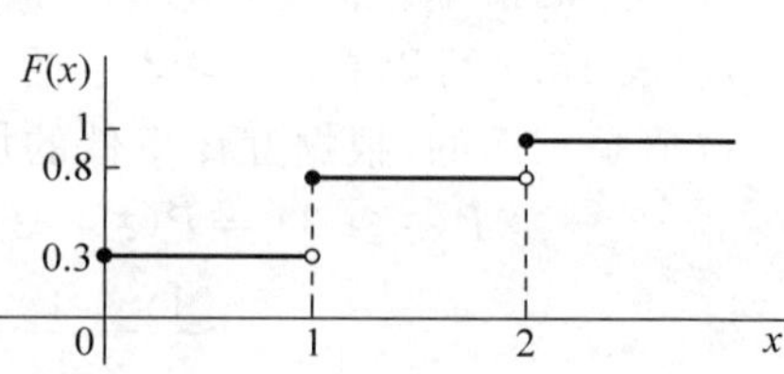

图 16.1 离散型随机变量的分布函数

从图 16.1 可以看出，离散型随机变量的分布函数的几个特点。首先，其分布函数是分段函数，以随机变量取值为分区点。其次，离散型随机变量的分

布函数是单调非递减的，且表现为阶梯状的非递减性，在分区点进行跳跃。最后，离散型随机变量的分布函数是右连续的。

16.8　写出思考题 16.7 中随机变量的分布函数。

16.9　已知随机变量 ξ 的分布函数为：$F(x)=\begin{cases}0, & x<0\\ 0.1, & 0\leqslant x<1\\ 0.6, & 1\leqslant x<2\\ 1, & x\geqslant 2\end{cases}$。试求随机变量 ξ 的分布列(提示：先想想随机变量可以取几个值，然后再求概率)。

16.3　连续型随机变量的分布函数

离散型随机变量与概率之间的关系很好理解，但是对于连续型随机变量来说，问题比较麻烦，因为变量是连续的，这意味着对于随机变量的任意一个取值，其对应概率必然是零，也就是说，对于连续型随机变量 ξ，总有 $P(\xi=\xi_k)\equiv 0$。因此，连续型随机变量的概率，需要新的定义方法。

概率密度函数

回忆第 9 章中定积分的数学应用，给了我们启示，可以借助定积分求连续型随机变量的概率。使用定积分方法求概率，需要一个被积函数 $p(x)$，这个被积函数 $p(x)$ 应满足式(16.4)，即

$$F(x) = P(\xi \leqslant x) = \int_{-\infty}^{x} p(t)\mathrm{d}t \tag{16.16}$$

对于连续型随机变量 ξ，如果能找到满足式(16.16)的被积函数 $p(x)$，我们就能求其概率。满足式(16.16)的被积函数 $p(x)$ 称为随机变量 ξ 的概率密度函数，简称密度函数。

知道了随机变量 ξ 的概率密度函数 $p(x)$，我们就可以求概率了。例如，包裹的特快专递规定：每包不得超过 1 千克，令 ξ 为任选一个包裹的重量，其密度函数为

$$p(x) = \begin{cases}0.5+x, & 0\leqslant 0\leqslant 1\\ 0, & \text{其他}\end{cases} \tag{16.17}$$

那么，我们就可以利用式(16.16)求随机事件的概率了。例如，随机事件“包裹的重量至多为 1/2 千克”等价于随机变量 $\xi\leqslant\frac{1}{2}$，因此，随机事件“包裹的重量至多为 1/2 千克”发生的概率就是 $P\left(\xi\leqslant\frac{1}{2}\right)$，根据式(16.16)，有

$$P\left(\xi \leqslant \frac{1}{2}\right)=\int_{-\infty}^{\frac{1}{2}} p(t)\mathrm{d}t \tag{16.18}$$

因为密度函数为分段函数，根据定积分的区间可加性，式(16.18)为

$$P\left(\xi \leqslant \frac{1}{2}\right)=\int_{-\infty}^{\frac{1}{2}} p(t)\mathrm{d}t$$

$$=\int_{-\infty}^{0} p(t)\mathrm{d}t+\int_{0}^{\frac{1}{2}} p(t)\mathrm{d}t=\int_{-\infty}^{0} 0\mathrm{d}t+\int_{0}^{\frac{1}{2}}(0.5+t)\mathrm{d}t$$

$$=0+\left[0.5t+\frac{1}{2}t^2\right]_0^{\frac{1}{2}}=0.375 \tag{16.19}$$

也就是说,随机事件“包裹的重量至多为 1/2 千克”发生的概率为 37.5%。同理,随机事件“包裹的重量不超过$\frac{3}{4}$千克”等价于 $\xi\leqslant\frac{3}{4}$,“包裹的重量不超过$\frac{3}{4}$千克”发生的概率就是 $P\left(\xi\leqslant\frac{3}{4}\right)$,根据式(16.16),有

$$P\left(\xi\leqslant\frac{3}{4}\right)=\int_{-\infty}^{\frac{3}{4}} p(t)\mathrm{d}t$$

$$=\int_{-\infty}^{0} p(t)\mathrm{d}t+\int_{0}^{\frac{3}{4}} p(t)\mathrm{d}t=\int_{-\infty}^{0} 0\mathrm{d}t+\int_{0}^{\frac{3}{4}}(0.5+t)\mathrm{d}t$$

$$=0+\left[0.5t+\frac{1}{2}t^2\right]_0^{\frac{3}{4}}=0.65625 \tag{16.20}$$

也就是随机事件“包裹的重量至多为$\frac{3}{4}$千克”发生的概率为 65.625%。注意,式(16.19)和式(16.20)都在重复一件事情,对于连续型随机变量,只能计算区间概率,而不能计算点概率。

16.10 已知某仪器的工作寿命 ξ(单位:天)有如下的密度函数:

$$p(x)=\begin{cases}\frac{100}{x^2}, & x\geqslant 100\\ 0, & \text{其他}\end{cases}$$

试求:该仪器寿命不超过 200 天的概率。

很容易理解,我们可以直接利用式(16.16)求出连续型随机变量的分布函数。例如,以式(16.17)定义的连续型随机变量,有

当 $x<0$ 时,$F(x)=\int_{-\infty}^{x} p(t)\mathrm{d}t=\int_{-\infty}^{x} 0\mathrm{d}t=0$;

当 $0\leqslant x<1$ 时,$F(x)=\int_{-\infty}^{0} 0\mathrm{d}t+\int_{0}^{x}(0.5+t)\mathrm{d}t=0.5x+0.5x^2$;

当 $x\geqslant 1$ 时,$F(x)=\int_{-\infty}^{0} 0\mathrm{d}t+\int_{0}^{1}(0.5+t)\mathrm{d}t+\int_{1}^{x} 0\mathrm{d}t=1$。

也就是说,连续型随机变量的分布函数也是分段函数,有

$$F(x)=\begin{cases}0, & x<0\\ 0.5x+0.5x^2, & 0\leqslant x<1\\ 1, & x\geqslant 1\end{cases} \tag{16.21}$$

有了分布函数(16.21),我们就可以很快计算出概率。例如,随机变量“包裹的重量至多为$\frac{1}{2}$千克”,就表示 $x=\frac{1}{2}$,代入式(16.21),有

$$F\left(\frac{1}{2}\right)=0.5\left(\frac{1}{2}\right)+0.5\left(\frac{1}{2}\right)^2=0.375$$

这与式(16.19)计算的结果是一致的。当然,随机变量“包裹的重量不超过$\frac{3}{4}$千克”,就表示

$x=\frac{3}{4}$，代入式(16.21)，有

$$F\left(\frac{3}{4}\right)=0.5\left(\frac{3}{4}\right)+0.5\left(\frac{3}{4}\right)^2=0.65625$$

这也与式(16.20)计算的结果一致。

当然，分布函数还有更多的应用。例如，求随机事件“包裹的重量至少为$\frac{3}{4}$千克”的概率，这时 $\xi\geqslant\frac{3}{4}$，是随机变量“包裹的重量至多为$\frac{3}{4}$千克”的对立事件，根据对立事件之间的关系式(15.26)，有

$$P\left(\xi\geqslant\frac{3}{4}\right)=1-P\left(\xi<\frac{3}{4}\right)=1-F\left(\frac{3}{4}\right)=1-0.65625=0.34375$$

即，随机事件“包裹的重量至少为 3/4 千克”发生的概率为 34.375%。

16.11　计算思考题 16.10 中连续型随机变量 ξ 的分布函数。

16.12　已知随机变量 ξ 的分布函数为 $F(x)=\begin{cases}0.5\mathrm{e}^x, & x<0\\ 0.5+0.25x, & 0\leqslant x<2\\ 1, & x\geqslant 2\end{cases}$。试求：

(a) $P(\xi\leqslant -1)$；　(b) $P(\xi\leqslant 1)$；　(c) $P(\xi\leqslant 3)$；

(d) $P(\xi>1)$；　(e) $P(1<\xi\leqslant 3)$；　(f) $P(-1<\xi\leqslant 1)$。

由(e)和(f)，我们能得到什么启示？

我们要注意，作为概率密度函数的 $p(x)$，需要满足一系列的条件。首先，式(16.16)中计算出的概率不能小于零，这就要求密度函数 $p(x)$ 必须满足

$$p(x)\geqslant 0 \tag{16.22}$$

其次，因为概率是有界的，也就是说，当 x 趋向于无穷大时，式$\int_{-\infty}^{x}p(t)\mathrm{d}t$ 趋向于 1，即

$$\int_{-\infty}^{\infty}p(x)\mathrm{d}x=1 \tag{16.23}$$

同时满足式(16.22)和式(16.23)的函数 $p(x)$ 才可能是连续型随机变量的密度函数。

例如，已知连续型随机变量 ξ 的密度函数为

$$p(x)=\begin{cases}kx+1, & 0\leqslant x\leqslant 2\\ 0, & \text{其他}\end{cases} \tag{16.24}$$

那么对系数 k 有什么要求呢？根据式(16.23)和定积分的区间可加性，式(16.24)必须满足

$$\int_{-\infty}^{\infty}p(x)\mathrm{d}x=\int_{-\infty}^{0}0\mathrm{d}x+\int_{0}^{2}(kx+1)\mathrm{d}x+\int_{2}^{\infty}0\mathrm{d}x=2k+2=1$$

解线性方程，有 $k=-\frac{1}{2}$。也就是说，只有当 $k=-\frac{1}{2}$时，函数(16.24)才可能是连续型随机变量的密度函数。

16.13　已知连续型随机变量 ξ 的密度函数为 $p(x)=\begin{cases}Ax^2, & 0\leqslant x\leqslant 1\\ 0, & \text{其他}\end{cases}$。试计算：

(a) 常数 A 的值； (b) 随机变量 ξ 的分布函数 $F(x)$；
(c) $P(\xi\leqslant -1)$； (d) $P(\xi\leqslant 0.5)$； (e) $P(-1<\xi<0.5)$。

16.4 一些常用的分布函数

在日常生活、社会经济活动和科学研究中有一些常用的随机变量分布函数，掌握这些随机变量的分布函数，对于我们分析随机现象问题有很大的帮助。

两点分布

如果随机变量 ξ 只能取 0、1 两个值，那么，其分布列中只有两个数，且可以记为

$$P(\xi=0)=1-p,\quad P(\xi=1)=p,\quad 0<p<1 \tag{16.25}$$

则称随机变量 ξ 服从两点分布(或 0—1 分布)，记作 $\xi\sim B(p)$。为保证一致性，以后在两点分布中出现 p，均表示 $P(\xi=1)=p$，不再另作说明。

例如，已知 100 件产品中有 5 件次品和 95 件正品，现从中任取一件进行检验，把取到的正品数记为随机变量 ξ，则有 $\xi=0,1$，只能取两个值，且 $P(\xi=1)=0.95$，因此，随机变量 ξ 服从参数为 0.95 的两点分布，$\xi\sim B(0.95)$，其分布列如表 16.4 所示。

表 16.4 两点分布的分布列

ξ(件)	0	1
P	0.05	0.95

16.14 一批产品的废品率为 6%，从中任意抽取一个进行检验，用 ξ 表示废品的个数，写出随机变量 ξ 的分布列。

二项分布

如果一个随机试验有两个可能结果 A 与 $\overline{A}$，则称这个试验为一个伯努利试验。例如，抛一枚硬币观察出现正反面的试验，射击一次是否命中目标的试验，遇到一人是否是男性的试验，等等，都是伯努利试验。将一个伯努利试验独立地重复进行 n 次的随机试验称为 n 重伯努利试验。

在 n 重伯努利试验中，事件 A 发生的次数 ξ 是一个随机变量，ξ 的所有可能取值为 $0,1,2,\cdots,n$。若记 $P(A)=p$，则有 $P(\overline{A})=1-p=q$，其中 $0<p<1$，则在 n 重伯努利试验中，事件 A 恰好发生 k 次($\xi=k$)的概率为

$$P(\xi=k)=C_n^k p^k q^{n-k},\quad 其中\ k=0,1,2,\cdots,n \tag{16.26}$$

此时，称随机变量 ξ 服从参数为 n,p 的二项分布，记作 $\xi\sim B(n,p)$。

二项分布的实际背景就是 n 重伯努利试验：若在单次试验中，事件 A 发生的概率是 $p(0<p<1)$，则在 n 次独立重复试验中 A 发生的次数 ξ 就服从二项分布 $B(n,p)$。显然，当 $n=1$ 时，二项分布即为两点分布。

例如，某车间有10台7.5千瓦的机床，每台机床的使用情况是相互独立的，且每台机床平均每小时开动12分钟。因为在任一时刻，每台机床有“开动”与“停止”两种状态，开动的概率为$\frac{12}{60}=\frac{1}{5}$，停止的概率为$\frac{4}{5}$。10台机床，相当于10重贝努利试验。令$\xi$表示一个小时内开动的机床数，有$\xi=0,1,\cdots,10$，则随机变量$\xi$服从参数为10和0.2的二项分布，或者$\xi\sim B(10,0.2)$，则分布列为

$$P(\xi=k)=C_{10}^{k}0.2^{k}0.8^{10-k},\quad k=0,1,2,\cdots,10 \tag{16.27}$$

因此，随机事件“一小时内有3台机器开动”的概率，应用式(16.27)，为

$$P(\xi=3)=C_{10}^{3}0.2^{3}0.8^{10-3}$$

现因电力紧张，供电部门只供应48千瓦电给这10台机床，而每台机床的耗电量是8千瓦，那么机床用电超载的概率会是多少？因为48千瓦电可供6台机床同时开动，“用电超载”意味着至少7台机床开动，即$\xi\geqslant 7$。利用式(16.27)，有

$$\begin{aligned}P(\xi\geqslant 7)&=P(\xi=7)+P(\xi=8)+P(\xi=9)+P(\xi=10)\\&=C_{10}^{7}0.2^{7}0.8^{3}+C_{10}^{8}0.2^{8}0.8^{2}+C_{10}^{9}0.2^{9}0.8^{1}+C_{10}^{10}0.2^{10}0.8^{0}\\&\approx 0.00085\end{aligned}$$

也就是说，“机床用电超载”发生的概率大约为0.85%。

16.15　某工厂生产的螺丝，次品率为0.05，设每个螺丝是否为次品的是相互独立的。现工厂将10个螺丝包成一包出售，并承诺如果发现一包内多于一个次品即可退货。用ξ表示一包螺丝中的次品个数。写出随机变量ξ的分布列，售出螺丝的退货率是多少？

泊松分布

若随机变量ξ的分布列为

$$P(\xi=k)=\frac{\lambda^{k}}{k!}\cdot e^{-\lambda},\quad k=0,1,2,\cdots \tag{16.28}$$

其中λ为正的常数，则称ξ服从参数为λ的泊松分布，记作$\xi\sim P(\lambda)$。泊松分布是一种具有广泛应用的概率分布，经常在试验重复次数大、每次试验中事件发生概率小的时候使用。例如，在一段时间内电话交换台接到的呼唤次数、在公共汽车站候车的人数、一页书上印刷的错误数、每米布的瑕疵点数，等等，都服从泊松分布。

例如，电话交换台每分钟接到的呼唤次数ξ为随机变量，设$\xi\sim P(3)$，根据式(16.28)，故

$$P(\xi=k)=\frac{3^{k}}{k!}\cdot e^{-3},\quad k=0,1,2,\cdots$$

这个计算看起来会比较麻烦，还好我们可以有泊松分布表(附表A1)可以利用。比如说，电话交换台“在一分钟内没有接到呼唤”的概率为

$$P(\xi=0)=0.049787$$

“在一分钟内接到一次呼唤”的概率为

$$P(\xi=1)=0.149361$$

而且，利用加法公式，还可知道“在一分钟内呼唤次数不超过一次”的概率为

$$P(\xi\leqslant 1)=P(\xi=0)+P(\xi=1)=0.199148$$

16.16 某一城市每天发生火灾的次数 ξ 服从参数 $\lambda=0.8$ 的泊松分布。试求：该城市一天内发生两次火灾的概率。

实际应用中，泊松分布是作为二项分布的近似而引入的，对此，本书不加证明地给出下面的结论。当 n 很大，p 很小时，有如下近似公式

$$C_n^k p^k (1-p)^{n-k} \approx \frac{\lambda^k}{k!}e^{-\lambda},\quad \lambda = np \tag{16.29}$$

在实际计算中，当 $n \geqslant 10$，$p \leqslant 0.1$ 时，就可用上述近似公式；若 $n \geqslant 100$，$np \leqslant 1$，则近似效果更佳。

例如，已知在小麦种子里有 0.6%是杂种，从中随机取出 1 000 颗麦种，令 ξ 表示其中包含的杂种数，则 ξ 服从二项分布，$\xi \sim B(1\,000, 0.006)$，根据式(16.26)，这 1 000 颗麦种中恰有 3 颗杂种的概率为

$$P(\xi = 3) = C_{1\,000}^3 0.006^3 0.994^{997} \tag{16.30}$$

式(16.30)的计算很复杂。此时，我们可以利用式(16.29)，令 $\lambda = 1\,000 \times 0.006 = 6$，则有 $\xi \sim P(6)$，查泊松分布表，有

$$P(\xi = 3) = 0.089\,235$$

也就是说，“这 1 000 颗麦种中恰有 3 颗杂种”的概率大约为 8.9%。

16.17 设某型号计算机工作是相互独立的，每台计算机发生故障的概率为 0.01。假定一台计算机的故障可由 1 个人来处理。若由 1 人负责维修 200 台计算机，试求：计算机发生故障而需要等待维修的概率。

均匀分布

若随机变量 ξ 的密度函数为

$$p(x) = \begin{cases} \dfrac{1}{b-a}, & a \leqslant x \leqslant b \\ 0, & \text{其他} \end{cases} \tag{16.31}$$

则称随机变量 ξ 在区间$[a,b]$上服从均匀分布，记作 $\xi \sim U[a,b]$。在实际中，乘客在公共汽车候车的时间，在数值计算中，由于四舍五入所引起的误差，在区间$[a,b]$上随机地投点，所投点的坐标，等等，都服从均匀分布。

例如，已知在某公共汽车站，每隔 8 分钟有一辆公共汽车通过。一个乘客在任一时刻到达车站是等可能的。乘客的候车时间 ξ 在区间$[0,8]$上取值，且取每个值的可能性相同，故 ξ 在区间$[0,8]$上服从均匀分布，其密度函数为

$$p(x) = \begin{cases} \dfrac{1}{8}, & 0 \leqslant x \leqslant 8 \\ 0, & \text{其他} \end{cases}$$

那么，乘客候车时间超过 5 分钟的概率为

$$P(\xi > 5) = \int_5^{+\infty} p(x)\mathrm{d}x = \int_5^8 \frac{1}{8}\mathrm{d}x = \frac{3}{8} = 0.375$$

即“乘客候车时间超过 5 分钟”的概率为 37.5%。

对于服从均匀分布(16.31)的随机变量 ξ，运用式(16.16)，可以计算出其概率分布函数，有

$$F(x) = \begin{cases} 0, & x < a \\ \dfrac{x-a}{b-a}, & a \leqslant x < b \\ 1, & x \geqslant b \end{cases} \tag{16.32}$$

均匀分布的密度函数 $p(x)$与分布函数 $F(x)$的图形分别如图 16.2 所示。

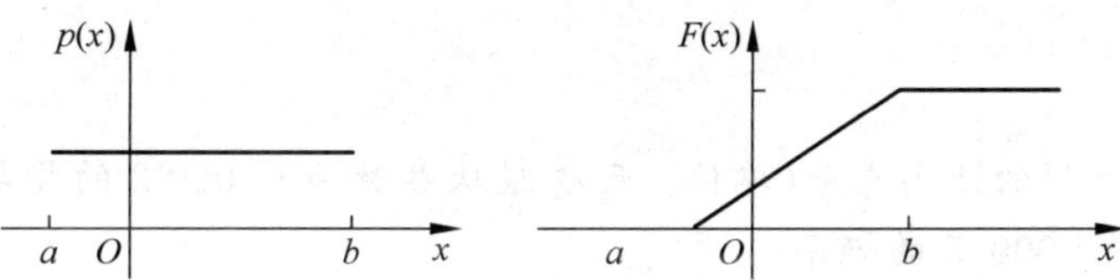

图 16.2　均匀分布

进一步地，如果 $\xi \sim U[a,b]$，对任意满足 $a \leqslant c < d \leqslant b$ 的 c,d，有

$$P(c \leqslant \xi \leqslant d) = \int_c^d p(x)\mathrm{d}x = \frac{d-c}{b-a} \tag{16.33}$$

这说明，若随机变量 ξ 在$[a,b]$上服从均匀分布，则 ξ 仅在区间$[a,b]$上取值，且落在$[a,b]$中的任意等长度的子区间的可能性相同，即 ξ 取$[a,b]$上任一点的可能性相同。反过来看，均匀分布正是把这种“取值的等可能性”严格化。

均匀分布可以说是最简单的连续型随机变量的分布形式，如我们将在第 17 章所看到的，其具有非常简单、易懂的数字特征，因此，在博弈论和信息经济学等学科中得到了广泛的应用。

16.18　假设从哈尔滨到大庆的长途汽车每隔 3 个小时发一班车。某人来到起点站之前并不知道发车的时刻表，试求：他等待的时间少于半小时的概率。

指数分布

若随机变量 ξ 的密度函数为

$$p(x) = \begin{cases} \lambda \mathrm{e}^{-\lambda x}, & x > 0 \\ 0, & x \leqslant 0 \end{cases}, \quad \lambda > 0 \tag{16.34}$$

则称 ξ 服从参数为 λ 的指数分布，记作 $\xi \sim \exp(\lambda)$。指数分布的密度函数 $p(x)$的图形如图 16.3 所示。

指数分布有着重要的应用，常用它来作为各种“寿命”分布的近似。例如，无线电元器件的寿命、动物的寿命、随机服务系统中的服务时间等都可用指数分布来近似描述。

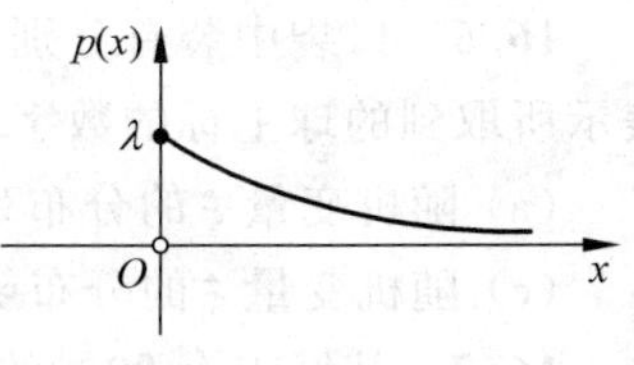

图 16.3　指数分布

例如,若某电子仪器的使用寿命 ξ(单位：小时)服从参数为 0.000 1 的指数分布,即 ξ 的密度函数为

$$p(x)=\begin{cases}0.0001\mathrm{e}^{-0.0001x}, & x\geqslant 0\\ 0, & x<0\end{cases}$$

那么,此电子仪器能使用 1 000 小时以上的概率为

$$P(\xi>10\,000)=\int_{1\,000}^{+\infty}p(x)\mathrm{d}x=\int_{1\,000}^{+\infty}0.0001\mathrm{e}^{-0.0001x}\mathrm{d}x$$

$$=\frac{1}{\mathrm{e}}\approx 0.036$$

即"此仪器能使用 1 000 小时以上"发生的概率为 3.6%。

16.19 设某电梯的使用寿命(单位：天)ξ 服从参数为 0.000 2 的指数分布。试求：电梯的使用寿命超过 3 000 天的概率。

习　题

16.1 人类共有 4 种血型——O,A,B 和 AB,假设一群人中,这 4 种血型所占的比例分别为 35%,40%,20%和 5%。现从该人群中随机地抽取 4 人,利用随机变量计算下列事件发生的概率：

(a) 恰有两人血型为 A；　　(b) 没有 B 血型的人。

16.2 确定下列各随机现象中的随机变量,并区分哪些是离散型随机变量,哪些是连续型随机变量：

(a) 射击 10 发子弹命中的次数；　　(b) 手机的使用寿命；

(c) 哈尔滨市一天的最高温度；　　(d) 在给定时间内,通过某交通路口的车辆数。

16.3 设 100 件同类产品中,有 5 件是次品。在其中任取 20 件,有 ξ 件是次品,求次品数 ξ 的分布列。

16.4 设随机变量 ξ 的分布列为 $P(\xi=k)=\dfrac{k}{15}$,其中 $k=1,2,3,4,5$。试求：

(a) $P(\xi=2)$；　　(b) $P(\xi=1$ 或 $\xi=2)$；

(c) $P\left(\dfrac{1}{2}<\xi<\dfrac{5}{2}\right)$；　　(d) $P(\xi>3)$。

16.5 设随机变量 ξ 的分布列中含有一个未知常数 C,试将 C 确定出来：

(a) $P(\xi=k)=C\left(\dfrac{2}{3}\right)^k,k=1,2,\cdots$；　　(b) $P(\xi=k)=\dfrac{C}{2^k},k=1,2,\cdots$。

16.6 口袋中装有分别标有数字 −2,2,2,2,4,4 的 6 个球。现从此袋中任取一球,以 ξ 表示所取到的球上标的数字,试求：

(a) 随机变量 ξ 的分布列；　　(b) 随机变量 ξ 的分布函数；

(c) 随机变量 ξ 的分布函数的图形。

16.7 某城市有 20%的家庭安装了安全系统,若在该城市随访 20 户。试求：

(a) 最多有 3 户安装了安全系统的概率是多少？

(b) 至少有 7 户安装了安全系统的概率是多少？

(c) 至少有 3 户但最多有 7 户安装了安全系统的概率是多少？

16.8　已知连续型随机变量 ξ 的密度函数为 $p(x)=\begin{cases} kx^2, & 0\leqslant x<2 \\ kx, & 2\leqslant x\leqslant 3 \\ 0, & 其他 \end{cases}$。试计算：

(a) 常数 k 的值；　　(b) 随机变量 ξ 的分布函数 $F(x)$。

16.9　已知 200 件产品中，有 196 件是正品，4 件是次品。现今从中随机地抽取 1 件进行检验，求取到正品的件数 ξ 的分布列。随机变量服从什么分布？

16.10　袋中有 4 个白球和 6 个黑球。现在有放回地取 3 次，每次取 1 个球，设 3 次中取到白球的次数为随机变量 ξ。写出随机变量 ξ 的分布列。

16.11　设某射手每次射中目标的概率为 90%，现连续射击 20 次，求击中目标次数 ξ 的分布列。

16.12　有 7 个顾问，每个顾问贡献正确意见的概率为 0.6，且顾问之间意见是否正确相互独立。现征求意见，并按多数顾问的意见作出决策。试求：作出正确决策的概率。

16.13　设公园入口的每辆汽车的载人数服从 $\lambda=10$ 的泊松分布。现观察一辆到达公园门口的汽车，试求以下随机事件的概率：

(a) 车中无人；　　(b) 车中只有两人；

(c) 车中有 5 人；　　(d) 车中超过 5 人。

16.14　若本教材中的某一页上印刷错误的个数 ξ 服从参数为 0.5 的泊松分布。试求：此页上至少有一处错误的概率。

16.15　已知某商场每月销售服装的件数 ξ 服从参数为 7 的泊松分布。问：月初服装要库存多少，才能保证当月不脱销的概率为 0.99？

16.16　某一女工同时照管 800 个纱锭，若每个纱锭单位时间内纱线被扯断的概率为 0.005。试求：单位时间内纱锭被扯断的次数不大于 3 的概率。

16.17　设连续型随机变量 $\xi\sim U[0,5]$。已知 $A=\{x\mid 1\leqslant x\leqslant 2\}$，试求：$P(\bar{A})$。

16.18　已知打一次电话所用的时间 ξ(单位：分钟)服从参数为 0.1 的指数分布。若有一人刚好在你前面走进公共电话间，试求：你等待时间在 10～20 分钟的概率。

第 17 章　数学期望与方差

在使用随机变量描述随机现象时，我们一般比较关心随机变量最可能出现哪个值，并且如果不出现这个值，离这个值会有多远，回答这两个问题的标准称为数学期望和方差。

17.1　数学期望

随机变量 ξ 的数学期望描述了随机变量的取值中心，记作 $E\xi$。数学期望也称为均值，因为其核心理念是随机变量的平均数值。

离散型随机变量的数学期望

对于离散型随机变量 ξ，其可能取值为 $\xi_k(k=1,2,\cdots)$ 的分布列为 $P(\xi=\xi_k)=P_k$，且 $\sum\limits_{k=1}^{\infty}\xi_k P_k$ 存在，则离散型随机变量 ξ 的数学期望为

$$E\xi = \sum_{k=1}^{\infty}\xi_k P_k \tag{17.1}$$

例如，甲、乙两名工人一天中所生产的废品件数的分布列如表 17.1 所示。

表 17.1　甲、乙两名工人生产的废品数的分布列

工人	甲				乙			
废品数(件)	0	1	2	3	0	1	2	3
概率 P	0.3	0.3	0.2	0.2	0.2	0.5	0.3	0

由表 17.1 中的分布列较难直观判断出甲、乙两名工人技术水平的高低。如果考察 100 天的生产情况，由甲、乙两人出废品的分布情况可以看出，甲大约有 30 天不出废品，有 30 天每天出一件废品，有 20 天每天出两件废品，有 20 天每天出 3 件废品。100 天总共出废品

$$0\times 30+1\times 30+2\times 20+3\times 20 = 130(\text{件}) \tag{17.2}$$

也就是说，甲工人平均每天大约出废品 $\frac{130}{100}=1.3$(件)。同样，可以求出乙工人 100 天总共出废品

$$0\times 20+1\times 50+2\times 30+3\times 0 = 110(\text{件}) \tag{17.3}$$

即，乙工人平均大约每天出废品 $\frac{110}{100}=1.1$(件)。

通过比较式(17.2)和式(17.3)的结果可以大致判断，同样 100 天内，乙出的废品比较少，因此，认为乙的技术比甲的技术好。

其实上述分析就是在求甲、乙两名工人每天出废品的数学期望。由表 17.1 及数学期望式(17.1)可得

$$E\xi_{甲} = \sum_{k=0}^{3} \xi_k P_k(甲) = 0 \times 0.3 + 1 \times 0.3 + 2 \times 0.2 + 3 \times 0.2 = 1.3 \quad (17.4)$$

$$E\xi_{乙} = \sum_{k=0}^{3} \xi_k P_k(乙) = 0 \times 0.2 + 1 \times 0.5 + 2 \times 0.3 + 3 \times 0 = 1.1 \quad (17.5)$$

通过比较式(17.4)和式(17.5)，得知 $E\xi_{甲} > E\xi_{乙}$，因此，乙出废品的平均值小于甲出废品的平均值，据此推断，乙的技术比甲的技术好，这一结论与式(17.2)和式(17.3)是一致的。

17.1　已知离散型随机变量 ξ 的分布列为

ξ	−1	2	3
P	1/2	1/4	1/4

试求：随机变量 ξ 的数学期望。

17.2　某校一年级甲、乙两班学生人数都是 50 人，期末数学考试成绩如下：

班级	甲					乙				
分数	60	70	80	90	100	60	70	80	90	100
人数	3	10	20	15	2	3	10	15	20	2

试判断：哪个班学生成绩较好？为什么？

连续型随机变量的数学期望

已知连续随机变量 ξ 有密度函数 $p(x)$，且 $\int_{-\infty}^{+\infty} x \cdot p(x)\mathrm{d}x$ 存在，则

$$E\xi = \int_{-\infty}^{+\infty} x \cdot p(x)\mathrm{d}x \quad (17.6)$$

称为随机变量 ξ 的数学期望。式(17.6)表明，连续型随机变量 ξ 的数学期望是它的密度函数 $p(x)$ 与实数 x 的乘积在区间$(-\infty, +\infty)$上的定积分。

例如，对于第 16 章中的式(16.17)中的包裹，其密度函数为

$$p(x) = \begin{cases} 0.5 + x, & 0 \leqslant 0 \leqslant 1 \\ 0, & 其他 \end{cases} \quad (17.7)$$

那么，包裹的平均重量是多少呢？我们利用连续型随机变量数学期望公式(17.6)，考虑到密度函数为分段函数，则有

$$E\xi = \int_{-\infty}^{+\infty} x \cdot p(x)\mathrm{d}x = \int_{-\infty}^{0} x \cdot 0\mathrm{d}x + \int_{0}^{1} x \cdot (0.5 + x)\mathrm{d}x + \int_{1}^{+\infty} x \cdot 0\mathrm{d}x$$

$$= \left[0.25x^2 + \frac{1}{3}x^3\right]_0^1 = \frac{7}{12} \approx 0.58(千克)$$

也就是说，包裹的平均重量大约是 0.58 千克，没有违反特快专递“每包不得超过 1 千克”的规定。

17.3 已知连续型随机变量 ξ 的密度函数为 $p(x)=\begin{cases}\frac{1}{4}, & 0\leqslant x\leqslant 4\\ 0, & 其他\end{cases}$。试求：随机变量 ξ 的数学期望。

数学期望的基本性质

既然数学期望就是随机变量的平均值，那么，对于常数 α 来说，其平均值一定是其本身，也就是说

$$E(\alpha)=\alpha \tag{17.8}$$

那么，用常数 α 乘以随机变量，会对平均值产生什么影响呢？考虑下面这个例子，若已知随机变量 ξ 的分布列如表 17.2 所示。

表 17.2　随机变量 ξ 的分布列

ξ	-1	2	3
P	$\frac{1}{2}$	$\frac{1}{4}$	$\frac{1}{4}$

因为 ξ 是离散型随机变量，有

$$E\xi=\sum_{k=1}^{3}\xi_k P_k=(-1)\times\frac{1}{2}+2\times\frac{1}{4}+3\times\frac{1}{4}=0.75 \tag{17.9}$$

那么 2 倍 ξ 的数学期望应该是

$$\begin{aligned}E(2\xi)&=\sum_{k=1}^{3}\xi_k P_k=2\times(-1)\times\frac{1}{2}+2\times 2\times\frac{1}{4}+2\times 3\times\frac{1}{4}\\&=2\times 0.75=1.5\end{aligned} \tag{17.10}$$

比较式(17.9)和式(17.10)的结果，会发现

$$E(2\xi)=2E(\xi) \tag{17.11}$$

实际上，式(17.11)的结果对于常数与随机变量乘积的情况总是成立的，不妨记为，对于常数 α，有

$$E(\alpha\xi)=\alpha E(\xi) \tag{17.12}$$

很明显，在式(17.11)中，这个常数 α 应该是 2。

对于两个随机变量 ξ 与 η，其和的平均值也应该等于平均值的和，也就是说

$$E(\xi+\eta)=E\xi+E\eta \tag{17.13}$$

式(17.13)的结果也可以推广到有限个随机变量和的情况。但对于随机变量的乘积，问题则比较复杂，想要获得 $E(\xi\cdot\eta)$，需要借助于其他公式。首先，有

$$E(\xi-E\xi)(\eta-E\eta)=E(\xi\cdot\eta-\xi\cdot E\eta-\eta\cdot E\xi+E\xi\cdot E\eta) \tag{17.14}$$

根据式(17.13)，式(17.14)变为

$$E(\xi-E\xi)(\eta-E\eta)=E(\xi\cdot\eta)-E(\xi\cdot E\eta)-E(\eta\cdot E\xi)+E(E\xi\cdot E\eta) \tag{17.15}$$

已知 $E\xi$ 和 $E\eta$ 为常数，根据式(17.12)，有

$$E(\xi-E\xi)(\eta-E\eta)=E(\xi\cdot\eta)-E\xi\cdot E\eta-E\xi\cdot E\eta+E\xi\cdot E\eta$$

$$=E(\xi\cdot\eta)-E\xi\cdot E\eta$$

整理有

$$E(\xi\cdot\eta)=E\xi\cdot E\eta+E(\xi-E\xi)(\eta-E\eta) \tag{17.16}$$

随机变量数学期望的性质可以综合使用。例如,对于分布列如表 17.2 所示的随机变量 ξ,有

$$E(3\xi+1)=3E(\xi)+1$$

利用式(17.9),则

$$E(3\xi+1)=3\times0.75+1=3.25$$

也可以直接使用随机变量数学期望的计算式(17.1)和式(17.6)。例如,对于分布列如表 17.2 所示的离散型随机变量,有

$$E(\xi^2)=\sum_{k=1}^{3}\xi_k P_k=(-1)^2\times\frac{1}{2}+2^2\times\frac{1}{4}+3^2\times\frac{1}{4}=3.75$$

同理,对于密度函数如式(17.7)所示的连续型随机变量,有

$$E(\xi^2)=\int_{-\infty}^{+\infty}x^2\cdot p(x)\mathrm{d}x=\int_{-\infty}^{0}x^2\cdot0\mathrm{d}x+\int_{0}^{1}x^2\cdot(0.5+x)\mathrm{d}x+\int_{1}^{+\infty}x^2\cdot0\mathrm{d}x$$

$$=\left[\frac{1}{6}x^3+\frac{1}{4}x^4\right]_0^1=\frac{5}{12}\approx0.42$$

17.4　已知离散型随机变量 ξ 的分布列为

ξ	-1	0	1	2
P	1/8	1/4	1/2	1/8

试求:随机变量 $\eta=3\xi+1$ 的数学期望。

17.5　已知连续型随机变量 ξ 的密度函数为 $p(x)=\begin{cases}\frac{3}{4}\left(1-\frac{x^2}{4}\right), & 0\leqslant x\leqslant2\\ 0, & 其他\end{cases}$。试求:

(a) $E\xi$;　　(b) $E(2\xi)$;　　(c) $E(\xi^2)$。

17.2 方　　差

随机变量 ξ 偏离其数学期望 $E\xi$ 的远近,也是我们关注的问题,但考虑到数学期望 $E(\xi-E\xi)=0$,不能简单地计算偏离值,还需要保证不消减,所以选择 $(\xi-E\xi)^2$ 度量随机变量 ξ 偏离其数学期望 $E\xi$ 的远近,称为方差,记为 $D\xi$,有

$$D\xi=E(\xi-E\xi)^2 \tag{17.17}$$

式(17.17)为方差公式。方差 $D\xi$ 的平方根称为随机变量 ξ 的均方差或标准差,记作 $\sigma=\sqrt{D\xi}$。方差和均方差描述了随机变量的可能取值与数学期望(均值)的离散程度。

离散型随机变量的方差

从式(17.17)可以看出,方差实质上仍然是一种数学期望,因此,对于离散型随机变量

ξ,若其数学期望如式(17.1)所示,则其方差公式(17.17)为

$$D\xi = E(\xi - E\xi)^2 = \sum_{k=1}^{\infty}(\xi_k - E\xi)^2 P_k \tag{17.18}$$

例如,甲、乙两工人在一天生产中出废品的分布列如表17.3所示,比较甲、乙两工人的技术水平情况。

17.3 甲、乙两工人一天生产出废品数的分布列

工人	甲				乙			
废品(件)	0	1	2	3	0	1	2	3
概率 P	0.3	0.3	0.3	0.1	0.2	0.5	0.2	0.1

先求出他们一天生产中出废品的数学期望,有

$$E\xi_甲 = E\xi_乙 = 1.2$$

甲、乙两工人每天生产中出废品的数学期望是相同的,即每天所出的废品数是大体相同的。此时想要比较两人的技术水平,就要考虑两名工人技术的稳定程度,这需要求出甲、乙两工人每天生产中出废品的方差,有

$$\begin{aligned}D\xi_甲 &= (0-1.2)^2\times 0.3+(1-1.2)^2\times 0.3+(2-1.2)^2\times 0.3+(3-1.2)^2\times 0.1\\ &= 1.2^2\times 0.3+0.2^2\times 0.3+0.8^2\times 0.3+1.8^2\times 0.1 = 0.96 \end{aligned}\tag{17.19}$$

$$\begin{aligned}D\xi_乙 &= (0-1.2)^2\times 0.2+(1-1.2)^2\times 0.5+(2-1.2)^2\times 0.2+(3-1.2)^2\times 0.1\\ &= 1.2^2\times 0.2+0.2^2\times 0.5+0.8^2\times 0.2+1.8^2\times 0.1 = 0.76 \end{aligned}\tag{17.20}$$

比较式(17.19)和式(17.20),可以看到,乙的方差小于甲,这说明乙的技术水平较稳定,出废品的情况变化不大,而甲的技术水平不如乙稳定。因此,在相同均值的条件下,认为乙的技术水平好于甲。

有上述例子可以发现,数学期望不能显示出技术的稳定情况,即不能描述出各随机变量偏离均值的大小,而方差恰好描述了各随机变量偏离均值的大小,即能显示出技术的稳定情况,从而弥补了数学期望的缺陷。

17.6 已知某种零件的设计长度为30厘米。用甲、乙两种不同方法测量,测量结果分别记为 ξ,η,且有分布列如下:

ξ(厘米)	28	29	30	31	32
P	0.13	0.17	0.40	0.17	0.13
η(厘米)	28	29	30	31	32
P	0.1	0.15	0.5	0.15	0.1

试判断:甲、乙哪一种测量方法好?

17.7 设甲、乙两门炮射击的弹着点与目标的距离分别为 ξ 和 η,并有如下表所示的分布列。试判断:甲和乙哪门炮射击更精准?

ξ(米)	80	85	90	95	100
P	0.3	0.2	0.2	0.2	0.1
η(米)	85	87.5	90	92.5	95
P	0.2	0.3	0.2	0.1	0.2

连续型随机变量的方差

与离散型随机变量一样，连续型随机变量 ξ 的方差也是一种数学期望，因此，利用式(17.6)，若连续型随机变量 ξ 有密度函数 $p(x)$，则其方差为

$$D\xi = \int_{-\infty}^{+\infty} (x - E\xi)^2 \cdot p(x)\mathrm{d}x \tag{17.21}$$

例如，对于密度函数为式(17.17)这样的连续型随机变量 ξ 的方差，我们已经知道 ξ 的数学期望为 0.58 千克。利用式(17.21)，有

$$\begin{aligned} D\xi &= \int_{-\infty}^{+\infty} (x - E\xi)^2 \cdot p(x)\mathrm{d}x = \int_{-\infty}^{+\infty} (x - 0.58)^2 \cdot p(x)\mathrm{d}x \\ &= \int_{-\infty}^{0} (x - 0.58)^2 \cdot 0\mathrm{d}x + \int_{0}^{1} (x - 0.58)^2 \cdot (0.5 + x)\mathrm{d}x + \int_{1}^{+\infty} (x - 0.58)^2 \cdot 0\mathrm{d}x \\ &= [0.25x^4 - 0.22x^3 - 0.1218x^2 + 0.1682x]_0^1 = 0.0164 \end{aligned}$$

也就是说，包裹的重量与平均值 0.58 千克的离散程度是 0.016 4。

思考题

17.8　*已知连续型随机变量 ξ 的密度函数为 $p(x) = \begin{cases} 3x^2, & 0<x<1 \\ 0, & 其他 \end{cases}$。试求：随机变量 ξ 的方差 $D\xi$。*

方差的基本性质

既然方差表示变量与其平均值的离散程度，那么，对于常数 α 来说，其特点是保持不变，也就是说，离散程度为零，即

$$D\alpha = 0 \tag{17.22}$$

那么，用常数 α 乘以随机变量，会对离散程度产生什么影响呢？考虑表 17.2 中的例子，由式(17.9)可知，其数学期望 $E\xi$ 为 0.75。由式(17.18)，可知

$$\begin{aligned} D\xi &= \sum_{k=1}^{3} (\xi_k - E\xi)^2 P_k \\ &= (-1 - 0.75)^2 \times \frac{1}{2} + (2 - 0.75)^2 \times \frac{1}{4} + (3 - 0.75)^2 \times \frac{1}{4} = 3.1875 \end{aligned} \tag{17.23}$$

那么 $D(2\xi)$ 是多少呢？根据式(17.10)可知，$E(2\xi)$ 为 1.5，由式(17.18)，有

$$\begin{aligned} D(2\xi) &= \sum_{k=1}^{3} [2\xi_k - E(2\xi)]^2 P_k \\ &= (-2 - 1.5)^2 \times \frac{1}{2} + (4 - 1.5)^2 \times \frac{1}{4} + (6 - 1.5)^2 \times \frac{1}{4} = 12.75 \end{aligned} \tag{17.24}$$

比较式(17.23)和式(17.24),发现

$$D(2\xi)=4D\xi=2^2D\xi \tag{17.25}$$

式(17.25)中的关系具有一般性。即对于常数 α,有

$$D(\alpha\xi)=\alpha^2D\xi \tag{17.26}$$

上面计算方差的方法有点烦琐,我们看看有没有简单一点的办法。找到简单方法需要从方差公式(17.17)入手,即

$$D\xi=E(\xi-E\xi)^2$$

展开公式,有

$$D\xi=E[\xi^2-2E\xi E\xi+(E\xi)^2]$$

根据数学期望的性质(17.13),有

$$D\xi=E\xi^2-E(2E\xi E\xi)+E[(E\xi)^2]$$

根据数学期望的性质(17.12),整理有

$$D\xi=E\xi^2-2(E\xi)^2+(E\xi)^2=E\xi^2-(E\xi)^2 \tag{17.27}$$

式(17.27)就是方差计算的简便方法。

例如,想要了解在区间$[a,b]$上服从均匀分布的连续型随机变量 ξ 的离散程度。若随机变量 $\xi\sim U[a,b]$,则由式(16.31),其密度函数为 $p(x)=\begin{cases}\dfrac{1}{b-a}, & a\leqslant x\leqslant b\\ 0, & \text{其他}\end{cases}$。很容易计算出随机变量 ξ 的数学期望为

$$E\xi=\frac{a+b}{2} \tag{17.28}$$

且有

$$E\xi^2=\int_{-\infty}^{+\infty}x^2\cdot p(x)\mathrm{d}x=\int_a^b x^2\cdot\frac{1}{b-a}\mathrm{d}x=\frac{1}{3}(b^2+ab+a^2)$$

利用方差计算公式(17.27),有

$$\begin{aligned}D\xi&=E\xi^2-(E\xi)^2\\&=\frac{1}{3}(b^2+ab+a^2)-\left(\frac{a+b}{2}\right)^2=\frac{1}{12}(b-a)^2\end{aligned} \tag{17.29}$$

式(17.28)和式(17.29)就是均匀分布数学期望和方差的一般公式。

17.9 设 ξ 和 η 是两个相互独立的随机变量,其分布列如下:

ξ	9	10	11
P	0.4	0.5	0.1

η	7	8
P	0.4	0.6

试求:$D(\xi+\eta)$。从计算结果中,我们能得到什么启示?

17.3　常用分布函数的数字特征

式(17.28)和式(17.29)给出了均匀分布的数学期望和方差。实际上,根据式(17.1)、式(17.6)和式(17.17),我们可以很容易地计算出 16.4 节中其他分布函数的数字特征。

两点分布的数字特征

若随机变量 ξ 服从参数为 p 的两点分布,即 $P(\xi=0)=1-p$,$P(\xi=1)=p$,其中 $0<p<1$,则有

$$E\xi = 0 \cdot (1-p) + 1 \cdot p = p \tag{17.30}$$

$$D\xi = p \cdot (1-p) \tag{17.31}$$

二项分布的数字特征

若随机变量 $\xi \sim B(n,p)$,即 $P(\xi=k)=C_n^k p^k q^{n-1}$,其中 $k=0,1,2,\cdots,n$,且 $0<p<1$,则

$$E\xi = n \cdot p \tag{17.32}$$

$$D\xi = n \cdot p \cdot (1-p) \tag{17.33}$$

例如,已知随机变量 $\xi \sim B(20,0.1)$,利用式(17.32)和式(17.33),可以很快计算出,随机变量 ξ 的数学期望和方差分别为

$$E\xi = 20 \times 0.1 = 2$$

$$D\xi = 20 \times 0.1 \times (1-0.1) = 1.8$$

即随机变量 ξ 以 2 为平均值,离散程度为 1.8。

17.10　已知随机变量 ξ 服从二项分布,$\xi \sim B(n,p)$,且 $E(\xi)=2$,$D(\xi)=1.6$。试求出参数 n,p 的值。

泊松分布

若随机变量 $\xi \sim P(\lambda)$,即 $P(\xi=k)=\dfrac{\lambda^k}{k!} \cdot \mathrm{e}^{-\lambda}$,其中 $k=0,1,2,\cdots$,则

$$E\xi = \lambda \tag{17.34}$$

$$D\xi = \lambda \tag{17.35}$$

由 16.4 节的知识,泊松分布并不需要进行计算,只要查教材中提供的泊松概率分布表(附表 A1)就可以了。例如,若已知 $\xi \sim P(\lambda)$ 且 $E\xi=0.7$,由式(17.34),可知 $\lambda=0.7$,即 $\xi \sim P(0.7)$,查泊松概率分布表,可以迅速获取概率情况,如 $P(\xi=2)=0.121\,663$。

17.11　已知随机变量 $\xi \sim P(\lambda)$,且 $E(\xi)=4$。查泊松概率分布表求:

(a) $P(\xi=2)$;　　(b) $P(\xi=5)$;　　(c) $P(\xi=10)$。

指数分布

若随机变量 $\xi\sim\exp(\lambda)$，密度函数为 $p(x)=\begin{cases}\lambda e^{-\lambda x}, & x>0\\ 0, & x\leqslant 0\end{cases}$，其中 $\lambda>0$，则

$$E\xi=\int_0^{+\infty}x\cdot\lambda\cdot e^{-\lambda x}\,dx=\frac{1}{\lambda} \tag{17.36}$$

$$D\xi=\frac{1}{\lambda^2} \tag{17.37}$$

17.12 已知随机变量 ξ 的密度函数为 $p(x)=\begin{cases}2e^{-2x}, & x>0\\ 0, & x\leqslant 0\end{cases}$。试求：数学期望 $E\xi$ 和方差 $D\xi$。

17.4 数学期望和方差的经济应用

随机变量的数字特征——数学期望和方差在经济分析中有广泛的应用，主要是不确定条件下的决策问题。

报童问题

报童问题是随机存储中的基本问题，它主要是应用概率论的数学期望的思想分析企业产品销售与存储中的损益值，进而决定企业的存储数量，以实现预期获益最大化。

例如，某商店拟订购一批挂历，用于春节期间的销售。已知每售出 10 本可盈利 7 元；但如果在春节期间不能售出，则将削价出售，此时虽然可以售完，但每 10 本将亏损 4 元。根据往年的经验，销售量的概率分布列如表 17.4 所示。那么，该商店应订购多少本挂历才能获利最大？

表 17.4 商店挂历销售量的分布列

销售量 ξ(10 本)	0	1	2	3	4	5
概率 P	0.05	0.1	0.25	0.35	0.15	0.10

假设该商店订购 40 本，此时，该店的获利可能性可计算如下：

市场需求量(10 本)	售出获利(元)	削价损失(元)	总获利(元)
0		$-4\times4=-16$	-16
1	7	$-4\times3=-12$	-5
2	$7\times2=14$	$-4\times2=-8$	6
3	$7\times3=21$	$-4\times1=-4$	17
4	$7\times4=28$	0	28
5	$7\times4=28$	0	28

也就是，库存量为 40 本时的获利期望值为

$$E(\xi=4)=(-16)\times 0.05+(-5)\times 0.1+6\times 0.25+17\times 0.35+28\times 0.05+28\times 0.10$$
$$=13.15(\text{元})$$

按上述计算过程可以得到不同库存量时的获利期望值：

订购量(10 本)	销售量(10 本)						获利期望值(元)
	0	10	20	30	40	50	
0	0	0	0	0	0	0	0
1	−4	7	7	7	7	7	6.45
2	−8	3	14	14	14	14	11.80
3	−12	−1	10	21	21	21	14.40
4	−16	−5	6	17	28	28	13.15
5	−20	−19	2	13	24	35	10.25

由此可知，获利期望值的最大值为 14.40 元，所以该商店应该订购 30 本挂历，用于春节期间的销售。

17.13　某公司生产某种产品，生产状况为大、中、小三种批量，销售状况为畅销、一般、滞销三种可能，且这三种销售状况相应的概率分别为 0.3，0.5，0.2。通过市场调查，获悉不同批量方案下，预计获利的情况有如下的信息表：

销售状况	畅销	一般	滞销
批量方案	概率		
	0.3	0.5	0.2
Ⅰ(大批量)	20	5	−10
Ⅱ(中批量)	8	8	−5
Ⅲ(小批量)	5	5	5

试决策：公司选用哪个批量方案生产，可使期望获利最大？

多样化投资与风险分散

数学期望和方差原理还经常用在投资决策中。我们知道，投资有风险，所以投资者在进行风险决策。那在投资中，有什么原则呢？其中一个重要原则是：多样化投资，进行风险分散。

例如，假设投资者面临两种风险资产：汽车股票和银行股票。已知这两个行业未来景气与不景气的概率 P 分别都是 0.5。此外，这两个行业的收益大致相互独立。又假设汽车股票与银行股票的预期收益均为：景气时每股 8 元，不景气时每股 4 元。

如果投资者将购买 100 股股票，且仅投资其中一个行业，则无论投资者购买哪个行业的股票，都有 50%的可能性得到 800 元，也存在 50%的机会只得到 400 元，其预期收益均为

$$800\times 50\%+400\times 50\%=600(\text{元}) \tag{17.38}$$

但是，如果投资者分别购买 50 股汽车股票和 50 股银行股票，情况将会怎样呢？当汽车业与银行业均景气时，投资者收益将是 800 元；当汽车业与银行业中的其中一家景气而另

一家不景气时,投资者收益均为 600 元;当汽车业与银行业都不景气时,投资者收益将降至 400 元。如果这两个行业完全不相关,那么,上述描述的每一种情形发生的概率分别都是 0.25。于是投资者的预期收益为

$$800\times25\%+600\times(25\%+25\%)+400\times25\%=600(\text{元}) \tag{17.39}$$

通过比较式(17.38)和式(17.39)可知,分散化投资后,收益大于 600 元的概率提高到了 75%,而收益为 400 元的概率则降至 25%。虽然预期收益相同,但是通过多样化投资分散了风险,这种结果在相当程度上可以满足风险厌恶者的偏好。

所以,应记住投资中的一个原则:不要把鸡蛋放到一个篮子中。

17.14 已知某保险公司经营人寿保险业务。每个顾客交纳保险费 a 元,即可获得保险。假设保险期内不死或自杀的概率为 0.9;顾客非自杀身亡时,死亡者家属可向保险公司索赔 10 万元。如果公司期望获利 1 万元,试问:公司预计应向顾客收取的保险费 a 为多少?

17.5 正态分布

正态分布,也称为高斯分布,是概率论中很重要的连续型随机变量分布形式。正态分布是自然界及工程技术中最常见的分布之一,大量的随机现象都是服从或近似服从正态分布的。可以证明,如果一个随机指标受到诸多因素的影响,但其中任何一个因素都不起决定性作用,则该随机指标一定服从或近似服从正态分布。

同时,正态分布可以作为许多分布的近似分布。一方面,有些分布,如二项分布、泊松分布的极限分布是正态分布;另一方面,有些分布,如本书中并未涉及的 χ^2 分布、t 分布又可通过正态分布导出。

一般正态分布

若连续型随机变量 ξ 的密度函数为

$$p(x)=\frac{1}{\sqrt{2\pi}\sigma}\mathrm{e}^{-\frac{(x-\mu)^2}{2\sigma^2}},\quad -\infty<x<+\infty \tag{17.40}$$

其中 μ,σ 为常数,且 $\sigma>0$,则称 ξ 服从参数为 μ,σ 的正态分布,记作 $\xi\sim N(\mu,\sigma^2)$。其中参数 μ 为正态分布的数学期望,σ^2 为正态分布的方差。正态分布密度函数 $p(x)$ 的图形如图 17.1 所示,密度函数曲线在 $(-\infty,+\infty)$ 内连续。

密度函数曲线有一些显著特征。首先,从图 17.1 可以看出,密度函数 $p(x)$ 的图形关于直线 $x=\mu$ 对称,即

$$p(\mu-x)=p(\mu+x) \tag{17.41}$$

其次,密度函数 $p(x)$ 在 $(-\infty,\mu)$ 内严格单调递增,在 $(\mu,+\infty)$ 内严格单调递减,x 轴是密度曲线的水平渐近线。在点 $x=\mu$ 处达到最大值,有

$$p(x)=\frac{1}{\sqrt{2\pi}\sigma} \tag{17.42}$$

再次，除极值(17.42)外，密度函数 $p(x)$还有两个拐点，分别为

$$\left(\mu-\sigma,\frac{1}{\sqrt{2\pi}\sigma}\mathrm{e}^{-\frac{1}{2}}\right)\quad 和 \quad\left(\mu+\sigma,\frac{1}{\sqrt{2\pi}\sigma}\mathrm{e}^{-\frac{1}{2}}\right) \tag{17.43}$$

最后，作为正态分布的方差，σ^2 取值代表了随机变量的离散程度。标准差 σ 越大，密度函数 $p(x)$曲线的峰顶越低，曲线越平坦，即分布越分散；标准差 σ 越小，曲线的峰顶越高，曲线越陡峭，即分布越集中(图 17.2)。

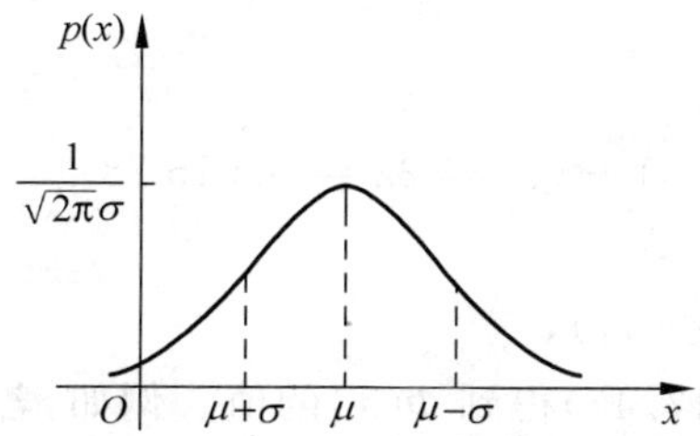

图 17.1　正态分布的密度函数 $p(x)$的图形

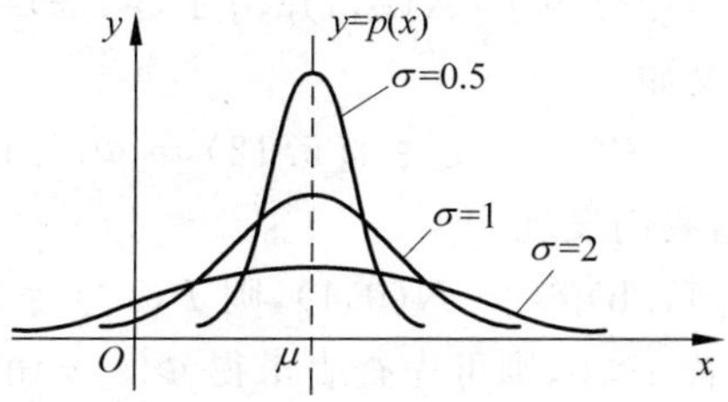

图 17.2　不同标准差 σ 下的正态分布密度函数曲线

根据正态分布密度函数(17.40)，利用连续型随机变量分布函数计算公式(16.16)，我们可以获得随机变量 $\xi\sim N(\mu,\sigma^2)$的分布函数

$$F(x)=\frac{1}{\sqrt{2\pi}\sigma}\int_{-\infty}^{x}\mathrm{e}^{-\frac{(t-\mu)^2}{2\sigma^2}}\mathrm{d}t,\quad -\infty<x<+\infty \tag{17.44}$$

标准正态分布

在正态分布中，有一类正态分布较为特别，称为标准正态分布，指的是数学期望 $\mu=0$，方差 $\sigma^2=1$ 时的正态分布，记为 $\xi\sim N(0,1)$，将其代入式(17.40)和式(17.44)，我们就能获得标准正态分布的密度函数和分布函数，以示区别，分别用 $\varphi(x)$与 $\Phi(x)$表示，有

$$\varphi(x)=\frac{1}{\sqrt{2\pi}}\mathrm{e}^{-\frac{x^2}{2}},\quad -\infty<x<+\infty \tag{17.45}$$

$$\Phi(x)=\frac{1}{\sqrt{2\pi}}\int_{-\infty}^{x}\mathrm{e}^{-\frac{t^2}{2}}\mathrm{d}t,\quad -\infty<x<+\infty \tag{17.46}$$

标准正态分布的密度函数 $\varphi(x)$图形如图 17.3 所示。标准正态分布的密度函数 $\varphi(x)$是以纵轴为对称轴的连续曲线。

根据对立事件的关系式(15.26)，我们可以看到，对于标准正态分布 $\xi\sim N(0,1)$，有

$$\Phi(-x)=1-\Phi(x) \tag{17.47}$$

此公式可从图 17.4 直观地看出。

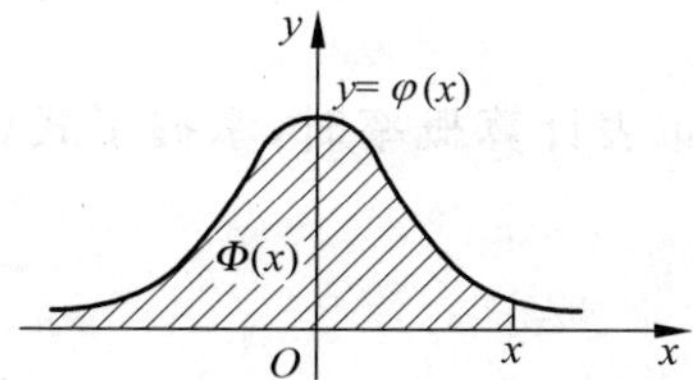

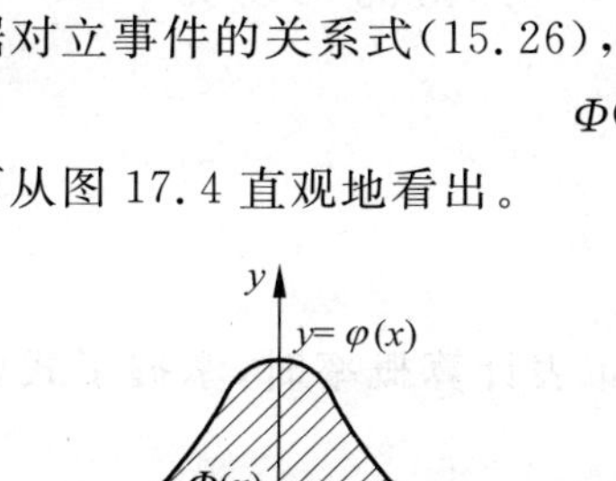

图 17.3　标准正态分布密度函数

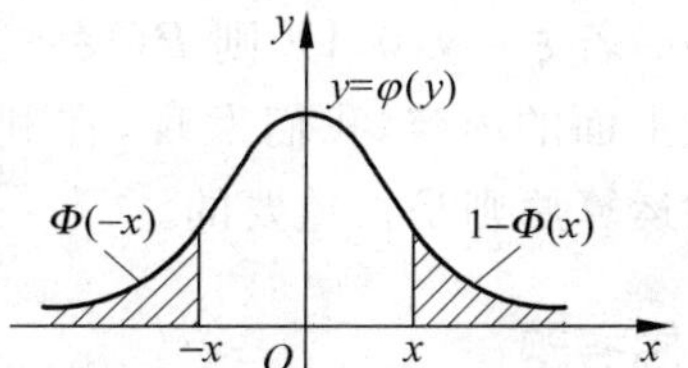

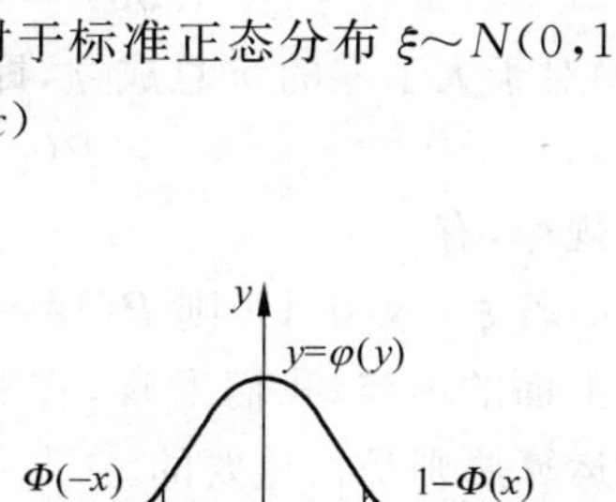

图 17.4　标准正态的关系

由于标准正态分布的分布函数$\Phi(x)$不是初等函数,计算它的值是困难的,但又经常需要用到它的值,为此,人们根据式(17.46)计算了$\Phi(x)$的函数值,称为标准正态分布表(见附表A2),通过直接查表就可以了。

例如,已知$\xi \sim N(0,1)$,查标准正态分布表,有

$$P(\xi \leqslant 2.08) = \Phi(2.08) = 0.98124$$

也就是说

(17.a)当$\xi \sim N(0,1)$时;$P(\xi \leqslant x) = \Phi(x), x > 0$。

又如

$$P(2.15 \leqslant \xi \leqslant 5.12) = \Phi(5.12) - \Phi(2.15) = 1 - 0.98422 = 0.01578$$

因此,我们发现

(17.b)若$\xi \sim N(0,1)$,则$P(x_1 < \xi < x_2) = \Phi(x_2) - \Phi(x_1)$。

若$x<0$,则可先查表求得$\Phi(-x)$的值,再利用式(17.47)得到$\Phi(x)$的值。例如,若$\xi \sim N(0,1)$,则

$$P(\xi \leqslant -0.09) = \Phi(-0.09) = 1 - \Phi(0.09) = 1 - 0.5359 = 0.4641$$

即

(17.c)当$\xi \sim N(0,1)$时;$P(\xi \leqslant x) = 1 - \Phi(-x), x < 0$。

注意,式(17.47)应该灵活应用。例如,若$\xi \sim N(0,1)$,则

$$\begin{aligned} P(\xi \geqslant -0.09) &= 1 - P(\xi \leqslant -0.09) \\ &= 1 - \Phi(-0.09) = 1 - [1 - \Phi(0.09)] = \Phi(0.09) = 0.5359 \end{aligned}$$

也就是说

(17.d)$P(\xi > x) = 1 - \Phi(x)$。

对于标准正态分布表——附表A2需特别说明:表中x的取值范围为$(0,5)$,对于$x \geqslant 5$的情况,可取$\Phi(x) \approx 1$。

标准正态分布规律性很强。例如,若$\xi \sim N(0,1)$,则

$$P(|\xi| < 1.96) = P(-1.96 < \xi < 1.96) = \Phi(1.96) - \Phi(-1.96) \tag{17.48}$$

利用式(17.47),式(17.48)写为

$$P(|\xi| < 1.96) = 2\Phi(1.96) - 1 \tag{17.49}$$

查标准正态分布表,有

$$P(|\xi| < 1.96) = 2 \times 0.97400 - 1 = 0.94800 \approx 0.95$$

式(17.49)对于大于零的x总成立,即

$$P(|\xi| < x) = 2\Phi(x) - 1 \tag{17.50}$$

总结这个规律,有

(17.e)若$\xi \sim N(0,1)$,则$P(|\xi| \leqslant x) = 2\Phi(x) - 1$。

通过上面的内容,我们发现,在利用标准正态分布表计算概率时,掌握了式(17.a)~(17.e)的运算原则是很重要的。

17.15 已知随机变量$\xi \sim N(0,1)$,试求:

(a) $P(\xi \leqslant 3.72)$; (b) $P(\xi \leqslant -1.3)$;

(c) $P(-6<\xi<1)$；　　(d) $P(|\xi|\leqslant 1.43)$；

(e) $P(\xi\geqslant 2.52)$；　　(f) $P(|\xi|>2.3)$。

一般正态分布的概率计算

一般正态分布的概率计算更为复杂，此时，可以借助于标准正态分布。设 $\xi\sim N(\mu,\sigma^2)$，则其分布函数如式(17.44)所示，即

$$F(x)=\frac{1}{\sqrt{2\pi}\sigma}\int_{-\infty}^{x}\mathrm{e}^{-\frac{(t-\mu)^2}{2\sigma^2}}\mathrm{d}t,\quad -\infty<x<+\infty$$

这是一个定积分问题，利用积分运算中的换元积分法则(9.11)，令

$$u=\frac{t-\mu}{\sigma}$$

则式(17.44)变为

$$F(x)=\frac{1}{\sqrt{2\pi}}\int_{-\infty}^{\frac{x-\mu}{\sigma}}\mathrm{e}^{-\frac{u^2}{2}}\mathrm{d}u,\quad -\infty<x<+\infty \tag{17.51}$$

比较式(17.46)和式(17.51)，式(17.51)与式(17.46)的被积函数相同，但式(17.51)中的积分上限为$\frac{x-\mu}{\sigma}$，因此，式(17.51)等价于

$$F(x)=\Phi\left(\frac{x-\mu}{\sigma}\right),\quad -\infty<x<+\infty \tag{17.52}$$

根据式(17.52)，我们就可以通过标准正态分布表获得一般正态分布的概率值了。此时，标准正态分布计算规则(17.a)～(17.e)调整为：设 $\xi\sim N(\mu,\sigma^2)$，则

(17.a1) $P(\xi\leqslant x)=\Phi\left(\frac{x-\mu}{\sigma}\right)$；

(17.b1) $P(x_1<\xi<x_2)=\Phi\left(\frac{x_2-\mu}{\sigma}\right)-\Phi\left(\frac{x_1-\mu}{\sigma}\right)$；

(17.e1) $P(|\xi|\leqslant x)=2\Phi\left(\frac{x-\mu}{\sigma}\right)-1$；

(17.d1) $P(\xi>x)=1-\Phi\left(\frac{x-\mu}{\sigma}\right)$。

例如，若 $\xi\sim N(2,4^2)$，根据一般正态分布计算规则(17.a1)，则有

$$P(\xi<5)=F(5)=\Phi\left(\frac{5-2}{4}\right)=\Phi(0.75)=0.7734$$

又如，根据一般正态分布计算规则(17.d1)，有

$$\begin{aligned}P(\xi>6)&=1-F(6)=1-\Phi\left(\frac{6-2}{4}\right)\\&=1-\Phi(1)=1-0.8413=0.1587\end{aligned}$$

当然，此时式(17.47)也需灵活应用。例如，若 $\xi\sim N(2,4^2)$，则根据规则(17.b1)，有

$$\begin{aligned}P(-3<\xi<5)&=F(5)-F(-3)=\Phi\left(\frac{5-2}{4}\right)-\left[1-\Phi\left(\frac{-3-2}{4}\right)\right]\\&=\Phi(0.75)-[1-\Phi(-1.25)]=\Phi(0.75)+\Phi(1.25)-1=0.6678\end{aligned}$$

17.16　已知随机变量 $\xi\sim N(5,3^2)$。试计算：

(a) $P(\xi<5)$；　(b) $P(\xi<-2)$；　(c) $P(2<\xi<11)$。

17.17 已知随机变量 $\xi\sim N(120,20^2)$。试计算：

(a) $P(\xi\geqslant 140)$；　(b) $P(150<\xi)$；　(c) $P(107\leqslant\xi\leqslant 128)$；

(d) $P(122<\xi\leqslant 130)$；　(e) $P(100<\xi\leqslant 115)$。

正态分布的经济应用

正态分布具有广泛的应用。在产品设计上,可以利用正态分布,实现成本与产品设计人性化之间的合理兼顾；在企业库存中,可以利用正态分布,实现库存量与销售量的合理统一,等等。

例如,某公共汽车生产企业想要确定公共汽车车门的合理设计高度。这里有一个权衡,车门高,所需工艺复杂,成本较高；车门低,身高较高的男性容易碰头。已知男性身高服从期望为 172 厘米,方差为 36 的一般正态分布,有 $\xi\sim N(172,6^2)$。那么,车门高度是多少厘米,才能保证男性碰头概率小于 0.01?

令车门高度为 x,$\bar{\xi}$ 为男性身高的总体期望,上述问题就转化为一个概率问题

$$P(\bar{\xi}<x)=\Phi\left(\frac{x-172}{6}\right)\geqslant 1-0.01=0.99$$

查标准正态分布表(附表 A2),有

$$\frac{x-172}{6}\approx 2.33$$

即

$$x\approx 6\times 2.33+172=185.98(\text{厘米})$$

也就是说,车门高度为 185.98 厘米时,男性乘客碰头的概率小于 0.01。

17.18 一个中型超市销售 500 千克的牛奶,标准差为 50 千克。试求：

(a) 如果在一天的开门时,该超市有 600 千克的牛奶存货,这一天牛奶脱销的概率是多少?

(b) 一天中牛奶需要在 450～600 千克的概率有多大?

(c) 如果要使脱销概率为 0.05,该超市应该准备多少千克的牛奶存货?

3σ 规则

对于一般正态分布,式(17.50)能够有更多的应用。一般地,若 $\xi\sim N(\mu,\sigma^2)$,则有

$$\begin{aligned}P(|\xi-\mu|<\sigma)&=P(\mu-\sigma<\xi<\mu+\sigma)=F(\mu+\sigma)-F(\mu+\sigma)\\&=\Phi\left(\frac{\mu+\sigma-\mu}{\sigma}\right)-\Phi\left(\frac{\mu-\sigma-\mu}{\sigma}\right)=\Phi(1)-\Phi(-1)\\&=2\Phi(1)-1=0.6826\end{aligned}\tag{17.53}$$

类似地,有

$$P(|\xi-\mu|<2\sigma)=2\Phi(2)-1=0.9545\tag{17.54}$$

$$P(|\xi-\mu|<3\sigma)=2\Phi(3)-1=0.9973\tag{17.55}$$

由式(17.53)～式(17.55)可以看出，ξ 的取值大部分落在区间$(\mu-\sigma,\mu+\sigma)$内，基本上落在区间$(\mu-2\sigma,\mu+2\sigma)$内，几乎全部落在区间$(\mu-3\sigma,\mu+3\sigma)$内，仅有 0.3%左右的概率落在区间$(\mu-3\sigma,\mu+3\sigma)$外。从理论上讲，服从正态分布的随机变量 ξ 的取值范围是$(-\infty,+\infty)$，但实际上，ξ 取区间$(\mu-3\sigma,\mu+3\sigma)$外的数值的可能性微乎其微。因此，往往认为它的取值是个有限区间，即区间$(\mu-3\sigma,\mu+3\sigma)$，这称为三倍标准差规则，也叫 3σ 规则。

在企业管理中，经常应用 3σ 规则进行质量检查和工艺过程控制。3σ 规则的核心是控制和降低产品缺陷率，将产品缺陷率控制在 0.3%以内。一些著名企业甚至将 3σ 规则扩展到 6σ 规则，即

$$P(|\xi-\mu|<6\sigma)=2\Phi(6)-1=0.999\,996\,6$$

也就是说，将产品缺陷率控制在 0.000 34%，足可以显现这些企业对质量控制的重视程度。

习　题

17.1　一批产品分为一、二、三等品和等外品四个等级，产值分别为 6 元、5 元、4 元和 0 元，各等品的概率分别为 0.7，0.1，0.1 和 0.1。试求：这批产品的平均产值。

17.2　已知随机变量 ξ 的密度函数为 $p(x)=\begin{cases}1+x, & -1\leqslant x<0\\ 1-x, & 0\leqslant x<1\\ 0, & 其他\end{cases}$。试求：数学期望 $E\xi$。

17.3　已知随机变量 ξ 的分布列为：

ξ	-2	0	2
P	0.4	0.3	0.3

试求：(a) $E\xi$；(b) $E\xi^2$；(c) $E(3\xi^2+5)$。

17.4　某仪器长度 ξ 为两个部件长度之和，即 $\xi=\xi_1+\xi_2$。已知两个部件的分布列分别为：

ξ_1(厘米)	9	10	11
P	0.3	0.5	0.2

ξ_2(厘米)	6	7
P	0.4	0.6

试求：(a) $E(\xi_1+\xi_2)$；(b) $E(\xi_1\xi_2)$；(c) $E(\xi_2^2)$。

17.5　已知离散型随机变量 ξ 的分布列为：

ξ	1	2	3
P	0.5	0.25	0.25

试求：方差 $D\xi$。

17.6 已知离散型随机变量 ξ 的分布列为：

ξ	1	2	3	4
P	0.2	0.1	0.4	0.3

试求：方差 $D\xi$。

17.7 甲、乙两人同时在医院由一名医生检查血压，一周内 7 天检查的结果分别记为 ξ_1,ξ_2，且有如下分布列：

ξ_1	120	120	120	120	120	120	120
P	$\frac{1}{7}$	$\frac{1}{7}$	$\frac{1}{7}$	$\frac{1}{7}$	$\frac{1}{7}$	$\frac{1}{7}$	$\frac{1}{7}$
ξ_2	60	60	60	120	180	180	180
P	$\frac{1}{7}$	$\frac{1}{7}$	$\frac{1}{7}$	$\frac{1}{7}$	$\frac{1}{7}$	$\frac{1}{7}$	$\frac{1}{7}$

试判断：甲、乙两人的健康状况是否一样？为什么？

17.8 已知随机变量 ξ 的密度函数 $p(x)=\begin{cases}1+x, & -1\leqslant x<0\\ 1-x, & 0\leqslant x<1\\ 0, & \text{其他}\end{cases}$。试求：方差 $D\xi$。

17.9 已知随机变量 ξ 的数学期望 $E\xi=1$，方差 $D\xi=1$。设有随机变量 $\eta=1-2\xi$，试求：随机变量 η 的数学期望 $E\eta$ 和方差 $D\eta$。

17.10 设有随机变量 ξ，已知数学期望 $E\xi=-1$，方差 $D\xi=3$。试求：$E[3(\xi^2+2)]$。

17.11 已知随机变量 $\xi\sim B(n,p)$，且 $E\xi=6$，$D\xi=3.6$。试求：二项分布的参数 n 与 p。

17.12 事件 A 在每次试验中出现的概率为 0.3，进行 19 次独立试验。试求：

(a) 事件 A 出现次数的平均值； (b) 事件 A 出现次数的标准差。

17.13 设有随机变量 $\xi\sim P(\lambda)$，且 $E[(\xi-1)(\xi-2)]=1$。试求：泊松分布中的参数 λ。

17.14 已知随机变量 $\xi\sim P(3)$。利用数学期望和方差性质计算：

(a) $E(\xi+4)$ 和 $E(2\xi+4)$； (b) $D(\xi+4)$ 和 $D(2\xi+4)$。

17.15 设随机变量 ξ 与 η 相互独立，$D(\xi)=2$，$D(\eta)=4$，求 $D(2\xi-\eta)$。

17.16 甲、乙两名射手比赛，命中环数分别为随机变量 ξ,η，分布列如下：

ξ(环)	10	9	8	7	6	5	0
P	0.5	0.2	0.1	0.1	0.04	0.03	0.03
η(环)	10	9	8	7	6	5	0
P	0.45	0.2	0.2	0.05	0.04	0.03	0.03

试判断：哪个射手的射击技术好？

17.17 已知某丝绸品上的疵点数 $\xi\sim P(\lambda)$，且 $E\xi=0.8$。若当 $\xi=k\leqslant 1$ 时，丝绸品为一等品，价值 1 000 元；当 $1<k\leqslant 4$ 时，丝绸品为二等品，价值 800 元；当 $k>4$ 时，为丝绸品废品，价值 0 元。试求：该丝绸品的期望价值。

17.18　已知随机变量 $\xi \sim N(8, 0.25)$。试计算：

(a) $P(\xi \leqslant 10)$；　　(b) $P(|x-8|<1)$。

17.19　已知随机变量 $\xi \sim N(3, 2^2)$。试计算：

(a) $P(\xi > 3)$；　　(b) $P(-4<\xi<10)$；

(c) $P(2<\xi \leqslant 5)$；　　(d) $P(|\xi|>2)$。

17.20　已知随机变量 $\xi \sim N(0,1)$：试求：

(a) 满足 $P(|x| \leqslant a)=0.95$ 的常数 a；

(b) 满足 $P(|x|>b)=0.01$ 的常数 b。

17.21　某机器生产的螺栓长度 ξ(单位：厘米)服从正态分布 $\xi \sim N(10.05, 0.06^2)$。规定长度在$(10.05 \pm 0.12)$内为合格品，那么一螺栓不合格的概率是多少？

17.22　某厂生产的电子管的寿命 ξ(单位：小时)服从正态分布 $\xi \sim N(160, \sigma^2)$。若要求 $P(120<\xi<200) \geqslant 0.80$，问：允许 σ 最大为多少？

第 18 章　数理统计基础知识

数理统计是应用数学的一个重要分支，它以概率论为基础，根据试验和观测结果，对随机对象的统计规律作出种种合理的和科学的估计和推断。

18.1　随机抽样与随机样本

数理统计的思想法则，就是从个别推断一般、从局部推断全局，它不仅理论严谨，而且是符合实际情况的。例如，我们都很熟悉的寓言故事——盲人摸象，其中有数理统计的一面，就是通过局部——耳朵、尾巴、鼻子、腿和身体——来判断整体，但同时也有问题，就是没有进行足够的试验，没有满足随机性。

又如，当我们考察一批显示器的质量指标——寿命时，这批显示器的全体就成了我们考察寿命问题的研究对象。寿命试验显然是破坏性的，所以人们不可能也没有必要逐个去检验每一台显示器的寿命，否则一旦寿命试验结束，所有的显示器也就都报废了。此时，就需要了解掌握这批显示器的寿命数据分布的统计规律，从而给出对这批显示器质量优劣的正确评估。

随机样本

在考察某个问题时，研究对象的全体称为总体；组成总体的每一个单元就称为个体；从总体中随机抽出一小部分——n 个个体，称为样本容量为 n 的随机样本，简称样本；样本中所包含的每一个个体称为一个样品。

从总体中随机抽取出一个样本的试验称为抽样试验，简称抽样。通常，样本容量 n 相对于总体中所含个体数要小很多。

一个总体实际上就是一个随机变量，习惯上把总体记为 X。从总体中抽取样本时，总是随机地重复抽取，所以可以把容量为 n 的样本视为 n 个相互独立的随机变量列 $\xi_1,\xi_2,\cdots,\xi_n$。在具体的一次抽样中，所观察到的一组相应的观察值 $x_1,x_2,\cdots,x_n$ 是一组有序实数，叫作容量为 n 的样本值。作为样本的一次观察结果，样本值就不再是随机变量了。一般地说，对于容量均为 n 的两次抽样中，得到的样本值是不相同的，即使同一个样本，作两次不同的观察，其结果也不会相同。显然，样本具有二重性，提到样本有时指随机变量列$(\xi_1,\xi_2,\cdots,\xi_n)$，这时样本表现为泛指的某一次抽样试验结果；有时指样本值$(x_1,x_2,\cdots,x_n)$，这时样本又表现为一次具体抽样中所得到的确定的观察值。

在上面有关寿命试验的例子中，假定批量为 10 000 台显示器的寿命记为总体 X，每次从中抽取 10 台进行寿命试验的记录为$(\xi_1,\xi_2,\cdots,\xi_{10})$，就是一个容量 n 为 10 的样本。抽取的 10 台进行寿命试验得到的寿命数据$(x_1,x_2,\cdots,x_{10})$，就是一个容量为 10 的样本值。

简单随机样本

为了用样本代表总体，在统计学中所提到的样本$(\xi_1,\xi_2,\cdots,\xi_n)$，不仅要求其是一组相互独立的随机变量，而且总是与所讨论的总体保持相同的分布。这样，对于一个复杂总体的研究就可转化为对一个简单样本的研究。

若($\xi_1,\xi_2,\cdots,\xi_n$)是来自总体 X 的一个样本，如果其中 $\xi_i(i=1,2,\cdots,n)$是相互独立且与总体 X 具有相同分布的，则称样本($\xi_1,\xi_2,\cdots,\xi_n$)为简单随机样本，简称简单样本。

简单样本来自简单随机抽样，其方法是：先将总体中的个体编上号码，然后用抽签的方法，或者查随机数表，按所得到的数字，从已编号的总体中，抽出 n 个样品组成一个样本。这样，就得到一个简单随机样本。

表 18.1 是 2014 年 2 月哈尔滨市某企业生产 10 000 台显示器，每次抽 10 台，重复进行寿命试验的数据。

表 18.1　显示器寿命试验数据表

（单位：天）

结果 试验序号	X_1	X_2	X_3	X_4	X_5	X_6	X_7	X_8	X_9	X_{10}
1	2 541	1 280	3 325	4 680	4 978	4 834	2 050	3 060	3 111	2 136
2	2 520	1 918	4 511	3 428	4 141	2 525	3 197	4 333	4 005	1 789
3	3 912	1 238	5 105	1 982	8 823	8 470				
4	4 251	1 848	2 939	3 423	2 828					
5	3 211	2 345	2 569	2 935	3 030					
6	3 142	3 435	5 656	3 085						
7	1 926	2 435	2 647							
8	2 345	5 423	3 245							
9	3 311	3 556	3 662							
10	3 577	4 646								

从中可以看出，总体 X 为随机变量；样本($\xi_1,\xi_2,\cdots,\xi_{10}$)是容量 $n=10$ 的随机变量。表 18.1 中的每一行数据，如第一行(2 541,1 280,3 325,4 680,…,3 111,2 136)，就是一个样本值，不是随机变量。本例中共有 10 个样本值，这 10 个样本值均不相同，体现了样本的随机性。另外，列向各个数据也各不相同，体现了个体的随机性。

在处理实际问题时，我们常需要采取抽样的方法，从获取的样本数据中提取有用的信息，来对总体的情况进行推断。而由于信息的有限性和样本的随机性，作出的推断会有一定程度的不确定性，这种不确定性可用概率的大小来衡量。对总体而言，利用样本来推断总体的分布，就是统计推断的意义所在。

样本的选择一定要具有代表性和广泛性，比如一个美国人可能不相信全世界每五个人中就有一个中国人，只因为他认识的所有人中没有一个是中国人。原因是他的抽样太少了，范围太窄了，从而不具有代表性。

统计量

抽样的目的是用样本来对总体进行推断。因为样本($\xi_1,\xi_2,\cdots,\xi_n$)是随机的，所以不能直接表现总体 X，为反映总体情况，对样本构造不同的函数，以反映不同的问题，这个函数就是统计量。

由上所述,统计量是样本($\xi_1,\xi_2,\cdots,\xi_n$)的连续函数,把统计量记为θ,则有

$$\theta=\varphi(\xi_1,\xi_2,\cdots,\xi_n) \tag{18.1}$$

注意:统计量是随机变量,一定不能含有未知参数。

18.1 设在总体$X\sim N(\mu,\sigma^2)$中抽取样本(ξ_1,ξ_2,ξ_3),其中总体均值μ已知而总体方差σ^2未知。判断一下,下列变量中,哪些是统计量,哪些不是统计量。为什么?

(a) $\xi_1+\xi_2$; (b) $\xi_2+2\mu$; (c) $\max(\xi_1,\xi_2,\xi_3)$;

(d) $\frac{1}{\sigma^2}(\xi_1^2+\xi_2^2+\xi_3^2)$; (e) $|\xi_3-\xi_1|$。

样本均值、样本方差和样本标准差是数理统计分析中3个常用的统计量。

样本均值

设($\xi_1,\xi_2,\cdots,\xi_n$)是总体X的一个样本,则有样本均值

$$\bar{\xi}=\frac{1}{n}\sum_{i=1}^{n}\xi_i \tag{18.2}$$

样本均值反映样本数据的集中趋势和平均水平。

样本方差与样本标准差

样本方差为

$$S^2=\frac{1}{n-1}\sum_{i=1}^{n}(\xi_i-\bar{\xi})^2 \tag{18.3}$$

式(18.3)是修正的样本方差,真正的样本方差是$S_n=\frac{1}{n}\sum_{i=1}^{n}(\xi_i-\bar{\xi})^2$,但由于其不具有一些数理统计中好的性质,所以进行了修正,也就是式(18.3)中的样本方差。

样本标准差为

$$S=\sqrt{\frac{1}{n-1}\sum_{i=1}^{n}(\xi_i-\bar{\xi})^2} \tag{18.4}$$

样本方差(18.3)和样本标准差(18.4)反映了样本数据与样本均值的离散程度,方差和标准差越大,则样本越偏离样本均值。

18.2 为了解新生女婴的体重,现进行简单抽样,抽取了10名新生女婴儿体重,列成一个统计表,数据如下所示:

体重(克)	2 440	3 200	3 500	3 000	3 020
频数	1	2	2	3	2

试求:这10名新生女婴的平均体重和样本方差。

样本均值的分布

利用统计量作必要的统计推断时，需要知道它的概率分布。表示一个统计量的概率分布往往是相当麻烦的。但由于在自然界及人类的生产实践和经济活动中，许多随机现象大都服从正态分布，所以这里仅介绍一个与正态分布有关的统计量的分布。

设$(\xi_1,\xi_2,\cdots,\xi_n)$是来自正态总体 $X\sim N(\mu,\sigma^2)$的样本，则其样本均值也服从正态分布，有 $\bar{\xi}\sim N\left(\mu,\frac{\sigma^2}{n}\right)$，即来自正态总体 $X\sim N(\mu,\sigma^2)$的样本均值 $\bar{\xi}$ 必定服从以总体期望为期望、以总体方差的$\frac{1}{n}$为方差的正态分布，17.5 节中介绍过，这说明样本均值 $\bar{\xi}$ 的分布更加集中于总体期望 μ 附近，而且离散性更小。

同时，在总体方差 σ^2 已知的条件下，存在一个服从标准正态分布的统计量 u，满足

$$u=\frac{\bar{\xi}-\mu}{\sigma/\sqrt{n}}\sim N(0,1) \tag{18.5}$$

如式(18.5)所示的分布称为 U 分布。U 分布的概率密度曲线如图 18.1 所示。

对于式(18.5)中的统计量 u，满足

$$P(|u|\geqslant u_{\alpha/2})=\alpha \tag{18.6}$$

的点 $u_{\alpha/2}$称为 U 分布的临界点(或临界值)。其中 α 是随机变量 u 落在$\pm u_{\alpha/2}$两侧的概率和。$u_{\alpha/2}$值可以通过查 U 分布表或标准正态分布表得到，查表方法与标准正态分布查表计算概率所用的方法相同，即由式 $P(|u|\geqslant u_{\alpha/2})=\alpha$ 得到 $P(u\geqslant u_{\alpha/2})=\frac{\alpha}{2}$，于是有

$$\Phi(u_{\alpha/2})=P(u\leqslant u_{\alpha/2})=1-\frac{\alpha}{2} \tag{18.7}$$

反方向查表，即可求得 $u_{\alpha/2}$。

例如，当 $\alpha=0.05$ 时，$\Phi(u_{\alpha/2})=1-0.025=0.975$，查标准正态分布表(附表 A2)得到 $u_{\alpha/2}=1.96$。临界值的意义表示统计量 u 落在区间$[-1.96,1.96]$内的概率为 $1-\alpha=0.95$，或落入该区间两侧的概率和为 $\alpha=0.05$(图 18.2)。

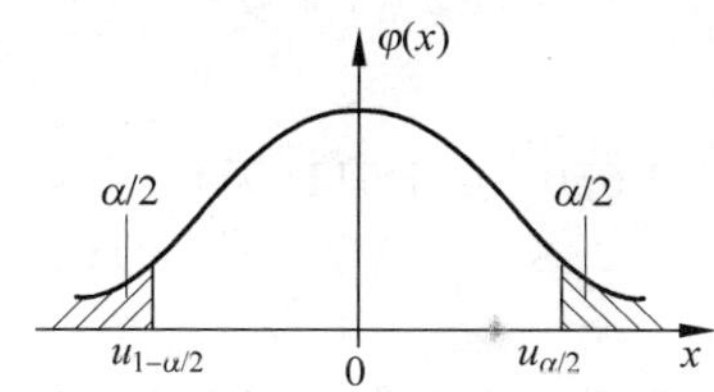

图 18.1　U 分布的密度函数曲线

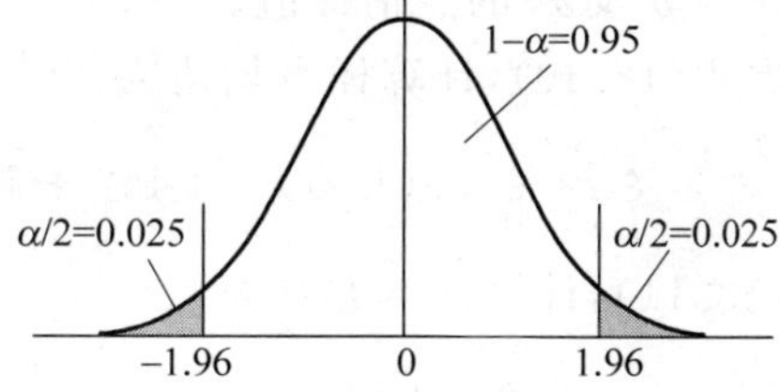

图 18.2　统计量 u 的临界值($\alpha=0.05$)

18.2　参数估计

在进行统计推断时，往往假定总体的理论分布已知，但依赖于一个或几个参数，此时求总体分布的问题转化为根据样本近似地求一个或几个未知参数(比如期望、方差等)的问题。

例如,我们要用次品率 P 这个指标来衡量一批产品的质量,由于产品数量大而无法逐一检测,所以只能通过抽样检测来估计出 P 值。这样的例子在实际中是很多的,它们的共同之处就是利用样本所获得的信息来估计总体分布中的一些未知参数,这类问题就是参数估计。

参数的点估计

设 θ 为总体 X 的待估参数,$(\xi_1,\xi_2,\cdots,\xi_n)$ 为总体 X 的一个样本,构造一个统计量

$$\hat{\theta}=\hat{\theta}(\xi_1,\xi_2,\cdots,\xi_n) \tag{18.8}$$

作为参数 θ 的一个估计量。这类问题称为参数的点估计问题。

例如,已知某种手机的寿命服从正态分布,要估计当天生产的手机的寿命。我们从当天生产的手机中随机抽取样本,测得其寿命为 $(\xi_1,\xi_2,\cdots,\xi_n)$,用样本均值 $\bar{\xi}=\frac{1}{n}\sum_{i=1}^{n}\xi_i$ 作为当天产品的平均寿命的估计值就是总体期望的点估计 。

正态总体期望和方差的点估计

设 $(\xi_1,\xi_2,\cdots,\xi_n)$ 为来自正态总体 $X\sim N(\mu,\sigma^2)$ 的一个样本,对于正态总体 $X\sim N(\mu,\sigma^2)$,总体期望 $EX=\mu$,总体方差 $DX=\sigma^2$,我们用样本均值和样本方差作为总体均值和总体方差的点估计值,即

$$\hat{\mu}=\hat{E}X=\bar{\xi},\quad \hat{\sigma}^2=\hat{D}X=S^2 \tag{18.9}$$

由式(18.2)和式(18.3),有

$$\hat{\mu}=\bar{\xi}=\frac{1}{n}\sum_{i=1}^{n}\xi_i \tag{18.10}$$

$$\hat{\sigma}^2=S^2=\frac{1}{n-1}\sum_{i=1}^{n}(\xi_i-\bar{\xi})^2 \tag{18.11}$$

式(18.10)和式(18.11)就是正态总体均值和方差的点估计值。

例如,设某种计算机的寿命 $X\sim N(\mu,\sigma^2)$,但我们并不知道 μ,σ^2 的具体数值。现随机抽取 5 个产品,测得寿命(单位:天)为 1 500,1 450,1 453,1 502 和 1 650。利用参数估计方法可以获得 μ 及 σ^2 的点估计值。

根据式(18.10),计算样本均值为

$$\bar{\xi}=\frac{1}{5}\times(1\,500+1\,450+1\,453+1\,502+1\,650)=1\,511(\text{天})$$

根据式(18.11),计算样本方差为

$$S^2=\frac{1}{5}\times[(1\,500-1\,511)^2+(1\,450-1\,511)^2+(1\,453-1\,511)^2+(1\,502-1\,511)^2+(1\,650-1\,511)^2]=532.6$$

于是,总体均值 μ 的点估计值为 $\hat{\mu}=1\,511$ 天,总体方差 σ^2 的点估计值为 $\hat{\sigma}^2=532.6$。

18.3 某灯泡厂某天生产了一大批灯泡,从中抽取了 10 个进行寿命测试,得数据如下(单位:小时):

1 050　1 100　1 080　1 120　1 200　1 250　1 040　1 130　1 300　1 200

问：该天生产的灯泡平均寿命大约是多少小时？

参数的区间估计

参数的点估计是用样本$(\xi_1,\xi_2,\cdots,\xi_n)$所决定的一个函数$\hat{\theta}(\xi_1,\xi_2,\cdots,\xi_n)$去对一个未知参数$\theta$作定值估计，这种方法直观、方便，但也存在着明显的不足，那就是单从所给的估计值$\hat{\theta}(\xi_1,\xi_2,\cdots,\xi_n)$上，无法看出它的精确程度。估计是存在着一定的抽样误差的，因此，在点估计之后，我们总希望知道参数的估计值与真值之间到底相差多大，估计的可靠程度如何。一种很自然、直接的方法就是估计出参数真值所在的范围，并以一定的概率来描述这个范围包含参数真值的可靠程度。这种估计参数真值所在范围的方法称为参数的区间估计。

设$(\xi_1,\xi_2,\cdots,\xi_n)$是来自总体$X$的一个样本，$\hat{\theta}_1=\hat{\theta}_1(\xi_1,\xi_2,\cdots,\xi_n)$和$\hat{\theta}_2=\hat{\theta}_2(\xi_1,\xi_2,\cdots,\xi_n)$是样本确定的两个统计量，$\hat{\theta}_1<\hat{\theta}_2$，$\alpha(0<\alpha<1)$是任意实数。如果对于总体中的未知参数$\theta$，有

$$P[\hat{\theta}_1(\xi_1,\xi_2,\cdots,\xi_n)\leqslant\theta\leqslant\hat{\theta}_2(\xi_1,\xi_2,\cdots,\xi_n)]=1-\alpha \tag{18.12}$$

则称区间$[\hat{\theta}_1,\hat{\theta}_2]$为参数$\theta$的置信区间，分别称$\hat{\theta}_1$和$\hat{\theta}_2$为置信下限和置信上限，称$(1-\alpha)$为置信度(或置信水平)。其中$\alpha$是事先给定的一个取值很小的正数，代表参数估计不准确发生的概率，也就是说，α取值越小，表示参数估计不准确发生的概率越低。

正态分布总体期望的区间估计

若$(\xi_1,\xi_2,\cdots,\xi_n)$为来自正态总体$X\sim N(\mu,\sigma^2)$的一个样本，其中$\sigma^2=\sigma_0^2$($\sigma_0^2$为已知)，则统计量

$$u=\frac{\bar{\xi}-\mu}{\sqrt{\sigma_0^2/n}}\sim N(0,1) \tag{18.13}$$

这样，对于给定的置信度$(1-\alpha)(0<\alpha<1)$，查标准正态分布表，可以求得临界值$u_{\alpha/2}$(参见图 18.2)，使得

$$P(|u|\geqslant u_{\alpha/2})=\alpha$$

即

$$P\left(-u_{\alpha/2}\leqslant\frac{\bar{\xi}-\mu}{\sqrt{\sigma_0^2/n}}\leqslant u_{\alpha/2}\right)=1-\alpha \tag{18.14}$$

式(18.14)等价于

$$P\left(\bar{\xi}-u_{\alpha/2}\cdot\frac{\sigma_0}{\sqrt{n}}\leqslant\mu\leqslant\bar{\xi}+u_{\alpha/2}\cdot\frac{\sigma_0}{\sqrt{n}}\right)=1-\alpha \tag{18.15}$$

其中临界值$u_{\alpha/2}$满足$\Phi(u_{\alpha/2})=1-\frac{\alpha}{2}$。

于是，得到正态总体期望μ在置信度为$(1-\alpha)$条件下的置信区间为

$$\left[\bar{\xi}-u_{\alpha/2}\cdot\frac{\sigma_0}{\sqrt{n}},\bar{\xi}+u_{\alpha/2}\cdot\frac{\sigma_0}{\sqrt{n}}\right] \tag{18.16}$$

例如,当 $\alpha=0.05$ 时,$u_{\alpha/2}=1.96$,在总体方差 σ_0^2 和样本容量 n 已知的情况下,代入式(18.16),就可以直接求出正态总体期望的置信区间了。

例如,某厂生产一种玻璃试管,从以往经验可以认为玻璃试管的口径 X 服从正态分布。从某天的产品中随机抽取 6 个,测得口径如下(单位:毫米):

14.60　15.21　14.90　14.91　15.32　15.32

已知该天产品的口径方差是 0.05。在 $\alpha=0.01$ 时,玻璃试管平均口径的置信区间是多少?

首先,利用式(18.2)计算样本均值,有

$$\bar{\xi}=\frac{1}{6}\times(14.60+15.21+14.90+14.91+15.32+15.32)=15.06(\text{毫米})$$

当 $\alpha=0.01$ 时,则

$$\Phi(u_{\alpha/2})=1-\frac{\alpha}{2}=0.995$$

查标准正态分布函数表(附表 A2),得临界值 $u_{\alpha/2}=2.576$。又 $n=6$,$\sigma^2=0.05$,代入置信区间公式(18.16),得

$$\bar{\xi}-u_{\alpha/2}\cdot\frac{\sigma_0}{\sqrt{n}}=15.06-2.576\times\sqrt{\frac{0.05}{6}}=14.82(\text{毫米})$$

$$\bar{\xi}+u_{\alpha/2}\cdot\frac{\sigma_0}{\sqrt{n}}=15.06+2.576\times\sqrt{\frac{0.05}{6}}=15.30(\text{毫米})$$

即该厂玻璃试管平均口径的置信区间为[14.82,15.30]。

18.4　一个车间生产滚珠,从某天生产的产品中随机抽取 5 个,量得滚珠直径如下(单位:毫米):

14.6　15.1　14.9　15.2　15.1

如果该天滚珠直径的方差是 0.05,试求:$\alpha=0.05$ 时滚珠平均直径的置信区间。

18.5　某正态总体的标准差 $\sigma=3$ 厘米,从中抽出 40 个样品,其样本均值 $\bar{\xi}=642$ 厘米,试求:$\alpha=0.05$ 时总体期望 μ 的置信区间。

对于正态总体 X,若方差 σ^2 未知,就不能采取 U 统计量进行区间估计了,可用样本方差来近似替代总体方差,此时需要构造 T 统计量,这已超过本书的难度,此处就不再赘述了。

由以上讨论,我们对参数区间的意义有了更进一步的认识,在这里有几点值得再提一下。

首先,总体期望 μ 的置信区间是一个随样本均值 $\bar{\xi}$ 的不同而改变的随机区间,但在一次具体的抽样中,对应的置信区间又是一个确定的区间。

其次,总体期望 μ 的置信区间不但与样本值有关,而且也与置信度($1-\alpha$)有关。α 是对"随机区间包含总体期望 μ"这一认定可能犯错误的概率,它的选择不但确定了区间估计的精度,同时也影响着区间的大小。

最后,注意到,置信区间还与样本容量 n 有关。我们总是希望置信区间的长度越短越好,因此样本容量 n 必须大一些。但是 n 太大了,在实际抽样中难以做到,所以在实际问题中,要具体分析,适当掌握。

18.3 假设检验

假设检验是根据历史资料和实际经验，首先对总体的某种统计特征作出推测或假设，然后再利用样本所提供的信息，运用统计分析方法来检验事先的假设是否正确，最后作出接受或拒绝原假设的决定。

例如，某企业的市场调查人员向经理报告，市场上对该企业产品的需求量将成倍增加。若这个信息是正确的，则该企业还要新增一条生产线才能满足市场需求。在实践中如何判断这位市场调查人员所提供信息的正确性，就涉及假设检验问题。

假设检验中的拒绝域和接受域

在假设检验中，我们称所要检验的假设为原假设或零假设，记为，H_0；相应地，原假设的对立事件称为备择假设，记为 H_1。这样，若原假设被拒绝，备择假设就接受，也就是说，原假设和备择假设只能且必须选择一个。拒绝原假设的区域称为拒绝域，拒绝域之外的区域即为接受域。在显著性水平 α 下，若根据样本计算的统计量之值落入拒绝域，则认为原假设不成立，拒绝原假设 H_0；否则认为 H_0 成立，接受原假设 H_0。

拒绝域的大小与显著性水平 α 的大小相关。对于同一组样本值，在不同的显著性水平下，可能得出截然相反的结论。可见 α 的选择是十分重要的，当然，选择的 α 首先要满足小概率的要求。

例如，从 2015 年的新生儿中随机抽取 20 个，测得其平均体重为 3 160 克，样本标准差为 300 克。而根据过去的统计资料，新生儿平均体重为 3 140 克。那么现在与过去的新生儿体重有无显著差异？若把所有 2015 年新生儿体重视为一个总体，用 X 描述，问题就是判断 $EX=3\,140$ 是否成立。这种作为检验对象的假设称为原假设，则

原假设 H_0：$EX=3\,140$

备择假设 H_1：$EX\neq 3\,140$

小概率事件

怎样对“假设”进行检验？检验的依据是什么？为了弄清楚这些问题，我们需要先了解小概率原理。

小概率事件是指发生概率很小的事件。例如，“飞机失事”“晴天下雨”“从废品率极低的一批产品中抽到一件废品”等都被视为小概率事件。倘若某事件 A 发生的概率 $\alpha=0.001$，则可认为大体上在 1 000 次试验中事件 A 才发生一次，那么事件 A 就是一个小概率事件。

概率很小的事件在一次试验中实际上是不大可能出现的，这个原理称为小概率原理。它是人们在长期实践中总结出来的，并不知不觉地被广泛应用着。正是有了小概率原理，人们才能放心地购买废品率极低的产品。

至于怎样才算是“概率很小”，这要根据具体情况而定。比如，在有些情况下，把概率不超过 0.05 的事件当作小概率事件；在另一些情况下，也把概率不超过 0.1 的事件视为小概率事件。“小概率事件”的概率值用 α 表示。显然，α 是在检验之前事先指定的一个小正数，满足 $0<\alpha<1$，又称它为显著性水平或检验水平。

假设检验的基本思想

小概率原理是检验假设的理论依据。这是由于：如果在原假设 H_0 成立的条件下，某小概率事件 A 在一次试验中居然发生了，这就违背了小概率原理，使我们不得不怀疑 H_0 的正确性，即有理由认为 H_0 不正确，从而拒绝 H_0；反之，若事件 A 不发生，则无理由否定(怀疑)H_0，应接受 H_0。这就是假设检验基于小概率原理之上的推理思想。

例如，鸡蛋卖家声称只有1%的鸡蛋是“坏蛋”。现从一批鸡蛋中抽查5个，发现有1个坏蛋，那么，卖家是否说谎了？按照一般的思路，会认为5个鸡蛋中有1个坏蛋，因此，“坏蛋率”是$\frac{1}{5}=20\%$，但这是不合理的，这是用特例来代表一般了。正确的思路是，在“坏蛋率”为1%的假设下，“5个鸡蛋中有1个坏蛋”的概率是

$$C_5^1\times 0.01^1\times(1-0.01)^4=4.803\%$$

根据“小概率事件在一次试验中是不会发生的”，但是不会发生的事件却发生了，说明假设不对，因此，卖家说谎了。

又如，某旅游机构根据过去资料对国内旅游者的旅游费用进行分析，发现在2日的旅游时间中，旅游者用在交通、住宿、膳食及购买纪念品等方面的费用是一个近似服从正态分布的随机变量，其期望为1 010元，标准差为205元。而某研究所抽取了容量为400的样本，作了同样内容的调查，得到样本均值为1 250元。若把旅游机构的分析结果看作是对总体参数的一种假设，这种假设能否被接受呢？

为了判断该假设是否真实，首先假设它成立，故而将其作为一个假设提出，然后看看在假设成立的条件下，会不会产生不合理现象。令 H_0 代表所提出的假设——原假设，H_1 代表与此对立的假设——备择假设，于是有

$$H_0: \mu=1\,010$$
$$H_1: \mu\neq 1\,010$$

如果 H_0 为真，则从 $X\sim N(1\,010,205^2)$的总体中抽取了一个容量为400的样本，其样本均值分布为

$$\bar{\xi}\sim N\left(1\,010,\frac{205^2}{400}\right)$$

由式(18.5)，有统计量

$$u=\frac{\bar{\xi}-1\,010}{205/\sqrt{400}}\sim N(0,1)$$

于是有

$$u=\frac{1\,250-1\,010}{205/\sqrt{400}}=23.4 \tag{18.17}$$

令显著性水平 $\alpha=0.05$，则 $u_{\alpha/2}=1.96$。如果原假设 $H_0: \mu=1\,010$ 成立，则统计量 u 的值落在$(-1.96,1.96)$区间以外的概率只有5%，这是一个很小的概率，这种小概率事件在一次试验中几乎是不可能发生的。而现在 $u=23.4>1.96$，统计量落在1.96的右端，小概率事件在一次试验中居然发生了，因此我们有理由怀疑原假设 $H_0: \mu=1\,010$，认为平均费用不是1 010元，因此，接受备择假设 $H_1: \mu\neq 1\,010$，在2日的旅游时间中，旅游者用在交通、住

宿、膳食及购买纪念品等方面的平均费用不是 1 010 元。

从上例的讨论中我们看到，假设检验的基本思想是“概率性质的反证法”思想。为了检验一个假设是否成立，先假定这个假设是成立的，然后看由此会产生什么结果。如果这个假设导致了一个不合理现象，就表明有理由拒绝假设，反之则不能拒绝。这里所谓的不合理并不是形式逻辑中的绝对矛盾，而是根据小概率原理把概率不超过 α 的事件当作是小概率事件。

18.6　某化纤厂生产某种化纤，这种化纤的抗拉强度指标服从期望为 75 单位，标准差为 10 单位的正态分布。现试用新工艺进行生产，抽取容量为 $n=25$ 的新工艺生产的化纤作为样本，测得样本均值为 79 单位。试作出判断：采用新工艺是否改变了化纤的抗拉强度(显著性水平 $\alpha=0.05$)?

假设检验中的两类错误

虽然小概率事件在一次试验中发生的可能性很小，但依然有可能出现，如果小概率事件出现了，而我们却拒绝了原假设，很显然此时犯了“以真为假”的错误，一般地，统计学上把这类错误称为“弃真”。当然，除此之外有时也可能犯“以假为真”的错误，即 H_0 本来不真，但由于一次抽样没有发生小概率事件，从而接受了 H_0，一般地，统计学上把这类错误称为“取伪”。可以证明“弃真”的概率为 α。

单个正态总体，已知总体方差 σ^2 时的假设检验

在已知总体方差 $DX=\sigma^2$ 的情况下，即 $\sigma^2=\sigma_0^2$(σ_0^2 为已知)，对于服从正态分布的总体 $X\sim N(\mu,\sigma^2)$期望 $EX=\mu$ 进行假设检验，需要如下几个步骤。

首先，根据研究问题的需要提出原假设 H_0 和备择假设 H_1。总体期望的检验原假设的提法一般可分为三种，这三种提法如下：

(1) $H_0: \mu=\mu_0, H_1: \mu\neq\mu_0$　　(18.18)

(2) $H_0: \mu\leqslant\mu_0, H_1: \mu>\mu_0$　　(18.19)

(3) $H_0: \mu\geqslant\mu_0, H_1: \mu<\mu_0$　　(18.20)

究竟应该采用哪一种提法要根据研究问题的需要。若按式(18.18)提出假设，则拒绝域在概率密度曲线的两侧，称为双侧(也叫双尾)检验，如图 18.3 所示；若按后两种方法提出假设，则拒绝域在概率密度曲线的右侧或左侧，称为单侧(也叫单尾)检验，如图 18.4 所示。

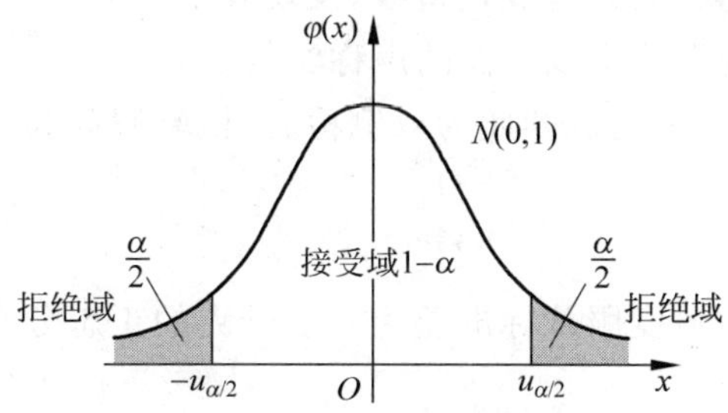

图 18.3　正态总体期望双侧检验的接受域与拒绝域

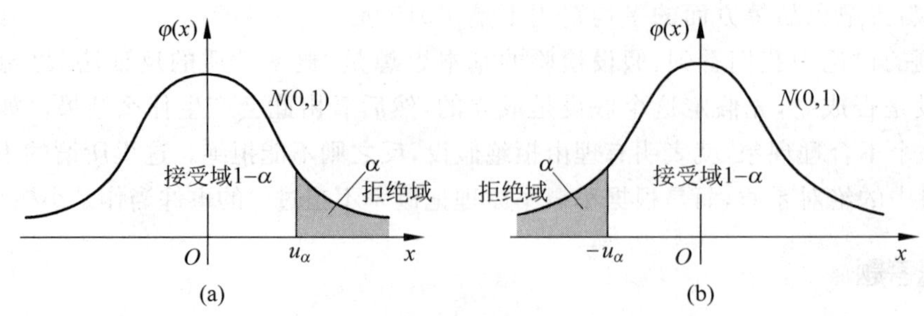

图 18.4　正态总体期望单侧检验的接受域与拒绝域

在单尾检验式(18.19)和式(18.20)中,原假设和备择假设是可以互换的,那么,究竟应该以哪一个为原假设呢？一般情况下,考虑到假设检验所用的推理方法是数学中的反证法,人们总是把希望证实的假设作为备择假设,因为此时若否定原假设,就接受备择假设,这时可能犯错误的概率为 α。所以我们在接受 H_0 时的确切含义是,根据样本统计量之值尚不能推翻 H_0。

其次,找出检验统计量及其概率分布。若$(\xi_1,\xi_2,\cdots,\xi_n)$为来自正态总体 $X\sim N(\mu,\sigma^2)$ 的一个样本,其中 $\sigma^2=\sigma_0^2$(σ_0^2 为已知),则统计量

$$u=\frac{\bar{\xi}-\mu_0}{\sqrt{\sigma_0^2/n}} \tag{18.21}$$

假设确定以后,要决定是接受还是拒绝,都要根据所选择的统计量的数值,从概率意义上来作出判断。根据样本值计算检验统计量的数值。在式(18.17)中,根据样本值得到样本均值 $\bar{\xi}=1\,010$,再把样本均值代入式(18.21)计算统计量 u 的数值。

再次,根据显著性水平 α 确定接受域和拒绝域。显著性水平 α 的大小则是根据研究问题所需要的精确度和可靠性程度而定。在经济分析中,对精度要求并不高,一般 $\alpha=0.05$ 或 $\alpha=0.01$ 都是可以的。显著性水平 α 确定以后,接受域和拒绝域也就确定了。例如,当 $\alpha=0.05$ 时,双侧检验的接受域是$(-1.96,1.96)$;当 $\alpha=0.01$ 时,双侧检验的接受域是$(-2.575,2.75)$。

最后,作出判断或决策。如果检验统计量式(18.21)落入拒绝域,则拒绝原假设,接受备择假设;如果检验统计量落入接受域,则接受原假设,拒绝备择假设。

例如,某厂商声称其新开发的合成钓鱼线的强度服从标准差为 0.5 千克的正态分布,且平均强度为 8 千克。现抽查 50 条合成钓鱼线,发现其平均强度为 7.8 千克。那么在显著性水平 $\alpha=0.01$ 的条件下,能否接受该厂商的声称？

第一步,建立检验假设,依题意知此为双侧检验,检验假设为

$$H_0:\mu=8$$
$$H_1:\mu\neq 8$$

第二步,合成钓鱼线的强度服从标准差为 0.5 千克的正态分布,总体方差已知的正态分布,采用 U 统计量,已知

$$\bar{\xi}=7.8,\quad \sigma=0.5,\quad n=50$$

由式(18.21),有

$$u=\frac{\bar{\xi}-\mu_0}{\sqrt{\sigma_0^2/n}}=\frac{7.8-8}{0.5/\sqrt{50}}=-2.829$$

第三步，在那么在显著性水平 $\alpha=0.01$ 时，临界值 $u_{\alpha/2}=u_{0.005}=2.575$，因为 $u=-2.829<-u_{0.005}=-2.575$，落入拒绝域，所以拒绝原假设，接受备择假设，即新合成钓鱼线的平均强度并不似厂商所声称的那样，合成钓鱼线的强度不等于 8 千克。

思考题

18.7 某汽车轮胎生产厂家在广告中声称，该厂生产的汽车轮胎在正常行驶条件下，平均寿命达到 25 000 千米。对一个由 25 个轮胎组成的样本进行试验，得到其均值为 23 000 千米。假设轮胎寿命服从标准差为 5 000 千米的正态分布。问：该厂商的广告是否真实？（$\alpha=0.05$）

我们也可采取上述方法进行单侧检验。例如，某旅馆的经理认为其客人每天的平均花费至少为 1 000 元。现抽取了 100 张账单作为样本，样本平均数为 900 元，且已知总体标准差为 200 元。那么，在 5% 的显著水平下，该经理的说法是否正确？

为了验证经理的说法，要根据账单上的样本数据进行假设检验。

第一步，建立检验假设，依题意知此为单侧检验，检验假设为

$$\begin{aligned}H_0&:\mu\geqslant 1\,000\\H_1&:\mu<1\,000\end{aligned}\tag{18.22}$$

这是式(18.20)中的情况。由于检验假设比较复杂，但数学证明表示，当总体 X 服从正态分布时，这一假设在大样本的条件下($n\geqslant 50$)与下列假设

$$\begin{aligned}H_0&:\mu\geqslant 1\,000\\H_1&:\mu<1\,000\end{aligned}\tag{18.23}$$

有相同拒绝域。因此，对于式(18.20)中的情况，我们经常舍弃式(18.22)，而是以式(18.23)的形式来表示其检验假设。

同理，对于式(18.19)中的情况，在服从正态分布的大样本中，我们经常以

$$\begin{aligned}H_0&:\mu=\mu_0\\H_1&:\mu>\mu_0\end{aligned}\tag{18.24}$$

的形式来提出检验假设。

第二步，客人每天的消费服从标准差为 200 元的正态分布，总体方差已知的正态分布，采用 U 统计量，已知

$$\bar{\xi}=900,\quad \sigma=200,\quad n=100$$

由式(18.21)，有

$$u=\frac{\bar{\xi}-\mu_0}{\sqrt{\sigma_0^2/n}}=\frac{900-1\,000}{200/\sqrt{100}}=-5$$

第三步，在显著性水平 $\alpha=0.05$ 时，临界值 $u_\alpha=u_{0.05}=1.645$，由图 18.4(b)中的拒绝域可知，$u=-5<-u_{0.05}=-1.645$，落入拒绝域，所以拒绝原假设，接受备择假设，即根据账单的样本表明，客人每天的平均消费并不似经理所说的那样，客人每天的平均消费不超过 1 000 元。

18.8 有一种电子元件要求其使用寿命不得低于 1 000 小时。现从一批该电子元件中随机抽取 225 件，测得其平均寿命为 950 小时。已知电子元件寿命服从标准差为 100 小时的正态分布。问：在 0.05 的显著性水平下，这批元件是否合格？

习　题

18.1 某种零件的长度服从正态分布，已知总体标准差 $\sigma=0.15$ 毫米。从该批产品中随机抽取 9 件，测得它们的平均长度为 21.4 毫米。在置信度为 0.95 条件下，试建立该种零件平均长度的置信区间。

18.2 已知某保险公司投保人的年龄分布近似正态分布，标准差为 7.2 岁。现该保险公司自投保人中随机抽取 36 人，计算出此 36 人的平均年龄 $\bar{\xi}=39.5$ 岁。试求：在置信度为 99%的条件下，所有投保人平均年龄的置信区间。

18.3 某研究机构进行了一项调查来估计吸烟者一个月在吸烟上的平均支出。假定吸烟者买烟的月支出近似服从标准差为 21 元的正态分布。该机构随机抽取了容量为 49 的样本进行调查，得到样本均值为 80 元。试以 95%的把握估计全部吸烟者月均吸烟支出的置信区间。

18.4 已知某地区农民家庭人均食用油的月消费量服从标准差为 0.9 斤的正态分布。现在该地区抽查了 400 户农民家庭人均食用油的月消费量，得到平均值为 3.3 斤。试以 95%的置信度估计该地区农民家庭人均食用油月消费量的置信区间。

18.5 某种产品的某项指标服从正态分布，且标准差 $\sigma=150$。现抽取了容量为 25 的样本进行检测，计算得指标平均值为 1 626。问：在显著性水平 $\alpha=0.05$ 下，能否认为这批产品的该项指标的期望值为 1 600？

18.6 设在正常情况下，某包装机包装出来的奶粉净重 $X\sim N(500,12^2)$。现从包装好的奶粉中随机抽取 9 袋，称得其净重(单位：克)为

504　496　512　490　520　505　508　499　511

问：在检验水平 $\alpha=0.05$ 下，该包装机工作是否正常？

18.7 某工厂对废水进行处理，要求处理后的水中某种有毒物质的浓度不超过 19 毫克/升。现抽取 $n=100$ 的样本，得到样本 $\bar{\xi}=17.71$ 毫克/升。假设有毒物质的含量服从正态分布，且已知总体标准差 6.45 毫克/升。问：在显著性水平 $\alpha=0.01$ 下，处理后的水是否达标？

18.8 某瓶装软饮料公司夏季家庭每户每月消费量服从期望为 18 瓶，标准差为 5 瓶的标准正态分布。本年度，该公司大幅度涨价。本年度夏季开始时，该公司选取了 144 户家庭的随机样本，样本均值为 16 瓶。问：这能否证明该公司的软饮料销售量减少了？($\alpha=0.01$)

附　录

附表 A1　泊松概率分布表

$$P(\xi = k) = \frac{\lambda^k}{k!} \cdot e^{-\lambda}$$

k \ λ	**0.1**	**0.2**	**0.3**	**0.4**	**0.5**	**0.6**	**0.7**	**0.8**
0	0.904 837	0.818 731	0.740 818	0.676 320	0.606 531	0.548 812	0.496 585	0.449 329
1	0.090 484	0.163 746	0.222 45	0.268 128	0.303 265	0.329 287	0.347 610	0.359 463
2	0.004 524	0.016 375	0.033 337	0.053 626	0.075 816	0.098 786	0.121 663	0.143 785
3	0.000 151	0.001 092	0.003 334	0.007 150	0.012 636	0.019 757	0.028 388	0.038 343
4	0.000 004	0.000 055	0.000 250	0.000 715	0.001 580	0.002 964	0.004 968	0.007 669
5		0.000 002	0.000 015	0.000 057	0.000 158	0.000 356	0.000 696	0.001 227
6			0.000 010	0.000 004	0.000 013	0.000 036	0.000 081	0.000 164
7					0.000 001	0.000 003	0.000 008	0.000 019
8							0.000 001	0.000 002
9								
10								
11								

k \ λ	**0.9**	**1.0**	**0.5**	**2.0**	**2.5**	**3.0**	**3.5**	**4.0**
0	0.406 570	0.367 879	0.223 130	0.135 335	0.082 085	0.049 787	0.030 197	0.018 316
1	0.365 913	0.367 879	0.334 695	0.270 667	0.205 212	0.149 361	0.105 691	0.073 263
2	0.164 661	0.183 940	0.251 021	0.270 671	0.256 516	0.224 042	0.184 959	0.146 525
3	0.049 398	0.061 313	0.125 510	0.180 447	0.213 763	0.224 042	0.215 785	0.195 367
4	0.011 115	0.015 328	0.047 067	0.090 224	0.133 602	0.168 031	0.188 812	0.195 367
5	0.002 001	0.003 066	0.014 120	0.036 089	0.066 801	0.100 819	0.132 169	0.156 293
6	0.000 300	0.000 511	0.003 437	0.012 030	0.027 834	0.050 409	0.007 980	0.104 196
7	0.000 039	0.000 073	0.000 756	0.003 437	0.009 941	0.021 604	0.038 549	0.059 540
8	0.000 004	0.000 009	0.000 142	0.000 859	0.003 106	0.008 102	0.016 865	0.029 770
9		0.000 001	0.000 024	0.000 191	0.000 863	0.002 701	0.006 559	0.013 231
10			0.000 004	0.000 038	0.000 216	0.000 810	0.002 296	0.005 292
11				0.000 007	0.000 049	0.000 221	0.000 730	0.001 925
12				0.000 001	0.000 010	0.000 055	0.000 213	0.000 642
13					0.000 002	0.000 013	0.000 057	0.000 197
14						0.000 003	0.000 014	0.000 056
15						0.000 001	0.000 003	0.000 015
16							0.000 001	0.000 004
17								0.000 001

续表

k \ λ	4.5	5.0	5.5	6.0	6.5	7.0	7.5	8.0
0	0.011 109	0.006 738	0.004 087	0.002 479	0.001 503	0.000 912	0.000 553	0.000 335
1	0.049 990	0.033 690	0.022 477	0.014 873	0.009 773	0.006 383	0.004 148	0.002 684
2	0.112 479	0.084 224	0.061 812	0.044 618	0.031 760	0.022 341	0.015 556	0.010 735
3	0.168 718	0.140 374	0.113 323	0.089 235	0.068 814	0.052 129	0.038 888	0.028 626
4	0.189 808	0.175 467	0.155 819	0.133 853	0.111 822	0.091 226	0.072 917	0.057 252
5	0.170 827	0.175 467	0.171 001	0.160 623	0.145 369	0.127 717	0.109 374	0.091 064
6	0.128 120	0.146 223	0.157 117	0.160 623	0.157 483	0.149 003	0.136 719	0.122 138
7	0.082 363	0.104 445	0.123 449	0.137 677	0.146 234	0.149 003	0.146 484	0.139 587
8	0.046 329	0.065 278	0.084 872	0.103 258	0.118 815	0.130 377	0.137 328	0.139 587
9	0.023 165	0.036 266	0.051 866	0.068 838	0.085 811	0.101 405	0.114 441	0.124 077
10	0.010 424	0.018 133	0.028 526	0.041 303	0.055 777	0.070 983	0.085 830	0.099 262
11	0.004 264	0.008 242	0.014 263	0.022 529	0.032 959	0.045 171	0.058 121	0.072 190
12	0.001 599	0.003 434	0.006 537	0.011 264	0.017 853	0.026 350	0.036 575	0.048 127
13	0.000 554	0.001 321	0.002 766	0.005 199	0.008 927	0.141 880	0.021 101	0.029 616
14	0.000 178	0.000 472	0.001 086	0.002 228	0.004 144	0.007 094	0.011 305	0.016 924
15	0.000 053	0.000 157	0.000 399	0.000 891	0.001 796	0.003 311	0.005 652	0.009 026
16	0.000 015	0.000 049	0.000 137	0.000 334	0.000 730	0.001 448	0.002 649	0.004 513
17	0.000 004	0.000 014	0.000 440	0.000 118	0.000 279	0.000 596	0.001 169	0.002 124
18	0.000 001	0.000 004	0.000 014	0.000 039	0.000 100	0.000 232	0.000 487	0.000 944
19		0.000 001	0.000 004	0.000 012	0.000 035	0.000 085	0.000 192	0.000 397
20			0.000 001	0.000 004	0.000 011	0.000 030	0.000 072	0.000 159
21				0.000 001	0.000 004	0.000 010	0.000 026	0.000 061
22					0.000 001	0.000 003	0.000 009	0.000 022
23						0.000 001	0.000 003	0.000 008
24							0.000 001	0.000 003
25								0.000 001

k \ λ	8.5	9.0	9.5	10.0	k \ λ	20	k \ λ	30
0	0.085 300	0.097 020	0.106 662	0.113 736	16	0.064 6	23	0.034 1
1	0.060 421	0.072 765	0.084 440	0.094 780	17	0.076 0	24	0.042 6
2	0.039 506	0.050 376	0.061 706	0.072 908	18	0.081 4	25	0.057 1
3	0.023 986	0.032 384	0.041 872	0.052 077	19	0.088 8	26	0.059 0
4	0.013 592	0.019 431	0.026 519	0.034 718	20	0.088 8	27	0.655 0
5	0.007 220	0.010 930	0.015 746	0.021 699	21	0.084 6	28	0.070 2
6	0.003 611	0.005 786	0.008 799	0.012 764	22	0.076 7	29	0.072 6
7	0.001 705	0.002 893	0.004 644	0.007 091	23	0.066 9	30	0.072 6
8	0.000 762	0.001 370	0.002 322	0.003 722	24	0.055 7	31	0.070 3
9	0.000 324	0.000 617	0.001 103	0.001 866	25	0.044 6	32	0.065 9
10	0.000 132	0.000 264	0.000 433	0.000 889	26	0.034 3	33	0.059 9
11	0.000 050	0.000 108	0.000 216	0.000 404	27	0.025 4	34	0.052 9
12	0.000 019	0.000 042	0.000 089	0.000 176	28	0.018 2	35	0.045 3
13	0.000 007	0.000 016	0.000 025	0.000 073	29	0.012 5	36	0.037 8
14	0.000 002	0.000 006	0.000 014	0.000 029	30	0.008 3	37	0.030 6
15	0.000 001	0.000 002	0.000 004	0.000 011	31	0.005 4	38	0.024 2
16		0.000 001	0.000 002	0.000 004	32	0.003 4	39	0.018 6
17			0.000 001	0.000 001	33	0.002 0	40	0.013 9

续表

λ / k	8.5	9.0	9.5	10.0	λ / k	20	λ / k	30
18				0.000 001	34	0.001 2	41	0.010 2
19					35	0.000 7	42	0.007 3
20					36	0.000 4	43	0.005 1
21					37	0.000 2	44	0.003 5
22					38	0.000 1	45	0.002 3
23					39	0.000 1	46	0.001 5
24							47	0.001 0
25							48	0.000 6

附表 A2 标准正态分布表

$$\Phi(x)=\int_{-\infty}^{x}\frac{1}{\sqrt{2\pi}}\mathrm{e}^{-\frac{t^2}{2}}\,\mathrm{d}t$$

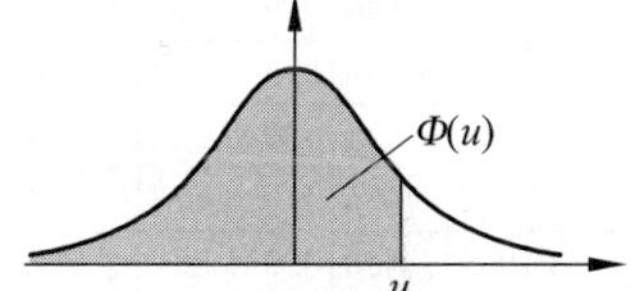

x	0.00	0.01	0.02	0.03	0.04	0.05	0.06	0.07	0.08	0.09	x
0.0	0.500 0	0.504 0	0.508 0	0.512 0	0.516 0	0.519 9	0.523 9	0.527 9	0.531 9	0.535 9	0.0
0.1	0.539 8	0.543 8	0.547 8	0.551 7	0.555 7	0.559 6	0.563 6	0.567 5	0.571 4	0.575 3	0.1
0.2	0.579 3	0.583 2	0.587 1	0.591 0	0.594 8	0.598 7	0.602 6	0.606 4	0.610 3	0.614 1	0.2
0.3	0.617 9	0.621 7	0.625 5	0.629 3	0.633 1	0.636 8	0.640 6	0.644 3	0.648 0	0.651 7	0.3
0.4	0.655 4	0.659 1	0.662 8	0.666 4	0.670 0	0.673 6	0.677 2	0.680 8	0.648 8	0.687 9	0.4
0.5	0.691 5	0.695 0	0.698 5	0.701 9	0.705 4	0.708 8	0.712 3	0.715 7	0.719 0	0.722 4	0.5
0.6	0.725 7	0.729 1	0.732 4	0.735 7	0.738 9	0.742 2	0.745 4	0.748 6	0.751 7	0.754 9	0.6
0.7	0.758 0	0.761 1	0.764 2	0.767 3	0.770 3	0.773 4	0.776 4	0.779 4	0.782 3	0.785 2	0.7
0.8	0.788 1	0.791 0	0.793 9	0.796 7	0.799 5	0.802 3	0.805 1	0.807 8	0.810 6	0.813 3	0.8
0.9	0.815 9	0.818 8	0.821 2	0.823 8	0.826 4	0.828 9	0.831 5	0.834 0	0.836 5	0.838 9	0.9
1.0	0.841 3	0.843 8	0.846 1	0.848 5	0.850 8	0.853 1	0.855 4	0.857 7	0.859 9	0.862 1	1.0
1.1	0.864 6	0.866 5	0.868 6	0.870 8	0.872 9	0.874 9	0.877 0	0.879 0	0.881 0	0.883 0	1.1
1.2	0.884 9	0.886 9	0.888 8	0.890 7	0.892 5	0.894 4	0.896 2	0.898 0	0.899 7	0.901 47	1.2
1.3	0.903 20	0.904 90	0.906 58	0.908 24	0.909 88	0.911 49	0.913 09	0.914 66	0.916 21	0.917 74	1.3
1.4	0.919 24	0.920 73	0.922 20	0.923 64	0.925 07	0.926 47	0.927 85	0.929 22	0.930 56	0.931 89	1.4
1.5	0.933 19	0.934 48	0.935 74	0.936 99	0.938 22	0.939 43	0.940 62	0.941 79	0.942 95	0.944 08	1.5
1.6	0.945 20	0.946 30	0.947 38	0.948 45	0.949 50	0.950 53	0.951 54	0.952 54	0.953 52	0.954 49	1.6
1.7	0.955 30	0.956 37	0.957 28	0.958 18	0.959 07	0.959 94	0.960 80	0.961 64	0.962 64	0.963 27	1.7
1.8	0.934 07	0.964 85	0.965 62	0.966 38	0.967 12	0.967 84	0.968 56	0.969 26	0.969 95	0.970 62	1.8
1.9	0.971 28	0.971 39	0.972 57	0.973 20	0.973 81	0.974 41	0.975 00	0.975 58	0.976 15	0.976 70	1.9
2.0	0.977 25	0.977 78	0.978 31	0.978 82	0.979 32	0.979 82	0.980 30	0.980 77	0.981 24	0.981 69	2.0
2.1	0.982 14	0.982 57	0.983 00	0.983 41	0.943 82	0.984 22	0.984 61	0.985 00	0.985 37	0.985 74	2.1
2.2	0.986 10	0.986 45	0.986 79	0.987 13	0.987 45	0.987 78	0.988 09	0.988 40	0.988 70	0.988 90	2.1
2.3	0.989 28	0.989 56	0.989 83	$0.9^{2}0\,097$	$0.9^{2}0\,358$	$0.9^{2}0\,613$	$0.9^{2}0\,863$	$0.9^{2}1\,106$	$0.9^{2}1\,344$	$0.9^{2}1\,576$	2.3
2.4	$0.9^{2}1\,802$	$0.9^{2}2\,024$	$0.9^{2}2\,240$	$0.9^{2}2\,451$	$0.9^{2}2\,656$	$0.9^{2}2\,857$	$0.9^{2}3\,053$	$0.9^{2}3\,244$	$0.9^{2}3\,431$	$0.9^{2}3\,613$	2.4

续表

x	**0.00**	**0.01**	**0.02**	**0.03**	**0.04**	**0.05**	**0.06**	**0.07**	**0.08**	**0.09**	x
2.5	$0.9^{2}3\,790$	$0.9^{2}3\,963$	$0.9^{2}4\,132$	$0.9^{2}4\,297$	$0.9^{2}4\,457$	$0.9^{2}4\,614$	$0.9^{2}4\,766$	$0.9^{2}4\,915$	$0.9^{2}5\,060$	$0.9^{2}5\,201$	2.5
2.6	$0.9^{2}5\,339$	$0.9^{2}5\,473$	$0.9^{2}5\,604$	$0.9^{2}5\,731$	$0.9^{2}5\,855$	$0.9^{2}5\,975$	$0.9^{2}6\,093$	$0.9^{2}6\,207$	$0.9^{2}6\,319$	$0.9^{2}6\,427$	2.6
2.7	$0.9^{2}6\,533$	$0.9^{2}6\,636$	$0.9^{2}6\,736$	$0.9^{2}6\,833$	$0.9^{2}6\,928$	$0.9^{2}7\,020$	$0.9^{2}7\,110$	$0.9^{2}7\,197$	$0.9^{2}7\,282$	$0.9^{2}7\,365$	2.7
2.8	$0.9^{2}7\,445$	$0.9^{2}7\,524$	$0.9^{2}7\,599$	$0.9^{2}7\,673$	$0.9^{2}7\,744$	$0.9^{2}7\,914$	$0.9^{2}7\,882$	$0.9^{2}7\,948$	$0.9^{2}8\,012$	$0.9^{2}8\,074$	2.8
2.9	$0.9^{2}8\,134$	$0.9^{2}8\,193$	$0.9^{2}8\,250$	$0.9^{2}8\,305$	$0.9^{2}8\,359$	$0.9^{2}8\,411$	$0.9^{2}8\,462$	$0.9^{2}8\,511$	$0.9^{2}8\,559$	$0.9^{2}8\,605$	2.9
3.0	$0.9^{2}8\,650$	$0.9^{2}8\,694$	$0.9^{2}8\,736$	$0.9^{2}8\,777$	$0.9^{2}8\,817$	$0.9^{2}8\,856$	$0.9^{2}8\,893$	$0.9^{2}8\,930$	$0.9^{2}8\,965$	$0.9^{2}8\,999$	3.0
3.1	$0.9^{3}0\,324$	$0.9^{3}0\,646$	$0.9^{3}0\,957$	$0.9^{3}1\,260$	$0.9^{3}1\,553$	$0.9^{3}1\,836$	$0.9^{3}2\,112$	$0.9^{3}2\,378$	$0.9^{3}2\,636$	$0.9^{3}2\,886$	3.1
3.2	$0.9^{3}3\,129$	$0.9^{3}3\,363$	$0.9^{3}3\,590$	$0.9^{3}3\,810$	$0.9^{3}4\,024$	$0.9^{3}4\,230$	$0.9^{3}4\,429$	$0.9^{3}4\,623$	$0.9^{3}4\,810$	$0.9^{3}4\,991$	3.2
3.3	$0.9^{3}5\,166$	$0.9^{3}5\,335$	$0.9^{3}5\,499$	$0.9^{3}5\,658$	$0.9^{3}5\,811$	$0.9^{3}5\,959$	$0.9^{3}6\,103$	$0.9^{3}6\,242$	$0.9^{3}6\,373$	$0.9^{3}6\,505$	3.3
3.4	$0.9^{3}6\,631$	$0.9^{3}6\,752$	$0.9^{3}6\,869$	$0.9^{3}6\,982$	$0.9^{3}7\,091$	$0.9^{3}7\,197$	$0.9^{3}7\,299$	$0.9^{3}7\,398$	$0.9^{3}7\,493$	$0.9^{3}7\,585$	3.4
3.5	$0.9^{3}7\,674$	$0.9^{3}7\,759$	$0.9^{3}7\,842$	$0.9^{3}7\,922$	$0.9^{3}7\,999$	$0.9^{3}8\,074$	$0.9^{3}8\,146$	$0.9^{3}8\,215$	$0.9^{3}8\,282$	$0.9^{3}8\,347$	3.5
3.6	$0.9^{3}8\,409$	$0.9^{3}8\,469$	$0.9^{3}8\,527$	$0.9^{3}8\,583$	$0.9^{3}8\,637$	$0.9^{3}8\,689$	$0.9^{3}8\,739$	$0.9^{3}8\,787$	$0.9^{3}8\,834$	$0.9^{3}8\,879$	3.6
3.7	$0.9^{3}8\,922$	$0.9^{3}8\,964$	$0.9^{4}0\,039$	$0.9^{4}0\,426$	$0.9^{4}0\,799$	$0.9^{4}1\,158$	$0.9^{4}1\,504$	$0.9^{4}1\,838$	$0.9^{4}2\,159$	$0.9^{4}2\,468$	3.7
3.8	$0.9^{4}2\,765$	$0.9^{4}3\,052$	$0.9^{4}3\,327$	$0.9^{4}3\,593$	$0.9^{4}3\,848$	$0.9^{4}4\,094$	$0.9^{4}4\,331$	$0.9^{4}4\,558$	$0.9^{4}4\,777$	$0.9^{4}4\,988$	3.8
3.9	$0.9^{4}5\,190$	$0.9^{4}5\,385$	$0.9^{4}5\,573$	$0.9^{4}5\,753$	$0.9^{4}5\,926$	$0.9^{4}6\,092$	$0.9^{4}6\,253$	$0.9^{4}6\,406$	$0.9^{4}6\,554$	$0.9^{4}6\,696$	3.9
4.0	$0.9^{4}6\,833$	$0.9^{4}6\,964$	$0.9^{4}7\,090$	$0.9^{4}7\,211$	$0.9^{4}7\,327$	$0.9^{4}7\,439$	$0.9^{4}7\,546$	$0.9^{4}7\,649$	$0.9^{4}7\,748$	$0.9^{4}7\,843$	4.0
4.1	$0.9^{4}7\,934$	$0.9^{4}8\,022$	$0.9^{4}8\,106$	$0.9^{4}8\,186$	$0.9^{4}8\,263$	$0.9^{4}8\,338$	$0.9^{4}8\,409$	$0.9^{4}8\,477$	$0.9^{4}8\,542$	$0.9^{4}8\,605$	4.1
4.2	$0.9^{4}8\,665$	$0.9^{4}8\,723$	$0.9^{4}8\,778$	$0.9^{4}8\,832$	$0.9^{4}8\,882$	$0.9^{4}8\,931$	$0.9^{4}8\,978$	$0.9^{5}0\,226$	$0.9^{5}0\,655$	$0.9^{5}1\,066$	4.2
4.3	$0.9^{5}1\,460$	$0.9^{5}1\,837$	$0.9^{5}2\,199$	$0.9^{5}2\,545$	$0.9^{5}2\,876$	$0.9^{5}3\,193$	$0.9^{5}3\,497$	$0.9^{5}3\,788$	$0.9^{5}4\,066$	$0.9^{5}4\,332$	4.3
4.4	$0.9^{5}4\,587$	$0.9^{5}4\,831$	$0.9^{5}5\,065$	$0.9^{5}5\,288$	$0.9^{5}5\,502$	$0.9^{5}5\,706$	$0.9^{5}5\,902$	$0.9^{5}6\,089$	$0.9^{5}6\,268$	$0.9^{5}6\,439$	4.4
4.5	$0.9^{5}6\,602$	$0.9^{5}6\,759$	$0.9^{5}6\,908$	$0.9^{5}7\,051$	$0.9^{5}7\,187$	$0.9^{5}7\,318$	$0.9^{5}7\,442$	$0.9^{5}7\,561$	$0.9^{5}7\,675$	$0.9^{5}7\,784$	4.5
4.6	$0.9^{5}7\,888$	$0.9^{5}7\,987$	$0.9^{5}8\,081$	$0.9^{5}8\,172$	$0.9^{5}8\,258$	$0.9^{5}8\,340$	$0.9^{5}8\,419$	$0.9^{5}8\,494$	$0.9^{5}8\,566$	$0.9^{5}8\,634$	4.6
4.7	$0.9^{5}8\,699$	$0.9^{5}8\,761$	$0.9^{5}8\,821$	$0.9^{5}8\,877$	$0.9^{5}8\,931$	$0.9^{5}8\,983$	$0.9^{6}0\,320$	$0.9^{6}0\,789$	$0.9^{6}1\,235$	$0.9^{6}1\,661$	4.7
4.8	$0.9^{6}2\,067$	$0.9^{6}2\,453$	$0.9^{6}2\,822$	$0.9^{6}3\,173$	$0.9^{6}3\,508$	$0.9^{6}3\,827$	$0.9^{6}4\,131$	$0.9^{6}4\,420$	$0.9^{6}4\,696$	$0.9^{6}4\,958$	4.8
4.9	$0.9^{6}5\,206$	$0.9^{6}5\,446$	$0.9^{6}5\,673$	$0.9^{6}5\,889$	$0.9^{6}6\,094$	$0.9^{6}6\,289$	$0.9^{6}6\,475$	$0.9^{6}6\,652$	$0.9^{6}6\,821$	$0.9^{6}6\,981$	4.9

参考文献

[1] [美]保罗·萨缪尔森. 经济分析基础(增补版)[M]. 何耀等译. 大连：东北财经大学出版社，2006.

[2] [美]蒋中一. 数理经济学的基本方法[M]. 北京：商务印书馆，1999.

[3] 盛骤，谢式千，潘承毅编. 概率论与数理统计[M]. 北京：高等教育出版社，1989.

[4] 袁荫棠编. 概率论与数理统计[M]. 北京：中国人民大学出版社，1990.

[5] 范大茵，陈永华编. 概率论与数理统计[M]. 杭州：浙江大学出版社，1996.

[6] 张晓东，尹钊，杨树文主编. 概率论与数理统计[M]. 哈尔滨：东北林业大学出版社，2001.

[7] [美]罗伊·温特劳布. 经济数学[M]. 北京：经济科学出版社，1998.

[8] 赵树嫄主编. 线性代数[M]. 3版. 北京：中国人民大学出版社，2001.

[9] 霍伊，利弗诺，麦克纳，等. 经济数学[M]. 2版. 北京：中国人民大学出版社，2006.

[10] 康永强，谢广顺，岑苑君. 经济数学基础[M]. 北京：化学工业出版社，2009.

[11] [美]拉姆·拉玛纳山. 应用计量经济学[M]. 5版. 薛菁睿译. 北京：机械工业出版社，2003.

教学支持说明

▶▶ 课件申请

尊敬的老师：

您好！感谢您选用清华大学出版社的教材！为更好地服务教学，我们为采用本书作为教材的老师提供教学辅助资源。鉴于部分资源仅提供给授课教师使用，请您直接手机扫描下方二维码实时申请教学资源。

任课教师扫描二维码
可获取教学辅助资源

▶▶ 样书申请

为方便教师选用教材，我们为您提供免费赠送样书服务。授课教师扫描下方二维码即可获取清华大学出版社教材电子书目。在线填写个人信息，经审核认证后即可获取所选教材。我们会第一时间为您寄送样书。

任课教师扫描二维码
可获取教材电子书目

清华大学出版社

E-mail: tupfuwu@163.com　　网址：http://www.tup.com.cn/
电话：8610-62770175-4506/4340　　传真：8610-62775511
地址：北京市海淀区双清路学研大厦B座509室　　邮编：100084